Arne-Patrik Heinze
Systematisches Fallrepetitorium Allgemeines Verwaltungsrecht
De Gruyter Studium

Arne-Patrik Heinze

Systematisches Fallrepetitorium Allgemeines Verwaltungsrecht

Band 2: Verwaltungsverfahrensrecht (VwVfG)

2., neu bearbeitete Auflage

DE GRUYTER

Dr. iur. *Arne-Patrik Heinze*, LL.M., Rechtsanwalt, Hamburg

Weitere Inhalte auf der Website des Autors:
www.heinze-pruefungsanfechtung.de

Karteikartensammlung
Öffentliches Recht

ISBN 978-3-11-061413-8
e-ISBN (PDF) 978-3-11-062446-5
e-ISBN (EPUB) 978-3-11-062740-4

Library of Congress Control Number: 2020938884

Bibliografische Information der Deutschen Nationalbibliothek
Die Deutsche Nationalbibliothek verzeichnet diese Publikation in der Deutschen
Nationalbibliografie; detaillierte bibliografische Daten sind im Internet über
http://dnb.dnb.de abrufbar.

© 2020 Walter de Gruyter GmbH, Berlin/Boston
Einbandabbildung: mirsad sarajlic / iStock / Getty Images Plus
Schemata im Inhalt: RA Dr. iur. Arne-Patrik Heinze, LL.M.
Druck und Bindung: CPI books GmbH, Leck

www.degruyter.com

Vorwort zur 2. Auflage

Diese Lehrbuchreihe ist aus tausenden Unterrichtsstunden heraus entwickelt und somit als Lehrmaterial erprobt worden. Sie ist in besonderem Maße zur eigenständigen Examensvorbereitung sowie als Unterrichtsgrundlage für Dozenten geeignet, die auf die erste juristische Prüfung vorbereiten möchten. Der Anlass für die Kreation der Lehrbuchreihe war, dass es für notwendig erachtet wurde, eine Fallsammlung zu verfassen, in der nicht einzelne Fälle oder ehemalige Originalexamensfälle von unterschiedlichen Autoren zusammenhanglos aneinandergereiht werden. Es sollte eine systematische Lernfallsammlung entstehen, die auch als Nachschlagewerk zu einzelnen Themen geeignet ist. Ziel der Sammlung ist es, das für die erste juristische Prüfung examensrelevante öffentliche Recht systematisch auf wissenschaftlicher Basis abzudecken. Die Fälle sind derart konzipiert, dass durch Vernetzungen in allen Bänden eine einheitliche Struktur geschaffen wird. Dies wird anders als bei anderen Fallsammlungen dadurch gewährleistet, dass die Fälle von einem Autor stammen, so dass die systematischen Strukturen gebietsübergreifend wiederkennbar sind. Die Fallkonstellationen basieren zum Teil auf geeigneten Gerichtsentscheidungen mit typischen immer wiederkehrenden Examenskonstellationen (Passagen aus den gemeinfreien Urteilen sind in die Fälle eingearbeitet, zum Teil umformuliert und kursiv in Anführungszeichen gesetzt, um die Lesbarkeit der Fälle nicht zu beeinträchtigen) und sind im Übrigen erfunden. Die Bände sind so konzipiert, dass eine darüber hinausgehende Literatur zur Examensvorbereitung im öffentlichen Recht allenfalls punktuell erforderlich ist. Für die 2. Auflage wurden die ursprünglichen Bände vollständig überarbeitet. Es ist zunächst eine 2. Auflage aus vier Bänden entstanden (Staatsorganisationsrecht und Grundrechte, Europarecht, Verwaltungsprozessrecht, Verwaltungsverfahrensrecht), die insbesondere durch die Einführung der Lernboxen, eines Stichwortverzeichnisses, der Zuordnung der in den Fällen behandelten juristischen Probleme im Inhaltsverzeichnis sowie durch Onlinekarteikarten und Schwerpunktkennzeichnung lern- und leserfreundlicher wurde.

   Die Konstruktion der Fälle ist derart erfolgt, dass problematische Aspekte beim maßgeblichen Prüfungspunkt im Fallaufbau mit den notwendigen abstrakten Hintergründen der Materie gutachtlich in die Falllösung eingearbeitet worden sind. So sollte eine perfekte Examensklausur verfasst sein, da zumindest bei guten Prüfern mit hohem Anspruch die Erläuterung des Lösungsweges mit guten Noten belohnt wird – nicht hingegen die Reproduktion auswendig gelernter Schlagworte. Aus seiner anwaltlichen Praxis heraus ist dem Autor jedoch bekannt, dass einige Prüfer bestimmte Formulierungen dennoch lesen möchten.

Deshalb sind derartige Schlagworte in die Lösungen implementiert worden. Anfängerhafte Darstellungen in Form der Verwendung so genannter „Theorien" sind bewusst vermieden worden. Es geht nicht darum, auswendig Gelerntes – womöglich noch im falschen Zusammenhang – zu reproduzieren. Es geht vielmehr darum, in einem juristischen Denksystem – Jura ist schließlich eine Art Mathematik in Worten – eine plausible Lösung am Gesetzestext mittels der juristischen Methodik zu entwickeln. Streitstände und vertretbare Lösungen sind in dieser Fallsammlung in die methodische Argumentation aufgenommen worden.

Zudem wurden sprachliche Formulierungen vermieden, die einerseits von guten Prüfern zumindest unterbewusst oder bewusst als negativ erachtet werden, andererseits in juristischen Texten grundsätzlich ausgespart werden sollten. So gehören zum Beispiel Formulierungen wie „laut Sachverhalt" oder „vorliegend", „Zu prüfen ist ..." regelmäßig nicht in gutachtliche Lösungen. Zudem wurde insoweit auf passive Formulierungen geachtet, als aktive Formulierungen fehlerhaft sind. So heißt es zum Beispiel nicht „Das Gesetz sagt ...", sondern „Im Gesetz steht ...". Ständige Wiederholungseffekte sind in die Sammlung absichtlich eingearbeitet worden, um durch die Zuordnung eines Problems an verschiedenen Stellen die Gesamtstruktur zu verdeutlichen. Auch Formulierungen sind bei ständig wiederkehrenden Prüfungsfolgen bewusst gleich formuliert, um die Leserinnen und Leser für bestimmte Ausdrucksweisen zu sensibilisieren.

Letztlich wird durch diese Fallsammlung eine Examensvorbereitung auf höchstem Niveau geboten, mittels derer strukturiertes Denken im öffentlichen Recht trainiert werden kann. Gleichzeitig kann sie aber als Nachschlagewerk herangezogen werden, weil die Fälle themenbezogen sind und es durch die dazugehörigen Fallgliederungen ermöglicht wird, einzelne Themengebiete gezielt zu suchen.

Für den verwaltungsrechtlichen Aufbau der Prozessstation wurde ein Aufsatz des Autors Heinze in der JURA 2012, 175 ff. zugrundegelegt, der von den Lesern zum Verständnis grundlegender prozessualer Zusammenhänge einmal intensiv gelesen werden sollte. Um es den Lesern zu ersparen, in der ohnehin begrenzten Examensvorbereitungszeit sämtliche Entscheidungen nachzulesen, sind wichtige Urteilspassagen mit dem Hinweis „zum Ganzen" und der entsprechenden abgeänderten Urteilspassage in die Falllösungen eingearbeitet worden.

Für sachdienliche Hinweise und Verbesserungsvorschläge ist der Autor stets dankbar und wünscht Ihnen einen erheblichen Lernerfolg beim Lesen der Bücher.

Hamburg, Juni 2020   Arne-Patrik Heinze

Der Autor

Dr. Arne-Patrik Heinze ist seit dem Jahr 2004 bundesweit als Dozent im Öffentlichen Recht unter anderem im Bereich der Vorbereitung auf die juristischen Examina tätig. Zudem arbeitet er seit 2008 als Rechtsanwalt und ist geschäftsführender Gründungsgesellschafter der Kanzleien Rechtsanwälte Dr. Heinze & Partner Deutschland und Rechtsanwälte Dr. Heinze & Partner Schweiz. Heinze ist als Fachanwalt für Verwaltungsrecht bundesweit auf Prüfungsanfechtungen (Staatsexamina Jura, Notarielle Fachprüfungen, Steuerberaterprüfungen, universitäre Prüfungen usw.), Studienplatzklagen und Verfassungsbeschwerden sowie Verfahren beim EGMR spezialisiert. Zudem betreut er Mandate im Allgemeinen Verwaltungsrecht und im Öffentlichen Baurecht.

Richterinnen und Richter, Professorinnen und Professoren, Rechtsanwältinnen und Rechtsanwälte uns sonstige Juristinnen und Juristen haben bei Heinze Öffentliches Recht und das System der juristischen Dogmatik erlernt. Er war bis zum Jahr 2013 geschäftsführender Gesellschafter der BeckAkademie (Verlag C.H. Beck), die er als Gründungsgesellschafter mit Kollegen bundesweit etabliert hat. In den Jahren 2013 – 2015 war er verbeamteter Professor für Öffentliches Recht an einer Polizeiakademie. Die Professur gab er zugunsten der Anwaltstätigkeit auf, da es in Deutschland nach dem anwaltlichen Berufsrecht neben der Anwaltstätigkeit zwar zulässig ist, „unechte" Professuren wie eine Honorarprofessur oder eine Professur an Privatinstitutionen innezuhaben – nicht jedoch dauerhaft eine „echte" Professur im Beamtenverhältnis. Dennoch ist Heinze der Wissenschaft und der Lehre aus Leidenschaft zur juristischen Dogmatik treu geblieben, kombiniert diese mit seiner Anwaltstätigkeit, publiziert regelmäßig und wird vor allem als Experte im Prüfungsrecht sowie im Bereich der Studienplatzklagen immer wieder von diversen renommierten Medien aus dem Fernseh-, Radio-, Online- und Printbereich angefragt.

Dr. Arne-Patrik Heinze, LL.M.
Rechtsanwälte Dr. Heinze & Partner Partnerschaftsgesellschaft mbB
info@heinze-rechtsanwaelte.de
www.heinze-rechtsanwaelte.de

Inhalt

Verwaltungsverfahrensrecht (Band II)

Fall 1: „Tabledance im Erdgeschoss" —— 1
Schwerpunkte: Widerspruchsverfahren, Verfristung des Widerspruchs im Dreipersonenverhältnis, Begrenzung des Prüfungsmaßstabes auf subjektive Rechte

Fall 2: „Der „Kuttler" und die „BRocker" – Raus aus dem Haus!" —— 36
Schwerpunkte: Antrag nach § 80 Abs. 5 VwGO, Hausrecht, Verwaltungsrichtlinie, Form und Inhalt des Handelns der Verwaltung, Verbindlichkeit der Handlungsform der Verwaltung

Fall 3: „Saenk ju for Träwelling! (Landesrecht)" —— 72
Schwerpunkte: Grundzüge des Personenbeförderungsgesetzes, Subjektive Rechte in dreipoligen Beziehungen, Heilung bei Verfahrensfehlern, Gerichtliche Überprüfung bei Beurteilungsspielräumen

Fall 4: „Karl und die Topmodels – da machste nix!" —— 91
Schwerpunkte: Nichtigkeitsfeststellung eines Verwaltungsakts, Prinzipale Normenkontrolle (§ 47 VwGO), Abgrenzung nach Form und Inhalt des Verwaltungshandelns, Allgemeinverfügung und Verordnung zur abstrakten Gefahrenabwehr

Fall 5: „Techno-Kunst mit Öko-Kreide und Leuchtmütze" —— 111
Schwerpunkte: Nebenbestimmungen, Einstweiliger Rechtsschutz, Isolierte Anfechtbarkeit einer Nebenbestimmung, Abgrenzung zwischen Auflage und Bedingung, Abgrenzung des Gemeingebrauchs zur Sondernutzung öffentlicher Wege, Kunstfreiheit

Fall 6: „Gartenzwerge, Hecken und 'ne warme Mahlzeit für das Kind ..." —— 145
Schwerpunkte: Nichtigkeit eines Verwaltungsaktes (§ 44 VwVfG), Prüfung einer Satzung, Anfechtungsklage, Nichtigkeitsfeststellungsklage, Prinzipale Normenkontrolle (§ 47 VwGO)

Fall 7: **„Hotelsubventionen – da werden Sie geholfen!"** —— 186
Schwerpunkte: Abgrenzung von Rücknahme und Widerruf (§§ 48, 49 VwVfG), Artt. 107, 108 AEUV, Subventionen, Erstattung (§ 49a VwVfG), Anwendungsvorrang des Unionsrechts bei Rücknahme eines unionsrechtswidrigen Verwaltungsakts

Fall 8: **„Versprochen ist versprochen!"** —— 225
Schwerpunkte: Anspruch aus einer Zusicherung (§ 38 VwVfG), Wiederaufgreifen des Verfahrens (§ 51 VwVfG), Rücknahme und Widerruf (§§ 48, 49 VwVfG)

Fall 9: **„Sondermünzen für Autobauer – aber kein ‚Photo-Shooting'?"** —— 257
Schwerpunkte: Öffentlich-rechtlicher Vertrag (§§ 54 ff. VwVfG), Nichtigkeitsgründe i. S. d. § 59 VwVfG, Rückabwicklung (§§ 812 ff. BGB, 62 S. 2 VwVfG), Unionsrechtskonformität bei Subventionen (Artt. 107, 108 GG), Einrichtungswidmung

Stichwortverzeichnis —— 286

Onlinematerial —— 290

In die Falllösung des **Falls 3** wurden Normen des Landesrechts einbezogen. In der abgedruckten Falllösung legt expemlarisch das Landesrecht von **Nordrhein-Westfalen** zugrunde gelegt. Unter Berücksichtigung der Besonderheiten in **Berlin**, **Hamburg** und **Niedersachsen** finden sich auf der Homepage zum Buch unter www.heinze-pruefungsanfechtung.de. Für Kandidaten aus anderen Bundesländern bietet es sich nichtsdestotrotz an, auch diese Fälle durchzuarbeiten und die Lösungen mit dem regionalen Landesrecht abzugleichen, da sich häufig Parallelregelungen in den Landesgesetzen finden und im Examennicht selten fremdes Landesrecht abgedruckt wird.

Fall 1:
„Tabledance im Erdgeschoss"

Schwerpunkte: *Widerspruchsverfahren, Verfristung des Widerspruchs im Dreipersonenverhältnis, Begrenzung des Prüfungsmaßstabes auf subjektive Rechte*

B lebt im 1. Obergeschoss eines zentral gelegenen Mehrfamilienhauses im Bundesland L. In der groß angelegten Mehrfamilienhausanlage sind im Erdgeschoss diverse Ladenflächen an Anwälte, Architekten und Obsthändler vermietet, die in den Räumen alle ihren Berufen nachgehen. Im Erdgeschoss, direkt unter der Wohnung des B, befinden sich Geschäftsräume, die seit einiger Zeit leer stehen. B ist damit sehr zufrieden, da das Haus sehr hellhörig ist und er sich bereits durch den Geschäftsbetrieb des Architekturbüros, das zuvor in den Räumen betrieben wurde, gestört fühlte.

Am 13.10. entdeckt B jedoch an den Fenstern der Geschäftsräume die Ankündigung, dass dort – eine Gewerbeerlaubnis ist mittlerweile erteilt worden – ein Tabledance-Club eröffnet werden soll. Bei genauerem Hinsehen stellt B fest, dass Inhaber des zukünftigen Clubs Z sei und dieser die Räumlichkeiten zeitnah beziehen soll. B hat Z noch aus seiner Schulzeit als gehörigen Schwerenöter in Erinnerung.

B nimmt sich fest vor, gegen den Betrieb des Clubs vorzugehen. Allerdings möchte er sich nicht schon vor Antritt seiner lange geplanten Weltreise die Stimmung verderben und begibt sich zunächst auf die Reise. Erst nach seiner Rückkehr am 14.10. des Folgejahres legt er bei dem zuständigen Landratsamt als Sonderordnungsbehörde schriftlich Widerspruch gegen die Gewerbeerlaubnis bezüglich des Tabledance-Clubs ein. Das Landratsamt als zuständige Widerspruchsbehörde war nicht Ausgangsbehörde. Die zuständige Ausgangsbehörde hatte die Erlaubnis zum Betreiben des Tabledance-Clubs an Z erteilt. Zur Begründung argumentiert er, dass ihm Z als unzuverlässig bekannt sei und er dessen Geschäftsführung als Gefahr für die Nachbarschaft ansehe. Außerdem sei der Betrieb des Clubs schon deshalb zu untersagen oder zu beschränken, weil unzumutbare Lärmbelästigungen zu befürchten seien, falls Z wie nunmehr geplant im Dezember des Jahres, in dem B von seiner Reise zurückgekehrt ist, den Club eröffnen würde. Zu Verzögerungen bei der Eröffnung des Tabledance-Clubs kam es, weil Z zunächst noch in einem langwierigen Prozess die Finanzierung sichern musste. Um die an Z erteilte Erlaubnis nicht gemäß § 49 Abs. 2 GewO erlöschen zu lassen, hatte die Behörde die Frist zur Inbetriebnahme gemäß § 49 Abs. 3 GewO ordnungsgemäß verlängert.

https://doi.org/10.1515/9783110624465-001

Die Behörde – der Landrat als Landratsamtsleiter – hält die Ausführungen des B für beachtlich. Kann sie im Widerspruchsverfahren einen Bescheid erlassen, mittels dessen sie die Betriebsgenehmigung des Z aufhebt?

Abwandlung

B hat vor dem Antritt seiner Reise am 15.10. des Ausgangsjahres Widerspruch gegen die Gewerbeerlaubnis eingelegt bzw. erhoben. Aus dem von ihm beigebrachten Gutachten ergibt sich jedoch, dass die Lärmbelästigung in seiner Wohnung weit unterhalb des maximal erlaubten Geräuschpegels erfolgt. Das ist darauf zurückzuführen, dass Z ein neuartiges Tabledance-Konzept namens „Lautloser Tanzakt" verfolgt und sich so gesteigerte Umsätze erhofft. Bekannt ist ihm, dass auch die neue Form des Tabledance nicht als Kunst einzustufen ist. Allerdings haben Nachforschungen ergeben, dass Z nunmehr wegen Vermögensdelikten und Zuhälterei mehrfach vorbestraft und außerdem drogenabhängig ist. Kann die Behörde zugunsten des B einen Abhilfebescheid erlassen, mittels dessen sie die Betriebsgenehmigung des Z aufhebt?

Bearbeitungsvermerk

Soweit es auf das Verwaltungsverfahrensgesetz des Landes ankommt, ist das Verwaltungsverfahrensgesetz des Bundes anzuwenden. Sollten die prozessualen Voraussetzungen bezüglich der Abwandlung nicht erfüllt sein, ist insoweit ein Hilfsgutachten zu fertigen.

Für die Ausgangskonstellation
§ 10 des Ausführungsgesetzes des Bundeslandes L zur VwGO

(1) Vor Erhebung einer Anfechtungsklage bedarf es einer Nachprüfung in einem Vorverfahren abweichend von § 68 Absatz 1 Satz 1 der Verwaltungsgerichtsordnung nicht. Vor Erhebung einer Verpflichtungsklage bedarf es einer Nachprüfung in einem Vorverfahren abweichend von § 68 Absatz 2 der Verwaltungsgerichtsordnung nicht.

[...]

(3) Absatz 1 Satz 1 ist nicht anwendbar auf im Verwaltungsverfahren nicht beteiligte Dritte, die sich gegen den Erlass eines einen anderen begünstigenden Verwaltungsaktes wenden. Dies gilt nicht,

1. wenn der Verwaltungsakt von einer Bezirksregierung erlassen worden ist, es sei denn, er ist auf dem Gebiet der Krankenhausplanung und -finanzierung ergangen,

2. bei Entscheidungen nach dem Arbeitsschutzgesetz und den dazu ergangenen Rechtsverordnungen,
3. bei Entscheidungen nach der Gewerbeordnung und den dazu ergangenen Rechtsverordnungen, soweit nicht Genehmigungen i. S. d. § 33a GewO betroffen sind,
4. bei Entscheidungen nach dem Geräte- und Produktsicherheitsgesetz und den dazu ergangenen Rechtsverordnungen,
5. bei Entscheidungen nach dem Arbeitszeitgesetz und den dazu ergangenen Rechtsverordnungen, [...]

Für die Abwandlung
§ 10 des Ausführungsgesetzes des Bundeslandes L zur VwGO
(1) Vor Erhebung einer Anfechtungsklage bedarf es einer Nachprüfung in einem Vorverfahren abweichend von § 68 Absatz 1 Satz 1 der Verwaltungsgerichtsordnung nicht. Vor Erhebung einer Verpflichtungsklage bedarf es einer Nachprüfung in einem Vorverfahren abweichend von § 68 Absatz 2 der Verwaltungsgerichtsordnung nicht.
[...]
(3) Absatz 1 Satz 1 ist nicht anwendbar auf im Verwaltungsverfahren nicht beteiligte Dritte, die sich gegen den Erlass eines einen anderen begünstigenden Verwaltungsaktes wenden. Dies gilt nicht,
1. wenn der Verwaltungsakt von einer Bezirksregierung erlassen worden ist, es sei denn, er ist auf dem Gebiet der Krankenhausplanung und -finanzierung ergangen,
2. bei Entscheidungen nach dem Arbeitsschutzgesetz und den dazu ergangenen Rechtsverordnungen,
3. bei Entscheidungen nach der Gewerbeordnung und den dazu ergangenen Rechtsverordnungen,
4. bei Entscheidungen nach dem Geräte- und Produktsicherheitsgesetz und den dazu ergangenen Rechtsverordnungen,
5. bei Entscheidungen nach dem Arbeitszeitgesetz und den dazu ergangenen Rechtsverordnungen, [...]

Vertiefung
Zum Ganzen: vgl. BVerwG 1 C 38/79; vgl. Rüssel NVwZ 2006, 523; BVerwG, Urteil vom 12.08.2014 – 1 C 2/14, NVwZ-RR 2014, 869.

Gliederung

1. Komplex: Ausgangskonstellation —— 5
  A. Sachentscheidungsvoraussetzungen (–) —— 6
    I. Statthaftigkeit des Widerspruchsverfahrens (+) —— 6
      1. Anwendbarkeit der Verwaltungsgerichtsordnung (+) —— 6
      2. Erforderlichkeit des Widerspruches (+) —— 7
    II. Zuständigkeit (+) —— 9
    III. Beteiligte (+) —— 9
      1. Beteiligungsfähigkeit (+) —— 9
      2. Handlungsfähigkeit (+) —— 10
    IV. Verfahrensart —— 10
    V. Widerspruchsbefugnis (–) —— 10
      1. § 33a Abs. 2 Nr. 1 GewO (+) —— 11
      2. § 33a Abs. 2 Nr. 3 GewO (+) —— 12
    VI. Form und Frist (–) —— 13
      1. Form (+) —— 13
      2. Frist (–) —— 13
        a) Monatsfrist i. S. d. § 70 Abs. 1 S. 1 VwGO i. V. m. § 79 VwVfG (–) —— 13
        b) Jahresfrist i. S. d. § 58 Abs. 2 VwGO i. V. m. §§ 70 Abs. 2 VwGO, 79
          VwVfG (–) —— 14
          aa) Verwirkung (–) —— 14
          bb) Fristbeginn —— 15
          cc) Fristdauer —— 16
        c) Heilung durch sachliche Einlassung der Behörde (–) —— 17
          aa) Grundsatz der sachlichen Einlassung (+) —— 17
          bb) Dreipolige Beziehung (–) —— 18
  B. Ergebnis (–) —— 19
2. Komplex: Abwandlung —— 19
  A. Sachentscheidungsvoraussetzungen (+) —— 19
    I. Statthaftigkeit des Widerspruchsverfahrens (+) —— 20
      1. Anwendbarkeit der Verwaltungsgerichtsordnung (+) —— 20
      2. Erforderlichkeit des Widerspruches (+) —— 20
      3. Entbehrlichkeit des Widerspruchsverfahrens (+) —— 21
    II. Zuständigkeit (+) —— 24
    III. Beteiligte (+) —— 24
      1. Beteiligungsfähigkeit (+) —— 24
      2. Handlungsfähigkeit (+) —— 25
    IV. Verfahrensart —— 25
    V. Widerspruchsbefugnis (+) —— 25
      1. § 33a Abs. 2 Nr. 1 GewO (–) —— 26
      2. § 33a Abs. 2 Nr. 3 GewO (+) —— 26
    VI. Form und Frist (+) —— 28
      1. Form (+) —— 28
      2. Frist (+) —— 28
        a) Monatsfrist i. S. d. § 70 Abs. 1 S. 1 VwGO i. V. m. § 79 VwVfG (+/–) —— 28

      b) Jahresfrist i. S. d. § 58 Abs. 2 VwGO i. V. m. §§ 70 Abs. 2 VwGO, 79
         VwVfG (+) —— 28

  VII. Zwischenergebnis (+) —— 29

B. Begründetheit (–) —— 29

  I. Rechtsgrundlage (+) —— 29

  II. Voraussetzungen (+/–) —— 29

    1. Formell (+) —— 30

      a) Zuständigkeit (+) —— 30

      b) Verfahren (+) —— 30

      c) Form (+) —— 30

    2. Materiell (+/–) —— 30

      a) Genehmigungsbedürftigkeit (+) —— 30

      b) Genehmigungsfähigkeit (–) —— 31

        aa) § 33a Abs. 2 Nr. 3 GewO (–) —— 31

        bb) § 33a Abs. 1 S. 3 GewO (–) —— 32

        cc) § 33a Abs. 2 Nr. 1 GewO (+/–) —— 32

          (1) Unzuverlässigkeit des Z (+) —— 32

          (2) Subjektives Recht des B (–) —— 33

          (3) Aufhebung ohne subjektives Recht (–) —— 33

        dd) Ungeschriebene Versagungsgründe (–) —— 34

  III. Rechtsfolge —— 35

C. Ergebnis —— 35

Lösungsvorschlag

Die folgende Lösung ist als Lösungsvorschlag zu verstehen und ausführlicher, als es in der Klausurbearbeitung verlangt werden kann. Aufgrund der wissenschaftlichen Freiheit können andere Lösungswege vertreten werden, soweit sie dogmatisch begründbar sind. Die Nachweise aus Rechtsprechung und Literatur sowie die das Verständnis fördernden Randbemerkungen sind in der Examensklausur auszusparen. Die Abkürzung „Alt." steht für Alternativfall, nicht für Alternative.

Zur Verbesserung der Methodik bei der Anfertigung eines Gutachtens in der Klausur empfiehlt sich die Lektüre des Beitrags von Heinze/Starke JURA 2012, 175 ff.

1. Komplex: Ausgangskonstellation

Der Widerspruch des B wird jedenfalls erfolgreich sein, soweit die Sachentscheidungsvoraussetzungen erfüllt sind, der Widerspruch somit auch zulässig ist und der Widerspruch begründet ist.

In dem Terminus „Sachentscheidungsvoraussetzungen", der weiter formuliert ist als der Terminus „Zulässigkeit", sind auch die Zulässigkeitsvoraussetzungen enthalten.

A. Sachentscheidungsvoraussetzungen

Die Sachentscheidungsvoraussetzungen können erfüllt sein.

I. Statthaftigkeit des Widerspruchsverfahrens

Der Widerspruch muss statthaft sein. Dazu bedarf es der Anwendbarkeit der Verwaltungsgerichtsordnung bezüglich der für den Widerspruch geltenden Vorschriften der Verwaltungsgerichtsordnung sowie der Erforderlichkeit eines Widerspruches.

1. Anwendbarkeit der Verwaltungsgerichtsordnung

Die für das öffentlich-rechtliche Widerspruchsverfahren teilweise maßgebliche Verwaltungsgerichtsordnung muss anwendbar sein. Die Verwaltungsgerichtsordnung kann mangels aufdrängender Sonderzuweisung zum Verwaltungsverfahrensweg analog § 40 Abs. 1 S. 1 VwGO eröffnet sein. Im Übrigen kann mittels eines Verweisungsbeschlusses analog § 17a Abs. 2 S. 1 GVG i.V.m. § 173 S. 1 VwGO gegebenenfalls verwiesen werden (vgl. Schenke, in: Kopp/Schenke (Hg.) VwGO, 25. Aufl. 2019, § 70, Rn 16 m.w.N.).

Ein Verweisungsbeschluss wird bezüglich des Widerspruchsverfahrens selten vorkommen. Denkbar wäre es, wenn ein fiskalisches Hausverbot ausgesprochen würde, der Adressat jedoch Widerspruch bei einer anderen Behörde, bei welcher es einen Widerspruchsausschuss gibt, einlegt. Die „falsche" Behörde würde im Widerspruchsausschuss einen Beschluss fassen, an die zuständige Behörde verweisen, die dann aber privatrechtlich reagieren würde. In der Regel wird kein Verweisungsbeschluss gefasst werden, sondern eine bloße Weiterleitung erfolgen.

Fraglich ist zunächst, ob für die analoge Anwendung des § 40 Abs. 1 S. 1 VwGO eine planwidrige Regelungslücke bei vergleichbarer Interessenlage besteht. Die Verwaltungsgerichtsordnung könnte auch gemäß § 79 VwVfG anwendbar sein. In § 79 VwVfG ist jedoch nicht geregelt, dass die Verwaltungsgerichtsordnung entsprechend gilt, sondern lediglich, dass sie gilt. Daher ist sie gemäß § 79 VwVfG insoweit direkt anwendbar, als dort in den §§ 68 ff. VwGO Regelungen über das Widerspruchsverfahren enthalten sind. Soweit es sich um verwaltungsprozessuale Normen im Übrigen handelt, ist die Verwaltungsgerichtsordnung aufgrund der Formulierung des § 79 VwVfG und der jeweils bestehenden planwidrigen Regelungslücke bei vergleichbarer Interessenlage lediglich analog anwendbar. § 40 Abs. 1 S. 1 VwGO ist nicht gemäß § 79 VwVfG direkt anwendbar, weil die Norm für den gerichtlichen Rechtsweg gilt. Da auch im Widerspruchsverfahren eine Abgrenzung zum öffentlichen Recht erfolgen muss, besteht eine planwidrige Regelungslücke bei vergleichbarer Interessenlage, sodass die Voraussetzungen einer Analogie für die Eröffnung der verwaltungsrechtlichen Streitigkeit erfüllt sind. (siehe Schema 1)

Die Verwaltungsgerichtsordnung ist analog § 40 Abs. 1 S. 1 VwGO anwendbar, wenn die streitentscheidende öffentlich-rechtliche Norm einen Hoheitsträger einseitig berechtigt oder verpflichtet bzw. wenn aufgrund typisch hoheitlichen Handelns zwischen den Beteiligten ein Subordinationsverhältnis besteht. Streitentscheidende öffentlich-rechtliche Norm ist § 33a Abs. 1 S. 1 GewO, da insoweit die Genehmigungsbedürftigkeit für die Zurschaustellung von Personen vorgesehen ist. Da keine Verfassungsorgane über Verfassungsrecht streiten, ist die öffentlich-rechtliche Streitigkeit nicht verfassungsrechtlicher Art. Abdrängende Sonderzuweisungen sind nicht ersichtlich. Die Verwaltungsgerichtsordnung ist anwendbar.

Widerspruchsverfahren (Vorverfahren)

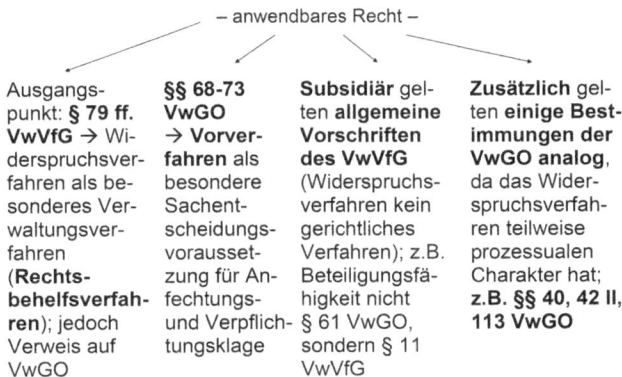

– anwendbares Recht –

| Ausgangspunkt: § 79 ff. VwVfG → Widerspruchsverfahren als besonderes Verwaltungsverfahren (**Rechtsbehelfsverfahren**); jedoch Verweis auf VwGO | **§§ 68-73 VwGO → Vorverfahren als besondere Sachentscheidungsvoraussetzung für Anfechtungs- und Verpflichtungsklage** | **Subsidiär** gelten **allgemeine Vorschriften des VwVfG** (Widerspruchsverfahren kein gerichtliches Verfahren); z.B. Beteiligungsfähigkeit nicht § 61 VwGO, sondern § 11 VwVfG | **Zusätzlich** gelten **einige Bestimmungen der VwGO analog,** da das Widerspruchsverfahren teilweise prozessualen Charakter hat; **z.B. §§ 40, 42 II, 113 VwGO** |

Schema 1

2. Erforderlichkeit des Widerspruches

Ein Widerspruch als maßnahmespezifischer Rechtsschutz muss erforderlich sein. Ein Widerspruch ist jedenfalls nur erforderlich, soweit Verfahrensziel i. S. d.

§ 68 Abs. 1 S. 1 VwGO i.V.m. § 79 VwVfG die Aufhebung eines Verwaltungsaktes i.S.d. § 35 VwVfG ist bzw. soweit i.S.d. § 68 Abs. 2 VwGO i.V.m. § 79 VwVfG der Erlass eines Verwaltungsaktes i.S.d. § 35 VwVfG erreicht werden soll. Ein Verwaltungsakt i.S.d. § 35 S. 1 VwVfG ist jede Verfügung, Entscheidung oder andere hoheitliche Maßnahme, die eine Behörde zur Regelung eines Einzelfalls auf dem Gebiet des öffentlichen Rechts trifft und die auf unmittelbare Rechtswirkung nach außen gerichtet ist.

Es ist vertretbar, die Erforderlichkeit eines Widerspruches im allgemeinen Rechtsschutzbedürfnis zu prüfen. Allerdings ist sie bezüglich des Widerspruchsverfahrens von zentraler Bedeutung, sodass dieser Aspekt – so ist es üblich – bei der Statthaftigkeit des Widerspruches erörtert werden sollte, wenngleich insoweit gegebenenfalls inzident das Begehren des Antragstellers vorgezogen zu erörtern ist.

Die Gewerbeerlaubnis zugunsten des Z i.S.d. § 33a Abs. 1 S. 1 GewO ist eine Regelung mit Außenwirkung bezüglich deren Beseitigung allerdings sofort die Klage als Rechtsmittel, nicht aber ein Widerspruch als Rechtsbehelf statthaft sein könnte. Ein Widerspruchsverfahren könnte entbehrlich sein. Sollte ein Widerspruch entbehrlich sein, ist fraglich, ob er bei Einlegung bzw. Erhebung dennoch statthaft ist. Die Statthaftigkeit eines entbehrlichen Widerspruches ist jedenfalls irrelevant, soweit die Durchführung eines Widerspruchsverfahrens erforderlich ist.

Ein Widerspruchsverfahren ist gemäß § 68 Abs. 1 S. 2 Alt. 1 VwGO i.V.m. § 79 VwVfG entbehrlich, soweit dies gesetzlich bestimmt ist, bzw. gemäß § 68 Abs. 1 S. 2 Alt. 2 Nr. 1 VwGO i.V.m. § 79 VwVfG, wenn ein Verwaltungsakt von einer obersten Bundes- oder Landesbehörde erlassen worden ist, bzw. gemäß § 68 Abs. 1 S. 2 Alt. 2 Nr. 2 VwGO i.V.m. § 79 VwVfG, wenn in einem Abhilfe- oder in einem Widerspruchsbescheid erstmals eine Beschwer enthalten ist.

Gemäß § 68 Abs. 1 S. 2 Alt. 1 VwGO i.V.m. §§ 10 Abs. 1 AG VwGO, 79 VwVfG ist die Durchführung eines Widerspruchsverfahrens grundsätzlich entbehrlich. Das gilt gemäß § 68 Abs. 1 S. 2 Alt. 1 VwGO i.V.m. §§ 10 Abs. 3 S. 1 AG VwGO, 79 VwVfG nicht für nicht am Verwaltungsverfahren beteiligte Dritte, die sich gegen den Erlass eines drittbegünstigenden Verwaltungsaktes wenden. Somit wäre die Durchführung eines Widerspruchsverfahrens durch B erforderlich, weil die Entbehrlichkeit i.S.d. § 68 Abs. 1 S. 2 Alt. 1 VwGO i.V.m. §§ 10 Abs. 1 S. 1 AG VwGO, 79 VwVfG ausgeschlossen ist.

Eine Rückausnahme zu § 68 Abs. 1 S. 2 Alt. 1 VwGO i.V.m. §§ 10 Abs. 3 S. 1 AG VwGO, 79 VwVfG ist jedoch in § 68 Abs. 1 S. 2 Alt. 1 VwGO i.V.m. §§ 10 Abs. 3 S. 2 Nr. 3 AG VwGO, 79 VwVfG für Genehmigungen im Sinne der Gewerbeordnung enthalten – ausgenommen von der Rückausnahme jedoch eine Gewerbeerlaubnis

i. S. d. § 33a Abs. 1 S. 1 GewO. Somit ist § 68 Abs. 1 S. 2 Alt. 1 VwGO i. V. m. §§ 10 Abs. 1 AG VwGO, 79 VwVfG letztlich nicht anwendbar, weshalb ein Widerspruchsverfahren erforderlich ist.

Merke: Ob ein eingelegter bzw. erhobener Widerspruch trotz seiner Entbehrlichkeit statthaft ist, ist strittig (hierzu die Abwandlung). Diese Problematik ist mangels Entbehrlichkeit des Widerspruches des B hier noch nicht vertieft zu erörtern.

II. Zuständigkeit

Eine verfahrensrechtliche Unzuständigkeit aus Spezialregelungen bzw. i. S. d. § 73 VwGO i. V. m. § 79 VwVfG sachlich oder i. S. d. § 3 VwVfG örtlich ist nicht ersichtlich, wobei gegebenenfalls bei sachlicher bzw. örtlicher Unzuständigkeit ein Verweisungsbeschluss analog § 17a Abs. 2 S. 1 GVG i. V. m. § 83 VwGO als Weiterleitungsbeschluss gefasst werden kann, soweit ein Widerspruchsausschuss besteht.

III. Beteiligte

Als verwaltungsverfahrensrechtliche, mit § 63 VwGO vergleichbare Regelung ist für die Beteiligten § 13 VwVfG maßgeblich.

Zum Teil wird vertreten, dass es im Widerspruchsverfahren keinen Gegner gebe und es sich um ein nicht kontradiktorisches Verfahren handele. Allerdings ist schon § 13 Abs. 1 Nr. 1 VwVfG zu entnehmen, dass es eine Gegnerin – eine Behörde, abhängig davon, ob Ausgangs- und Widerspruchsbehörde identisch sind – gibt. Damit kann nicht ein Dritter gemeint sein, weil sonst dessen Nennung in § 13 Abs. 1 Nr. 4 VwVfG sinnlos wäre. In der Praxis wird die Behörde als Gegnerin allerdings nicht in das Rubrum eines Bescheides aufgenommen.

---

1. Beteiligungsfähigkeit

Beteiligungsfähig ist auf Antragstellerseite gemäß § 13 Abs. 1 Nr. 1 Alt. 1 VwVfG i. V. m. § 11 Nr. 1 Alt. 1 VwVfG B als natürliche Person. Beteiligungsfähig auf Antragsgegnerseite ist gemäß § 13 Abs. 1 Nr. 1 Alt. 2 VwVfG i. V. m. § 11 Nr. 3 VwVfG der Landrat als Behörde. Z wäre als derjenige, dessen Erlaubnis gegebenenfalls im Widerspruchsverfahren beseitigt wird, grundsätzlich nicht gemäß § 13 Abs. 1 Nr. 4 VwVfG i. V. m. den §§ 13 Abs. 2 S. 2 VwVfG, 11 Nr. 1 VwVfG als Beteiligter hinzuzuziehen, da er keinen Antrag gestellt hat. Eine einfache Beiladung i. S. d. § 13 Abs. 2 S. 1 VwVfG ist nicht erfolgt, wäre aber möglich.

Eine Beteiligung des Z kann sich aber bereits aus § 13 Abs. 1 Nr. 2 VwVfG ergeben, weil der Verwaltungsakt an Z gerichtet war. Zwar könnte § 13 Abs. 2 S. 2
VwVfG insoweit als speziellere Norm eingestuft werden, deren Anwendungsbereich sonst erheblich reduziert werden würde. Würde jedoch § 13 Abs. 1 Nr. 2
VwVfG auf Konstellationen reduziert werden, in denen es um den Adressaten im
zu prüfenden Verfahren ginge, wäre die Regelung überflüssig, weil insoweit bereits die Regelung für den Antragsteller gemäß § 13 Abs. 1 Nr. 1 VwVfG hinreichend
wäre. Z ist gemäß § 13 Abs. 1 Nr. 2 VwGO beteiligt.

2. Handlungsfähigkeit
Handlungsfähig ist auf Antragstellerseite gemäß § 13 Abs. 1 Nr. 1 Alt. 1 VwVfG
i.V.m. § 12 Abs. 1 Nr. 1 VwVfG B als natürliche und i.S.d. §§ 104 ff. BGB geschäftsfähige Person. Handlungsfähig auf Antragsgegnerseite ist gemäß § 13
Abs. 1 Nr. 1 Alt. 2 VwVfG i.V.m. § 12 Abs. 1 Nr. 4 VwVfG das Landratsamt, vertreten durch den Landrat als geschäftsfähigen Behördenleiter i.S.d. § 12 Abs. 1 Nr. 1
VwVfG.

IV. Verfahrensart
Maßgeblich ist für die Art des Widerspruchsverfahrens analog § 88 VwGO das
Begehren des Widerspruchsführers. Es handelt sich aus der Sicht des B um einen
Anfechtungswiderspruch gemäß § 68 Abs. 1 S. 1 VwGO i.V.m. § 79 VwVfG ge-
gen die gegenüber Z erteilte Erlaubnis, nicht aber um einen Verpflichtungswi-
derspruch i.S.d. § 68 Abs. 2 VwGO i.V.m. § 79 VwVfG.

V. Widerspruchsbefugnis
B muss widerspruchsbefugt sein. Für die Widerspruchsbefugnis analog § 42
Abs. 2 VwGO – die Norm ist nicht gemäß § 79 VwVfG direkt anwendbar, jedoch
sind Popularwidersprüche zu vermeiden – ist es Voraussetzung, dass die Möglichkeit der Verletzung eines subjektiven Rechts besteht. Subjektive Rechte ergeben sich aus Sonderrechtsbeziehungen wie z.B. Leistungsbescheiden oder öffentlich-rechtlichen Verträgen, einfachen Gesetzen, subsidiär aus Grundrechten,
wobei jedenfalls aufgrund des weiten Schutzbereiches des Art. 2 Abs. 1 GG bei
unmittelbaren Grundrechtseingriffen für das subjektive Recht direkt auf Grundrechte abgestellt werden kann.

Merke: Bei unmittelbaren Grundrechtseingriffen wird in der Regel das Grundrecht als subjektives Recht benannt, obwohl die Verletzung eines spezielleren subjektiven Rechts aus Sonderrechtsbeziehungen oder einfachen Gesetzen möglich ist. Das ist u. a. auf den weit auszulegenden Schutzbereich des Art. 2 Abs. 1 GG als Auffanggrundrecht zurückzuführen.

Ob ein Kläger tatsächlich in einem subjektiven Recht verletzt ist, ist für die Widerspruchsbefugnis irrelevant, da die Möglichkeit der Verletzung eines subjektiven Rechts genügt.

Für B als Widerspruchsführer kann nicht direkt auf die Grundrechte abgestellt werden, weil kein unmittelbarer Grundrechtseingriff ersichtlich ist. Zwar ist Gegenstand des Widerspruches ein Verwaltungsakt, durch den sich B in seinen Rechten beeinträchtigt fühlt – die Gewerbeerlaubnis zum Betrieb des Tabledance-Clubs –, jedoch ist dieser Verwaltungsakt nicht an ihn gerichtet, sondern an Z. B kann durch den Verwaltungsakt also nur mittelbar beeinträchtigt sein, sodass für seine subjektiven Rechte primär Sonderrechtsbeziehungen, einfache Gesetze und nur subsidiär Grundrechte maßgeblich sind.

1. § 33a Abs. 2 Nr. 1 GewO

Eine Sonderrechtsbeziehung ist nicht ersichtlich, sodass sich das subjektive Recht des B als Drittem aus § 33a Abs. 2 Nr. 1 GewO als einfachgesetzlicher Norm ergeben kann. Gemäß § 33a Abs. 2 Nr. 1 GewO ist eine Gewerbeerlaubnis zu versagen, wenn durch Tatsachen die Annahme gerechtfertigt werden kann, dass der Antragsteller die für den Gewerbebetrieb erforderlichen Zuverlässigkeitskriterien nicht erfüllt. Die Norm scheint allerdings im Rahmen der ihr zugewiesenen ordnungsrechtlichen Funktion objektiviert und ohne Drittschutz bezüglich des Tatbestandsmerkmals der Zuverlässigkeit formuliert zu sein (zum Ganzen vgl. BVerwG – 1 C 38/79).

Eine einfachgesetzliche Norm, die im vorerwähnten Sinne zugunsten des Widerspruchsführers wirkt, kann durch den angefochtenen Verwaltungsakt bei dessen unterstellter Rechtswidrigkeit nicht verletzt worden sein. § 33a Abs. 2 Nr. 1 GewO, auf den die Gewerbeerlaubnis des Z gestützt worden ist, ist ausschließlich auf das Rechtsverhältnis zwischen der Behörde und dem Antragsteller Z bezogen.

Durch die Vorschrift wird dem Widerspruchsführer keine Rechtsposition eingeräumt, die verletzt ist, wenn entgegen der ursprünglichen Annahme der Behörde die in dieser Vorschrift festgelegten Voraussetzungen für die Versagung der beantragten Gewerbeerlaubnis zum Betrieb eines Tabledance-Clubs erfüllt waren.

Durch § 33a Abs. 2 Nr. 1 GewO in seinem für B maßgeblichen Regelungsumfang soll ausschließlich das öffentliche Interesse, den Betrieb von Tanzlustbarkeiten durch unzuverlässige Personen zu verhindern, geschützt werden. Ein
darüber hinausgehender Schutzzweck ist weder dem Wortlaut noch dem Sinngehalt der Vorschrift zu entnehmen.

2. § 33a Abs. 2 Nr. 3 GewO

Ein subjektives Recht des B als Drittem kann sich aus § 33a Abs. 2 Nr. 3 GewO
ergeben. Gemäß § 33a Abs. 2 Nr. 3 GewO ist eine Gewerbeerlaubnis zu versagen,
wenn der Gewerbetreibende im Hinblick auf seine örtliche Lage oder auf die
Verwendung der Räume dem öffentlichen Interesse widerspricht, insbesondere
schädliche Umwelteinwirkungen i.S.d. Bundesimmissionsschutzgesetzes oder
sonst erhebliche Nachteile, Gefahren oder Belästigungen für die Allgemeinheit
befürchten lässt.

Aus den Tatbestandsmerkmalen „öffentliches Interesse" und „Allgemeinheit" ergibt sich kein subjektives Recht für den B als Dritten, da in der Bundesrepublik Deutschland entsprechend dem sich unter anderem aus Art. 20 Abs. 3 GG
ergebenden Rechtsstaatsprinzip kein allgemeiner Gesetzesvollziehungsanspruch
gewährt werden soll.

Das subjektive Recht des Dritten kann sich aus § 33a Abs. 2 Nr. 3 GewO im
Hinblick auf die schädlichen Umwelteinwirkungen in Verbindung mit dem Verweis aus dem Nachbarbegriff i.S.d. § 3 Abs. 1 BImSchG ergeben,. Fraglich ist insoweit, ob auf § 3 Abs. 1 BImSchG in § 33a Abs. 2 Nr. 3 GewO vollständig Bezug
genommen wird, oder lediglich unter Ausklammerung des Nachbarbegriffes, weil
die Formulierung „oder sonst erhebliche Nachteile, Gefahren oder Belästigungen für die Allgemeinheit" enthalten ist. Daraus könnte sich ergeben, dass die
schädlichen Umwelteinwirkungen mit dem Verweis in § 33a Abs. 2 Nr. 3 GewO
bereichsspezifisch lediglich objektiv geregelt sind, ohne dass also der Nachbar
geschützt ist. Insoweit ist § 33a Abs. 2 Nr. 3 GewO einerseits systematisch in
Konnexität zu § 33a Abs. 1 S. 3 GewO, andererseits verfassungskonform auszulegen.

Sollte ein mittelbarer Grundrechtseingriff in Form der Intensität oder der
Intention erfolgt sein, wäre es möglich, § 33a Abs. 2 Nr. 3 GewO verfassungskonform auszulegen bevor direkt auf die Grundrechte abgestellt würde. Eine verfassungskonforme Auslegung wäre einerseits ein materielles Problem und ist
andererseits insoweit irrelevant, als Dritte mittels der in § 33a Abs. 1 S. 3 GewO
enthaltenen Regelung geschützt werden.

Gemäß § 33a Abs. 1 S. 3 GewO kann die Gewerbeerlaubnis mit einer Befristung erteilt und mit anderen Auflagen verbunden werden, soweit dies zum Schutz

der Allgemeinheit, der Gäste oder der Bewohner des Betriebsgrundstückes oder der Nachbargrundstücke vor Gefahren, erheblichen Nachteilen oder erheblichen Belästigungen erforderlich ist, wobei unter denselben Voraussetzungen auch die nachträgliche Aufnahme, Änderung und Ergänzung von Auflagen zulässig ist.

Durch § 33a Abs. 1 S. 3 GewO wird Dritten zwar kein vollständiges subjektives Recht auf Beseitigung der Gewerbeerlaubnis bezüglich der Zurschaustellung von Personen gewährt, jedoch zumindest ein partielles subjektives Recht.

Ergänzend besteht zumindest die Möglichkeit, dass B mittelbar in Form der Intensität in seinem sich aus Art. 2 Abs. 1 GG i.V.m. Art. 1 Abs. 1 GG ergebenden allgemeinen Persönlichkeitsrecht verletzt ist. Somit ist § 33a Abs. 2 Nr. 3 GewO verfassungskonform und systematisch subjektiviert auch für den Nachbarn auszulegen. B ist widerspruchsbefugt.

VI. Form und Frist
Form und Frist des Widerspruches müssen eingehalten worden sein.

1. Form
Der Widerspruch ist gemäß § 70 Abs. 1 S. 1 VwGO i.V.m. § 79 VwVfG innerhalb eines Monats, nachdem der Verwaltungsakt dem Beschwerten bekannt gegeben worden ist, schriftlich oder zur Niederschrift bei der Behörde einzulegen bzw. zu erheben, die den Verwaltungsakt erlassen hat, wobei die Einlegung bzw. Erhebung des Widerspruches gemäß § 70 Abs. 1 S. 2 VwGO i.V.m. § 79 VwVfG auch bei der Behörde erfolgen darf, durch die der Widerspruchsbescheid erlassen wird. B hat den Widerspruch schriftlich bei der zuständigen Behörde eingelegt.

Sowohl der Terminus „Einlegung" (§ 75 S. 2 VwGO) als auch der Terminus „Erhebung" (§ 69 VwGO) sind vom Gesetzgeber verwendet worden, sodass insoweit ein Wahlrecht besteht.

---

2. Frist
Fraglich ist, ob B die Widerspruchsfrist eingehalten hat.

a) Monatsfrist i. S. d. § 70 Abs. 1 S. 1 VwGO i. V. m. § 79 VwVfG
Die Widerspruchsfrist von einem Monat beginnt gemäß § 70 Abs. 1 S. 1 VwGO i.V.m. § 79 VwVfG mit der Bekanntgabe des Verwaltungsaktes. Die Bekanntgabe richtet sich nach den §§ 43, 41 VwVfG. Grundsätzlich kommt es gemäß § 41 Abs. 1

S. 1 VwVfG auf die tatsächliche Bekanntgabe gegenüber dem Betroffenen an. Der Bescheid ist B als betroffenem Dritten nicht zugestellt worden, sodass die Monatsfrist nicht beginnen konnte. Anderenfalls wäre die Monatsfrist verstrichen.

b) Jahresfrist i. S. d. § 58 Abs. 2 VwGO i. V. m. §§ 70 Abs. 2 VwGO, 79 VwVfG

Ist eine Rechtsbehelfsbelehrung unterblieben oder unrichtig erteilt, ist die Einlegung des Rechtsbehelfs gemäß § 58 Abs. 2 VwGO i.V.m. §§ 70 Abs. 2 VwGO, 79 VwVfG nur innerhalb eines Jahres seit Zustellung, Eröffnung oder Verkündung zulässig, außer wenn die Einlegung vor Ablauf der Jahresfrist infolge höherer Gewalt unmöglich war oder eine schriftliche oder elektronische Belehrung dahin erfolgt ist, dass ein Rechtsbehelf nicht gegeben sei.

Da die Gewerbeerlaubnis für Z dem Widerspruchsführer B nicht bekannt gegeben worden ist, gab es auch keine Rechtsbehelfsbelehrung, sodass nicht die Monatsfrist i. S. d. § 70 Abs. 1 S. 1 VwGO i.V.m. § 79 VwVfG, sondern die Jahresfrist i. S. d. § 58 Abs. 2 VwGO i.V.m. §§ 70 Abs. 2 VwGO, 79 VwVfG gilt.

aa) Verwirkung

Eine Fristberechnung ist insoweit irrelevant, als ohnehin eine Verwirkung erfolgt wäre.

Es ist vertretbar, die Verwirkung stets nach der Fristberechnung zu erörtern mit der Folge, dass die Prüfung der Verwirkung mangels Fristeinhaltung des B irrelevant wäre.

Gemäß dem sich unter anderem aus Art. 20 Abs. 3 GG ergebenden Rechtsstaatsprinzip in Verbindung mit dem sich auch bezüglich der nach dem Bürgerlichen Gesetzbuch zu berechnenden Fristenregelungen der §§ 187 ff. BGB i.V.m. §§ 57 Abs. 2 VwGO, 79 VwVfG, 222 Abs. 1 ZPO bzw. § 31 VwVfG geltenden Grundsatz des Verbotes widersprüchlichen Verhaltens i.S.d. § 242 BGB als Ausprägung von Treu und Glauben ist eine Verwirkung möglich. Das gilt für Nachbarschaftsverhältnisse insoweit, als der begünstigte Nachbar, dem eine Genehmigung erteilt worden ist, davon ausgehen durfte, dass der möglicherweise betroffene nicht begünstigte Nachbar nicht mehr gegen die Genehmigung vorgehen werde, weil letzterer rechtsstaatlich gehalten ist, einen etwaigen Schaden des begünstigten Nachbarn möglichst gering zu halten.

Die Verwirkung enthält einen Zeit- und einen Umstandsmoment. Der Zeitmoment bedeutet, dass seit der Möglichkeit ein Recht geltend zu machen, ein längerer Zeitraum verstrichen sein muss, wobei die Umstände des Einzelfalles maßgeblich sind.

Ein widersprüchliches Verhalten des B ist jedoch nicht ersichtlich, da er nicht etwa Z suggerierte, nicht gegen dessen Gewerbeerlaubnis vorzugehen. Zudem besteht zwischen B und Z keine einem Nachbarschaftsverhältnis vergleichbare Beziehung, da Z die Räumlichkeiten zumindest noch nicht bezogen hatte und eine Bekanntschaft aus der Schulzeit zwischen B und Z nicht hinreichend ist.

Eine Verwirkung ist nicht erfolgt, sodass die Fristberechnung maßgeblich ist.

bb) Fristbeginn

Fristbeginn §§ 74 (oder 70 II), 58 II VwGO

Grds. ab Bekanntgabe	Kennen/Kennenmüssen
>§§ 43, 41 VwVfG grds. anwendbar, so dass Jahresfrist wie bei anderen VA normalerweise mit Bekanntgabe beginnt (führt bei Drittverhältnissen zu spätem Fristbeginn)	>**HM:** in Drittverhältnissen ggf. Fristbeginn mit Kennen oder Kennenmüssen (verfassungskonforme Auslegung (Art. 20 III GG; Rechtssicherheit) >Verwirkung der Jahresfrist möglich (vgl. § 242 BGB iVm Art. 20 III GG)

Nicht: ab Erlass des VA

>nicht maßgeblich: Erlass des VA bzw. Bekanntgabe gegenüber dem eigentlichen Adressaten eines VA, soweit dem ein Rechtsmittel bzw. Rechtsbehelf einlegenden Dritten nicht bekannt gegeben und ohne Kenntnis (oder Kennenmüssen)
>§§ 41, 43 VwVfG würden unterlaufen (zudem: Art. 19 IV bzw. dessen Vorwirkung)

Schema 2

Fraglich ist, wann die Jahresfrist i. S. d. § 58 Abs. 2 VwGO i.V. m. §§ 70 Abs. 2 VwGO, 79 VwVfG beginnt. Grundsätzlich gilt entsprechend dem Wortlaut auch insoweit der Zeitpunkt der Bekanntgabe.

Aufgrund seiner systematischen Stellung und inhaltlichen Ausgestaltung ist § 41 Abs. 2 VwVfG gegenüber § 41 Abs. 1 VwVfG insoweit vorrangig. Nach § 41 Abs. 1 S. 1 VwVfG gilt ein schriftlicher Verwaltungsakt am dritten Tage nach der Aufgabe zur Post als bekannt gegeben, es sei denn, er ist gemäß § 41 Abs. 2 S. 2 VwVfG nicht oder zu einem späteren Zeitpunkt zugegangen. Die Genehmigung des Tabledance-Clubs ist B jedoch zu keinem Zeitpunkt bekannt gegeben worden mit der Folge, dass es keine Aufgabe zur Post und keine Fiktion i. S. d. § 41 Abs. 2 S. 1 VwVfG gibt.

Aus dem sich unter anderem aus Art. 20 Abs. 3 GG ergebenden Rechtsstaatsprinzip ergibt sich jedoch, dass bei verfassungskonformer Auslegung des § 58 Abs. 2 VwGO der Zeitpunkt der Bekanntgabe durch den Zeitpunkt der Kenntnis oder des Kennenmüssens zu ersetzen ist. Somit gilt als Zeitpunkt der

Bekanntgabe der 13.10. des Ausgangsjahres, an dem B durch den eindeutigen Aushang an der Gewerbefläche unter seiner Wohnung von der an Z erteilten Gewerbeerlaubnis erfahren hat.

Fraglich ist, ob der 13.10. des Ausgangsjahres auch der Tag ist, an dem die Frist tatsächlich beginnt. Insoweit könnten die §§ 57 Abs. 2 VwGO i.V.m. § 79 VwVfG, 222 Abs. 1 ZPO, 187 ff. BGB zur Anwendung gelangen. Dafür spricht, dass die Ermittlung des Fristbeginns der Widerspruchsfrist letztlich dazu dient, die Einhaltung der Klagefrist nach § 74 VwGO i.V.m. § 79 VwVfG für ein späteres Verfahren aus gerichtlicher Sicht zu klären, zumal die Widerspruchsfrist in den §§ 70, 58 VwGO i.V.m. § 79 VwVfG, also auch in der Verwaltungsprozessordnung geregelt ist. Für Fristen der Verwaltungsgerichtsordnung gilt allgemein § 57 Abs. 2 VwGO.

Bei genauer dogmatischer Zuordnung geht es bei der Ermittlung des Beginns der Frist nach § 70 VwGO inzident um das Merkmal der „Bekanntgabe" der Verwaltungsakte, die im vorprozessualen Bereich, nämlich im Rahmen des Wirksamwerdens des Rechtssetzungsaktes im Verwaltungsverfahren erfolgt. Den diesbezüglichen Bekanntgabezeitpunkt gilt es zu ermitteln mit der Folge, dass im vorprozessualen Stadium das Verwaltungsverfahrensgesetz anzuwenden ist. Die Berechnung des Bekanntgabezeitpunktes i.S.d. § 41 Abs. 2 VwVfG richtet sich daher nach den §§ 31 VwVfG, 187 ff. BGB.

Die Anwendung des § 31 VwVfG kann gegenüber § 57 Abs. 2 VwGO insoweit zu Modifizierungen führen, als z.B. in § 31 Abs. 2–7 VwVfG Sonderregelungen enthalten sind.

Letztlich sind jedenfalls die §§ 187 ff. BGB anwendbar.

Ist für den Beginn einer Frist ein Ereignis – so die Kenntnis des B anstelle der Bekanntgabe – maßgeblich, wird gemäß § 187 Abs. 1 BGB bei der Berechnung der Frist der Tag nicht mitberechnet, in welchen das Ereignis fällt. Die Kenntnis des B erfolgte am 13.10. des Ausgangsjahres, sodass die Frist am 14.10. des Ausgangsjahres um 00:00 Uhr begann.

cc) Fristdauer

Die Fristdauer der Jahresfrist aus § 58 Abs. 2 VwGO i.V.m. §§ 70 Abs. 2 VwGO, 79 VwVfG wird nach den §§ 57 Abs. 2 VwGO, 222 Abs. 1 ZPO, 187 ff. BGB berechnet, weil die Zeitspanne im Verwaltungsverfahren bis zur Bekanntgabe des Verwaltungsaktes mit der Bekanntgabe bzw. mit dem Ersetzen der Bekanntgabe durch den Zeitpunkt der Kenntnis bzw. des Kennenmüssens grundsätzlich beendet ist. Das Widerspruchsverfahren ist zunächst ein neues Verfahren, welches auch in Erfüllung der Sachurteilsvoraussetzungen einer etwaigen Klage durchgeführt werden muss, sodass insoweit die in der Verwaltungsgerichtsordnung als Prozessordnung enthaltene Frist maßgeblich ist.

Es ist vertretbar, auch bezüglich der Fristdauer den verwaltungsverfahrensrechtlichen Aspekt in den Vordergrund zu stellen und § 31 VwVfG anzuwenden.

Als Jahresfrist endete die Frist gemäß § 58 Abs. 2 VwGO i.V.m. §§ 70 Abs. 2 VwGO, 79 VwVfG gemäß § 188 Abs. 2 BGB als solche Frist, deren Beginn ein Ereignis gemäß § 187 Abs. 1 BGB zugrunde liegt, mit dem Ablauf desjenigen Tages, welcher durch seine Benennung oder Zahl dem Tage entspricht, in welchen das Ereignis fällt. Das Ereignis war die Kenntnis des B am 13.10. des Ausgangsjahres, sodass die Frist am 13.10. um 24:00 Uhr des Folgejahres endet.

B hat gegen den Bescheid bezüglich der Erteilung der Gewerbeerlaubnis an Z am 14.10. des Folgejahres Widerspruch eingelegt, sodass die Widerspruchsfrist nicht eingehalten und der Widerspruch verfristet ist.

c) Heilung durch sachliche Einlassung der Behörde

Die Verfristung kann jedoch aufgrund einer sachlichen Einlassung der Behörde unbeachtlich sein.

aa) Grundsatz der sachlichen Einlassung

Der Möglichkeit der sachlichen Einlassung bei Verfristung des Widerspruches kann entgegengehalten werden, dass die Fristen in der Verwaltungsgerichtsordnung zur Schaffung einer Rechtssicherheit i.S.d. sich unter anderem aus Art. 20 Abs. 3 GG ergebenden Rechtsstaatsprinzips präzise definiert sind. Die Verwaltungsgerichtsordnung wäre somit bindend, ohne dass eine Abweichung auf Veranlassung der Behörde möglich wäre.

Bei Betrachtung der Funktion des Widerspruchsverfahrens ist eine sachliche Einlassung der Behörde möglich. (siehe Schema 3)

Gemäß der behördlichen Pflicht zum rechtmäßigen Handeln aus Art. 20 Abs. 3 GG soll die Behörde durch das Widerspruchsverfahren die Möglichkeit zur Selbstkontrolle bekommen, um etwaige Fehler im Widerspruchsverfahren korrigieren zu können. Sie ist Herrin des Vorverfahrens. Das gilt auch nach Ablauf der Widerspruchsfrist. Der Bürger ist insoweit nicht schutzwürdig, weil er die Durchführung des Widerspruchsverfahrens selbst veranlasst und wünscht. Außerdem kann ein Verwaltungsakt gemäß den §§ 48, 49 VwVfG oder diese verdrängenden Spezialregelungen sogar nach Bestandskraft seitens der Behörde und gegebenenfalls auf Antrag aufgehoben werden. Das muss erst recht gelten, wenn der

Funktionen des Widerspruchsverfahrens

| Rechtsschutz des Bürgers (Vorwirkung Art. 19 IV GG) | Selbstkontrolle der Verwaltung (Art. 20 III GG) | Entlastung der Gerichte |

Schema 3

Bürger und die Behörde sich über die Durchführung eines Widerspruchsverfahrens verfahrensrechtlich einig sind, wenngleich es sich bei der Aufhebung eines Verwaltungsaktes um ein gesondertes Verfahren handelt. Damit ist – unabhängig von den materiellen, möglicherweise einzuschränkenden Konsequenzen – die sachliche Einlassung zur Selbstkontrolle der Verwaltung möglich, soweit in zweipoligen Beziehungen lediglich die Interessen einer Behörde und eines Widerspruchsführers im Widerspruchsverfahren maßgeblich sind.

Nicht disponibel ist – auch in zweipoligen Beziehungen – die Klagefrist, weil insoweit die Effektivität der Judikative in einem Rechtsstaat i. S. d. Art. 20 Abs. 3 GG gewährleistet werden muss. Eine außergesetzliche Belastung der Gerichte als von der sachlichen Einlassung betroffenen Gewalt ist wider die Verwaltungsgerichtsordnung nicht zulässig. Bezüglich des Widerspruches des B sind jedoch nicht lediglich Interessen des B und des zuständigen Landratsamtes als zuständiger Sonderordnungsbehörde zu berücksichtigen, sondern auch die Interessen des Genehmigungsadressaten Z, sodass es sich um eine dreipolige Beziehung handelt.

bb) Dreipolige Beziehung

Fraglich ist, ob eine Heilung bezüglich einer Verfristung durch eine sachliche Einlassung der Behörde im Widerspruchsverfahren auch in dreipoligen Beziehungen möglich ist (zum Ganzen: BVerwG BayVBl 1983, 27, 28). Dabei ist entscheidend, dass die Rechte durch einen Verwaltungsakt begünstigter Dritter nicht zur Disposition der Behörde stehen.

Verwaltungsakte mit Doppelwirkung, durch die einige Personen begünstigt und andere belastet werden, werden, wenn sie nicht fristgerecht beseitigt werden, unanfechtbar und erwachsen danach in Bestandskraft. Durch diese Bestandskraft wird dem durch die Genehmigung Begünstigten eine gesicherte Rechtsposition vermittelt. Diese gesicherte Rechtsposition darf dem durch den bestandskräftig gewordenen Verwaltungsakt Begünstigten nur dann entzogen werden, wenn hierfür eine gesetzliche Grundlage besteht. In den §§ 68 ff. VwGO ist eine derartige Ermächtigungsgrundlage nicht enthalten.

Bei einem verspäteten Widerspruch kann die Behörde allerdings veranlasst sein, die Voraussetzungen für die Rücknahme bzw. den Widerruf eines Verwaltungsaktes i. S. d. §§ 48, 49 VwVfG bzw. im Sinne von Spezialvorschriften von Amts wegen zu prüfen. Dies ist jedoch letztlich irrelevant, weil keine Anhaltspunkte für die Voraussetzungen der Rücknahme oder des Widerrufes ersichtlich sind und eine Sachentscheidung der Behörde über einen verspäteten Widerspruch bei Verwaltungsakten mit Doppelwirkung durch die Rücknahme bzw. den Widerruf nicht gerechtfertigt werden kann. Die Widerspruchsbehörde darf wegen der durch die Bestandskraft der Genehmigung vermittelten gesicherten Rechtsposition nicht über den verspäteten Widerspruch des Nachbarn sachlich entscheiden, sodass einer gleichwohl ergehenden Sachentscheidung eine die Fristversäumung heilende Wirkung nicht zuzusprechen ist.

Eine sachliche Einlassung der Behörde mit einer die Fristversäumung des B heilenden Wirkung ist nicht möglich. Der Widerspruch ist demnach verfristet und die Behörde nicht zur Heilung durch sachliche Einlassung befugt.

B. Ergebnis

Die Behörde darf keinen Abhilfebescheid gemäß § 72 VwGO gegenüber B erlassen, sondern sie muss – soweit sie die Einwände des B für beachtlich hält – ein neues Verfahren nach § 33a Abs. 1 S. 3 letzter Halbsatz GewO durchführen bzw. die Gewerbeerlaubnis des Z gemäß den §§ 48, 49 VwVfG aufheben und die Ausübung des Gewerbes gemäß § 15 Abs. 2 S. 1 GewO untersagen. § 35 Abs. 1 S. 1 GewO ist insoweit gemäß § 35 Abs. 8 GewO nicht maßgeblich.

2. Komplex: Abwandlung

Der Widerspruch des B wird erfolgreich sein, soweit die Sachentscheidungsvoraussetzungen erfüllt sind, der Widerspruch somit auch zulässig ist und der Widerspruch begründet ist.

A. Sachentscheidungsvoraussetzungen

Die Sachentscheidungsvoraussetzungen können erfüllt sein.

I. Statthaftigkeit des Widerspruchsverfahrens

Der Widerspruch muss statthaft sein. Dazu bedarf es der Anwendbarkeit der Verwaltungsgerichtsordnung bezüglich der für den Widerspruch geltenden Vorschriften der Verwaltungsgerichtsordnung sowie der Erforderlichkeit eines Widerspruches.

1. Anwendbarkeit der Verwaltungsgerichtsordnung

Die für das öffentlich-rechtliche Widerspruchsverfahren teilweise maßgebliche Verwaltungsgerichtsordnung muss anwendbar sein. Die Verwaltungsgerichtsordnung kann mangels aufdrängender Sonderzuweisung zum Verwaltungsverfahrensweg analog § 40 Abs. 1 S. 1 VwGO eröffnet sein. Im Übrigen kann mittels eines Verweisungsbeschlusses analog § 17a Abs. 2 S. 1 GVG i.V.m. § 173 S. 1 VwGO gegebenenfalls verwiesen werden (vgl. Schenke, in: Kopp/Schenke (Hg.) VwGO, 25. Aufl. 2019, § 70, Rn. 16 m.w.N.). Die Verwaltungsgerichtsordnung ist anwendbar, wenn die streitentscheidende öffentlich-rechtliche Norm einen Hoheitsträger einseitig berechtigt oder verpflichtet bzw. wenn aufgrund typisch hoheitlichen Handelns zwischen den Beteiligten ein Subordinationsverhältnis besteht. Streitentscheidende öffentlich-rechtliche Norm ist § 33a Abs. 1 S. 1 GewO, da insoweit die Genehmigungsbedürftigkeit für die Zurschaustellung von Personen vorgesehen ist. Da keine Verfassungsorgane über Verfassungsrecht streiten, ist die öffentlich-rechtliche Streitigkeit nicht verfassungsrechtlicher Art. Abdrängende Sonderzuweisungen sind nicht ersichtlich. Die Verwaltungsgerichtsordnung ist anwendbar.

2. Erforderlichkeit des Widerspruches

Ein Widerspruch als maßnahmespezifischer Rechtsschutz muss erforderlich sein. Ein Widerspruch ist jedenfalls nur erforderlich, soweit Verfahrensziel i.S.d. § 68 Abs. 1 S. 1 VwGO die Aufhebung eines Verwaltungsaktes i.S.d. § 35 VwVfG ist bzw. soweit i.S.d. § 68 Abs. 2 VwGO i.V.m. § 79 VwVfG der Erlass eines Verwaltungsaktes i.S.d. § 35 VwVfG erreicht werden soll. Ein Verwaltungsakt i.S.d. § 35 S. 1 VwVfG ist jede Verfügung, Entscheidung oder andere hoheitliche Maßnahme, die eine Behörde zur Regelung eines Einzelfalls auf dem Gebiet des öffentlichen Rechts trifft und die auf unmittelbare Rechtswirkung nach außen gerichtet ist.

Die Gewerbeerlaubnis zugunsten des Z i.S.d. § 33a Abs. 1 S. 1 GewO ist eine Regelung mit Außenwirkung bezüglich deren Beseitigung allerdings sofort die Klage als Rechtmittel, nicht aber ein Widerspruch als Rechtsbehelf statthaft sein könnte. Ein Widerspruchsverfahren könnte entbehrlich sein. Sollte ein Widerspruch entbehrlich sein, ist fraglich, ob er bei Einlegung bzw. Erhebung dennoch statthaft ist. Die Statthaftigkeit eines entbehrlichen Widerspruches ist jedenfalls irrelevant, soweit die Durchführung eines Widerspruchsverfahrens erforderlich ist.

Ein Widerspruchsverfahren ist gemäß § 68 Abs. 1 S. 2 Alt. 1 VwGO i.V. m. § 79 VwVfG entbehrlich, soweit dies gesetzlich bestimmt ist bzw. gemäß § 68 Abs. 1 S. 2 Alt. 2 Nr. 1 VwGO i.V. m. § 79 VwVfG, wenn ein Verwaltungsakt von einer obersten Bundes- oder Landesbehörde erlassen worden ist bzw. gemäß § 68 Abs. 1 S. 2 Alt. 2 Nr. 2 VwGO i.V. m. § 79 VwVfG, wenn in einem Abhilfe- oder in einem Widerspruchsbescheid erstmals eine Beschwer enthalten ist.

Gemäß § 68 Abs. 1 S. 2 Alt. 1 VwGO i.V. m. §§ 10 Abs. 1 AG VwGO, 79 VwVfG ist die Durchführung eines Widerspruchsverfahrens grundsätzlich entbehrlich. Das gilt gemäß § 68 Abs. 1 S. 2 Alt. 1 VwGO i.V. m. §§ 10 Abs. 3 S. 1 AG VwGO, 79 VwVfG nicht für nicht am Verwaltungsverfahren beteiligte Dritte, die sich gegen den Erlass eines anderen begünstigenden Verwaltungsaktes wenden. Somit wäre die Durchführung eines Widerspruchsverfahrens durch B erforderlich, weil die Entbehrlichkeit i. S. d. § 68 Abs. 1 S. 2 Alt. 1 VwGO i.V. m. §§ 10 Abs. 1 S. 1 AG VwGO, 79 VwVfG ausgeschlossen ist.

Eine Rückausnahme ist jedoch in § 68 Abs. 1 S. 2 Alt. 1 VwGO i.V. m. §§ 10 Abs. 3 S. 2 Nr. 3 AG VwGO, 79 VwVfG für Genehmigungen im Sinne der Gewerbeordnung enthalten, weshalb ein Widerspruchsverfahren entbehrlich ist. Fraglich ist, ob ein Widerspruch trotz der Entbehrlichkeit des Widerspruchsverfahrens statthaft ist.

3. Entbehrlichkeit des Widerspruchsverfahrens

Wenn es eines Vorverfahrens nicht bedarf, könnte ein Widerspruch unstatthaft sein.

Die Statthaftigkeit eines entbehrlichen Widerspruches ist umstritten und in der Praxis nur begrenzt relevant. Es ist vertretbar, die Statthaftigkeit eines entbehrlichen Widerspruches mit dem BVerwG, Urteil vom 12.08.2014 – 1 C 2/14, NVwZ-RR 2014, 869 abzulehnen. Gegen die Statthaftigkeit spricht insbesondere, dass das Widerspruchsverfahren sowohl dem Rechtsschutz des Betroffenen stärken, als auch der Behörde zur Selbstkontrolle dienen soll und das Verfahren angesichts dieser Funktionen zugunsten beider Interessen für keine der Interessensparteien disponibel ist (so schon BVerwG, Urteil vom 13.01.1983 – 5 C 114/81, NJW 1983, 2276, 2277). Bei landesrechtlichen Ausschlüssen kann das Interesse des Landesgesetzgebers an einer Verfahrensbeschleunigung gegen die Statthaftigkeit sprechen (vgl. etwa Dolde/Porsch, in: Schoch/ Schneider/Bier (Hg.), VwGO, 37. EL Juli 2019, § 68, Rn 14d. m.w. N.). Eine Statthaftigkeit entbehrlicher Widerspruchsverfahren könnte zudem in „Endlosschleifen" ausarten, wenn Widersprüche mehrfach erhoben würden. In Drei-Personen-Verhältnissen kann der Schutz des Dritten zudem dafür angeführt werden, dass ein Widerspruchsverfahren bei Entbehrlichkeit des Widerspruchs unstatthaft ist. Im Zweifel sollte klausurtaktisch entschieden werden.

Das würde faktisch zwar zu einer Entlastung der Behörden, dafür aber zu einer noch größeren Belastung der Gerichte führen. Obwohl die Hemmschwelle zur Klage gegenüber der zur Einlegung bzw. Erhebung eines Widerspruches höher einzustufen sein mag, wird zumindest ein großer Teil derjenigen, die grundsätzlich bereit sind, einen Widerspruch einzulegen, auch Klage erheben (vgl. Rüssel NVwZ 2006, 523). Eine Auslegung des § 68 Abs. 1 S. 2 HS. 1 VwGO i.V. m. § 79 VwVfG dahingehend, dass ein Widerspruch bei Entbehrlichkeit nicht statthaft wäre, erscheint verfassungsrechtlich bedenklich.

Dem Wortlaut der Norm ist ein Verbot des Widerspruchsverfahrens nicht zu entnehmen – ebenso wenig dem Wortlaut der entsprechenden Ausführungsgesetze der Länder oder sonstigen Normen der Verwaltungsgerichtsordnung. Sinn und Zweck des Widerspruchsverfahren sind im Sinne des sich aus der Verfassung – insbesondere Art. 20 Abs. 2, 3 GG – ableitenden Rechtsstaatsprinzips die Selbstkontrolle der Verwaltung sowie grundsätzlich die Entlastung der Gerichte. Art. 19 Abs. 4 GG ist bezüglich des Widerspruchsverfahrens zwar nicht direkt anwendbar, kann jedoch eine Vorwirkung zum Schutz des Bürgers beinhalten, da durch Art. 19 Abs. 4 GG ein effektiver Rechtsschutz durch einen instanzlichen Rechtsweg gewährleistet werden soll. Zwar ist die Widerspruchsinstanz keine eigenständige Instanz im Sinne eines Rechtsweges, jedoch ist mit dem Verwaltungsverfahren eine Art – wenngleich nicht in erheblicher Weise – schützenswerte Vorinstanz geschaffen worden.

Soweit der Wortlaut nicht ohnehin schon als diesbezüglich eindeutig erachtet wird, ist daher § 68 Abs. 1 S. 2 HS. 1 VwGO i.V. m. § 79 VwVfG verfassungskonform dahingehend auszulegen, dass ein Widerspruch, soweit es dessen nicht „bedarf", zumindest nicht unstatthaft ist. Die Entbehrlichkeit nach den Ausführungsgesetzen kann zu keinem anderen Ergebnis führen, da bei engerer Auslegung des Landesrechts zulasten des Widerspruchsverfahrens gegen das soeben dargelegte Verständnis des § 68 Abs. 1 S. 2 VwGO i.V. m. § 79 VwVfG verstoßen würde. Ein solcher Verstoß ist wegen Art. 31 GG zu vermeiden, weil Bundesrecht das Landesrecht bricht und die Verfassung wegen des sich aus dem Rechtsstaatsprinzip ableitenden Vorranges des Gesetzes nicht unterlaufen werden darf. Eine entsprechend eng formulierte Norm im Landesrecht wäre somit nicht nur wegen rechtsstaatlicher Grundsätze verfassungskonform zu reduzieren, sondern auch aufgrund des wiederum selbst verfassungskonform ausgelegten bundesrechtlichen § 68 Abs. 1 S. 2 VwGO i.V. m. § 79 VwVfG. Soweit es eines Widerspruchsverfahrens nicht bedarf, ist ein Widerspruch bei Einlegung somit dennoch statthaft.

Allerdings ist die Behörde nicht verpflichtet, über einen solchen Widerspruch zu entscheiden. In der Praxis wird die Behörde regelmäßig nicht über den Widerspruch entscheiden, soweit das Widerspruchsverfahren entbehrlich ist. Ausnahme dürfte sein, dass die Behörde anlässlich des Widerspruches ihr Unrecht gegebenenfalls erkennt und abhelfen wird.

Aber auch darüber hinaus erscheint die Einlegung eines entbehrlichen Widerspruches sinnvoll. Dieser führt nämlich zur Suspendierung des Verwaltungsaktes. Das ergibt sich aus § 80 Abs. 1 VwGO i.V.m. § 79 VwVfG, zusätzlich aber auch aus dem Sinn und dem Zweck des § 74 VwGO. Die Klagefrist beträgt einen Monat, unter anderem deshalb, weil dem Betroffenen für die Überschreitung der recht hohen Schwelle der Klageerhebung aus rechtsstaatlichen Gründen unter Berücksichtigung des Art. 19 Abs. 4 GG eine gewisse Bedenkzeit gewährt werden soll. Diese Besonderheit gäbe es nicht, sofern eine Suspendierung gemäß § 80 Abs. 1 VwGO i.V.m. § 79 VwVfG nur durch eine Klageerhebung oder – über den aus rechtsstaatlichen Gründen geschaffenen § 80 Abs. 2 Nr. 1–4 VwGO i.V.m. § 79 VwVfG hinausgehend – durch einen Antrag auf einstweiligen Rechtsschutz beim Verwaltungsgericht erreicht werden kann.

Da allerdings auch die Entbehrlichkeit des Widerspruchsverfahrens einen Sinn behalten muss, dauert die Suspendierung nur bis zum Ablauf der Klagefrist, also der Frist des nunmehr primär vorgesehenen Rechtsbehelfes bzw. Rechtsmittels. Sollte tatsächlich ein Widerspruchsbescheid erlassen werden, beginnt die Klagefrist mit dessen Zustellung nicht erneut zu laufen, soweit sich nicht im Rahmen einer verfassungskonformen Auslegung i.S.d. sich unter anderem aus Art. 20 Abs. 3 GG ergebenden Rechtsstaatsprinzips mangels hinreichender Zeit zur Klageerhebung etwas anderes ergibt, wobei der Schutz des Adressaten des Dritten irrelevant ist, weil die Statthaftigkeit des Widerspruches letztlich auf der Auslegung des § 68 Abs. 1 S. 1 VwGO beruht, sodass zugunsten des Dritten mangels expliziten Verbotes des Widerspruchsverfahrens kein Schutzstatus erreicht ist.

Durch diese Möglichkeit des Widerspruchs ohne Fristveränderung werden einerseits verfassungsrechtliche Grundsätze gewahrt, andererseits wird durch die Entlastung der Verwaltung dem Sinn der Entbehrlichkeit des Widerspruchsverfahrens Rechnung getragen, weil faktisch deutlich weniger Betroffene einen Widerspruch einlegen dürften, wenn ihnen bewusst ist, dass die Behörde in der Regel nicht tätig werden wird. Die Wahrung der Verfassungsmäßigkeit der Entbehrlichkeit des Widerspruches würde mit dem bloßen Verweis auf die Möglichkeit einer Aussetzung i.S.d. § 80 Abs. 4 VwGO nicht gleichermaßen gewahrt, weil die Behörde eine Anregung des Betroffenen, soweit es sie überhaupt gäbe, weniger ernst nehmen dürfte als einen Widerspruch. Da die Widerspruchsfrist gemäß § 70 Abs. 1 VwGO i.V.m. § 79 VwVfG zum Vorgehen gegen einen Verwaltungsakt entfällt, erfolgt bei einer Gesamtbetrachtung der gesetzlichen Regelungen über die Entbehrlichkeit des Widerspruchsverfahrens die Verkürzung der Frist von grundsätzlich zwei Monaten auf einen Monat. Ist das Widerspruchsverfahren entbehrlich, erfolgt die Suspendierung durch den Widerspruch nur bis zum Ablauf der Klagefrist, während im Übrigen eine Widerspruchsfrist gemäß § 70 Abs. 1 VwGO i.V.m. § 79 VwVfG und eine Klagefrist gemäß § 74 Abs. 1 VwGO i.V.m. § 79 VwVfG zu beachten wären, soweit nicht die Voraussetzungen des § 58 Abs. 2 VwGO gegebenenfalls i.V.m. §§ 70 Abs. 2 VwGO, 79 VwVfG erfüllt sind.

Nach alledem ist der entbehrliche Widerspruch des B statthaft.

II. Zuständigkeit

Eine verfahrensrechtliche Unzuständigkeit aus Spezialregelungen bzw. i.S.d. § 73 VwGO i.V.m. § 79 VwVfG sachlich oder i.S.d. § 3 VwVfG örtlich ist nicht ersichtlich, wobei gegebenenfalls bei sachlicher bzw. örtlicher Unzuständigkeit ein Verweisungsbeschluss analog § 17a Abs. 2 S. 1 GVG i.V.m. § 83 VwGO als Weiterleitungsbeschluss gefasst werden kann, soweit ein Widerspruchsausschuss besteht.

III. Beteiligte

Als verwaltungsverfahrensrechtliche, mit § 63 VwGO vergleichbare Regelung ist für die Beteiligten § 13 VwVfG maßgeblich.

1. Beteiligungsfähigkeit

Beteiligungsfähig ist auf Antragstellerseite gemäß § 13 Abs. 1 Nr. 1 Alt. 1 VwVfG i.V.m. § 11 Nr. 1 Alt. 1 VwVfG B als natürliche Person. Beteiligungsfähig auf Antragsgegnerseite ist gemäß § 13 Abs. 1 Nr. 1 Alt. 2 VwVfG i.V.m. § 11 Nr. 3 VwVfG der Landrat als Behörde. Z wäre als derjenige, dessen Erlaubnis gegebenenfalls im Widerspruchsverfahren beseitigt wird, grundsätzlich nicht gemäß § 13 Abs. 1 Nr. 4 VwVfG i.V.m. den §§ 13 Abs. 2 S. 2 VwVfG, 11 Nr. 1 VwVfG als Beteiligter hinzuzuziehen, da er keinen Antrag gestellt hat. Eine einfache Beiladung i.S.d. § 13 Abs. 2 S. 1 VwVfG ist nicht erfolgt, wäre aber möglich.

Eine Beteiligung des Z kann sich aber bereits aus § 13 Abs. 1 Nr. 2 VwVfG ergeben, weil der Verwaltungsakt an Z gerichtet war. Zwar könnte § 13 Abs. 2 S. 2 VwVfG insoweit als speziellere Norm eingestuft werden, deren Anwendungsbereich sonst erheblich reduziert werden würde. Würde jedoch § 13 Abs. 1 Nr. 2 VwVfG auf Konstellationen reduziert werden, in denen es um den Adressaten im zu prüfenden Verfahren ginge, wäre die Regelung überflüssig, weil insoweit bereits die Regelung für den Antragsteller gemäß § 13 Abs. 1 Nr. 1 VwVfG hinreichend wäre. Z ist gemäß § 13 Abs. 1 Nr. 2 VwGO beteiligt.

2. Handlungsfähigkeit

Handlungsfähig ist auf Antragstellerseite gemäß § 13 Abs. 1 Nr. 1 Alt. 1 VwVfG i.V. m. § 12 Abs. 1 Nr. 1 VwVfG B als natürliche und i.S. d. §§ 104 ff. BGB geschäftsfähige Person. Handlungsfähig auf Antragsgegnerseite ist gemäß § 13 Abs. 1 Nr. 1 Alt. 2 VwVfG i.V. m. § 12 Abs. 1 Nr. 4 VwVfG das Landratsamt, vertreten durch den Landrat als geschäftsfähigen Behördenleiter i.S. d. § 12 Abs. 1 Nr. 1 VwVfG.

IV. Verfahrensart

Maßgeblich ist für die Art des Widerspruchsverfahrens analog § 88 VwGO das Begehren des Widerspruchsführers. Es handelt sich aus der Sicht des B um einen Anfechtungswiderspruch gemäß § 68 Abs. 1 S. 1 VwGO i.V. m. § 79 VwVfG gegen die gegenüber Z erteilte Erlaubnis, nicht aber um einen Verpflichtungswiderspruch i.S. d. § 68 Abs. 2 VwGO i.V. m. § 79 VwVfG.

V. Widerspruchsbefugnis

B muss widerspruchsbefugt sein. Für die Widerspruchsbefugnis analog § 42 Abs. 2 VwGO – zwecks Vermeidung von Popularwidersprüchen – ist es Voraussetzung, dass die Möglichkeit der Verletzung eines subjektiven Rechts besteht. Subjektive Rechte ergeben sich aus Sonderrechtsbeziehungen wie z. B. Leistungsbescheiden oder öffentlich-rechtlichen Verträgen, einfachen Gesetzen, subsidiär aus Grundrechten, wobei jedenfalls aufgrund des weiten Schutzbereiches des Art. 2 Abs. 1 GG bei unmittelbaren Grundrechtseingriffen für das subjektive Recht direkt auf Grundrechte abgestellt werden kann. Ob ein Kläger tatsächlich in einem subjektiven Recht verletzt ist, ist für die Widerspruchsbefugnis irrelevant, da die Möglichkeit der Verletzung eines subjektiven Rechts genügt. ,

Für B als Widerspruchsführer kann nicht direkt auf die Grundrechte abgestellt werden, weil kein unmittelbarer Grundrechtseingriff ersichtlich ist. Zwar ist Gegenstand des Widerspruches ein Verwaltungsakt durch den sich B in seinen Rechten beeinträchtigt fühlt – die Gewerbeerlaubnis zum Betrieb des Tabledance-Clubs –, jedoch ist dieser Verwaltungsakt nicht an ihn gerichtet, er kann durch den Verwaltungsakt also nur mittelbar beeinträchtigt sein, sodass für seine subjektiven Rechte primär Sonderrechtsbeziehungen, einfache Gesetze und nur subsidiär Grundrechte maßgeblich sind.

1. § 33a Abs. 2 Nr. 1 GewO

Da eine Sonderrechtsbeziehung nicht ersichtlich ist, könnte sich das subjektive Recht des B als Drittem aus § 33a Abs. 2 Nr. 1 GewO als einfachgesetzlicher Norm ergeben. Gemäß § 33a Abs. 2 Nr. 1 GewO ist eine Gewerbeerlaubnis zu versagen, wenn durch Tatsachen die Annahme gerechtfertigt werden kann, dass der Antragsteller die für den Gewerbebetrieb erforderlichen Zuverlässigkeitskriterien nicht erfüllt. Die Norm scheint allerdings im Rahmen der ihr zugewiesenen ordnungsrechtlichen Funktion objektiviert und ohne Drittschutz bezüglich des Tatbestandsmerkmals der Zuverlässigkeit formuliert zu sein (zum Ganzen: vgl. BVerwG – 1 C 38/79).

Eine einfachgesetzliche Norm, die im vorerwähnten Sinne zugunsten des Widerspruchsführers wirkt, kann durch den angefochtenen Verwaltungsakt bei dessen unterstellter Rechtswidrigkeit nicht verletzt worden sein. § 33a Abs. 2 Nr. 1 GewO, auf den die Gewerbeerlaubnis des Z gestützt worden ist, ist ausschließlich auf das Rechtsverhältnis zwischen der Behörde und dem Antragsteller Z bezogen.

Durch die Vorschrift wird dem Widerspruchsführer keine Rechtsposition eingeräumt, die verletzt ist, wenn entgegen der ursprünglichen Annahme der Behörde die in dieser Vorschrift festgelegten Voraussetzungen für die Versagung der beantragten Gewerbeerlaubnis zum Betrieb eines Tabledance-Clubs erfüllt waren.

Durch § 33a Abs. 2 Nr. 1 GewO in seinem für B maßgeblichen Regelungsumfang soll ausschließlich das öffentliche Interesse, den Betrieb von Tanzlustbarkeiten durch unzuverlässige Personen zu verhindern, geschützt werden. Ein darüber hinausgehender Schutzzweck ist weder dem Wortlaut noch dem Sinngehalt der Vorschrift zu entnehmen.

2. § 33a Abs. 2 Nr. 3 GewO

Ein subjektives Recht des B als Drittem kann sich aus § 33a Abs. 2 Nr. 3 GewO ergeben. Gemäß § 33a Abs. 2 Nr. 3 GewO ist eine Gewerbeerlaubnis zu versagen, wenn der Gewerbetreibende im Hinblick auf seine örtliche Lage oder auf die Verwendung der Räume dem öffentlichen Interesse widerspricht, insbesondere schädliche Umwelteinwirkungen i. S. d. Bundesimmissionsschutzgesetzes oder sonst erhebliche Nachteile, Gefahren oder Belästigungen für die Allgemeinheit befürchten lässt.

Aus den Tatbestandsmerkmalen „öffentliches Interesse" und „Allgemeinheit" ergibt sich kein subjektives Recht für den B als Dritten, da in der Bundesrepublik Deutschland entsprechend dem sich unter anderem aus Art. 20 Abs. 3 GG ergebenden Rechtsstaatsprinzip kein allgemeiner Gesetzesvollziehungsanspruch gewährt werden soll.

Sollte ein mittelbarer Grundrechtseingriff in Form der Intensität oder der Intention erfolgt sein, wäre es möglich, § 33a Abs. 2 Nr. 3 GewO verfassungskonform auszulegen, bevor direkt auf die Grundrechte abgestellt würde. Eine verfassungskonforme Auslegung wäre einerseits ein materielles Problem und ist anderseits insoweit irrelevant, als Dritte mittels der in § 33a Abs. 1 S. 3 GewO enthaltenen Regelung geschützt werden.

Das subjektive Recht des Dritten kann sich aus § 33a Abs. 2 Nr. 3 GewO im Hinblick auf die schädlichen Umwelteinwirkungen in Verbindung mit dem Verweis aus dem Nachbarbegriff i. S. d. § 3 Abs. 1 BImSchG ergeben. Fraglich ist insoweit, ob auf § 3 Abs. 1 BImSchG in § 33a Abs. 2 Nr. 3 GewO vollständig Bezug genommen wird oder lediglich unter Ausklammerung des Nachbarbegriffes, weil die Formulierung „oder sonst erhebliche Nachteile, Gefahren oder Belästigungen für die Allgemeinheit" enthalten ist. Daraus könnte sich ergeben, dass die schädlichen Umwelteinwirkungen mit dem Verweis in § 33a Abs. 2 Nr. 3 GewO bereichsspezifisch lediglich objektiv geregelt sind, ohne dass also der Nachbar geschützt ist. Insoweit ist § 33a Abs. 2 Nr. 3 GewO zwar grundsätzlich einerseits systematisch in Konnexität zu § 33 Abs. 1 S. 3 GewO, anderseits verfassungskonform auszulegen.

Sollte ein mittelbarer Grundrechtseingriff in Form der Intensität oder der Intention erfolgt sein, wäre es zwar möglich, § 33a Abs. 2 Nr. 3 GewO verfassungskonform auszulegen, bevor direkt auf die Grundrechte abgestellt würde. Eine verfassungskonforme Auslegung wäre jedoch einerseits möglicherweise eine Überdehnung der Prozessstation, anderseits insoweit irrelevant, als Dritte mittels der in § 33a Abs. 1 S. 3 GewO enthaltenen Regelung geschützt werden. Insbesondere, weil wegen des „Lautlosen Tanzaktes" Lärm nicht erfolgt, ist eine Auslegung des Terminus „schädliche Umwelteinwirkungen" i. S. d. § 33a Abs. 2 Nr. 3 GewO nicht maßgeblich, sondern es ist primär im Rahmen systematischer Auslegung auf § 33a Abs. 1 S. 3 GewO abzustellen.

Gemäß § 33a Abs. 1 S. 3 GewO kann die Gewerbeerlaubnis mit einer Befristung erteilt und mit anderen Auflagen verbunden werden, soweit dies zum Schutz der Allgemeinheit, der Gäste oder der Bewohner des Betriebsgrundstückes oder der Nachbargrundstücke vor Gefahren, erheblichen Nachteilen oder erheblichen Belästigungen erforderlich ist, wobei unter denselben Voraussetzungen auch die nachträgliche Aufnahme, Änderung und Ergänzung von Auflagen zulässig ist.

Durch § 33a Abs. 1 S. 3 GewO wird Dritten zwar kein vollständiges subjektives Recht auf Beseitigung der Gewerbeerlaubnis bezüglich der Zurschaustellung von Personen gewährt, jedoch zumindest ein partielles subjektives Recht.

Ergänzend besteht zumindest die Möglichkeit, dass B mittelbar in Form der Intensität in seinem sich aus Art. 2 Abs. 1 GG i. V. m. Art. 1 Abs. 1 GG ergebenden allgemeinen Persönlichkeitsrecht verletzt ist. Somit ist § 33a Abs. 2 Nr. 3 GewO verfassungskonform und systematisch subjektiviert auch für den Nachbarn auszulegen. B ist widerspruchsbefugt.

VI. Form und Frist
Form und Frist des Widerspruches müssten eingehalten worden sein.

1. Form
Der Widerspruch ist gemäß § 70 Abs. 1 S. 1 VwGO i.V.m. § 79 VwVfG innerhalb eines Monats, nachdem der Verwaltungsakt dem Beschwerten bekannt gegeben worden ist, schriftlich oder zur Niederschrift bei der Behörde einzulegen bzw. zu erheben, die den Verwaltungsakt erlassen hat, wobei die Einlegung bzw. Erhebung des Widerspruches gemäß § 70 Abs. 1 S. 2 VwGO i.V.m. § 79 VwVfG auch bei der Behörde erfolgen darf, durch die der Widerspruchsbescheid erlassen wird. B hat den Widerspruch schriftlich bei der zuständigen Behörde eingelegt.

2. Frist
Fraglich ist, ob B die Widerspruchsfrist eingehalten hat.

a) Monatsfrist i.S.d. § 70 Abs. 1 S. 1 VwGO i.V.m. § 79 VwVfG
Die Widerspruchsfrist von einem Monat beginnt gemäß § 70 Abs. 1 S. 1 VwGO i.V.m. § 79 VwVfG mit der Bekanntgabe des Verwaltungsaktes. Die Bekanntgabe richtet sich nach den §§ 43, 41 VwVfG. Grundsätzlich kommt es gemäß § 41 Abs. 1 S. 1 VwVfG auf die tatsächliche Bekanntgabe gegenüber dem Betroffenen an. Der Bescheid ist B als betroffenem Dritten nicht zugestellt worden, sodass die Monatsfrist nicht beginnen konnte.

Es ist vertretbar, die genaue Fristdauer nicht zu bestimmen und darzulegen, dass zumindest die kürzere Monatsfrist eingehalten wurde, wenngleich zumindest der Fristbeginn bei fundierter juristischer Bearbeitung dargestellt werden müsste.

---

b) Jahresfrist i.S.d. § 58 Abs. 2 VwGO i.V.m. §§ 70 Abs. 2 VwGO, 79 VwVfG
Ist eine Rechtsbehelfsbelehrung unterblieben oder unrichtig erteilt, ist die Einlegung des Rechtsbehelfs gemäß § 58 Abs. 2 VwGO i.V.m. §§ 70 Abs. 2 VwGO, 79 VwVfG nur innerhalb eines Jahres seit Zustellung, Eröffnung oder Verkündung

zulässig, außer wenn die Einlegung vor Ablauf der Jahresfrist infolge höherer Gewalt unmöglich war oder eine schriftliche oder elektronische Belehrung dahin erfolgt ist, dass ein Rechtsbehelf nicht gegeben sei.

Die Gewerbeerlaubnis für Z ist dem Widerspruchsführer B nicht bekannt gegeben worden ist. Daher gab es auch keine Rechtsbehelfsbelehrung, sodass nicht die Monatsfrist i. S. d. § 70 Abs. 1 S. 1 VwGO i. V. m. § 79 VwVfG, sondern die Jahresfrist i. S. d. § 58 Abs. 2 VwGO i. V. m. §§ 70 Abs. 2 VwGO, 79 VwVfG gilt.

Diese Frist hat B mit der Einlegung des Widerspruches vor dem 15. 10. des Ausgangsjahres eingehalten.

VII. Zwischenergebnis

Die Sachentscheidungsvoraussetzungen sind erfüllt und der Widerspruch ist zulässig.

B. Begründetheit

Der Widerspruch ist i. S. d. § 68 Abs. 1 S. 1 VwGO i. V. m. § 79 VwVfG begründet, soweit der Verwaltungsakt rechtswidrig bzw. zweckwidrig und der Widerspruchsführer analog § 113 Abs. 1 S. 1 VwGO dadurch in seinen Rechten verletzt ist. Die Prüfungspflicht durch die Behörde ist somit insoweit beschränkt, als subjektive Rechte des Antragstellers betroffen sind. Zwar könnte insoweit anders als bei Gerichtsverfahren umfassend zu prüfen sein, als die Behörde einen Verwaltungsakt ohnehin aufheben oder nach dem materiellen Recht erneut handeln kann, jedoch ergibt sich dies aus ihrer rechtsstaatlichen Pflicht zum rechtmäßigen Handeln und nicht gegenüber dem Drittwiderspruchsführer, weil diesem kein Gesetzesvollziehungsanspruch zusteht.

I. Rechtsgrundlage

Als Rechtsgrundlage für die an die an Z erteilte Gewerbeerlaubnis ist zunächst § 33a Abs. 1 S. 1 GewO maßgeblich.

II. Voraussetzungen

Die Voraussetzungen der Rechtsgrundlage können erfüllt sein.

1. Formell
Die formellen Voraussetzungen können erfüllt sein.

a) Zuständigkeit
Formell hat die zuständige Ausgangsbehörde als Gewerbeaufsicht gegenüber Z bei Erlass der Gewerbeerlaubnis gehandelt.

b) Verfahren
Eine Anhörung war i. S. d. § 28 Abs. 1, 2 VwVfG entbehrlich, weil bezüglich des B einerseits bereits kein Eingriff in die Rechte eines Beteiligten i. S. d. § 13 VwVfG erfolgt ist – B war seitens der Behörde bezüglich der Genehmigungserteilung für Z nicht gemäß § 13 Abs. 1 Nr. 4, Abs. 2 S. 1 VwVfG hinzugezogen worden, weil er unter anderem schon keinen Antrag i. S. d. § 13 Abs. 2 S. 2 VwVfG als Dritter gestellt hatte – und andererseits die Anhörung eines Dritten in der Regel i. S. d. § 28 Abs. 2 S. 1 VwVfG nicht geboten ist.

c) Form
Die in § 37 Abs. 3 S. 1, 2 VwVfG enthaltenen weit gefassten Formvorgaben für Verwaltungsakte sind bei Erlass der Gewerbeerlaubnis an Z mangels gegenteiliger Anhaltspunkte eingehalten worden.

2. Materiell
Die materiellen Voraussetzungen des § 33a Abs. 1 S. 1 GewO können erfüllt sein.

a) Genehmigungsbedürftigkeit
Der Tabledance-Club des Z ist zunächst gemäß den §§ 1 Abs. 1, 33a Abs. 1 S. 1 GewO genehmigungsbedürftig, da es sich auch bei der Zurschaustellung von Personen nach dem von Z entwickelten Konzept des „Lautlosen Tanzaktes" um eine erlaubte, jedenfalls nicht sozial unwertige, auf Gewinnerzielung gerichtete, dauerhaft ausgeübte, selbstständige Tätigkeit handelt, die nicht Urproduktion, freier Beruf oder Verwaltung eigenen Vermögens i. S. d. § 6 Abs. 1 GewO ist und ein überwiegend künstlerischer Charakter dabei nicht ersichtlich ist.

Mangels Anhaltspunkten im Sachverhalt ist der Gewerbebegriff i. S. d. § 6 Abs. 1 GewO nicht dezidiert zu erörtern.

b) Genehmigungsfähigkeit

Der Tabledance-Club des Z kann auch genehmigungsfähig sein. Die Genehmigungsfähigkeit fehlt, falls die Erlaubnis gemäß § 33a Abs. 2 GewO zu versagen ist. Dabei kann problematisch sein, ob die in der Norm enthaltenen Versagungstatbestände abschließend sind oder – entsprechend dem Wortlaut – nur Regelbeispiele darstellen.

Da es sich bei § 33a GewO um ein präventives Verbot mit Erlaubnisvorbehalt – durch Genehmigungspflicht wird die Spontaneität der Grundrechts-ausübung einerseits, durch die Versagungstatbestände die Grundrechtsausübung teilweise im Übrigen verkürzt – handelt, bei welchem trotz der beiden in der Norm enthaltenen Grundrechtseingriffe anders als bei repressiven Ver-boten die Grundrechte im nicht in der Norm geregelten Bereich zu berück-sichtigen sind, kann eine verfassungskonforme Auslegung der Norm dahin-gehend erforderlich sein, dass eine Versagung der Erlaubnis nur bei Erfüllung der geregelten Versagungstatbestände erfolgen darf, nicht aber darüber hin-aus.

Dies ist letztlich irrelevant, soweit die ausdrücklich geregelten Versagungstatbestände jedenfalls erfüllt sind.

aa) § 33a Abs. 2 Nr. 3 GewO

Es ist dogmatisch überzeugender, direkt mit § 33a Abs. 2 Nr. 1 GewO zu beginnen, jedoch ist es klausurtaktisch in einem Gutachten sinnvoll, nicht in Betracht kommende Tatbestände abzulehnen.

Gemäß § 33a Abs. 2 Nr. 3 GewO ist die Erlaubnis zu versagen, wenn der Gewerbebetrieb im Hinblick auf seine örtliche Lage oder auf die Verwendung der Räume dem öffentlichen Interesse widerspricht, insbesondere schädliche Umwelteinwirkungen i. S. d. Bundesimmissionsschutzgesetzes oder sonst erhebliche Nachteile, Gefahren oder Belästigungen für die Allgemeinheit befürchten lässt.

Aus den Tatbestandsmerkmalen „öffentliches Interesse" sowie „sonst erhebliche Nachteile, Gefahren oder Belästigungen für die Allgemeinheit" ergibt sich kein subjektives Recht des Widerspruchsführers, sodass diese Aspekte im Widerspruchsverfahren des B nicht prüfbar sind. Nur ein Teilbereich des öffentlichen Interesses – nämlich die schädlichen Umwelteinwirkungen – ist subjektiviert ausgestaltet. Schädliche Umwelteinwirkungen sind gemäß § 3 Abs. 1 BImSchG Immissionen, die nach Art, Ausmaß oder Dauer geeignet sind, Gefahren, erhebliche Nachteile oder erhebliche Belästigungen für die Allgemeinheit oder die Nachbarschaft herbeizuführen. Durch den neben der „Allgemeinheit" genannten Terminus „Nachbarschaft" wird zwar Drittschutz gewährt, jedoch sind die maßgeblichen Grenzwerte unterschritten, sodass keine schädlichen Umwelteinwirkungen gegeben sind.

Somit ergibt sich aus § 33a Abs. 2 Nr. 3 GewO kein für die an Z erteilte Genehmigung im Widerspruchsverfahren maßgeblicher Versagungsgrund.

bb) § 33a Abs. 1 S. 3 GewO

Möglicherweise ergibt sich schon aus § 33a Abs. 1 S. 3 GewO ein Versagungsgrund für die Erteilung einer Gewerbeerlaubnis ohne Auflage an Z. Gemäß § 33a Abs. 1 S. 3 GewO kann eine Erlaubnis mit einer Befristung erteilt und mit Auflagen verbunden werden, soweit dies zum Schutz der Allgemeinheit, der Gäste oder der Bewohner des Betriebsgrundstückes oder der Nachbargrundstücke vor Gefahren, erheblichen Nachteilen oder erheblichen Belästigungen erforderlich ist. Unter denselben Voraussetzungen ist die nachträgliche Aufnahme, Änderung und Ergänzung von Auflagen zulässig. Allerdings hat B keinen Verpflichtungswiderspruch auf Erteilung einer Auflage bzw. einer eingeschränkten Genehmigung an Z erhoben, sondern einen Anfechtungswiderspruch.

Selbst wenn der Widerspruch dahingehend ausgelegt werden würde, dass eine Auflage oder eine Genehmigung mit Auflage zu erteilen wäre, würde es jedenfalls an den Gefahren, erheblichen Nachteilen bzw. Belästigungen fehlen. Somit ergibt sich aus § 33a Abs. 1 S. 3 GewO kein Versagungsgrund.

cc) § 33a Abs. 2 Nr. 1 GewO

Ein Versagungsgrund kann sich aus § 33a Abs. 2 Nr. 1 GewO ergeben.

(1) Unzuverlässigkeit des Z

Eine Gewerbeerlaubnis ist danach zu versagen, wenn Tatsachen die Annahme rechtfertigen, dass der Antragsteller die für den Gewerbebetrieb erforderliche Zuverlässigkeit nicht besitzt.

Unzuverlässig ist ein Gewerbetreibender, der nach dem Gesamteindruck seines Verhaltens keine Gewähr zur künftigen ordnungsgemäßen Ausübung des Gewerbes bietet. Maßgeblich sind das jeweils konkrete Gewerbe im Einzelfall und eine Prognoseentscheidung für die Zukunft, bei der auch Tatsachen aus der

Vergangenheit berücksichtigt werden dürfen. Entscheidend ist ein Gesamtbild des Verhaltens, bei dem auch Umstände außerhalb der Berufsausübung relevant sein können, solange sich daraus ein Rückschluss auf berufliches Verhalten ergibt. Ein Verschulden des Betroffenen ist hingegen irrelevant.

Z ist wegen Vermögensdelikten und Zuhälterei verurteilt sowie drogenabhängig. Jedenfalls in Kumulation sind dies Umstände, bei denen es sehr wahrscheinlich ist, dass Z einen Tabledance-Club nicht ordnungsgemäß führen kann, weil es dazu einer seriösen Finanzbearbeitung sowie eines seriösen Umgangs mit den Akttänzerinnen und -tänzern bedarf. Z ist unzuverlässig.

(2) Subjektives Recht des B

Fraglich ist, ob die nicht mit der Ausgangsbehörde identische Widerspruchsbehörde die gegenüber Z erteilte Gewerbeerlaubnis aufgrund dessen Unzuverlässigkeit aufheben darf. Dazu müsste grundsätzlich ein subjektives Recht des Widerspruchsführers betroffen sein.

§ 33a Abs. 2 Nr. 1 GewO, auf den die Gewerbeerlaubnis des Z gestützt worden ist, ist jedoch ausschließlich auf das Rechtsverhältnis zwischen der Behörde und dem Antragsteller Z bezogen. Durch die Vorschrift wird dem Widerspruchsführer keine Rechtsposition eingeräumt, die verletzt ist, wenn entgegen der ursprünglichen Annahme der Behörde die in dieser Vorschrift festgelegten Voraussetzungen für die Versagung der beantragten Gewerbeerlaubnis zum Betrieb eines Tabledance-Clubs erfüllt waren, weil in der Bundesrepublik Deutschland als Rechtsstaat i. S. d. Art. 20 Abs. 3 GG kein Gesetzesvollziehungsanspruch besteht. Ein subjektives Recht des B ist nicht verletzt.

(3) Aufhebung ohne subjektives Recht

Fraglich ist, ob die Widerspruchsbehörde die an Z erteilte Gewerbeerlaubnis dennoch aufheben darf. Gemäß § 68 Abs. 1 S. 1 VwGO i.V. m. § 79 VwVfG sind in einem Widerspruchsverfahren die Rechtmäßigkeit und die Zweckmäßigkeit maßgeblich.

Die Zweckmäßigkeit wird im Tatbestand nur bei Beurteilungsspielräumen in Betracht kommen und ist gegebenenfalls bei der Prüfung des Ermessens maßgeblich.

Während bei der richterlichen Prüfung lediglich die Rechtmäßigkeit maßgeblich ist, weil insoweit im Rechtsstaat i. S. d. Art. 20 Abs. 3 GG eine Durchbrechung der Gewaltenteilung erfolgt und somit die Kernkompetenz in der Ermessensabwägung bzw. der Ausfüllung der Beurteilungsspielräume nicht angetastet werden darf, ist die Widerspruchsbehörde, welche auch zur Exekutive gehört, grundsätzlich berechtigt, die Zweckmäßigkeit zu prüfen und die Erwägungen der Ausgangsbehörde durch eigene Erwägungen zu ersetzen. Die Zweckmäßigkeit ist auf Tatbestandsseite allerdings lediglich bei Beurteilungsspielräumen – unbestimmte Rechtsbegriffe auf Tatbestandsseite, die seitens der Gerichte nicht prüfbar sind, dafür hingegen von der Widerspruchsbehörde – relevant, die bezüglich der an Z erteilten Gewerbeerlaubnis nicht bestehen. Beim Terminus der Unzuverlässigkeit handelt es sich lediglich um einen unbestimmten Rechtsbegriff ohne Beurteilungsspielraum.

Allerdings bedarf es auch insoweit stets einer Rechtsverletzung des Widerspruchsführers. Verfahrensrechtlich ergibt sich dies schon aus der Formulierung „nachdem der Verwaltungsakt dem Beschwerten bekannt gegeben worden ist" in § 70 Abs. 1 S. 1 VwGO. Materiell wäre es mit dem rechtsstaatlichen Prinzip der vertikalen Gewaltenteilung nicht vereinbar, wenn die Widerspruchsbehörde ohne Erfüllung der verfahrensrechtlichen Vorgaben Entscheidungen der Ausgangsbehörde, die nicht mit der Widerspruchsbehörde identisch ist, aufhebt.

Das Landratsamt als zuständige Widerspruchsbehörde i.S.d. § 73 Abs. 1 VwGO i.V.m. § 79 VwVfG darf den Ausgangsbescheid nicht aufheben. Auch eine Aufhebung in einem neuen Aufhebungsverfahren aufgrund von Spezialvorschriften bzw. der §§ 48 ff. VwVfG ist ihr nicht möglich, da sie diesbezüglich unzuständig und die Ausgangsbehörde zuständig ist. Auch die Ausgangsbehörde ist dem Drittwiderspruchsführer im subjektivierten Widerspruchsverfahren jedoch nicht verpflichtet, sondern muss gegebenenfalls anlässlich des Widerspruchsverfahrens gegenüber dem Adressaten des Verwaltungsaktes aus ihrer Pflicht zum rechtmäßigen Handeln heraus handeln.

Es ist strittig, ob die Widerspruchsbehörde bei Beurteilungsspielräumen selbst entscheiden darf, soweit es nicht lediglich um Beurteilungsfehler geht. Dies kann durch Spezialregelungen wie z. B. teilweise im Prüfungsrecht ausdrücklich oder verfassungsrechtlich (z. B. Art. 3 Abs. 1 GG) ausgeschlossen sein. Im Übrigen ist eine derartige Prüfung aber grundsätzlich möglich, wobei auch die Behördenzuständigkeiten relevant sein können.

---

dd) Ungeschriebene Versagungsgründe

Zwar ist der Wortlaut des § 33a Abs. 2 GewO weit formuliert, sodass die Versagungsgründe insoweit nicht abschließend sein könnten, jedoch ist die Norm als präventives Verbot mit Erlaubnisvorbehalt verfassungskonform i.S.d. Berufsfreiheit gemäß Art. 12 GG dahingehend auszulegen, dass die in der Norm genannten Versagungsgründe abschließend sind. Selbst wenn eine verfassungskonforme Auslegung insoweit nicht möglich wäre, sind keine weiteren zugunsten des B subjektivierten Versagungsgründe ersichtlich, aufgrund derer die Widerspruchsbehörde die an Z erteilte Genehmigung zum Betrieb des Tabledance-Clubs aufheben dürfte.

III. Rechtsfolge

Rechtsfolge ist zumindest bei verfassungskonformer Auslegung der Norm eine gebundene Entscheidung, sodass insoweit keine Rechtsverletzung des B durch Ermessenserwägungen der Ausgangsbehörde in Betracht kommt.

C. Ergebnis

Der Widerspruch ist mangels Beschwer des B trotz Rechtswidrigkeit der an Z erteilten Gewerbeerlaubnis unbegründet, sodass nur die Möglichkeit besteht, dass die Ausgangsbehörde aus ihrer Pflicht zum rechtmäßigen Handeln i. S. d. Art. 20 Abs. 3 GG die Erlaubnis aufhebt oder Nebenbestimmungen erlässt. Dem Widerspruch des B wird nicht gemäß § 72 VwGO abgeholfen, sondern es kann allenfalls – soweit die Behörde trotz Entbehrlichkeit des Widerspruchsverfahrens entscheiden will – ein ablehnender Widerspruchsbescheid erlassen werden.

Fall 2:
„Der „Kuttler" und die „BRocker" – Raus aus dem Haus!"

Schwerpunkte: Antrag nach § 80 Abs. 5 VwGO, Hausrecht, Verwaltungsrichtlinie, Form und Inhalt des Handelns der Verwaltung, Verbindlichkeit der Handlungsform der Verwaltung

Ab dem 1. November soll vor dem Landgericht P im Bundesland B ein Strafprozess (ein Verhandlungstag) gegen einige Mitglieder der international agierenden kriminellen Rockerbande „BRocker" (Brutale Rocker) stattfinden. Deren Mitglieder tragen als Kennzeichen ihrer Zugehörigkeit stets sogenannte Kutten mit dem Emblem ihres Motorradclubs und dessen Namen oder entsprechenden Abkürzungen des Namens.

Im Vorfeld des Prozesses hatte es bereits mehrere Versuche seitens der Mitglieder der Rockerbande gegeben, Zeugen und Sachverständige, welche in dem Prozess aussagen sollten, einzuschüchtern und zu einer unwahren Aussage zu verleiten. Aus Sorge, dass sich solche Versuche vor oder während der Hauptverhandlung wiederholen könnten, hatte der Präsident des Landgerichts (BL) am 2. Oktober im Gerichtsgebäude ein Schreiben mit einem Hinweis auf den § 2 der „Verwaltungsrichtlinie zur Verwaltung des Landgerichtsgebäudes" (RL) aufhängen lassen, mittels derer die Justizbeamten angewiesen werden, Personen, von welchen zu erwarten sei, dass sie die öffentliche Sicherheit und Ordnung im Gebäude des Landgerichtes gefährden, den Zutritt zu verweigern.

A ist Mitglied dieser Rockerbande und trägt 24 Stunden am Tag an 365 Tagen im Jahr stolz seine besonders eingefärbte Kutte, weshalb er in Rockerkreisen berüchtigt ist und auch „Der Kuttler" genannt wird. Er fürchtet, aufgrund des Hinweises auf § 2 RL durch den Landgerichtspräsidenten keinen Zutritt zu der bevorstehenden Strafverfahrensverhandlung gegen seine Kameraden zu bekommen, obwohl er diese um jeden Preis unterstützen möchte. Deshalb legt er am 5. Oktober Widerspruch gegen den Hinweis ein.

BL, dessen Kenntnisse im öffentlichen Recht nach langjähriger fehlender Anwendung überschaubar sind, möchte sich rechtlich absichern. Er lässt daher am 6. Oktober nach Rücksprache mit dem Vorsitzenden Richter der Hauptverhandlung erneut einen Aushang im Gerichtsgebäude machen. Dieser ist als „Verfügung" überschrieben und es ist darin geregelt, dass es aus Sicherheitsgründen für die Dauer der im einzelnen bestimmten Verhandlungstage jedem, der Kutten oder andere auf die Zugehörigkeit zu den „BRockers" hinweisende Zugehörigkeitssymbole als Kleidung trage oder sonst mit sich führe, untersagt sei, das Gelände des zum Landgericht gehörigen Justizzentrums zu betreten. Die Verfü-

https://doi.org/10.1515/9783110624465-002

gung wurde für sofort vollziehbar erklärt. Eine weitere Begründung enthielt diese nicht. Es war ein Hinweis enthalten, dass die Verfügung und deren Begründung jederzeit zu den Geschäftszeiten bei der Geschäftsstelle des Landgerichts eingesehen werden könne.

A wendet sich am 29. Oktober an das Verwaltungsgericht, begehrt dort vorläufigen Rechtsschutz bezüglich des Hausverbotes und legt zeitgleich Widerspruch gegen den Aushang vom 6. Oktober beim Landgerichtspräsidenten als der zuständigen Widerspruchsbehörde ein. Er meint, für eine derartige Verfügung des Landgerichtspräsidenten fehle die Rechtsgrundlage. Immerhin werde durch jene in seine Grundrechte und den mittels des § 169 GVG gewährleisteten Öffentlichkeitsgrundsatz eingegriffen. Darüber hinaus bestünden keine konkreten Hinweise für eine mögliche Beeinflussung der Zeugen. Der Widerspruch wurde sofort zurückgewiesen und A hat – innerhalb der Widerspruchsfrist – vor Beschlussfassung im Eilverfahren eine Klage erhoben.

Wird der Antrag des A beim Verwaltungsgericht Erfolg haben?

Normen

(1) Die Verhandlung vor dem erkennenden Gericht einschließlich der Verkündung der Urteile und Beschlüsse ist öffentlich. Ton- und Fernseh-Rundfunkaufnahmen sowie Ton- und Filmaufnahmen zum Zwecke der öffentlichen Vorführung oder Veröffentlichung ihres Inhalts sind unzulässig. [...]

§ 176 GVG

(1) Die Aufrechterhaltung der Ordnung in der Sitzung obliegt dem Vorsitzenden. [...]

§ 12 AG GVG (Bundesland B)

Für die Ausübung des Hausrechts und der Ordnungsgewalt im zum Landgerichtsgebäude gehörenden Justizzentrum ist der Landgerichtspräsident zuständig.

§ 4 AG VwGO (Ausführungsgesetz zur VwGO Bundesland B)

(1) Fähig, am Verfahren beteiligt zu sein, sind auch Behörden.

(2) Die Klage ist gegen die Behörde zu richten, die den angefochtenen Verwaltungsakt erlassen bzw. den beantragten Verwaltungsakt unterlassen hat.

Allgemeine Ordnungsbehördengesetze des Bundeslandes B
§ 14 OBG
Die Ordnungsbehörden können die notwendigen Maßnahmen treffen, um eine im Einzelfall bestehende Gefahr für die öffentliche Sicherheit und Ordnung abzuwehren.

§ 17 OBG
(1) Verursacht eine Person eine Gefahr, so sind die Maßnahmen gegen diese Person zu richten.

(2) Ist die Person noch nicht 14 Jahre alt oder ist für sie zur Besorgung aller ihrer Angelegenheiten ein Betreuer bestellt, können Maßnahmen auch gegen die Person gerichtet werden, die zur Aufsicht über sie verpflichtet ist. Dies gilt auch, wenn der Aufgabenkreis des Betreuers die in § 1896 Abs. 4 und § 1905 des Bürgerlichen Gesetzbuchs bezeichneten Angelegenheiten nicht erfasst.

(3) Verursacht eine Person, die zu einer Verrichtung bestellt ist, die Gefahr in Ausführung der Verrichtung, so können Maßnahmen auch gegen die Person gerichtet werden, die die andere zu der Verrichtung bestellt hat.

(4) Die Absätze 1 bis 3 sind nicht anzuwenden, soweit andere Vorschriften dieses Gesetzes oder andere Rechtsvorschriften bestimmen, gegen wen eine Maßnahme zu richten ist.

§ 18 OBG
(1) Geht von einer Sache oder einem Tier eine Gefahr aus, so sind die Maßnahmen gegen den Eigentümer zu richten. Soweit nichts anderes bestimmt ist, sind die nachfolgenden für Sachen geltenden Vorschriften entsprechend auf Tiere anzuwenden.

(2) Die Ordnungsbehörde kann ihre Maßnahmen auch gegen den Inhaber der tatsächlichen Gewalt richten. Sie muss ihre Maßnahmen gegen den Inhaber der tatsächlichen Gewalt richten, wenn er diese gegen den Willen des Eigentümers oder anderer Verfügungsberechtigter ausübt oder auf einen im Einverständnis mit dem Eigentümer schriftlich oder protokollarisch gestellten Antrag von der zuständigen Ordnungsbehörde als allein verantwortlich anerkannt worden ist.

(3) Geht die Gefahr von einer herrenlosen Sache aus, so können die Maßnahmen gegen die Person gerichtet werden, die das Eigentum an der Sache aufgegeben hat.

(4) § 17 Abs. 4 gilt entsprechend.

Bearbeitungsvermerk
Im Bundesland B ist ein Widerspruchsverfahren nach dem Landesrecht nicht entbehrlich. Soweit es auf das Verwaltungsverfahrensrecht ankommt, ist das Verwaltungsverfahrensgesetz des Bundes anzuwenden. Gehen Sie auf die materiellen rechtlichen Probleme ein und erstellen Sie gegebenenfalls ein Hilfsgutachten. Unterstellen Sie, dass im Bundesland B für die Anwendbarkeit des OBG kein Zuständigkeitskatalog oder Ähnliches besteht.

Vertiefung
Vgl. dazu: VG Neustadt, Beschluss vom 23. 2. 2010 – 4 L; BGH, Beschluss vom 28. 3. 2007 – IV AR (VZ) 1/07; zum Ganzen: VG Cottbus, Beschluss vom 2.11. 2007 – 2 L 236/07; vgl. OVG für das Land Brandenburg, Beschluss vom 5. 2.1998 – 4 B 134/ 97 –, veröffentlicht in Juris; vgl. OVG Berlin-Brandenburg, Entscheidung vom 26.10. 2010 – OVG 10 B 2.10; vgl. zur Abgrenzung des fiskalischen Hausrechts vom öffentlich-rechtlichen Hausrecht z. B.: OLG Karlsruhe, Kartellsenat, Urteil vom 13. 5. 2009 – 6 U 50/08; Brüning DÖV 2003, 389, 392 ff.; Butzer JuS 1997, 1014, 1016; a. A. Wilrich DÖV 2002, 152, 154; Ehlers DÖV 1977, 737, 739; vgl. VG Göttingen, Urteil vom 20.9. 2012 – 4 A 258 und 259/09 mit sehr fragwürdiger Annahme eines öffentlich-rechtlichen Hausrechts; vgl. VG Göttingen, Beschluss vom 9.1. 2013 – 1 B 7/ 13 m.w. N; vgl. BVerfG 2. Senat, 4. Juli 2007, 2 BvE 1/06; vgl. BVerfG Beschluss vom 09.06. 2020, 2 BvE 2/19; vgl. Verfassungsgerichtshof des Landes Berlin, 22. Februar 1996, 17/95; vgl. BVerfG 2. Senat, 16. Juli 1991, 2 BvE 1/91.

Gliederung

Falllösung ━━ 41
  A. Sachentscheidungsvoraussetzungen (+) ━━ 41
    I. Rechtsweg (+) ━━ 42
      1. Aufdrängende Zuweisung und § 40 Abs. 1 S. 1 VwGO (+) ━━ 42
      2. Abdrängende Zuweisung (–) ━━ 42
    II. Zuständigkeit (+) ━━ 43
    III. Beteiligte (+) ━━ 43
    IV. Statthafte Verfahrensart ━━ 44
      1. Aushang vom 2. Oktober ━━ 45
      2. Aushang vom 6. Oktober ━━ 46
    V. Besondere Sachentscheidungsvoraussetzungen (+) ━━ 46
      1. Besondere Verfahrensführungsbefugnis (+) ━━ 46
      2. Antragsbefugnis (+) ━━ 47
    VI. Allgemeines Rechtsschutzbedürfnis (+) ━━ 47
      1. Gesetzliche Suspendierung (–) ━━ 47

2. Aussetzungsantrag (–) —— **48**
3. Rechtsschutz in der Hauptsache (+/–) —— **48**
   a) Ausnahmsloses Betreiben der Hauptsache —— **49**
   b) Grundsätzliche Entbehrlichkeit des Betreibens der Hauptsache —— **50**
   c) Differenzierte Betrachtung —— **50**
   d) Zwischenergebnis —— **51**
4. Keine offensichtliche Verfristung der Hauptsache (+) —— **52**
VII. Zwischenergebnis (+) —— **52**
B. Begründetheit (+) —— **52**
  I. Rechtmäßigkeit der Vollziehungsanordnung (–) —— **53**
   1. Zuständigkeit (+) —— **54**
   2. Verfahren (+) —— **54**
   3. Form (–) —— **54**
  II. Aussetzungs-/Vollziehungsinteresse —— **56**
   1. Rechtsgrundlage —— **56**
    a) § 1004 Abs. 1 S. 1, 2 BGB (–) —— **56**
    b) Richtlinie (–) —— **57**
    c) Annexkompetenz (–) —— **57**
    d) Analog § 1004 Abs. 1 S. 1, 2 BGB (–) —— **58**
    e) Kompetenznorm (–) —— **58**
    f) Generalklausel (+) —— **59**
   2. Voraussetzungen (+) —— **60**
    a) Formelle Voraussetzungen (+) —— **60**
     aa) Zuständigkeit (+) —— **60**
     bb) Verfahren und Form (+) —— **60**
    b) Materielle Voraussetzungen (+) —— **61**
     aa) Gefahr (+) —— **61**
      (1) Handlungsform gegenüber Benutzern und Mitgliedern (+) —— **62**
      (2) Handlungsform gegenüber Besuchern —— **62**
     bb) Ordnungspflicht (+) —— **63**
   3. Rechtsfolge —— **63**
    a) Legitimer Zweck (+) —— **64**
    b) Eignung (+) —— **64**
    c) Erforderlichkeit (+) —— **64**
    d) Verhältnismäßigkeit i. e. S. (Disproportionalität) (+) —— **64**
     aa) § 176 GVG (+) —— **65**
     bb) § 169 GVG (+) —— **65**
     cc) Meinungs- und Informationsfreiheit (+) —— **66**
      (1) Schutzbereichseingriff (+) —— **66**
      (2) Rechtfertigung (+) —— **67**
       (a) Sonderrecht —— **67**
       (b) Abwägung —— **67**
       (c) Kombination —— **67**
       (d) Zwischenergebnis —— **68**
      (3) Schranken-Schranke —— **68**
     dd) Allgemeines Persönlichkeitsrecht und allgemeine
       Handlungsfreiheit (+) —— **69**

III. Gesetzliche Wertung ——— **70**

C. Ergebnis (+) ——— **71**

Lösungsvorschlag

Die folgende Lösung ist als Lösungsvorschlag zu verstehen und ausführlicher, als es in der Klausurbearbeitung verlangt werden kann. Aufgrund der wissenschaftlichen Freiheit können andere Lösungswege vertreten werden, soweit sie dogmatisch begründbar sind. Die Nachweise aus Rechtsprechung und Literatur sowie die das Verständnis fördernden Randbemerkungen sind in der Examensklausur auszusparen. Die Abkürzung „Alt." steht für Alternativfall, nicht für Alternative.

Zur Verbesserung der Methodik bei der Anfertigung eines Gutachtens in der Klausur empfiehlt sich die Lektüre des Beitrags von Heinze/Starke JURA 2012, 175 ff.

Falllösung

Der Antrag wird jedenfalls erfolgreich sein, soweit die Sachentscheidungsvoraussetzungen erfüllt sind und der Antrag begründet ist.

A. Sachentscheidungsvoraussetzungen

Hinweis: Andere Aufbauvarianten werden vertreten (z. B. dreistufig oder Prüfung des Verwaltungsrechtsweges als Untergliederungspunkt der Zuständigkeit des Gerichts). Derartige Aufbauvarianten sind aber mit § 17a Abs. 2 S. 1 GVG bzw. mit der Überschrift des 6. Abschnitts der VwGO sowie mit § 83 VwGO unvereinbar und daher bei exakter dogmatischer Zuordnung der Prüfungspunkte nicht zu empfehlen. Die Überschrift „Sachentscheidungsvoraussetzungen" anstelle der Überschrift „Zulässigkeit" ist sinnvoll, weil nach § 63 Nr. 3 VwGO auch der Beige-ladene zu den Beteiligten gehört, das Fehlen einer notwendigen Beiladung i. S. d. § 65 Abs. 2 VwGO aber nur dazu führt, dass das Urteil keine materielle Rechtskraft entfaltet.

Es ist wichtig, bei **Verfahren im einstweiligen Rechtsschutz** die Überschrift „Sachentscheidungsvoraussetzungen", nicht aber „Sachurteilsvoraussetzungen" zu verwenden, weil kein Urteil ausgesprochen, sondern ein Beschluss gefasst wird.

Die Sachentscheidungsvoraussetzungen können erfüllt sein.

I. Rechtsweg
Ein Rechtsweg kann eröffnet sein.

1. Aufdrängende Zuweisung und § 40 Abs. 1 S. 1 VwGO
Der Verwaltungsrechtsweg kann mangels aufdrängender Sonderzuweisung gemäß § 40 Abs. 1 S. 1 VwGO eröffnet sein. Gegebenenfalls kommt ein Verweisungsbeschluss i. S. d. § 17a Abs. 2 S. 1 GVG i.V. m. § 173 S. 1 VwGO in Betracht. Der Verwaltungsrechtsweg ist eröffnet, wenn die streitentscheidende öffentlich-rechtliche Norm einen Hoheitsträger einseitig berechtigt oder verpflichtet bzw. wenn aufgrund typisch hoheitlichen Handelns zwischen den Beteiligten ein Subordinationsverhältnis besteht.

Als streitentscheidende Normen kommen § 14 OBG bzw. § 12 AG GVG in Betracht. Beide Normen sind öffentlich-rechtlich, wobei in § 12 AG GVG keine eindeutige Berechtigung zum hoheitlichen Handeln, sondern möglicherweise nur eine Kompetenzbegründung enthalten ist. Jedenfalls besteht ein Subordinationsverhältnis, weil zumindest der zweite Aushang formal als Verfügung bezeichnet ist und somit eine typisch hoheitliche Handlungsform gewählt worden ist, zumal aufgrund der Zielsetzung der ordnungsgemäßen Gerichtsabläufe auch ein Sachzusammenhang zum öffentlichen Recht besteht. Der Verwaltungsrechtsweg wäre gemäß § 40 Abs. 1 S. 1 VwGO eröffnet.

2. Abdrängende Zuweisung
Möglicherweise besteht eine abdrängende Zuweisung zum ordentlichen Gericht (vgl. dazu: BGH, Beschluss vom 28. 3. 2007 – IV AR (VZ) 1/07). Gemäß § 23 Abs. 1 S. 1 EGGVG ist bezüglich der Rechtmäßigkeit von Anordnungen, Verfügungen oder sonstigen Maßnahmen, die von den Justizbehörden zur Regelung einzelner Angelegenheiten auf dem Gebiet des bürgerlichen Rechts einschließlich des Handelsrechts, des Zivilprozesses, der freiwilligen Gerichtsbarkeit und der Strafrechtspflege getroffen werden, also bei Justizverwaltungsakten, auf Antrag von den ordentlichen Gerichten zu entscheiden. Grund für diese besondere Rechtswegregelung ist es, dass die ordentlichen Gerichte den Verwaltungsmaßnahmen in den aufgeführten Gebieten gegenüber den Gerichten der allgemeinen Verwaltungsgerichtsbarkeit sachnäher sind und den dort tätigen Richtern die zur Nachprüfung justizmäßiger Verwaltungsakte erforderlichen zivil- und strafrechtlichen Erkenntnisse und Erfahrungen zuzusprechen sind. Die Norm ist bei der Berücksichtigung des sich unter anderem aus Art. 20 Abs. 3 GG ergebenden rechtsstaatlichen Grundsatzes der Effektivität der Verwaltung als Ausnahme zu § 40 Abs. 1 S. 1 VwGO eng auszulegen. § 23 Abs. 1 S. 1 EGGVG ist somit nur an-

wendbar, soweit die nach Sinn und Zweck der Norm erforderliche Sachnähe zu der zur Prüfung berufenen ordentlichen Gerichtsbarkeit tatsächlich besteht.

Eine derartige Sachnähe der das Hausverbot enthaltenen Aushänge zur ordentlichen Gerichtsbarkeit ist nicht ersichtlich, da es sich dabei nicht um straf- oder zivilverfahrensrechtliche Aspekte, sondern um Aspekte der Gerichtsverwaltung handelt. Eine abdrängende Sonderzuweisung i. S. d. § 23 Abs. 1 S. 1 EGGVG besteht nicht, sodass letztlich der Verwaltungsrechtsweg eröffnet ist.

II. Zuständigkeit

In Verfahren des einstweiligen Rechtsschutzes ist unabhängig davon, um welches Verfahren im einstweiligen Rechtsschutz es sich handelt, gemäß den §§ 123 Abs. 2 S. 1, 80 Abs. 5 S. 1, 80a Abs. 3 S. 1, 2 VwGO das Gericht der Hauptsache zuständig. Außer beim einstweiligen Rechtsschutz i. S. d. § 47 Abs. 6 VwGO – insoweit wäre wie in der Hauptsache stets das Oberverwaltungsgericht zuständig – ist in der Hauptsache in der Regel gemäß § 45 VwGO das Verwaltungsgericht als Eingangsinstanz für den von der zuständigen Behörde erlassenen Verwaltungsakt sachlich zuständig, sodass kein Verweisungsbeschluss gemäß §§ 17a Abs. 2 S. 1 GVG, 83 VwGO gefasst werden wird.

Die örtliche Zuständigkeit ist nur anzusprechen, wenn es dafür im Sachverhalt Anhaltspunkte gibt. Gegebenenfalls ist die örtliche Zuständigkeit grundsätzlich im Anschluss an die sachliche Zuständigkeit zu prüfen. Ist sie jedoch gemäß § 52 Nr. 2 VwGO ausnahmsweise von der Klageart abhängig, sollte sie offen mit Verweis auf § 17a Abs. 2 S. 1 GVG i. V. m. § 83 VwGO formuliert werden.

III. Beteiligte

A und der Landgerichtspräsident können Beteiligte des Verfahrens sein. Ob sich die Beteiligungsfähigkeit aus der direkten Anwendung der §§ 63, 61, 62, 65 VwGO ergibt oder ob sie wegen des Wortlautes in § 63 VwGO – Kläger und Beklagter – zumindest teilweise analog anzuwenden sind, ist irrelevant, wenngleich sich aus der gesetzlichen Abschnittsüberschrift „Allgemeine Verfahrensvorschriften" ergeben kann, dass sämtliche Verfahren und damit auch die Verfahren des einstweiligen Rechtsschutzes von der direkten Anwendung erfasst sind. Beteiligte sind nach § 63 Nr. 1, 2 VwGO jedenfalls unter anderem der Antragsteller und der Antragsgegner, beteiligungsfähig nach § 61 Nr. 1 VwGO natürliche und juristische Personen. Behörden sind gemäß § 61 Nr. 3 VwGO i. V. m. § 4 Abs. 1 AG VwGO des Bundeslandes B beteiligungsfähig. Als Antragsteller ist A gemäß § 61 Nr. 1 Alt. 1 VwGO beteiligungsfähig und gemäß § 62 Abs. 1 Nr. 1 VwGO prozessfähig.

Als Antragsgegner ist die Behörde maßgeblich. Der gemäß § 12 AG GVG für das Hausrecht zuständige Landgerichtspräsident ist gemäß §§ 63 Nr. 2, 61 Nr. 3 VwGO i.V.m. § 4 Abs. 1 AG VwGO beteiligungs- und mangels Anhaltspunkten bezüglich des für die Behörde handelnden Organwalters gemäß § 62 Abs. 3, 1 VwGO prozessfähig.

IV. Statthafte Verfahrensart

Die statthafte Verfahrensart richtet sich gemäß den §§ 88, 122 Abs. 1 VwGO i.V.m. § 80 Abs. 7 VwGO oder § 123 Abs. 2 S. 1 VwGO oder § 80a Abs. 3 S. 2 VwGO nach dem Antragsbegehren.

Beim einstweiligen Rechtsschutz muss das Antragsbegehren anders als das Klagebegehren in der Hauptsache nicht um maßnahmespezifische Aspekte und den rechtsstaatlichen Grundsatz der Effektivität ergänzt werden, weil es insoweit eine gesetzlich vorgegebene Rangfolge in § 123 Abs. 5 VwGO gibt.

Gemäß § 123 Abs. 5 VwGO sind die Verfahren nach den §§ 80, 80a VwGO gegenüber der einstweiligen Anordnung nach § 123 Abs. 5 VwGO spezieller.

Der Antrag nach § 80 Abs. 5 S. 1 VwGO ist statthaft, soweit der Antragsteller die Suspendierung, also die Herstellung oder Wiederherstellung der aufschiebenden Wirkung eines Rechtsbehelfes oder Rechtsmittels bezüglich eines Verwaltungsaktes begehrt.

Die häufig verwendete „Faustformel", dass ein Verfahren nach § 80 Abs. 5 VwGO statthaft ist, wenn es sich in der Hauptsache um eine Anfechtungsklage handelt, während eine einstweilige Anordnung nach § 123 VwGO danach bei Leistungs- und Feststellungsklagen in der Hauptsache statthaft sein soll, ist falsch. Es gibt Fälle, in denen Begehren in der Hauptsache und im einstweiligen Rechtsschutz divergieren (vgl. § 81 Abs. 3 AufenthaltsG).

Ein Verwaltungsakt ist gemäß § 35 S. 1 VwVfG jede Verfügung, Entscheidung oder andere hoheitliche Maßnahme, die eine Behörde zur Regelung eines Einzelfalls auf dem Gebiet des öffentlichen Rechts trifft und die auf unmittelbare Rechtswirkung nach außen gerichtet ist.

A möchte das in den beiden Aushängen enthaltene Hausverbot einstweilen suspendieren. Da diese Aushänge nicht ausschließlich auf ihn bezogen sind, handelt es sich insoweit nicht um eine Einzelfallregelung i.S.d. § 35 S. 1 VwVfG. Es könnte durch die Aushänge jedoch ein Verwaltungsakt in Form einer Allgemeinverfügung gemäß § 35 S. 2 Var. 1 VwVfG ausgesprochen worden sein. Eine Allgemeinverfügung ist gemäß § 35 S. 2 VwVfG ein Verwaltungsakt, der an einen nach allgemeinen Merkmalen bestimmten oder bestimmbaren Personenkreis gerichtet ist oder die öffentlich-rechtliche Eigenschaft einer Sache oder ihre Benutzung durch die Allgemeinheit betrifft.

1. Aushang vom 2. Oktober

Der seitens des Landgerichtspräsidenten veranlasste Aushang mit dem Hinweis auf § 2 RL kann eine Allgemeinverfügung darstellen. Dazu müsste der Hinweis eine Regelungswirkung haben. Zunächst handelt es sich bei der Richtlinie nicht um eine Hausordnung, deren Rechtsnatur sowie Außenwirkung problematisch ist. Die Richtlinie ist jedenfalls Verwaltungsbinnenrecht. Somit ergibt sich aus der Richtlinie keine Außenwirkung. Wird durch den Aushang auf die Richtlinie verwiesen, wird jedenfalls kein deklaratorischer Verwaltungsakt ausgesprochen, weil sich aus der Richtlinie keine Außenwirkung ergibt, die durch einen deklaratorischen Akt bekräftigt werden könnte.

Somit ist eine Allgemeinverfügung durch den Aushang vom 2. Oktober nur erfolgt, soweit darin eine inhaltliche Regelung im Außenverhältnis ausgesprochen wurde, die über eine Feststellung hinausgeht. Dann müsste der Inhalt der Richtlinie im Außenverhältnis zum Inhalt einer Allgemeinverfügung gemacht worden sein. Soweit auf den Willen der Behörde abgestellt würde, könnte der erste Aushang als Allgemeinverfügung eingestuft werden. Bei rechtsstaatlicher Betrachtung i.S.d. Art. 20 Abs. 3 GG muss sich die Behörde jedoch an der Handlungsform messen lassen, die sie gewählt hat. Es kommt nicht darauf an, welche Handlungsform sie hätte wählen müssen, da hoheitliche Rechtsträger dann stets unbedacht hoheitliche Handlungsformen wie Verwaltungsakte wählen könnten, ohne dass sie rechtswidrig wären, wenn die gewählte Handlungsform im Einzelfall nicht vorgesehen wäre. Die Rechtssicherheit der Bürger wäre massiv gefährdet. Vielmehr sollen Rechtsträger im Rechtsstaat mittels ihrer Behörden von ihrer Hoheitsgewalt mit Bedacht Gebrauch machen mit der Folge, dass sie sich an der Handlungsform messen lassen müssen, die sie gewählt haben.

Da die materielle Funktion des ersten Aushanges nicht eindeutig ist, muss bei formaler Betrachtung mangels einer eindeutigen Bezeichnung von einem bloßen Hinweis ausgegangen werden, der keinen Verwaltungsakt darstellt. Mag es bei Hinweisen im Einzelfall eventuell möglich sein, solche aufgrund der Personenkonkretisierung und der damit verbundenen Aufforderung als Verwaltungsakte einzustufen, ist dies bei mehreren Personen als Adressaten allenfalls in Ausnahmekonstellationen bei verfassungskonformer Auslegung möglich. Da ein Bedürfnis zur verfassungskonformen Auslegung nicht besteht, ist der erste Aushang nicht als Verwaltungsakt in Form einer Allgemeinverfügung i.S.d. § 35 S. 2

Var. 1 VwVfG einzustufen, sondern als bloßer Hinweis, als der er auch bezeichnet wurde.

2. Aushang vom 6. Oktober

Der Aushang vom 6. Oktober kann jedoch als Allgemeinverfügung einzuordnen sein. In dem zweiten Aushang wird jedem, der Kutten oder andere auf die Zugehörigkeit zu den „BRockers" hinweisende Zugehörigkeitssymbole als Kleidung trägt oder sonst mit sich führt, untersagt, das Gelände des zum Landgericht gehörigen Justizzentrums zu betreten. Somit wird gegenüber einem bestimmbaren Personenkreis ein Hausverbot und damit eine Allgemeinverfügung i. S. d. § 35 S. 2 Var. 1 VwVfG ausgesprochen. Dabei ist es für die Qualifizierung des Handelns des Landgerichtspräsidenten irrelevant, ob die Allgemeinverfügung wirksam ist, weil auch nichtige Verwaltungsakte wegen der Notwendigkeit der Gewährung eines effektiven Rechtsschutzes i. S. d. Art. 19 Abs. 4 GG sowie i. S. d. sich unter anderem aus Art. 20 Abs. 3 GG ergebenden Rechtsstaatsprinzips Gegenstand eines Suspendierungsantrages sein können.

Sogar eine etwaige Fehlerhaftigkeit der Formwahl durch die Verwaltung ist irrelevant. Sollte der Landgerichtspräsident das öffentlich-rechtliche Hausverbot fehlerhaft anstelle eines möglicherweise rechtmäßig notwendig auszusprechenden fiskalischen Hausrechts ausgesprochen haben, muss sich die Verwaltung an der gewählten Handlungsform wegen des i. S. d. Artt. 19 Abs. 4, 20 Abs. 3 GG zu berücksichtigenden Grundsatzes des effektiven Rechtsschutzes messen lassen. Nach alledem ist der Suspendierungsantrag gemäß § 80 Abs. 5 S. 1 VwGO statthaft.

V. Besondere Sachentscheidungsvoraussetzungen

Die besonderen Sachentscheidungsvoraussetzungen müssen erfüllt sein. Ausdrückliche Regelungen über die besonderen Sachentscheidungsvoraussetzungen bestehen für das Verfahren nach § 80 Abs. 5 S. 1 VwGO nicht.

1. Besondere Verfahrensführungsbefugnis

§ 78 VwGO als Regelung der besonderen Prozessführungsbefugnis ist gemäß der Abschnittsüberschrift des 8. Abschnitts der Verwaltungsgerichtsordnung bei Anfechtungs- und Verpflichtungsklagen anwendbar. Analog ist § 78 VwGO bei Verfahren anwendbar, bei denen es um Verwaltungsakte geht, weil insoweit eine vergleichbare Interessenlage bei planwidriger Regelungslücke besteht. Da beim Verfahren nach § 80 Abs. 5 S. 1 VwGO in der ersten Stufe die Suspendierung eines

Verwaltungsaktes erstrebt wird, ist § 78 VwGO insoweit analog als Verfahrens-
führungsbefugnis anwendbar. Besonders verfahrensführungsbefugt ist analog
§ 78 Abs. 1 Nr. 2 VwGO i.V. m. § 4 Abs. 2 VwGO der Landgerichtspräsident.

2. Antragsbefugnis

A muss zwecks der Vermeidung von Popularanträgen analog § 42 Abs. 2 VwGO
antragsbefugt sein. Voraussetzung für die Antragsbefugnis analog § 42 Abs. 2
VwGO ist die Möglichkeit der Verletzung eines subjektiven Rechts. Subjektive
Rechte werden aus Sonderbeziehungen, einfachen Gesetzen, subsidiär aus
Grundrechten und unter Umständen aus Unionsrecht abgeleitet, wobei aufgrund
des weiten Schutzbereiches des Art. 2 Abs. 1 GG bei unmittelbaren Grundrechts-
eingriffen für das subjektive Recht direkt auf Grundrechte abgestellt werden kann.
Die Allgemeinverfügung i. S. d. § 35 S. 2 Var. 1 VwVfG ist ein den A belastender
Verwaltungsakt, durch den dieser möglicherweise in seinem sich aus Art. 2 Abs. 1
GG i.V. m. Art. 1 Abs. 1 GG ergebenden allgemeinen Persönlichkeitsrecht, seiner
sich aus Art. 5 Abs. 1 S. 1 Var. 1 GG ergebenden Meinungsfreiheit, subsidiär jedenfalls in der ihm grundsätzlich i. S. d. Art. 2 Abs. 1 GG zustehenden allgemeinen
Handlungsfreiheit verletzt sein kann. A ist analog § 42 Abs. 2 VwGO antragsbefugt.

VI. Allgemeines Rechtsschutzbedürfnis

Aus dem unter anderem in Art. 20 Abs. 3 GG enthaltenen Rechtsstaatsprinzip
ergibt sich für das Prozessrecht das Erfordernis des allgemeinen Rechtsschutzbedürfnisses als allgemeine Sachentscheidungsvoraussetzung.

1. Gesetzliche Suspendierung

Dem Antragsteller fehlt das allgemeine Rechtsschutzbedürfnis, wenn der Suspensiveffekt schon gemäß § 80 Abs. 1 VwGO aufgrund gesetzlicher Anordnung
eingetreten ist oder vom Antragsteller außergerichtlich ohne Schwierigkeiten
herbeigeführt werden kann.

Teilweise wird die Problematik der gesetzlichen Suspendierung schon beim statthaften Antrag
erörtert. Da es bei der statthaften Antragsart nur darum geht, das Begehren mit einer rechtlich
vorgesehenen Antragsart zu verbinden, ist die Frage nach dem Bedürfnis für gerichtlichen
Rechtsschutz weitergehend. Vertretbar – wenngleich nicht empfehlenswert – erscheint es jedoch, das allgemeine Rechtsschutzbedürfnis insoweit vorzuziehen und bei der statthaften Antragsart mitzuprüfen. Dann muss bei der Erörterung der statthaften Antragsart aber klargestellt
werden, dass das allgemeine Rechtsschutzbedürfnis insoweit vorgezogen worden ist.

Für A gab es keine andere Möglichkeit, den Suspensiveffekt herbeizuführen, da seitens des Landgerichtspräsidenten die sofortige Vollziehbarkeit des Hausverbotes gemäß § 80 Abs. 2 S. 1 Nr. 4 VwGO angeordnet worden ist, sodass die Einlegung eines Widerspruches – soweit dieser statthaft wäre – oder die Erhebung der Klage nicht zur Suspendierung des Bescheides i. S. d. § 80 Abs. 1 VwGO geführt hätten. Insoweit ist A das allgemeine Rechtsschutzbedürfnis nicht abzusprechen.

2. Aussetzungsantrag

Um ein Rechtsschutzbedürfnis zu haben, könnte für den Antragsteller ein vorheriger Antrag nach § 80 Abs. 6 S. 1 VwGO auf Aussetzung im Sinne des § 80 Abs. 4 S. 1 VwGO erforderlich sein. Das wäre nur anzunehmen, wenn der Verweis in § 80 Abs. 6 S. 1 VwGO auf § 80 Abs. 2 S. 1 Nr. 1 VwGO nur eine deklaratorische Funktion hätte. Dem Wortlaut nach ist § 80 Abs. 6 S. 1 VwGO abschließend. Die Norm soll nur in den dort explizit benannten Konstellationen angewandt werden, zumal im Gegensatz zur Analogie eine plangemäße Regelungslücke für verbleibende Konstellationen anzunehmen ist. Aus dem Umkehrschluss aus § 80 Abs. 6 S. 1 VwGO ergibt sich somit, dass in Konstellationen außerhalb des § 80 Abs. 2 Nr. 1 VwGO vor Betreibung des einstweiligen Rechtsschutzes kein Aussetzungsantrag bei der Behörde zu stellen ist.

Die Problematik des Aussetzungsantrages ist in zweipoligen Konstellationen weniger bedeutend als bei Verfahren i. S. d. § 80a Abs. 3 S. 1, 2 VwGO, weil für die dort geregelten dreipoligen Konstellationen in Satz 2 auch auf § 80 Abs. 6 VwGO verwiesen wird. Insofern handelt es sich um eine Rechtsgrund-, nicht um eine Rechtsfolgenverweisung (strittig).

Das Rechtsschutzbedürfnis ist A insoweit nicht abzusprechen.

3. Rechtsschutz in der Hauptsache

Es könnte erforderlich sein, vor oder zumindest gleichzeitig mit der Beantragung des einstweiligen Rechtsschutzes den Rechtsschutz in der Hauptsache durch Klageerhebung bzw. durch Einlegung eines gegebenenfalls trotz Entbehrlichkeit des Vorverfahrens statthaften Widerspruches zu verfolgen. Hätte A schon vor der Beantragung des einstweiligen Rechtsschutzes beim Gericht den Widerspruch eingelegt, wäre das etwaige Erfordernis des Rechtsschutzes in der Hauptsache obsolet, da er jedenfalls erfolgt wäre. A hat jedoch erst zeitgleich mit dem Antrag beim Gericht den Widerspruch bei der Behörde eingelegt.

a) Ausnahmsloses Betreiben der Hauptsache

Die Erforderlichkeit der vorherigen oder gleichzeitigen Verfolgung des Rechtsschutzes in der Hauptsache könnte sich ausnahmslos daraus ergeben, dass eine Suspendierung, also eine Herstellung oder Wiederherstellung der aufschiebenden Wirkung bei Gericht sinnvoll nur erfolgen kann, wenn dies zuvor schon bei der Behörde beantragt worden ist (vgl. VG Göttingen, Beschluss vom 9.1.2013 – 1 B 7/13 m.w.N.). Insbesondere dient z.B. ein Widerspruchsverfahren der Selbstkontrolle der Verwaltung i.S.d. Art. 20 Abs. 3 GG, sodass ihr selbst die Möglichkeit zur Suspendierung gegeben werden müsste. Durch die Möglichkeit der Verwaltung, jederzeit nach § 80 Abs. 4 S. 1 VwGO die Vollziehung auszusetzen, wird die effektive Selbstkontrolle noch nicht zwingend gewährleistet, weil die Verwaltung naturgemäß in der Regel nur tätig und aussetzen wird, wenn sie davon Kenntnis erlangt, dass der Bürger mit der Bescheidung nicht einverstanden ist.

Jedenfalls in den Konstellationen, in denen das Widerspruchsverfahren gemäß § 68 Abs. 1 S. 2 VwGO entbehrlich ist, bedarf es keiner vorherigen Betreibung der Hauptsache, weil in § 80 Abs. 5 S. 2 VwGO gesetzlich geregelt ist, dass der Antrag nach § 80 Abs. 5 S. 1 VwGO schon vor Erhebung der Anfechtungsklage zulässig ist. Das Erfordernis der vorherigen oder gleichzeitigen Verfolgung der Hauptsache kann in der Konstellation des § 80 Abs. 5 S. 2 VwGO auch nicht mittels einer verfassungskonformen Auslegung oder Reduktion im Sinne des Art. 20 Abs. 3 GG aus Gründen der Selbstkontrolle der Verwaltung notwendig sein, weil der Wortlaut die Grenze der Auslegung darstellt und der Wortlaut des § 80 Abs. 5 S. 2 VwGO insoweit nicht auslegungsfähig und nicht reduzierungsbedürftig ist. Die Annahme eines solchen Erfordernisses wäre in den Konstellationen der Entbehrlichkeit des Vorverfahrens gesetzeswidrig. Zwar ist möglicherweise auch bei der Entbehrlichkeit des Widerspruchsverfahrens ein Widerspruch statthaft, um die rechtsstaatliche Selbstkontrolle der Verwaltung i.S.d. Art. 20 Abs. 3 GG zu ermöglichen, und weil der Widerspruch in den Normen über die Entbehrlichkeit – § 68 Abs. 1 S. 2 VwGO gegebenenfalls i.V.m. Landesrecht – nicht verboten worden ist, jedoch kann insoweit jedenfalls kein Widerspruchsverfahren erzwungen werden, weil eine Entbehrlichkeit gesetzlich geregelt ist.

Da das Widerspruchsverfahren für A nicht gemäß § 68 Abs. 1 S. 2 VwGO – auch nicht i.V.m. dem Landesrecht des Bundeslandes B – entbehrlich ist, ist nicht unmittelbar die Klage statthaft mit der Folge, dass sich daraus noch keine Entbehrlichkeit des vorherigen Betreibens der Hauptsache in Form eines Widerspruchsverfahrens ergibt.

b) Grundsätzliche Entbehrlichkeit des Betreibens der Hauptsache

Unabhängig davon, ob ein Widerspruchsverfahren gemäß § 68 Abs. 1 S. 2 VwGO entbehrlich ist oder nicht, könnte das vorherige Betreiben der Hauptsache entbehrlich sein. Das könnte sich daraus ergeben, dass durch das Erfordernis des vorherigen Betreibens der Hauptsache die Überlegungsfristen des Betroffenen i. S. d. § 70 Abs. 1 S. 1 VwGO oder nach § 74 Abs. 1 S. 2 VwGO für den Betroffenen verkürzt würden, weil er, um einstweiligen Rechtsschutz zu erlangen, schon vor Ablauf dieser Fristen in der Hauptsache tätig werden müsste. § 80 Abs. 5 S. 2 VwGO wäre dann eine deklaratorische Regelung, von der auch Konstellationen erfasst wären, in denen das Widerspruchsverfahren erforderlich wäre. Sinnvoll kann eine differenzierte Betrachtung sein.

c) Differenzierte Betrachtung

Bei differenzierter Betrachtung ist zwischen Konstellationen mit dem Erfordernis eines Widerspruchsverfahrens und ohne Erfordernis eines Widerspruchsverfahrens zu trennen. Sollte ein Widerspruchsverfahren gemäß § 68 Abs. 1 S. 2 VwGO entbehrlich sein, ist der Wortlaut des § 80 Abs. 5 S. 2 VwGO maßgeblich, sodass die Klage vor Stellung des Antrages auf einstweiligen Rechtsschutz nicht erhoben worden sein muss. Ist ein Widerspruchsverfahren allerdings erforderlich, ist vor Stellung des Antrages der Widerspruch einzulegen. Einerseits ist der Wortlaut des § 80 Abs. 5 S. 2 VwGO begrenzt, sodass die Norm eine Ausnahmeregelung darstellt, andererseits kann sinnvoll nur etwas suspendiert werden, das zuvor im Sinne der in einem Rechtsstaat i. S. d. Art. 20 Abs. 3 GG erforderlichen Selbstkontrolle der Verwaltung bei der Behörde beantragt worden ist, zumal dies zu einer Entlastung der Gerichte führt.

Auch die Überlegungsfrist des § 70 Abs. 1 VwGO steht insoweit nicht entgegen. Während die Überlegungsfrist aus § 74 Abs. 1 VwGO bezüglich der Klage bei Entbehrlichkeit des Widerspruchsverfahrens nicht durch das Erfordernis des vorherigen Betreibens der Hauptsache verkürzt werden darf, ist dies bei der Widerspruchsfrist aus den genannten rechtsstaatlichen Gründen anders. Während die Hemmschwelle zur Erhebung einer Klage als Rechtsmittel höher als bei Stellung eines Antrages auf einstweiligen Rechtsschutz ist – schließlich besteht ein hohes Kostenrisiko sowie die psychische Belastung eines lange dauernden Verfahrens – ist die Hemmschwelle für die Einlegung eines Widerspruches als Rechtsbehelf schon aufgrund der regelmäßig kostenlos möglichen Rücknahme geringer als beim einstweiligen Rechtsschutz. Wenn sich der Antragsteller bereits zu einem gerichtlichen Antrag im einstweiligen Rechtsschutz entschieden hat, ist es weniger problematisch und ihm zumutbar, Widerspruch einzulegen.

Nach alledem ist bei der Erforderlichkeit eines Vorverfahrens vor Stellung des Antrages i. S. d. § 80 Abs. 5 S. 1 VwGO die Einlegung des Widerspruches erforderlich, um zu verdeutlichen, dass die Hauptsache auch tatsächlich betrieben wird. Aus rechtsstaatlichen Gründen i. S. d. Art. 20 Abs. 3 GG sowie aus Gründen des effektiven Rechtsschutzes i. S. d. Art. 19 Abs. 4 GG genügt die Einlegung des Widerspruches zeitgleich mit der Stellung des Antrages im einstweiligen Rechtsschutz, solange die Erhebung des Widerspruches nicht rechtsmissbräuchlich spät erfolgt, obgleich die Selbstkontrolle der Verwaltung insoweit minimiert wird. A hat den Widerspruch zeitgleich mit der Stellung des Antrages auf einstweiligen Rechtsschutz beim Gericht eingelegt.

Problematisch ist allerdings, dass der Widerspruch des A umgehend zurückgewiesen wurde. Insoweit könnte es nicht erforderlich sein, innerhalb der Klagefrist vor der Beschlussfassung im Eilverfahren eine Klage zu erheben, weil zum Zeitpunkt der Antragstellung bezüglich des Eilverfahrens ein Widerspruch gleichzeitig eingelegt worden ist, der noch nicht zurückgewiesen war und aus dem sich die Suspendierung hätte ergeben können. Allerdings muss die Klage jedenfalls vor Ablauf der Klagefrist erhoben werden, weil mittels des Verfahrens nach § 80 Abs. 5 S. 1 VwGO die Suspendierung durch den Widerspruch oder die Klage i. S. d. § 80 Abs. 1 VwGO erreicht werden soll. Ist der Widerspruch aber zurückgewiesen worden und wäre die Klage verfristet, wäre eine Suspendierung nicht mehr möglich und der Antrag im Eilverfahren unzulässig.

Inwieweit es für das allgemeine Rechtsschutzbedürfnis im Eilverfahren erforderlich ist, dass die Klage nach der Zurückweisung des Widerspruches vor der Beschlussfassung – falls im Sinne des § 101 Abs. 3 VwGO eine mündliche Verhandlung stattfindet bis zur mündlichen Verhandlung – erhoben werden muss, damit die Klage zur Suspendierung führen kann oder inwieweit die aufschiebende Wirkung im Hinblick auf eine noch zu erhebende Klage angeordnet werden kann, ist irrelevant. A hat die Klage nämlich unmittelbar nach der Zurückweisung des Widerspruches erhoben.

d) Zwischenergebnis

Das Widerspruchsverfahren des A war nicht entbehrlich, jedoch ist zeitgleich mit der Stellung des Antrages nach § 80 Abs. 5 S. 1 VwGO Widerspruch beim zuständigen Landgerichtspräsidenten eingelegt worden.

Es ist strittig, ob vor Stellung eines Antrages auf einstweiligen Rechtsschutz gemäß § 80 Abs. 5 S. 1 VwGO die Klageerhebung oder gegebenenfalls die Einlegung eines Widerspruches in der Hauptsache erforderlich ist. Dogmatisch bedarf es jedenfalls bei Entbehrlichkeit des Vorverfahrens gemäß § 80 Abs. 5 S. 2 VwGO keiner vorherigen oder gleichzeitigen Erhebung der Anfechtungsklage. Dies gilt unabhängig vom Streitstand zur Statthaftigkeit des Widerspruches trotz Entbehrlichkeit des Widerspruchsverfahrens. Ist das Vorverfahren nicht entbehrlich, ist der Streitstand zu entscheiden. Da insoweit zwei verbreitete konträre Auffassungen mit jeweils guten Argumenten bestehen, ist es empfehlenswert, in diesen Fällen nach Benennung der Argumente klausurtaktisch zu entscheiden (zum Ganzen vgl. Puttler, in: Sodan/Ziekow (Hg.) VwGO, 5. Aufl. 2018, § 80, Rn 129; Schenke, in: Kopp/Schenke (Hg.) VwGO, 25. Aufl. 2019, § 80, Rn 139 m.w.N.; Gersdorf, in: Posser/Wolff (Hg.) BeckOK VwGO, 2. Aufl. 2014, § 80, Rn 164 m.w.N.).

Eine rechtsmissbräuchliche Verzögerung des A ist nicht ersichtlich. Das allgemeine Rechtsschutzbedürfnis ist A nicht aufgrund eines Nichtbetreibens der Hauptsache abzusprechen.

4. Keine offensichtliche Verfristung der Hauptsache

Ein Rechtsschutzbedürfnis für den einstweiligen Rechtsschutz besteht nur, soweit Rechtsschutz in der Hauptsache möglich, dessen Sachentscheidungs- bzw. Sachurteilsvoraussetzungen also nicht offensichtlich unerfüllt sind bzw. bleiben werden. Dies ist anzunehmen, wenn der Rechtsbehelf bzw. das Rechtsmittel in der Hauptsache offensichtlich verfristet sind. Bezüglich des gegenüber A erlassenen Bescheides gibt es keine Anhaltspunkte dafür, dass der von ihm eingelegte Widerspruch verfristet ist. Vielmehr ist am 29. Oktober sogar innerhalb der Monatsfrist i.S.d. § 70 Abs. 1 VwGO ein Widerspruch erhoben worden, sodass es irrelevant ist, ob möglicherweise sogar die Jahresfrist i.S.d. §§ 58 Abs. 2, 70 Abs. 2 VwGO maßgeblich ist. A ist allgemein rechtsschutzbedürftig.

VII. Zwischenergebnis

Die Sachentscheidungsvoraussetzungen des Verfahrens nach § 80 Abs. 5 S. 1 VwGO sind erfüllt.

B. Begründetheit

Der Antrag des A gemäß § 80 Abs. 5 S. 1, 3 VwGO auf Suspendierung ist begründet, soweit die Vollziehungsanordnung nach § 80 Abs. 2 S. 1 Nr. 4 VwGO rechtswidrig ist bzw. bei summarischer Prüfung das Aussetzungsinteresse des A als Antragsteller das Vollziehungsinteresse der Behörde überwiegt.

Bei der Vollziehungsanordnung (VZA) gibt es mehrere **Problembereiche:**

1. Aufbau

Denkbar wäre es, die Vollziehungsanordnung (VZA) nach der Erörterung des Vollziehungs-/ Aussetzungsinteresses zu prüfen. Das ist nicht möglich, weil die VZA als Sonderanordnung im Rahmen eines Verwaltungsverfahrens bloß formalen Charakter hat. Formelle Voraussetzungen unterliegen klaren Vorgaben ohne Beurteilungs- und Ermessensspielräume und sind daher vor materiellen Voraussetzungen zu erörtern. Daher ist die VZA vorab zu prüfen, wobei dies problematisch ist, wenn die VZA rechtswidrig ist, weil der Antrag auf einstweiligen Rechtsschutz dann begründet ist. Sinnvoll ist es insoweit mit Verweis auf die Möglichkeit der Behörde, jederzeit eine neue VZA zu erlassen, dennoch das Aussetzungs- und Vollziehungsinteresse im Anschluss an die VZA zu erörtern. Denkbar wäre es insoweit aber, die Prüfung zu beenden und in einem Hilfsgutachten fortzuführen, da sonst seitens des Gerichts die Gewaltenteilung unzulässig übermäßig durchbrochen werden könnte, weil der Suspensiveffekt zumindest in einigen Konstellationen schon bei Aufhebung der Vollziehungsanordnung bestehen würde. Allerdings ist die Vollziehungsanordnung als solche gemäß § 80 Abs. 5 S. 1 nicht Verfahrensgegenstand, sondern es geht um die „aufschiebende Wirkung". Mit diesem Argument ist es für das Gericht möglich, über die Vollziehungsanordnung hinaus zu prüfen. Sind die Vollziehungsanordnung und der Verwaltungsakt rechtswidrig, wird die Wiederherstellung der aufschiebenden Wirkung tenoriert werden. Ist die Vollziehungsanordnung rechtswidrig, der Verwaltungsakt aber rechtmäßig, wird das Gericht nur die Vollziehungsanordnung (als Minus zum Widerherstellungstenor) aufheben, damit die Behörde die Möglichkeit hat, mittels des Erlasses einer rechtmäßigen Vollziehungsanordnung rechtmäßige Zustände herzustellen. Die Vollziehungsanordnung muss aber zunächst aufgehoben werden, da die Regelung des § 80 Abs. 3 S. 1 VwGO anderenfalls vollständig ausgehebelt würde.

2. Voraussetzungen

Nach weit verbreiteter Auffassung bedarf es für die VZA keiner gesonderten Anhörung, da diese keinen VA darstellt und die Voraussetzungen für eine Analogie wegen der Anhörung bzgl. des Grund-VAs nicht erfüllt sind.

I. Rechtmäßigkeit der Vollziehungsanordnung

Die Vollziehungsanordnung nach § 80 Abs. 2 S. 1 Nr. 4 VwGO kann rechtmäßig sein. Insoweit könnte es wegen der Formulierung „im öffentlichen Interesse" nicht nur auf formelle, sondern auch auf materielle Voraussetzungen ankommen. Die Vollziehungsanordnung gehört systematisch aber zum Verwaltungsverfahren und ist im Verwaltungsprozessrecht geregelt mit der Folge, dass es sich dabei auch mangels gegenüber dem materiellen Verwaltungsakt eigenständiger materieller Regelung nicht um einen weiteren Verwaltungsakt handelt. Vielmehr ist die Vollziehungsanordnung lediglich eine besondere Verfahrensmöglichkeit, die ausschließlich von formellen Voraussetzungen abhängig ist.

1. Zuständigkeit

Die Vollziehungsanordnung i.S.d. § 80 Abs. 2 S. 1 Nr. 4 VwGO ist vom Landgerichtspräsidenten als zuständige Behörde angeordnet worden.

2. Verfahren

Eine gesonderte Anhörung z.B. gemäß § 28 Abs. 1 VwVfG ist bezüglich der Vollziehungsanordnung nicht erforderlich, da sie mangels eigener materieller Regelungswirkung gegenüber dem für sofort vollziehbar erklärten Verwaltungsakt keinen Verwaltungsakt darstellt. Einer analogen Anwendung des § 28 Abs. 1 VwVfG bedarf es mangels planwidriger Regelungslücke aufgrund der abschließenden Regelung in § 80 Abs. 3 S. 1 VwGO ebenso wenig wie einer sich rechtsstaatlich aus Art. 20 Abs. 3 GG ergebenden Anhörung, weil – falls erforderlich – bezüglich der Hauptregelung eine Anhörung stattfindet, zumal sie bei einer Allgemeinverfügung gemäß § 28 Abs. 2 Nr. 4 VwVfG sogar bezüglich der eigentlichen Regelung in Form des Hausverbotes entbehrlich ist, weil es diesbezüglich z.B. in § 41 VwVfG spezielle Verfahrensvorschriften gibt. Somit bedarf es bezüglich der Vollziehungsanordnung erst recht keiner gesonderten Anhörung, damit die speziellen Regelungen bezüglich einer Allgemeinverfügung nicht ausgehebelt werden. Verfahrensfehler sind nicht ersichtlich.

3. Form

Bezüglich der Form bedarf es für eine ordnungsgemäße Begründung einer Vollziehungsanordnung gemäß § 80 Abs. 3 S. 1 VwGO auch einer ordnungsgemäßen Begründung, soweit sie nicht gemäß § 80 Abs. 3 S. 2 VwGO entbehrlich ist (zum Ganzen: VG Cottbus, Beschluss vom 2.11.2007 – 2 L 236/07).

Nach § 80 Abs. 3 S. 1 VwGO hat die Behörde in den Konstellationen des § 80 Abs. 2 S. 1 Nr. 4 VwGO das besondere Interesse an der sofortigen Vollziehung des Verwaltungsakts schriftlich zu begründen. Durch diese Vorschrift soll die Behörde dazu angehalten werden, sich des Ausnahmecharakters der Vollziehungsanordnung mit Blick auf den grundsätzlich gemäß § 80 Abs. 1 VwGO durch Erhebung eines Rechtsbehelfs eintretenden Suspensiveffekt bewusst zu werden und die Abweichung vom Grundsatz sorgfältig zu prüfen (vgl. VG Cottbus, Beschluss vom 2.11.2007 – 2 L 236/07). Zugleich soll der Betroffene über die für die Behörde maßgeblichen Gründe des ihrerseits angenommenen überwiegenden Interesses an der sofortigen Vollziehbarkeit informiert werden, damit in einem möglichen Rechtsschutzverfahren dem Gericht die Erwägungen der Behörde zur Kenntnis gebracht und zur Prüfung gereicht werden können.

Die Vorgaben des § 80 Abs. 3 S. 1 VwGO haben somit vorwiegend die Bedeutung, der Behörde den Ausnahmecharakter der sofortigen Vollziehbarkeit zu verdeutlichen. Ist das Interesse hinreichend erkennbar, kommt es für die formale Voraussetzung der ordnungsgemäßen Begründung gemäß § 80 Abs. 3 S. 1 VwGO nicht darauf an, ob die Annahme eines Überwiegens des sofortigen Vollzugsinteresses aus den angegebenen Gründen bereits voll zu überzeugen vermag (vgl. OVG für das Land Brandenburg, Beschluss vom 5. 2. 1998 – 4 B 134/97 –, veröffentlicht in Juris).

„Aus der Begründung muss hinreichend nachvollziehbar hervorgehen, dass und aus welchen besonderen Gründen die Behörde im Einzelfall das besondere öffentliche Interesse an der sofortigen Vollziehung des Verwaltungsakts als gegenüber dem Aussetzungsinteresse des Betroffenen vorrangig einstuft und aus welchen im dringenden öffentlichen Interesse liegenden Gründen sie es für gerechtfertigt bzw. geboten hält, den durch die aufschiebende Wirkung eines Rechtsbehelfs grundsätzlich eintretenden Suspensiveffekt des Betroffenen einstweilen zurückzustellen. Pauschale und nichtssagende formelhafte Wendungen genügen dem Begründungserfordernis nicht. Allerdings kann sich die Behörde auf die den Verwaltungsakt selbst tragenden Erwägungen stützen, wenn die den Erlass des Verwaltungsaktes rechtfertigenden Gründe zugleich die Dringlichkeit der Vollziehung ergeben. Das kann kann sich aus der Intensität der Gefahrenabwehr ergeben (vgl. OVG Münster, Beschluss vom 22. 1. 2001 – 19 B 1757/00 –, NZV 2001, 396).“

Bei gleichartigen Tatbeständen können auch gleiche oder typisierende Begründungen ausreichen, soweit aufgezeigt wird, dass die typische Interessenlage auch im konkreten Einzelfall besteht (vgl. BayVGH, Beschluss vom 4. 1. 2006 – 11 CS 05.1878 –, zitiert nach Juris).

Eine Begründung fehlt bezüglich des seitens des Landgerichtspräsidenten mit dem Aushang vom 6. Oktober verfügten Hausverbotes. Somit ist die Vollziehungsanordnung formell rechtswidrig, sodass dem Antrag gemäß § 80 Abs. 5 S. 1 VwGO schon aus diesem Grund stattzugeben ist. Wenngleich die Aufhebung der Vollziehungsanordnung i. S. d. § 80 Abs. 3 S. 1 VwGO nicht explizit vorgesehen ist, ist sie zumindest als Minus im Antrag nach § 80 Abs. 5 S. 1 VwGO enthalten, während sie in der Hauptsache nicht Gegenstand eines Verfahrens sein kann. Allerdings wird das Gericht den Tenor des Beschlusses nicht auf die Aufhebung der formellen Vollziehungsanordnung beschränken, sondern wegen der Möglichkeit der Behörde, jederzeit eine neue Vollziehungsanordnung zu erlassen, die Wiederherstellung der aufschiebenden Wirkung tenorieren, soweit die aufschiebende Wirkung des Widerspruches nicht nur aufgrund der formell rechtswidrigen Vollziehungsanordnung, sondern auch wegen eines materiell-rechtlichen Überwiegens des Aussetzungsinteresses wiederherzustellen ist. Dazu muss das Aussetzungsinteresse des Antragstellers A das Vollziehungsinteresse überwiegen.

II. Aussetzungs-/Vollziehungsinteresse

Das Aussetzungsinteresse überwiegt das Vollziehungsinteresse, soweit der Verwaltungsakt rechtswidrig ist, weil durch einen rechtswidrigen Verwaltungsakt materiell-rechtlich grundsätzlich kein Grundrechtseingriff gerechtfertigt werden kann und somit kein Vollziehungsinteresse des behördlichen Rechtsträgers bezüglich eines solchen Verwaltungsaktes besteht. Ist der Verwaltungsakt rechtmäßig, überwiegt das Vollziehungsinteresse in Konstellationen des § 80 Abs. 2 S. 1 Nr. 1 – 3 VwGO, weil im Gesetz insoweit eine gesetzgeberische Wertung dahingehend enthalten ist, dass in derartigen Konstellationen bei rechtmäßigen Verwaltungsakten stets vollzogen werden soll. In Konstellationen einer Vollziehungsanordnung i. S. d. § 80 Abs. 2 S. 1 Nr. 4 VwGO bedarf es hingegen grundsätzlich einer eigenen Abwägung des Gerichts, weil der Gesetzgeber insoweit die Anordnung der sofortigen Vollziehbarkeit nicht selbst getroffen, sondern sie der Behörde überlassen hat, deren diesbezügliche Entscheidung gesetzlich prüfbar ist.

Eine Ausnahme erfolgt insoweit, als es in einigen Konstellationen aufgrund der Erledigung nicht zu einer Hauptsacheentscheidung kommen wird, sodass es zur Gewährung eines i. S. d. Art. 19 Abs. 4 GG effektiven Rechtsschutzes und i. S. d. sich unter anderem aus Art. 20 Abs. 3 GG ergebenden Rechtsstaatsprinzips bezüglich des Aussetzungs- und des Vollziehungsinteresses nur auf die Rechtmäßigkeit bzw. Rechtswidrigkeit des Verwaltungsaktes ankommt – auch in Konstellationen des § 80 Abs. 2 S. 1 Nr. 4 VwGO.

Maßgeblich ist somit zunächst, ob das mittels der Allgemeinverfügung i. S. d. § 35 S. 2 Var. 1 VwVfG ausgesprochene Hausverbot rechtmäßig ist.

1. Rechtsgrundlage

Fraglich ist, ob für das Hausrecht eine Rechtsgrundlage besteht (zum Ganzen: vgl. VG Neustadt, Beschluss vom 23. 2. 2010, Az 4 L).

a) § 1004 Abs. 1 S. 1, 2 BGB

Grundlage für das Hausrecht könnte § 1004 Abs. 1 S. 1, 2 BGB sein. Eine direkte Anwendung der Norm würde aber eine zivilrechtliche Streitigkeit voraussetzen. Eine solche Streitigkeit bestünde nur, soweit der Landgerichtspräsident als Behörde vom fiskalischen Hausrecht Gebrauch gemacht hätte, soweit es sich also um den Bereich der Bedarfsdeckung, Bestandsverwaltung oder der erlaubten wirtschaftlichen Tätigkeit handeln würde. Welche Art des Hausrechts der Landgerichtspräsident hätte wählen müssen, ist irrelevant, da er mit dem zweiten Aushang jedenfalls vom öffentlichen, nicht vom fiskalischen Hausrecht Gebrauch gemacht hat. § 1004 Abs. 1 S. 1, 2 BGB ist nicht anwendbar.

b) Richtlinie

Die Richtlinie in Gestalt des ersten Aushangs stellt nicht die Rechtsgrundlage für das öffentliche Hausrecht dar, da Richtlinien abgesehen von einer mittelbaren Außenwirkung mittels Art. 3 Abs. 1 GG oder speziellen Gleichheitssätzen lediglich verwaltungsintern wirken.

c) Annexkompetenz

Das öffentliche Hausrecht könnte sich – soweit nicht spezialgesetzlich geregelt – aus einer Annexkompetenz des gestörten Hoheitsträgers ergeben (vgl. OVG Berlin-Brandenburg, Entscheidung vom 26.10.2010 – OVG 10 B 2.10), wobei die Erfüllung des Tatbestandes einer Generalklausel bezüglich des insoweit ungeschriebenen öffentlich-rechtlichen Hausrechts notwendig wäre. Ein öffentliches Hausrecht aus einer Annexkompetenz würde jedoch eine Handlungsbefugnis bedeuten, die sich aus der Sachkompetenz bzw. der Verantwortung der Behörde oder des Gerichts für die Erfüllung der zugewiesenen Aufgaben und aus dem rechtsstaatlichen Gebot des ordnungsgemäßen Ablaufes der Verwaltungsgeschäfte ergeben kann.

Durch das öffentlich-rechtliche Hausrecht erfolgt eine Ermächtigung, zur Gewährleistung des Dienstbetriebs Regelungen über den Zutritt zum Dienstgebäude und den Aufenthalt von Personen in den Räumen des Gerichts zu treffen. Somit erfolgt insoweit möglicherweise jedenfalls ein Grundrechtseingriff in die allgemeine Handlungsfreiheit aus Art. 2 Abs. 1 GG des Hausverbotsadressaten, eventuell sogar in dessen Grundrechte auf Meinungs- und Informationsfreiheit i.S.d. Art. 5 Abs. 1 S. 1 GG sowie in das allgemeine Persönlichkeitsrecht aus Art. 2 Abs. 1 GG i.V.m. Art. 1 Abs. 1 GG. Unabhängig von etwaigen sich aus dem Grundsatz der Öffentlichkeit der Verhandlung und den sitzungspolizeilichen Befugnissen des Vorsitzenden nach § 169 GVG und § 176 GVG für die Ausübung des Hausrechts an Gerichtsgebäuden ergebenden Grenzen, gilt bei Grundrechtseingriffen jedenfalls der Gesetzesvorbehalt. Selbst wenn es sich lediglich um die Modifizierung einer Leistung handeln sollte, ist der Ausspruch eines öffentlich-rechtlichen Hausverbotes zumindest bezüglich des Umfeldes des Grundrechts als eventuell bestehendes derivatives oder sogar originäres Leistungsrecht grundrechtsrelevant.

Insoweit bedarf es einer zumindest im Ansatz bestimmten Grundlage für den Ausspruch eines öffentlich-rechtlichen Hausverbotes. Eine Annexkompetenz eines gestörten Hoheitsträgers ist nicht hinreichend.

d) Analog § 1004 Abs. 1 S. 1, 2 BGB

Das öffentlich-rechtliche Hausrecht könnte sich aus einer analogen Anwendung des § 1004 Abs. 1 S. 1, 2 BGB ergeben. Voraussetzung wäre eine planwidrige Regelungslücke bei vergleichbarer Interessenlage. Im Hinblick auf eine eventuell in § 12 AG GVG bzw. § 14 OBG bestehende Rechtsgrundlage ist schon das Bestehen einer planwidrigen Regelungslücke fraglich. Zudem ist die analoge Anwendung der Normen eines anderen – nicht auf die Ausübung von Hoheitsgewalt ausgerichteten – Rechtsgebietes bezüglich der erforderlichen vergleichbaren Interessenlage problematisch. Jedenfalls ist die analoge Anwendung einer zivilrechtlichen Norm bezüglich der Grundrechtsrelevanz nicht hinreichend bestimmt.

e) Kompetenznorm

Das öffentlich-rechtliche Hausrecht könnte sich aus § 12 AG GVG ergeben. Die Norm kann als Rechtsgrundlage für das öffentlich-rechtliche Hausrecht jedoch zu unbestimmt sein. Sind die auf das öffentlich-rechtliche Hausrecht gestützten Verbote nicht grundrechtsrelevant, kann eine anwendbare Rechtsgrundlage unbestimmter sein als bei einer Grundrechtsrelevanz. Ist eine Maßnahme grundrechtsrelevant, bedarf es einer Rechtsgrundlage, die zumindest einen hinreichend bestimmten Tatbestand enthält. Je wesentlicher eine Maßnahme ist, desto höher sind die Anforderungen an die Regelungsdichte der Rechtsgrundlage. Eine Norm ist für Grundrechtseingriffe zu unbestimmt, wenn keine Tatbestandsvoraussetzungen enthalten sind. In § 12 AG GVG sind das „Hausrecht" und die „Ordnungsgewalt" geregelt. Es fehlen Tatbestandsvoraussetzungen, durch die eine Handlungsbefugnis begründet wird. Mit dem Merkmal „Hausrecht" ist mangels Bestimmtheit der Norm nur die Zuständigkeit für das fiskalische Hausrecht (vgl. Jarass/Pieroth, GG, 15. Aufl. 2018, Art. 40, Rn. 11; Wilrich DÖV 2002, 152, 155 m.w.N.), nicht aber ein öffentliches Hausrecht geregelt. Auch durch das Merkmal der „Ordnungsgewalt" erfolgt keine Ermächtigung zum hoheitlichen Handeln, denn auch insoweit handelt es sich um eine reine Kompetenzzuweisung, aus der sich ergibt, wer die Ordnungsgewalt inne hat, jedoch nicht, unter welchen Voraussetzungen ihre Ausübung geschehen kann (vgl. Jarass/Pieroth, GG, 15. Aufl. 2018, Art. 40, Rn. 10–12; Ehlers DÖV 1977, 737, 740 ff.). Ein materieller Tatbestand ist nicht enthalten, denn eine Implementierung der Voraussetzungen einer Generalklausel in § 12 AG GVG ergibt sich nicht aus dem Wortlaut der Norm (a. A. vgl. Wilrich DÖV 2002, 152, 155 m.w.N.). Mangels weiterer Tatbestandsmerkmale ist die Norm für Grundrechtseingriffe zu unbestimmt und insoweit als Kompetenznorm einzuordnen (vgl. Brüning DÖV 2003, 389, 392 ff.; Butzer JuS 1997, 1014, 1016; a. A. Wilrich DÖV 2002, 152, 154). Für eine verfassungskonforme Auslegung des § 12 AG GVG dahingehend, dass darin trotz geringer Regelungsdichte eine Rechtsgrundlage gegeben ist, fehlt es an entsprechend gewichtigen Verfassungsgütern, die eine derartige Auslegung in praktischer Konkordanz zu betroffenen Grundrechten rechtfertigen – denkbar wäre insoweit allenfalls die Funktionsfähigkeit der Gerichte i. S. d. sich unter anderem aus Art. 20 Abs. 3 GG ergebenden Rechtsstaatsprinzips.

Da durch das A gegenüber ausgesprochene Hausverbot die sich aus Art. 2 Abs. 1 GG ergebende allgemeine Handlungsfreiheit tangiert ist, genügt § 12 AG GVG als Rechtsgrundlage nicht.

f) Generalklausel

Das öffentlich-rechtliche Hausrecht ist sehr umstritten. Wegen des hinreichend bestimmten Tatbestandes erscheint es sinnvoll, Generalklauseln anzuwenden, soweit keine Spezialregelungen bestehen. Vereinzelt können Kompetenznormen einen „Terminus" wie Maßnahmen enthalten, sodass die Norm zumindest vertretbar als eine Rechtsgrundlage eingestuft werden kann. Soweit die Generalklausel aufgrund etwaiger Zuständigkeitsbegrenzungen nicht anwendbar wäre, sind die allgemeinen Zuständigkeitsregelungen verfassungskonform durch die Kompetenznorm zu ersetzen. Es ist sinnvoller eine Generalklausel mit Tatbestand verfassungskonform durch eine Kompetenznorm zu ergänzen als umgekehrt.

Letztlich verbleibt als Rechtsgrundlage für das öffentlich-rechtliche Hausrecht auf Landesebene die landesrechtliche Generalklausel – gegenüber A § 14 OBG, während auf Bundesebene mangels Generalklausel eine verfassungskonforme Auslegung der Kompetenznorm erforderlich und möglich sein kann. Soweit die Anwendbarkeit der Generalklausel auf Landesebene aufgrund von Zuständigkeitsregelungen und Beschränkungen auf bestimmte Ordnungsbehörden beschränkt ist, ist die Generalklausel verfassungskonform i. S. d. sich unter anderem aus Art. 20 Abs. 3 GG ergebenden Rechtsstaatsprinzips anzuwenden – im Rahmen der Zuständigkeit ergänzt durch die speziellere Kompetenznorm. Mangels der Beschränkung der Anwendbarkeit des § 14 OBG auf bestimmte Behörden ist § 14 OBG nach alledem die maßgebliche Rechtsgrundlage.

Auch soweit das öffentliche Hausrecht nicht auf die Generalklausel gestützt wird, wird überwiegend ungeschrieben inzident der Tatbestand einer Generalklausel geprüft und in das öffentlich-rechtliche Hausrecht hineingelesen (andere Auffassung wird vertreten; zum Ganzen: vgl. Brüning, in: DÖV 2003, 389, 392 ff. m. w. N.).

2. Voraussetzungen
Die Voraussetzungen des § 14 OBG können erfüllt sein.

a) Formelle Voraussetzungen
Die formellen Voraussetzungen können erfüllt sein.

aa) Zuständigkeit
Der Landgerichtspräsident muss für den Ausspruch des Hausverbotes in Gestalt des zweiten Aushanges zuständig gewesen sein. Er ist gemäß § 12 AG GVG für das fiskalische Hausrecht und für die Ordnungsgewalt zuständig. Von dem Merkmal der „Ordnungsgewalt" in § 12 AG GVG als Kompetenznorm ist zumindest bei verfassungskonformer Auslegung im Sinne einer gemäß Art. 20 Abs. 3 GG effektiven Gefahrenabwehr auch ein Handeln aufgrund der ordnungsrechtlichen Generalklausel und damit auch die Zuständigkeit zur Wahrnehmung eines öffentlich-rechtlichen Hausrechts in Konstellationen erfasst, die nicht Eilkonstellationen sind. In Eilkonstellationen ist nach dem jeweiligen Landesrecht in der Regel die Polizei zuständig. Durch das Merkmal „Hausrecht" wird hingegen die Zuständigkeit zur Ausübung des fiskalischen Hausrechts begründet. Handelt es sich bei dem durch den zweiten Aushang ausgesprochenen Hausverbot materiell nicht um ein öffentlich-rechtliches, sondern ein privatrechtliches Hausrecht, ergibt sich die Zuständigkeit des Landgerichtspräsidenten insoweit aufgrund des Merkmals des Hausrechts.

Der Landgerichtspräsident war für die Ausübung des öffentlich-rechtlichen Hausrechts zuständig, da ihm dieses für Nichteilfälle mittels des § 12 AG GVG zugewiesen worden ist.

bb) Verfahren und Form
Die Verfahrens- und Formvorschriften für die Allgemeinverfügung aus § 41 Abs. 3 S. 2 VwVfG müssen eingehalten worden sein. Demnach darf eine Allgemeinverfügung unabhängig von einer ausdrücklichen gesetzlichen Regelung i.S.d. § 41 Abs. 3 S. 1 VwVfG auch dann öffentlich bekannt gegeben werden, wenn eine Bekanntgabe an die Beteiligten untunlich ist. Die öffentliche Bekanntgabe wird gemäß § 41 Abs. 4 S. 1 VwVfG dadurch bewirkt, dass sein verfügender Teil ortsüblich bekannt gemacht wird. In der ortsüblichen Bekanntmachung ist gemäß § 41 Abs. 4 S. 2 VwVfG anzugeben, wo der Verwaltungsakt und seine Begründung eingesehen werden können, wobei der Verwaltungsakt gemäß § 41 Abs. 4 S. 3

VwVfG zwei Wochen nach der ortsüblichen Bekanntgabe als bekannt gegeben gilt.

Das seitens des Landgerichtspräsidenten ausgesprochene Hausverbot ist mittels des zweiten Aushanges im Gebäude ortsüblich bekannt gemacht worden, weil eine Bekanntgabe an alle Betroffenen mangels Überschaubarkeit der Daten der einzelnen Personen untunlich war. Auf die Möglichkeit der Einsichtnahme wurde ordnungsgemäß hingewiesen, während eine Abweichung der Bekanntgabefiktion i.S.d. § 41 Abs. 4 S. 2 VwVfG nicht ersichtlich ist. Die Verfahrens- und Formvorschriften sind eingehalten worden.

b) Materielle Voraussetzungen
Materiell bedarf es einer Gefahr für die öffentliche Sicherheit oder Ordnung und der Ordnungspflicht.

aa) Gefahr
Eine konkrete Gefahr für die öffentliche Sicherheit, welche gegenüber der bezüglich der Bestimmtheit i.S.d. sich unter anderem aus Art. 20 Abs. 3 GG ergebenden Rechtsstaatsprinzips möglicherweise verfassungswidrig tatbestandlich normierten öffentlichen Ordnung jedenfalls primär maßgeblich ist, kann bestehen. Eine konkrete Gefahr ist eine Sachlage, bei der im Einzelfall die hinreichende Wahrscheinlichkeit besteht, dass in absehbarer Zeit ein Schaden für die öffentliche Sicherheit oder Ordnung eintreten wird. Vom Merkmal der öffentlichen Sicherheit sind der Staat und seine Einrichtungen, Individualrechtsgüter bzw. -rechte sowie die öffentliche Rechtsordnung umfasst. Eine Gefahr besteht jedenfalls nicht, soweit der Landgerichtspräsident öffentlich-rechtlich gehandelt hat, obwohl er fiskalisch hätte handeln müssen (vgl. zur Abgrenzung des fiskalischen Hausrechts vom öffentlich-rechtlichen Hausrecht z.B.: OLG Karlsruhe, Kartellsenat, Urteil vom 13.5.2009 – 6 U 50/08; Brüning DÖV 2003, 389, 392ff.; Butzer JuS 1997, 1014, 1016; a.A. Wilrich DÖV 2002, 152, 154; Ehlers DÖV 1977, 737, 739). Hätte der Landgerichtspräsident in der konkreten Konstellation das öffentlich-rechtliche Hausrecht gewählt, obwohl das fiskalische Hausrecht hätte angewendet werden müssen, bestünde keine Gefahr für die öffentliche Sicherheit.

Es ist vertretbar, die Wahl der Art des Hausrechts bereits bei der Zuständigkeit zu erörtern, wenn insoweit auf die Zuständigkeit in der konkreten Handlungsform des Verwaltungsaktes abgestellt wird.

---

(1) Handlungsform gegenüber Benutzern und Mitgliedern
Die Wahl der Handlungsform bezüglich des Hausrechts könnte ausschließlich davon abhängig gemacht werden, ob es sich bei denjenigen, denen gegenüber das Hausverbot ausgesprochen wird, um Benutzer, Mitglieder oder Besucher handelt. Bei Benutzern öffentlich-rechtlicher Anstalten könnte aufgrund des öffentlich-rechtlichen Benutzungsverhältnisses und bei Mitgliedern öffentlich-rechtlicher Körperschaften aufgrund der öffentlich-rechtlichen Selbstverwaltungskonstellation stets das öffentlich-rechtliche Hausrecht anzuwenden sein. Diesbezüglich kann die mittels des Hausrechts zu beseitigende Störung jedoch außerhalb des jeweiligen Widmungszwecks einzuordnen sein. Sollte die zu unterbindende Handlung nicht dem Widmungszweck zuzuordnen sein, kann der Bezug zum öffentlichen Recht und zur Funktionsfähigkeit der Anstalt bzw. der Körperschaft fehlen. In derartigen Konstellationen sind Mitglieder und Benutzer ebenso wie Besucher zu behandeln.

Beim „Kuttler" A als Mitglied der „BRocker" handelt es sich nicht um das Mitglied einer öffentlich-rechtlichen Körperschaft oder den Benutzer einer öffentlichen Einrichtung, da das Landgericht weder eine Körperschaft öffentlichen Rechts noch eine öffentlich-rechtliche Anstalt ist. A ist also Besucher.

(2) Handlungsform gegenüber Besuchern
Welches Hausrecht gegenüber Besuchern und solchen Mitgliedern einer öffentlich-rechtlichen Körperschaft sowie Benutzern einer Anstalt öffentlichen Rechts anzuwenden ist, deren Verhalten nicht auf den Widmungszweck bezogen ist, sodass sie wie Besucher zu behandeln sind, könnte vom Besuchszweck abhängig sein. Dabei könnte einerseits auf den subjektiven Besuchszweck abgestellt werden, andererseits auf den Besuchszweck aus objektivierter Empfängersicht. Sollte der Besuchszweck maßgeblich sein, muss schon wegen des sich unter anderem aus Art. 20 Abs. 3 GG ergebenden Rechtsstaatsprinzips und der damit verbundenen Rechtssicherheit eine objektivierte Empfängersicht maßgeblich sein.

Demnach wäre bei einem privatrechtlichen Besuchszweck das fiskalische Hausrecht maßgeblich, bei einem öffentlich-rechtlichen Besuchszweck hingegen das öffentlich-rechtliche Hausrecht. In einigen Konstellationen lässt sich der Besuchszweck allerdings nicht präzise privatrechtlichen oder öffentlich-rechtlichen Zwecken zuordnen, weil er doppelfunktional sein kann. Somit ist die Abgrenzung nach dem Kriterium des Besuchszwecks ungeeignet, sodass nach alledem der Verbotszweck der Behörde aus objektivierter Empfängersicht maßgeblich ist, der faktisch mit dem Widmungszweck gleichzusetzen ist (vgl. z. B. Ehlers DÖV 1977, 737, 739).

Merke: Das fiskalische Hausrecht ist vom öffentlich-rechtlichen Hausrecht abzugrenzen (Abgrenzung sehr umstritten); sinnvoll:
- bei Benutzern und Mitgliedern grundsätzlich öffentlich-rechtlich, es sei denn, die Störung betrifft nicht den Widmungszweck, sodass sie dann wie Besucher zu behandeln sind
- bei Besuchern: Abgrenzung nach dem Verbotszweck im Rechtsstaat bestimmter als Abgrenzung nach dem Besuchszweck.

Der Landgerichtspräsident wollte die Funktionsfähigkeit und die Effektivität des Gerichts als staatliche Einrichtung gewährleisten. Insofern wurde das Hausverbot bezüglich eines öffentlich-rechtlichen Zwecks ausgesprochen. Die Gefahr für die öffentliche Sicherheit bestand somit für die Funktionsfähigkeit des Gerichts als staatliche Einrichtung, da seitens der „BRocker" bereits im Vorfeld auf Zeugen und Sachverständige Einfluss genommen wurde. Der Gefahrentatbestand ist nach alledem erfüllt.

bb) Ordnungspflicht
Da die befürchteten Einschüchterungen maßgeblich von den Kutten der „BRockers" ausgehen, und A als solcher mit seiner besonders eingefärbten Kutte berüchtigt ist, ist er als Handlungsstörer i. S. d. § 17 Abs. 1 OBG einzustufen.

3. Rechtsfolge
In der Rechtsfolge ist in § 14 OBG Ermessen geregelt, sodass ein Entschließungs- und ein Auswahlermessen des Landgerichtspräsidenten bestanden. Das Ermessen kann fehlerhaft ausgeübt worden sein. Mangels Anhaltspunkten für eine Ermessensreduktion auf Null sind lediglich Ermessensfehler in Form des Ermessensausfalls, der Ermessensüberschreitung und des Ermessensfehlgebrauches maßgeblich. Zwar ist weder ein vollständiger noch ein partieller Ermessensausfall ersichtlich, jedoch kann das Ermessen durch einen unverhältnismäßigen Eingriff in einfachgesetzliche Rechte bzw. in Grundrechte sowie wegen der Nichtbeachtung einfachgesetzlicher Normen überschritten worden sein, wobei sich der Grundsatz der Verhältnismäßigkeit primär aus den Grundrechten als Schranken-Schranke im Rahmen der Wechselwirkung zur Rechtfertigungsebene, subsidiär aus dem sich unter anderem aus Art. 20 Abs. 3 GG ergebenden Rechtsstaatsprinzip ergibt, allerdings auch einfachgesetzlich geregelt sein kann.

a) Legitimer Zweck

Es muss mit dem Hausverbot ein legitimer Zweck verfolgt werden. Mit dem in Form des zweiten Aushanges ausgesprochenen Hausverbot hinsichtlich des Betretens des Gerichts mit den benannten Symbolen und Kleidungsstücken soll der ordnungsgemäße Gerichtsbetrieb insbesondere im Hinblick auf den ordnungsgemäßen Ablauf der Verfahren gewährleistet werden. Dies ist ein legitimer Zweck.

b) Eignung

Das Hausverbot muss zur Erreichung des verfolgten Zwecks geeignet sein. Es muss also der gewünschte Erfolg gefördert werden (BVerfGE 96, 10, 23; 67, 157, 173; 100, 313, 373; Jarass/Pieroth, Grundgesetz Kommentar, 15. Aufl. 2018, Art. 20 GG, Rn 84). Durch das Hausverbot bezüglich des Betretens des Gerichts mit furchteinflößenden Symbolen und Kleidungsstücken sind die Mitglieder der „BRocker" – insbesondere der „Kuttler" – nicht in ihrer gewohnten Form für Zeugen und Sachverständige erkennbar, zumal insoweit seitens des Staates ein Zeichen gesetzt wird, dass auch die „BRocker" der Staatsgewalt unterliegen. Dadurch wird die Einschüchterung der Zeugen und Sachverständigen gemindert, sodass das Hausverbot zur Erreichung des Zwecks geeignet ist.

c) Erforderlichkeit

Die getroffene Regelung darf nicht über das zur Verfolgung ihres Zweckes notwendige Maß hinaus-, also nicht weitergehen, als der mit ihr intendierte Schutzzweck reicht (BVerfGE 79, 179, 198; 100, 226, 241; 110, 1, 28). Es darf zur Erreichung des Zwecks kein gleich geeignetes milderes Mittel ersichtlich sein. Ein milderes Mittel wäre es z. B. gewesen, den Adressaten des Hausverbotes aufzugeben, sich auch auf den Gängen ruhig zu verhalten. Dieses und ähnliche denkbare Ausweichmittel sind bezüglich der Verminderung der Einschüchterung der Sachverständigen und der Zeugen jedenfalls nicht gleich geeignet.

d) Verhältnismäßigkeit i. e. S. (Disproportionalität)

Das Verbot darf nicht unverhältnismäßig im engen Sinne, also nicht disproportional zum angestrebten Zweck sein und somit nicht in einem erheblichen Missverhältnis dazu stehen. Voraussetzung für die Verhältnismäßigkeit im engen Sinne ist es, dass der Eingriff in angemessenem Verhältnis zu dem Gewicht und der Bedeutung des Grundrechts steht (BVerfGE 67, 157, 173). Dabei sind die Rechte des Vorsitzenden i. S. d. § 176 GVG, der Grundsatz der Öffentlichkeit i. S. d. § 169

GVG ebenso zu berücksichtigen wie die Meinungsfreiheit i. S. d. Art. 5 Abs. 1 S. 1 GG und die allgemeine Handlungsfreiheit i. S. d. Art. 2 Abs. 1 GG.

Es ist vertretbar, die Grundrechte bereits bei den Anforderungen an die Rechtsgrundlage für das Hausrecht detailliert zu prüfen, wobei es insoweit grundsätzlich genügt, wenn das Umfeld eines Grundrechts betroffen ist.

---

aa) § 176 GVG

Soweit die Aufrechterhaltung der Ordnung in der Sitzung tangiert ist, hat sich der Landgerichtspräsident mit dem Vorsitzenden abgestimmt, sodass eine Ermessensüberschreitung insoweit nicht ersichtlich ist.

bb) § 169 GVG

Das mittels der Allgemeinverfügung verfügte Hausverbot könnte mit dem sich aus dem Demokratieprinzip i. S. d. Art. 20 Abs. 2 S. 1 GG und dem Rechtsstaatsprinzip i. S. d. Art. 20 Abs. 2 S. 2, Abs. 3 GG ergebenden und in § 169 S. 1 GVG spezifizierten Öffentlichkeitsgrundsatz unvereinbar sein, wenngleich der sich ebenfalls aus dem Rechtsstaatsprinzip ergebende Grundsatz der Funktionsfähigkeit der Judikative in praktischer Konkordanz als gegenläufiges Verfassungsprinzip zu berücksichtigen ist (vgl. OVG Berlin-Brandenburg, Beschluss vom 20.12.2010 – 10 S 51.10).

Maßnahmen, durch die der Zugang zu einer Gerichtsverhandlung nur unwesentlich erschwert wird und aus denen sich keine persönlichkeitsbezogene Auswahl der Zuhörerschaft ergibt, sind mit dem Öffentlichkeitsgrundsatz zu vereinbaren, wenn für sie aus Sicherheitsgründen ein verständlicher Anlass besteht. Maßgebend ist daher, ob für die hausrechtliche Verfügung ein verständlicher Anlass besteht und der Grundsatz der Verhältnismäßigkeit gewahrt wird. Dabei sind die Schwere der mit der Sicherheitsverfügung verbundenen Beeinträchtigungen, der Wert des zu sichernden Schutzgutes und der Grad der Gefährdung in den Blick zu nehmen und in die Abwägung einzustellen.

Dass ein demonstratives Auftreten der Mitglieder der „BRockers" grundsätzlich geeignet sein kann, dritte Personen zu beunruhigen, ist eine plausible Befürchtung, aufgrund derer präventive Maßnahmen zum Schutz der Zeugen und Sachverständigen erfolgen müssen. Der Landgerichtspräsident hat zutreffend darauf hingewiesen, dass es zu seinen Aufgaben als Gerichtspräsident gehört, auf dem Gelände des Justizzentrums für eine angstfreie Atmosphäre zu sorgen, damit Zeugen unbelastet ihren staatsbürgerlichen Pflichten nachkommen können und das Vertrauen der Öffentlichkeit in die Leistungsfähigkeit der Justiz nicht erschüttert wird. Angesichts des hohen Wertes des zu schützenden Gutes – die ordnungsgemäße Durchführung eines Strafverfahrens und die Sicherung des Justizbetriebs – dürfen die Anforderungen an die Annahme einer konkreten Gefahr nicht überspannt werden. Bezüglich des Grundsatzes der Öffentlichkeit ist der Ausspruch des Hausverbotes verhältnismäßig, zumal kein umfassendes Hausverbot für die „BRockers" ausgesprochen wurde, sondern ein lediglich auf das Mitführen der Kutten und sonstigen Symbolen bezogenes Hausverbot, sodass ein Beiwohnen am Prozess ohne Symbole möglich ist.

cc) Meinungs- und Informationsfreiheit
Durch das verfügte Hausverbot kann ungerechtfertigt in die Meinungs- und Informationsfreiheit der Adressaten eingegriffen worden sein.

(1) Schutzbereichseingriff
Zunächst kann in den Schutzbereich des Art. 5 Abs. 1 S. 1 GG eingegriffen worden sein. In Art. 5 Abs. 1 S. 1 GG wird die Meinungsfreiheit geschützt, wobei Meinungen Werturteile sind, unabhängig davon, ob sie einen Wertgehalt haben, unbegründet, irrational oder gefährlich sind. Durch die Informationsfreiheit wird gewährleistet, sich aus allgemeinen zugänglichen Quellen informieren zu können. Die Meinungs- und die Informationsfreiheit aus Art. 5 Abs. 1 S. 1 GG sind für die Demokratie schlechthin konstituierend. Aufgrund des Hausverbotes dürfen die „BRockers" – also auch der „Kuttler" – ihre Meinung über gewisse Gegebenheiten und ihren Club, welche sie mittels der Kutten und der Symbole zum Ausdruck bringen wollen, nicht kundtun und können sich nicht ungehindert in der von ihnen präferierten Form aus den allgemein zugänglichen Gerichtsverfahren informieren. Der Schutzbereich ist somit persönlich und sachlich eröffnet.

Der Eingriff in die Meinungs- und Informationsfreiheit aus Art. 5 Abs. 1 S. 1 GG besteht in dem Verbot, im öffentlichen Gerichtsgebäude die Kutten und ähnliche Symbole bei sich zu führen und dadurch Meinungen kundzutun sowie sich in der seitens der Adressaten bevorzugten Weise über den Verlauf des Prozesses zu informieren.

Es ist vertretbar, bezüglich der Informationsfreiheit bereits die Schutzbereichseröffnung abzulehnen.

---

(2) Rechtfertigung

Die Schranken der Meinungs- und Informationsfreiheit sind gemäß Art. 5 Abs. 2 GG allgemeine Gesetze sowie gesetzliche Bestimmungen zum Schutze der Jugend und im Recht der persönlichen Ehre, wobei auch das Recht der persönlichen Ehre grundsätzlich in einem einfachen Gesetz zum Ausdruck kommen muss, weil Wesentliches durch den Gesetzgeber geregelt werden muss. Während es sich bei den allgemeinen Gesetzen um eine einfache Schranke handelt, stellen die Gesetze zum Schutz der Jugend bzw. der persönlichen Ehre eine Qualifizierung dar, sodass es sich insoweit um einen qualifizierten Gesetzesvorbehalt handelt. In Betracht kommen die Schranken der allgemeinen Gesetze.

Es kann sich bei § 14 OBG als Grundlage für das öffentliche Hausrecht um ein allgemeines Gesetz i. S. d. Art. 5 Abs. 2 GG handeln.

(a) Sonderrecht

Für den Terminus „allgemein" könnte es darauf ankommen, dass ein Gesetz kein Sonderrecht enthält, sich also nicht gegen den Inhalt bzw. die geistige Zielrichtung oder Art. 5 Abs. 1 S. 1 GG als solches richtet. § 14 OBG ist nicht auf das Verbot bestimmter Meinungen gerichtet und stellt somit kein Sonderrecht dar.

(b) Abwägung

Ebenso könnte es für den Terminus „allgemein" darauf ankommen, dass im Rahmen einer praktischen Konkordanz Art. 5 Abs. 1 S. 1 GG einem vorrangigen durch ein Gesetz geschützten Recht bzw. Rechtsgut weichen muss. § 14 wäre danach nur ein allgemeines Gesetz, wenn nach einer Abwägung feststünde, dass durch die Norm Rechte bzw. Rechtsgüter geschützt werden, die der Meinungs- freiheit gegenüber vorrangig sind. Auch insoweit ist bezüglich des § 14 OBG ein allgemeines Gesetz anzunehmen, da mittels der Maßnehmen gemäß § 14 OBG in bestimmten Konstellationen zum Beispiel auch Leib und Leben geschützt werden können, welche der Meinungsfreiheit gegenüber zumindest vorrangig sein kön- nen.

(c) Kombination

Bei einer Kombination der bereits erörterten Ansätze ist ein Gesetz allgemein, das nicht gegen die Meinungsfreiheit als Institut oder die Äußerung einer be- stimmten Meinung gerichtet ist, jedoch unabhängig von Einzelmeinungen dem Schutz eines gegenüber der Meinungsfreiheit aus Art. 5 Abs. 1 S. 1 GG vorrangigen Rechtes oder Rechtsgutes dient. Auch insoweit ist § 14 OBG als allgemeines Gesetz einzustufen, da es weder Sonderrecht darstellt, noch im Rahmen der Abwägung der Meinungsfreiheit mit anderen Schutzgütern lediglich geringwertige Schutzgüter erfasst.

(d) Zwischenergebnis

§ 14 OBG ist ein allgemeines Gesetz.

(3) Schranken-Schranke

Als Schranken-Schranke im Rahmen der Wechselwirkung zu anderen Verfassungsgütern muss das seitens des Landgerichtspräsidenten verfügte Hausverbot – es ist zur Erreichung des benannten legitimen Zwecks geeignet und erforderlich – verhältnismäßig im engen Sinne sein (dazu OVG Berlin-Brandenburg, Entscheidung vom 26.10.2010 – OVG 10 B 2.10).

„Mit dem Recht auf Informationsfreiheit i.S.d. Art. 5 Abs. 1 S. 1 GG ist das Hausverbot ebenso vereinbar wie mit dem Grundsatz der Öffentlichkeit. Durch die Informationsfreiheit wird kein Anspruch gewährt, eine Informationsquelle auf bestimmte Weise zugänglich zu machen. Über die Zugänglichkeit und die Art der Zugangsöffnung entscheidet vielmehr, wer nach der Rechtsordnung über ein entsprechendes Bestimmungsrecht verfügt, wobei der Bestimmungsberechtigte sein Bestimmungsrecht auch in differenzierender Weise ausüben und Modalitäten des Zugangs festlegen kann. Gerichtsverhandlungen einschließlich der Verkündung der Entscheidung sind Informationsquellen, deren öffentliche Zugänglichkeit der Gesetzgeber im Rahmen seiner Befugnis zur Ausgestaltung des Gerichtsverfahrens und unter Beachtung verfassungsrechtlicher Vorgaben regelt." Dies ist mittels der Bestimmung einer Saalöffentlichkeit gemäß § 169 GVG erfolgt. Das Grundrecht der Informationsfreiheit ist dabei nicht umfassender als das durch den Öffentlichkeitsgrundsatz Gewährleistete. Sind danach im Hinblick auf § 169 GVG unwesentliche Beeinträchtigungen wie Einlasskontrollen zulässig, ist das Grundrecht der Informationsfreiheit aus Art. 5 Abs. 1 S. 1 GG nicht verletzt.

Gleiches gilt bezüglich der Meinungsfreiheit. Die Meinungsfreiheit ist nur geringfügig betroffen, weil die Einschränkung der Meinungskundgabe mittels der Kutten und Symbole nur auf das Gerichtsverfahren beschränkt ist. In diesem Zusammenhang überwiegt der ordnungsgemäße Ablauf des Gerichtsverfahrens ohne Beeinflussung der Zeugen und Sachverständigen sowie jeglicher Angsteinflößungen.

Das Hausverbot ist bezüglich der Meinungs- und Informationsfreiheit i.S.d. Art. 5 Abs. 1 S. 1 GG verhältnismäßig.

dd) Allgemeines Persönlichkeitsrecht und allgemeine Handlungsfreiheit

Möglicherweise ist mittels des Hausverbotes in das allgemeine Persönlichkeitsrecht aus Art. 2 Abs. 1 GG i.V.m. Art. 1 Abs. 1 GG und in die allgemeine Handlungsfreiheit des Antragstellers aus Art. 2 Abs. 1 GG ungerechtfertigt eingegriffen worden. Unabhängig davon, dass die allgemeine Handlungsfreiheit wegen der Eröffnung des spezielleren Schutzbereiches des Art. 5 Abs. 1 S. 1 GG verdrängt sein kann, ist der Schutzbereich in das neben der Meinungs- und der Informationsfreiheit anwendbare allgemeine Persönlichkeitsrecht und in die allgemeine Handlungsfreiheit jedenfalls gerechtfertigt.

Der Schutzbereichseingriff beim „Kuttler" A erfolgt durch die Beschränkung des Tragens der Kutte und der Symbole mittels des zweiten Aushanges als Verfügung. § 14 OBG ist bezüglich der erforderlichen Rechtfertigung ein einfaches Parlamentsgesetz, sodass es als Schranken-Schranke der Verhältnismäßigkeit bedarf. Das zum Zweck des ordnungsgemäßen Ablaufes bei der Justiz geeignete und erforderliche Hausverbot muss auch verhältnismäßig im engen Sinne sein (dazu OVG Berlin-Brandenburg, Beschluss vom 20.12.2010 – 10 S 51.10).

Der verfügte Eingriff in die Handlungsfreiheit und in das Persönlichkeitsrecht in Form des Rechts auf informationelle Selbstbestimmung potentieller Zuschauer des betroffenen Strafverfahrens – und damit auch des Antragstellers – ist gegenüber dem Schutzzweck vergleichsweise gering einzustufen. Auch wenn der Antragsteller persönlich ein großes affektives Interesse am sichtbaren Tragen seiner Szenekleidung haben mag, erscheint die Beeinträchtigung, die darin besteht, vorübergehend für einen überschaubaren Zeitraum in einem örtlich begrenzten Bereich die vertraute Kleidung nicht zu tragen oder von sichtbaren Zeichen der Zugehörigkeit zu seinem Motorradclub zu befreien, objektiv nicht gravierend und daher durchaus zumutbar, zumal insoweit nur die geringwertige Öffentlichkeitssphäre, nicht jedoch die Privat- oder die Intimsphäre betroffen ist. Im Hinblick darauf, dass es um das hohe Gut der Funktionsfähigkeit der Strafrechtspflege geht und die hinreichend realistische Möglichkeit besteht, dass das Verfahren durch die erkennbare und demonstrative Anwesenheit von Mitgliedern der „BRockers" oder vergleichbarer Gruppierungen beeinträchtigt werden könnte, ist das präventive Verbot des sichtbaren Tragens der entsprechenden Kleidung sachlich begründet und nicht unangemessen.

Die Eingriffe in das allgemeine Persönlichkeitsrecht und in die allgemeine Handlungsfreiheit sind gerechtfertigt.

III. Gesetzliche Wertung

Da es sich um eine Konstellation i. S. d. § 80 Abs. 2 S. 1 Nr. 4 VwGO handelt, ist grundsätzlich eine eigene Abwägung des Gerichts vorzunehmen (BVerfG NVwZ 2004, 93).

Es gilt:
- bei rechtswidrigen Verwaltungsakten überwiegt das Aussetzungsinteresse
- bei rechtmäßigen Verwaltungsakten überwiegt in Konstellationen des § 80 Abs. 2 S. 1 Nr. 1–3 VwGO das Vollziehungsinteresse
- in Konstellationen des § 80 Abs. 2 S. 1 Nr. 4 VwGO bedarf es bei rechtmäßigen Verwaltungsakten einer Abwägung (Ausnahmen: Zeitmoment, sodass keine Hauptsache stattfinden wird; Drittbetroffenheit)
- Besonderheiten auch bei § 80a VwGO

Die nach § 80 Abs. 1 VwGO für den Regelfall vorgeschriebene aufschiebende Wirkung eines Widerspruches bzw. einer verwaltungsgerichtlichen Klage ist nämlich insoweit eine adäquate Ausprägung der verfassungsrechtlichen Rechtsschutzgarantie und ein fundamentaler Grundsatz des öffentlich-rechtlichen Prozesses. Andererseits wird durch Art. 19 Abs. 4 GG die aufschiebende Wirkung der Rechtsbehelfe im Verwaltungsprozess nicht uneingeschränkt gewährleistet. Aus überwiegenden öffentlichen Belangen kann sich eine Rechtfertigung zur einstweiligen Zurückstellung des Rechtsschutzanspruches des Grundrechtsträgers ergeben, um unaufschiebbare Maßnahmen im Interesse des allgemeinen Wohls rechtzeitig durchführen zu können. Für die sofortige Vollziehbarkeit ist daher ein besonderes öffentliches Interesse erforderlich, das über jenes Interesse hinausgeht, durch das der Verwaltungsakt selbst gerechtfertigt wird.

Eine Ausnahme erfolgt insoweit, als es in einigen Konstellationen aufgrund der Erledigung nicht zu einer Hauptsacheentscheidung kommen wird, sodass es zur Gewährung eines i. S. d. Art. 19 Abs. 4 GG effektiven Rechtschutzes und i. S. d. sich unter anderem aus Art. 20 Abs. 3 GG ergebenden Rechtsstaatsprinzips bezüglich des Aussetzungs- und des Vollziehungsinteresses nur auf die Rechtmäßigkeit bzw. Rechtswidrigkeit des Verwaltungsaktes ankommt – auch in Konstellationen des § 80 Abs. 2 S. 1 Nr. 4 VwGO.

Da das Gerichtsverfahren schon Anfang November beginnt und vor Ablauf eines verwaltungsgerichtlichen Hauptsacheverfahrens beendet sein wird, wird es im verwaltungsgerichtlichen Hauptsacheverfahren allenfalls noch zur Prüfung eines erledigten Verwaltungsaktes kommen, sodass ohne weitere Abwägung das Vollziehungsinteresse des Staates überwiegt. Selbst wenn ein Strafverfahren – angesetzt ist ein Tag – aber so lange dauern sollte, dass eine Hauptsacheentscheidung im verwaltungsgerichtlichen Verfahren zuvor ausgesprochen wird, sind damit einerseits zumindest die Beeinträchtigungen an den ersten Verhandlungstagen im Strafprozess nicht revidierbar, andererseits überwiegt das Vollziehungsinteresse jedenfalls auch bei eigener Abwägung des Gerichts. Sowohl aufgrund der Funktionsfähigkeit der Strafrechtspflege, als auch aufgrund der möglicherweise betroffenen Grundrechte der Zeugen und Sachverständigen überwiegt das Vollziehungsinteresse des Landgerichtspräsidenten wegen der nur geringfügigen Beeinträchtigungen des „Kuttlers".

C. Ergebnis

Dem Antrag des A wird aufgrund der fehlerhaften Anordnung der sofortigen Vollziehung i.S.d. § 80 Abs. 3 S. 1 VwGO stattgegeben, wenngleich der Landgerichtspräsident jederzeit eine neue formell rechtmäßige Vollziehungsanordnung erlassen kann mit der Folge, dass ein erneuter Antrag des A nach § 80 Abs. 5 S. 1 VwGO erfolglos wäre.

Fall 3:
„Saenk ju for Träwelling! (Landesrecht)"

Schwerpunkte: Grundzüge des Personenbeförderungsgesetzes, Subjektive Rechte in dreipoligen Beziehungen, Heilung bei Verfahrensfehlern, Gerichtliche Überprüfung bei Beurteilungsspielräumen

---

Hinweis: Diesem Fall sowie der Falllösung liegt exemplarisch das Landesrecht von **NRW** zugrunde. An die Rechtslage in **Berlin, Hamburg und Niedersachsen** angepasste Falllösungen sind **online** unter www.heinze-pruefungsanfechtung.de einsehbar.

Ulf Umtriebig (U) ist ein erfolgreicher Unternehmer, der sich seinen Lebensunterhalt mit der unionsweiten Beförderung von Personen in seinem Busunternehmen Bu (keine juristische Person) verdient. Am 19.7. beantragt U in seiner Funktion als Unternehmer eine Genehmigung zur Einrichtung eines Linienbusverkehrs zwischen Münster und Heidelberg und nimmt dabei Bezug auf das Personenbeförderungsgesetz. Es handelt sich bei dem Vorhaben des U gemäß § 13 Abs. 2 S. 2 PBefG nicht um Personenfernverkehr im Sinne des § 42a S. 1 PBefG, sondern um Theaterfahrten als Sonderform des Linienverkehrs gemäß § 43 S. 1 Nr. 4 PBefG. Da es sich um eine Strecke zwischen denen aus seiner Sicht schönsten Städten Deutschlands handelt, ist U für dieses neue Projekt Feuer und Flamme. Er plant täglich 5 Fahrten zwischen den Städten – jeweils mit Hin- und Rückfahrt.

Damit es sich lohnt, setzt er als Preis 30,– € pro einfacher Strecke, 60,– € für die Hin- und Rückfahrt an. Als gewiefter Geschäftsmann überlegt er sich ein Lockmittel, mit dem er seine Buslinie für seine Kundschaft attraktiv machen will – ein Rabattsystem. Er plant, bei einer Buchung von mindestens 14 Tagen im Voraus 50 % Ermäßigung zu geben.

Ein umfangreiches und ordnungsgemäßes Anhörungsverfahren findet bei der zuständigen Landesbehörde statt. Der größte Konkurrent des U – Eisenbahnfreak Emil Energielos (E) ärgert sich über den Antrag des U maßlos und denkt sich, er bediene die Strecke mit seinem Eisenbahnunternehmen EB (keine juristische Person) hinreichend. Er fürchtet Umsatzeinbußen und meint, er würde 25 % seines Umsatzes einbüßen, zumal seine Preise deutlich über denen des U liegen. Dies würde seine Berufsfreiheit beeinträchtigen. Außerdem sei seine Eisenbahn nicht nur umweltfreundlicher und komfortabler, sondern auch schneller als der Bus. E teilt der Behörde nur mit, dass die Genehmigung zu versagen sei, versäumt es jedoch, seine Gedanken als Einwendung i.S.d. § 15 Abs. 1 S. 1 PBefG zu formulieren. U ist anderer Meinung. Er trägt vor, die Bahnpreise des E seien viel zu hoch. Außerdem kämen die veralteten Züge des E ständig zu spät und seien zu-

https://doi.org/10.1515/9783110624465-003

dem gesundheitsgefährdend, weil sie im Sommer wegen defekter Klimaanlagen zu heiß, im Winter erfrierend kalt seien, zumal die Luftfilter niemals ausgetauscht würden, sodass die Luft in den Zügen schon deshalb ungesund sei.

Die beantragte Genehmigung wurde U trotz der Bedenken des E wie beantragt mit Bescheid vom 14.11. befristet auf 8 Jahre erteilt und nur ihm bekannt gegeben. Vorsichtshalber hatte die Behörde die Frist i. s. d. § 15 Abs. 1 S. 3, 4 PBefG zuvor rechtmäßig um 3 Monate verlängert, sodass eine Genehmigungsfiktion i. s. d. §§ 15 Abs. 1 S. 5 PBefG, 42a VwVfG nicht eingetreten ist. E legt gegen die Genehmigung zehn Tage später Widerspruch ein und erhebt gegen die Genehmigung mit Schriftsatz vom 21.12. Klage.

Die Behörde ist anderer Auffassung. Die hoch frequentierte Strecke könne mit der Eisenbahn nur begrenzt bedient werden. Zwar biete E eine recht hohe Taktung der Fahrten an, jedoch sei die Kundschaft aufgrund ständiger Verspätungen der Züge zum Teil sehr unzufrieden. Hinzu kämen die veralteten Züge mit den von U benannten Belüftungsproblemen sowie die aus Sicht der Kundschaft meist überhöhten Preise bei sehr mäßigem Service und Kundenunfreundlichkeit. Insbesondere das Billigsegment gewinne bei der stetig ärmer werdenden Masse der Bevölkerung zunehmend an Bedeutung. Der Busverkehr ermögliche insoweit eine Belebung des Marktes in der sozialen Marktwirtschaft der Bundesrepublik Deutschland, in der es grundsätzlich keinen Schutz vor Wettbewerb gäbe.

Im Prozess ergänzt E seine gegenüber der Behörde schon in einem als Widerspruch überschriebenen Schriftsatz – auf den die Behörde nicht reagiert hatte – gemachten Ausführungen. Es sei nicht möglich, ihm die auf der Überlastung des Schienennetzes beruhenden Verspätungen anzulasten, während Verzögerungen durch Stau auf den Autobahnen für das Busunternehmen des U unberücksichtigt bleiben sollen. Es sei zudem nicht dargelegt, dass der Kundschaft die Eisenbahn zu teuer sei. Das ergäbe sich nicht schon aus der in der Bevölkerung weit verbreiteten Nutzung von Kraftfahrzeugen auch auf Fernstrecken. Die Behörde habe § 13 Abs. 2 Nr. 3 PBefG nicht sorgfältig gelesen, aus dem hervorgehe, dass etablierte Verkehrsunternehmen gegenüber Konkurrenten vorrangig zu berücksichtigen seien. E ist der Auffassung, dass er vor Erteilung der Genehmigung an U hätte gefragt werden müssen, ob er nicht ein ähnliches Angebot hätte eröffnen können. Eine Doppelbindung des Staates sei nicht möglich. E trägt weiter vor, er habe sich gut vorstellen können, sein Schienenverkehrsunternehmen auf den Busbetrieb zu erweitern. Auch ein Spezialangebot auf der Schiene wäre denkbar gewesen. Insoweit hatte E eine BahnCard Gold und Green in Erwägung gezogen. Während die BahnCard Green einen Billigtarif beinhalten sollte (wenngleich unter vereinfachten Beförderungsbedingungen), der den Buspreisen vergleichbar wäre, sollte die BahnCard Gold Zusatzprodukte zu günstigen Preisen beinhalten – z. B. ein vergünstigtes Zeitschriftenabonnement wahlweise einer

Boulevard- oder Modezeitschrift sowie pro Fahrt ein köstliches Frühstück aus dem Bahnsegment inklusive.

Seitens der Behörde wird vorgetragen, dass eine Berücksichtigung der Verkehrssituation und etwaige Stauprobleme auf der Straße die Genehmigungserteilung nicht beeinträchtigt hätten, weil die Nachfrage im Billigsegment bei Reisen extrem hoch sei. Dies sei auch im Flugverkehr zu beobachten. E könne allerdings jederzeit im laufenden Gerichtsverfahren Vorschläge zur Verbesserung des eigenen Angebotes erläutern. Diese sollten aber ernsthaft und nicht realitätsfremd sein. Die Vorschläge zur Einführung der BahnCard Gold und Green seien nur bedingt tauglich. Neue Vorschläge würden das bereits laufende Genehmigungsverfahren auch nur bedingt beeinflussen.

Wie wird das Verwaltungsgericht entscheiden?

Bearbeitungsvermerk

Wenden Sie für die Prozessstation ggf. ergänzend das AG VwGO bzw. vergleichbare Gesetze aus dem Bundesland an, in dem Sie Ihre Prüfung absolvieren. Für das Verwaltungsverfahren gilt das Verwaltungsverfahrensgesetz des Bundes.

Vertiefung

Zum Ganzen: Ehlers, Festschrift für Menger, S. 379 ff.; Hufen, Verwaltungsprozessrecht, 11. Aufl. 2019, § 12, Rn 38 ff. m. w. N.; vgl. OVG Münster NVwZ 1990, 188; BVerwG, Urteil vom 24. 6. 2010 – 3 C 14.09.

Gliederung

Falllösung —— **76**

    A. Sachurteilsvoraussetzungen —— **76**

        I. Rechtsweg (+) —— **76**

        II. Zuständigkeit (+) —— **76**

        III. Beteiligte (+) —— **77**

        IV. Statthafte Klageart —— **77**

        V. Besondere Sachurteilsvoraussetzungen (+) —— **78**

            1. Besondere Prozessführungsbefugnis (+) —— **78**

            2. Klagebefugnis (+) —— **78**

            3. Vorverfahren (+) —— **79**

            4. Klagefrist (+) —— **80**

        VI. Zwischenergebnis —— **80**

    B. Begründetheit (+) —— **80**

        I. Rechtsgrundlage (+) —— **80**

II. Voraussetzungen (–) —— 80
  1. Formell (–) —— 81
    a) Zuständigkeit (+) —— 81
    b) Verfahren (+) —— 81
      aa) Anhörungsverfahren (+) —— 81
      bb) Aufforderungsverfahren (+) —— 81
        (1) Verfahrensverstoß bzgl. § 13 Abs. 2 Nr. 3 lit. c PBefG (+) —— 81
        (2) Subjektives Recht (+) —— 82
        (3) Heilung des Verfahrensfehlers (–) —— 82
      cc) Zwischenergebnis —— 83
  2. Materiell (+) —— 84
    a) Allgemeine Genehmigungsvoraussetzungen (+) —— 84
    b) Besondere Genehmigungsvoraussetzungen (Linienverkehr) (+) —— 84
      aa) Drittschützende Wirkung des § 13 Abs. 2 Nr. 3 lit. a, b PBefG (+) —— 84
      bb) Vorhandene Verkehrsmittel (+) —— 85
        (1) Beurteilungsspielraum (+) —— 85
        (2) Beurteilungsmaßstab —— 86
        (3) Beurteilungsfehler (–) —— 86
          (a) Unvollständigkeit (–) —— 87
          (b) Fehleinschätzung (–) —— 87
      cc) Verbesserung der Verkehrsbedienung (–) —— 88
      dd) Zwischenergebnis —— 88
  3. Unbeachtlichkeit des formellen Fehlers (–) —— 88
    a) Anwendbarkeit des § 46 VwVfG (+) —— 88
    b) Nichtigkeit gemäß § 44 VwVfG (–) —— 89
    c) Offensichtlich fehlende Beeinflussung (–) —— 89
      aa) Angebot des E —— 89
      bb) Günstigere Angebote —— 90
    d) Zwischenergebnis —— 90
C. Ergebnis —— 90

Lösungsvorschlag

Die folgende Lösung ist als Lösungsvorschlag zu verstehen und ausführlicher, als es in der Klausurbearbeitung verlangt werden kann. Aufgrund der wissenschaftlichen Freiheit können andere Lösungswege vertreten werden, soweit sie dogmatisch begründbar sind. Die Nachweise aus Rechtsprechung und Literatur sowie die das Verständnis fördernden Randbemerkungen sind in der Examensklausur auszusparen. Die Abkürzung „Alt." steht für Alternativfall, nicht für Alternative.

Zur Verbesserung der Methodik bei der Anfertigung eines Gutachtens in der Klausur empfiehlt sich die Lektüre des Beitrags von Heinze/Starke JURA 2012, 175 ff.

Falllösung

A. Sachurteilsvoraussetzungen

Hinweis: Andere Aufbauvarianten werden vertreten (z. B. dreistufig oder Prüfung des Verwaltungsrechtsweges als Untergliederungspunkt der Zuständigkeit des Gerichts). Derartige Aufbauvarianten sind aber mit § 17a Abs. 2 S. 1 GVG bzw. mit der Überschrift des 6. Abschnitts der VwGO sowie mit § 83 VwGO unvereinbar und daher bei exakter dogmatischer Zuordnung der Prüfungspunkte nicht zu empfehlen. Die Überschrift „Sachurteilsvoraussetzungen" anstelle der Überschrift „Zulässigkeit" ist sinnvoll, weil nach § 63 Nr. 3 VwGO auch der Beigeladene zu den Beteiligten gehört, das Fehlen einer notwendigen Beiladung i.S.d. § 65 Abs. 2 VwGO aber nur dazu führt, dass das Urteil keine materielle Rechtskraft entfaltet.

Die Sachurteilsvoraussetzungen können erfüllt und die Klage kann zulässig sein.

I. Rechtsweg

Ein Rechtsweg muß eröffnet sein. Der Verwaltungsrechtsweg kann mangels aufdrängender Sonderzuweisung gemäß § 40 Abs. 1 S. 1 VwGO eröffnet sein. Im Übrigen kommt ein Verweisungsbeschluss i.S.d. §§ 173 S. 1 VwGO, 17a Abs. 2 S. 1 GVG in Betracht. Der Verwaltungsrechtsweg ist eröffnet, wenn eine öffentlich-rechtliche Streitigkeit nicht verfassungsrechtlicher Art gegeben ist, durch die streitentscheidende öffentlich-rechtliche Norm also zunächst ein Hoheitsträger einseitig berechtigt oder verpflichtet wird bzw. wenn aufgrund typisch hoheitlichen Handelns zwischen den Beteiligten ein Subordinationsverhältnis besteht.

Durch § 13 PBefG, welcher der Genehmigung zugrunde liegt, wird die Behörde gegenüber dem Bürger – dem U – einseitig zur Erteilung der Genehmigung verpflichtet, zumal es sich beim Erlass eines Verwaltungsaktes um typisch hoheitliches Handeln in einem Subordinationsverhältnis handelt. Da die Streitigkeit mangels doppelter Verfassungsunmittelbarkeit nicht verfassungsrechtlicher Art und eine abdrängende Sonderzuweisung nicht ersichtlich ist, bleibt es bei der Eröffnung des Verwaltungsrechtsweges.

II. Zuständigkeit

Das Verwaltungsgericht ist gemäß § 45 VwGO als Eingangsinstanz für die von der Behörde gegenüber U erteilte Genehmigung sachlich zuständig, da Anhaltspunkte für abweichende Regelungen wie z.B. § 50 VwGO nicht ersichtlich sind, sodass kein Verweisungsbeschluss gemäß §§ 17a Abs. 2 S. 1 GVG, 83 VwGO gefasst werden wird. Das örtlich zuständige Verwaltungsgericht wurde angerufen.

Gegebenenfalls ist die örtliche Zuständigkeit grundsätzlich im Anschluss an die sachliche Zuständigkeit zu prüfen. Ist sie jedoch gemäß § 52 Nr. 2 VwGO ausnahmsweise von der Klageart abhängig, sollte sie offen mit Verweis auf § 17a Abs. 2 S. 1 GVG i.V.m. § 83 VwGO formuliert werden. Zum Ganzen: Heinze/Starke JURA 2012, 175 ff.

III. Beteiligte

E und das Land Nordrhein-Westfalen als Körperschaft öffentlichen Rechts können Beteiligte des Verfahrens sein. Beteiligte sind nach § 63 Nr. 1, 2 VwGO unter anderem der Kläger und der Beklagte, beteiligungsfähig nach § 61 Nr. 1 VwGO natürliche und juristische Personen. Behörden sind in Nordrhein-Westfalen gemäß § 61 Nr. 3 VwGO i.V.m. dem Landesrecht nicht beteiligungsfähig. Als Kläger ist E gemäß § 61 Nr. 1 Alt. 1 VwGO beteiligungsfähig und gemäß § 62 Abs. 1 Nr. 1 VwGO prozessfähig.

Als Beklagter ist das Land Nordrhein-Westfalen als Körperschaft öffentlichen Rechts, vertreten durch die Behörde, gemäß §§ 63 Nr. 2, 61 Nr. 1 Alt. 2 VwGO beteiligungs- und mangels Anhaltspunkten bezüglich des für die Behörde handelnden Organwalters gemäß § 62 Abs. 1, 3 VwGO prozessfähig.

Da die Entscheidung des Verwaltungsgerichts auch gegenüber dem Genehmigungsempfänger U nur einheitlich ergehen kann, ist er gemäß § 63 Nr. 3 VwGO als Beteiligter gemäß § 65 Abs. 2 VwGO notwendig beizuladen. Er ist als natürliche Person gemäß § 61 Nr. 1 VwGO beteiligungs- und gemäß § 62 Abs. 1 Nr. 1 VwGO prozessfähig.

IV. Statthafte Klageart

Die statthafte Klageart richtet sich gemäß § 88 VwGO nach dem klägerischen Begehren unter Berücksichtigung des Anwendungsvorrangs maßnahmespezifischer Rechtsschutzformen und des rechtsstaatlichen Grundsatzes der Effektivität des Rechtsschutzes. Dem klägerischen Begehren entspricht i.d.R. die effektivste Klageart, also nach Möglichkeit die Anfechtungsklage gemäß § 42 Abs. 1 Alt. 1 VwGO als Gestaltungsklage der Verwaltungsgerichtsordnung.

Die Anfechtungsklage ist besonders rechtsschutzintensiv, weil das Gericht als Judikative mittels einer Durchbrechung der Gewaltenteilung einen Verwaltungsakt als Rechtssetzungsakt der Exekutive aufhebt.

Voraussetzung der Anfechtungsklage ist, dass es dem Kläger um die Aufhebung eines Verwaltungsaktes geht. Ein Verwaltungsakt ist gemäß § 35 S. 1 VwVfG jede

Verfügung, Entscheidung oder andere hoheitliche Maßnahme, die eine Behörde zur Regelung eines Einzelfalls auf dem Gebiet des öffentlichen Rechts trifft und die auf unmittelbare Rechtswirkung nach außen gerichtet ist, somit auch die dem U erteilte Genehmigung zur Personenbeförderung, die E mittels der Klage beseitigen möchte. Es handelt sich insoweit um einen Verwaltungsakt, gegen den die Anfechtungsklage statthaft ist.

V. Besondere Sachurteilsvoraussetzungen
Die besonderen Sachurteilsvoraussetzungen können erfüllt sein.

1. Besondere Prozessführungsbefugnis
Besonders prozessführungsbefugt ist gemäß § 78 Abs. 1 Nr. 1 VwGO das Land Nordrhein-Westfalen als Körperschaft öffentlichen Rechts, da im Landesrecht keine Ausführungsvorschrift i. S. d. § 78 Abs. 1 Nr. 2 VwGO enthalten ist.

---

§ 78 VwGO enthält nach h. M. eine Regelung über die besondere Prozessführungsbefugnis, die von der Beteiligungsfähigkeit und der Passivlegitimation zu trennen ist (MA: § 78 VwGO als Sonderregelung der Passivlegitimation, die aber in der Sachstation, also der Begründetheit, zu prüfen ist, da Passivlegitimation der Terminus für den materiell richtigen Klagegegner ist). Die besondere Prozessführungsbefugnis ist ein Unterpunkt bei den besonderen Sachurteilsvoraussetzungen und wird teilweise (vertretbar aber bzgl. der materiell-rechtlichen Passivlegitimation verwechslungsfähig) mit „Klagegegner" überschrieben.

Einige Argumente für die h. M.:
- § 78 VwGO steht systematisch bei besonderen Sachurteilsvoraussetzungen
- Gesetzgebungskompetenzen
- falsche Behörde bzw. falscher Rechtsträger können nicht zum materiell richtigen Anspruchsgegner i. S. einer Passivlegitimation werden (zum Ganzen: Ehlers, Festschrift für Menger, S. 379 ff.; Hufen, Verwaltungsprozessrecht, 11. Aufl. 2019, § 12, Rn 38 ff. m. w. N.; vgl. OVG Münster NVwZ 1990, 188).

---

2. Klagebefugnis
E muss klagebefugt sein. Die Klagebefugnis nach § 42 Abs. 2 VwGO setzt die Möglichkeit der Verletzung eines subjektiven Rechts voraus. Subjektive Rechte werden aus Sonderbeziehungen, einfachen Gesetzen, subsidiär aus Grundrechten und unter Umständen aus Unionsrecht abgeleitet, wobei jedenfalls aufgrund des weiten Schutzbereiches des Art. 2 Abs. 1 GG bei unmittelbaren Grundrechtseingriffen für das subjektive Recht direkt auf Grundrechte abgestellt werden kann. E ist nicht Adressat eines belastenden Verwaltungsaktes, sondern Drittbetroffe-

ner. Ob E durch die Erteilung der Genehmigung an U tatsächlich in einem subjektiven Recht verletzt ist, ist für die Klagebefugnis irrelevant, da die Möglichkeit der Verletzung eines subjektiven Rechts genügt. Ein subjektives Recht des E kann sich aus § 13 Abs. 2 Nr. 3 lit. a–c PBefG ergeben, da dort bereits vorhandene Unternehmen benannt sind und zumindest die Möglichkeit der Rechtsverletzung in Form der Nichtberücksichtigung des E besteht. E ist klagebefugt.

Zur Klagebefugnis: Ist jemand Adressat eines belastenden Verwaltungsaktes, kann beim subjektiven Recht wegen des unmittelbaren Grundrechtseingriffes nach h.M. direkt auf Grundrechte abgestellt werden. Mittlerweile wird – dogmatisch überzeugend – auch insoweit vermehrt auf vorrangige speziellere subjektive Rechte abgestellt, soweit es sie gibt. E ist Drittbetroffener, sodass die Ableitung des subjektiven Rechts einen Schwerpunkt des Falles darstellt. Es wäre vertretbar, dies schon abschließend in der Prozessstation zu erörtern. Da im Rahmen des § 42 Abs. 2 VwGO aber die Möglichkeit der Verletzung eines subjektiven Rechts genügt, ist es nicht empfehlenswert, die Klausur kopflastig zu lösen.

3. Vorverfahren

Ein Vorverfahren gemäß §§ 68 ff. VwGO wurde von E mit seinem Widerspruchsschriftsatz angestrebt, jedoch ist das Widerspruchsverfahren in Nordrhein-Westfalen gemäß § 110 Abs. 1 JustizG grundsätzlich entbehrlich. Ob der Widerspruch dennoch statthaft ist und bis zum Ablauf der Klagefrist eventuell sogar aufschiebende Wirkung entfaltet, ist irrelevant, weil seitens der Behörde keine Reaktion erfolgte und E mittlerweile Klage erhoben hat.

Ob auch bei Entbehrlichkeit des Widerspruchsverfahrens der Widerspruch statthaft ist und bis zum Ablauf der Klagefrist aufschiebende Wirkung entfaltet, ist strittig (dafür.: Wortlaut des Landesrechts und des § 68 Abs. 1 S. 2 VwGO sowie Vorwirkung der Artt. 19 Abs. 4, 31 GG; a.A. vertretbar, siehe Fall 13).

Aus § 55 PBefG ergibt sich trotz der Formulierung „auch" nicht die Vorgabe, abweichend vom Landesrecht ein Vorverfahren durchzuführen, da insoweit nur eine Ausnahme zu § 68 Abs. 1 S. 2 Nr. 1 VwGO, nicht aber darüber hinaus geregelt worden ist. Die ordnungsgemäße Durchführung eines Vorverfahrens ist wegen dessen Entbehrlichkeit keine Sachurteilsvoraussetzung.

Typische Klausurprobleme bei Widersprüchen sind die Verfristung und die Heilung durch sachliche Einlassung der Behörde. Während die Heilungsmöglichkeit mit Verweis auf die Verbindlichkeit des § 70 VwGO z. T. abgelehnt wird, ist sie nach überwiegender Auffassung mit Verweis auf Art. 20 Abs. 3 GG (Behörde ist Herrin des Vorverfahrens) in zweipoligen Beziehungen möglich. In dreipoligen Beziehungen ist eine Heilung durch sachliche Einlassung der Behörde aufgrund entgegenstehender Rechte des Dritten ausgeschlossen.

4. Klagefrist

Die für die Anfechtungsklagen grundsätzlich geltende Klagefrist von einem Monat nach Zustellung des Widerspruchsbescheides gemäß § 74 Abs. 1 S. 1 VwGO wäre überschritten worden. Die am 21.12. gegen die Genehmigung erhobene Klage gegen den am 14.11. dem U gegenüber bekanntgegebenen Bescheid wäre zwar bezüglich einer Monatsfrist verfristet, jedoch ist die Genehmigung dem E als Drittem nicht bekannt gegeben worden. E ist somit auch nicht belehrt worden, sodass gemäß § 58 Abs. 2 VwGO eine Jahresfrist ab Bekanntgabe, jedenfalls aber seit Kenntnis bzw. Kennenmüssen gilt. Da seit dem 14.11. kein Jahr vergangen ist, war die Klage des E nicht verfristet. Für eine Verwirkung gemäß § 242 BGB i.V.m. Art. 20 Abs. 3 GG fehlen Anhaltspunkte.

VI. Zwischenergebnis

Die Sachurteilsvoraussetzungen für die Klage des E gegen die dem U erteilte Genehmigung zur Personenbeförderung sind erfüllt.

B. Begründetheit

Die Anfechtungsklage ist gemäß § 113 Abs. 1 S. 1 VwGO begründet, soweit der Verwaltungsakt rechtswidrig und der Kläger dadurch in seinen Rechten verletzt ist.

I. Rechtsgrundlage

Rechtsgrundlage für die dem U erteilte Genehmigung ist § 9 Abs. 1 Nr. 3 PBefG i.V.m. § 13 Abs. 1, 2 PBefG.

II. Voraussetzungen

Die Voraussetzungen müssen erfüllt sein.

1. Formell
Formell muss die zuständige Behörde die Personenbeförderungsgenehmigung verfahrens- und formfehlerfrei erlassen haben.

a) Zuständigkeit
Die Genehmigung für U wurde von der zuständigen Behörde erteilt.

b) Verfahren
Das Verfahren kann von der zuständigen Behörde fehlerhaft durchgeführt worden sein. Das Verfahren zur Erteilung der Personenbeförderungsgenehmigung ist in ein Anhörungs- und ein Aufforderungsverfahren unterteilt. Die gegenüber E nicht i. S. d. § 15 Abs. 1 S. 1 PBefG erfolgte Zustellung ist mangels der dafür notwendigen rechtzeitigen Einwendung des E im Vorfeld verfahrensrechtlich irrelevant.

aa) Anhörungsverfahren
Das Anhörungsverfahren i. S. d. § 14 Abs. 1, 2 PBefG wurde von der zuständigen Behörde ordnungsgemäß durchgeführt.

bb) Aufforderungsverfahren
Auch eine Aufforderung der bzw. eine Anfrage bei bereits vorhandenen Beförderungsunternehmern oder Eisenbahnen müssen gemäß § 13 Abs. 2 Nr. 3 lit. c PBefG stattgefunden haben.

(1) Verfahrensverstoß bzgl. § 13 Abs. 2 Nr. 3 lit. c PBefG
Gegen die Verfahrensvorschrift des § 13 Abs. 2 Nr. 3 lit. c PBefG kann seitens der zuständigen Behörde verstoßen worden sein. Ein Verstoß gegen § 13 Abs. 2 Nr. 3 lit. c PBefG ist anzunehmen, wenn bereits vorhandene Unternehmen nicht dazu aufgefordert worden sind, sich innerhalb einer von der Behörde gesetzten Frist zu erklären, ob sie selbst zur Ausgestaltung des Verkehrs in vergleichbarer Weise bereit sind. Dahingehend wurde E als bereits vorhandener Unternehmer nicht befragt. Die gegenüber U erteilte Genehmigung ist somit verfahrensfehlerhaft ergangen.

(2) Subjektives Recht

Fraglich ist, ob der Verstoß gegen § 13 Abs. 2 Nr. 3 lit. c PBefG für die Drittanfechtungsklage des E beachtlich ist. Gemäß § 113 Abs. 1 S. 1 VwGO darf das Gericht einen Verwaltungsakt nur insoweit aufheben, als der Kläger in seinem subjektiven Recht verletzt ist. Anderenfalls würde mit dem Verwaltungsakt als Rechtssetzungsakt der Behörde als Teil der Exekutive in einem gesetzlich nicht vorgesehenen Maß aufgehoben. Das wäre eine unzulässige Durchbrechung der Gewaltenteilung und somit rechtsstaatswidrig. E muss durch den Verfahrensfehler der Behörde somit in seinen Rechten verletzt sein. Durch § 13 Abs. 2 Nr. 3 lit. c PBefG muss E also ein subjektives Recht vermittelt werden. Durch eine Norm wird ein subjektives Recht, also Drittschutz vermittelt, soweit sie zumindest neben der Allgemeinheit den Einzelnen schützt. Während Verfahrensvorschriften grundsätzlich Formvorgaben für ein ordnungsgemäßes Verwaltungsverfahren darstellen und kein subjektives Recht für Einzelne enthalten, werden in § 13 Abs. 2 Nr. 3 lit. c PBefG explizit die „vorhandenen Unternehmen oder Eisenbahnen" benannt, zumal eine Personenbeförderungsgenehmigung bei einer Zusage vorhandener Beförderer i. S. d. § 13 Abs. 2 Nr. 3 lit. c PBefG materiell zu versagen ist. In § 13 Abs. 2 Nr. 3 lit. c PBefG ist das für E als Eisenbahnunternehmer, der seitens der Behörde nicht zu einer Stellungnahme aufgefordert worden ist, subjektive Recht enthalten. Der Verfahrensfehler der Behörde ist für die Klage des E beachtlich. Die gegenüber U erteilte Personenbeförderungsgenehmigung wäre demnach rechtswidrig.

(3) Heilung des Verfahrensfehlers

Der Verfahrensfehler kann gemäß § 45 Abs. 1 Nr. 3 VwVfG geheilt sein. Dazu muss § 45 Abs. 1 Nr. 3 VwVfG anwendbar sein. Die Norm gilt dem Wortlaut nach für Anhörungen. Problematisch ist, dass ein Anhörungsverfahren in § 14 PBefG gegenüber § 13 Abs. 2 Nr. 3 lit. c PBefG gesondert geregelt ist, sodass die Aufforderung zu einer Stellungnahme i. S. d. § 13 Abs. 2 Nr. 3 lit. c PBefG zumindest eine erweiterte Anhörung darstellt. Dennoch handelt es sich bei der Aufforderung i. S. d. § 13 Abs. 2 Nr. 3 lit. c PBefG um eine spezielle Art der Anhörung mit der Besonderheit, dass die Stellungnahme des Angehörten unmittelbare materielle Wirkung entfaltet. Insoweit kann ein besonderer Schutz des aufzufordernden Dritten seitens des Gesetzgebers gewollt gewesen sein, sodass die Heilungsvorschrift des § 45 Abs. 1 Nr. 3 VwVfG zulasten des aufzufordernden Dritten aufgrund eines erhöhten Bedürfnisses effektiven Rechtsschutzes i. S. d. Art. 19 Abs. 4 GG nicht anwendbar sein könnte. Dem steht aber das Bedürfnis eines effektiven Verwaltungshandelns i. S. d. Art. 20 Abs. 3 GG, das in § 45 Abs. 1 Nr. 3 VwVfG zum Ausdruck kommt, entgegen mit der Folge, dass § 45 Abs. 1 Nr. 3 VwVfG verfassungskonform i. S. d. Art. 20 Abs. 3 GG dahingehend weit auszulegen ist, dass das Aufforderungsverfahren i. S. d. § 13 Abs. 2 Nr. 3 lit. c PBefG formell von der Heilungsvorschrift des § 45 Abs. 1 Nr. 3 VwVfG erfasst ist. Aus dem Aufforderungsverfahren entgegenstehende materielle Rechte des aufzufordernden E sind nicht mittels einer restriktiven Auslegung des formell ausgerichteten § 45 Abs. 1 Nr. 3 VwVfG, sondern materiell zu berücksichtigen.

Gemäß § 45 Abs. 2 VwVfG kann eine Anhörung bis zum Abschluss der letzten Tatsacheninstanz – in der Regel bis zum Zeitpunkt der letzten mündlichen Tatsachenverhandlung – nachgeholt werden. Gegenüber E kann die Anhörung in Form des Aufforderungsverfahrens im Prozess nachgeholt worden sein, da seitens der Behörde im Prozess erklärt wird, dass E noch während des gerichtlichen Verfahrens Vorschläge zur eigenen Ausgestaltung unterbreiten kann. Eine Anhörung setzt aber einen Verfahrensvorgang mit formeller Bezugnahme auf das Verwaltungsverfahren voraus, in welchem dem Angehörten im Funktionszusammenhang zum Verwaltungsverfahren die Möglichkeit zur Stellungnahme mit uneingeschränkter Beeinflussung des behördlichen Entscheidungsvorganges gewährt wird. Durch Rechtsverteidigungen im Gerichtsverfahren kann die Anhörung jedenfalls bei Beurteilungsspielräumen und Entscheidungen mit Planungselementen nicht ersetzt werden, weil der Entscheidungsvorgang der Behörde einerseits durch ein mögliches Prozesskostenrisiko beeinträchtigt ist, andererseits mangels gezielter Durchführung eines formalen Vorganges seitens der Behörde nicht hinreichend beeinflusst wird. Ob ein Beurteilungsspielraum besteht, ist insoweit irrelevant, da es jedenfalls an der Fristsetzung i. S. d. § 13 Abs. 2 Nr. 3 lit. c PBefG fehlt.

cc) Zwischenergebnis

Der Formmangel ist nicht gemäß § 45 Abs. 1 Nr. 3 VwVfG geheilt worden. Eine Unbeachtlichkeit nach § 46 VwVfG kommt zwar in Betracht, jedoch wird insoweit der formelle Fehler nicht beseitigt, sondern ist lediglich nicht beachtlich, soweit sich daraus nicht bestimmte materielle Auswirkungen ergeben, sodass zunächst materielle Aspekte maßgeblich sind.

Merke: Zwar wird auch in § 46 VwVfG auf formelle Fehler Bezug genommen, jedoch sind insoweit auch materielle Aspekte maßgeblich. Insoweit ist § 46 VwVfG erst im Anschluss an die materielle Prüfung zu erörtern (a. A. vertretbar mit Inzidentprüfung des materiellen Rechts bei den formellen Voraussetzungen).

---

2. Materiell

Materiell können die allgemeinen und die besonderen Genehmigungsvorausset-zungen des § 13 PBefG erfüllt sein.

a) Allgemeine Genehmigungsvoraussetzungen

Die allgemeinen, gewerbespezifischen Genehmigungsvoraussetzungen wie die fachliche Kompetenz und die Zuverlässigkeit sind jedenfalls erfüllt, zumal durch sie lediglich die Allgemeinheit geschützt wird, nicht aber der Kläger mit der Folge, dass sie für die Rechtsverletzung gemäß § 113 Abs. 1 S. 1 VwGO und somit für die Klage des E letztlich nicht maßgeblich sind.

Die allgemeinen Genehmigungsvoraussetzungen des § 13 Abs. 1 PBefG müssen nicht zwingend geprüft werden, da insoweit kein Bezug zum subjektiven Recht des Klägers besteht. Das Gericht darf die Genehmigung nur insoweit aufheben, als der Kläger in seinen subjektiven Rechten verletzt ist und würde praxisnah auch nur im Rahmen des subjektiven Rechts prüfen. Zwar darf das Gericht den Verwaltungsakt entsprechend der Vorgabe in § 113 Abs. 1 S. 1 VwGO vollständig prüfen, jedoch darf er anschließend nur soweit kassiert werden, als das subjektive Recht des Klägers verletzt ist. Eine darüberhinausgehende Aufhebung wäre eine unzulässige Durchbre-chung der Gewaltenteilung und somit rechtsstaatswidrig. In der Klausur erscheint es empfeh-lenswert, klausurtaktisch vorzugehen. Wird offensichtlich nur die Prüfung bezüglich des sub-jektiven Rechts erwartet, ist die Prüfung insoweit von Beginn an zu beschränken. Im Übrigen sollte der Verwaltungsakt vollständig geprüft, mit anschließendem Verweis auf das subjektive Recht aber nur begrenzt aufgehoben werden.

---

b) Besondere Genehmigungsvoraussetzungen (Linienverkehr)

Eine Beförderungsgenehmigung gemäß § 13 PBefG ist nur rechtmäßig, soweit auch die besonderen Genehmigungsvoraussetzungen des § 13 Abs. 2 Nr. 3 lit. a, b PBefG erfüllt sind.

aa) Drittschützende Wirkung des § 13 Abs. 2 Nr. 3 lit. a, b PBefG

Da eine Klage gemäß § 113 Abs. 1 S. 1 VwGO nur insoweit Erfolg haben kann, als ein subjektives Recht besteht, bedarf es eines subjektiven Rechts des E aus § 13 Abs. 2 Nr. 3 lit. a, b PBefG. Eine Norm enthält ein subjektives Recht, wenn durch sie neben der Allgemeinheit dem Einzelnen nicht nur reflexartig Schutz gewährt wird. Dabei werden durch die Normen des Wirtschaftsverwaltungsrechts, insbe-sondere des Gewerberechts, grundsätzlich nicht die Wettbewerber vor Konkur-renten geschützt, sondern die Allgemeinheit z. B. zwecks Qualitätssicherung. In § 13 Abs. 2 Nr. 3 lit. a, b PBefG werden die „vorhandenen Unternehmer oder Eisenbahnen" hingegen explizit erwähnt. Systematisch ergibt sich auch aus dem sich anschließenden § 13 Abs. 3 PBefG der drittschützende Charakter der Norm. § 13 Abs. 2 Nr. 3 lit. a, b PBefG enthält unter anderem Drittschutz zugunsten vorhandener Eisenbahnen, also auch zugunsten des E.

bb) Vorhandene Verkehrsmittel
Fraglich ist, ob der Verkehr i. S. d. § 13 Abs. 2 Nr. 3 lit. a, b PBefG schon durch vorhandene Verkehrsmittel befriedigend bedient werden kann.

(1) Beurteilungsspielraum

Fallgruppen Beurteilungsspielräume:
1. Prüfungen und prüfungsähnliche Entscheidungen
2. Beamtenrechtliche Beurteilungen
3. Gremienentscheidungen wertender Art
4. Prognoseentscheidungen und Risikobewertungen
5. Bestimmte Entscheidungen verwaltungspolitischer Art

Insoweit ist zunächst maßgeblich, inwieweit das Gericht diese Voraussetzungen überprüfen darf. Grundsätzlich darf ein Gericht in einem Rechtsstaat im Rahmen der Gewaltenteilung unbestimmte Rechtsbegriffe auf Tatbestandsseite vollumfänglich prüfen. Das gilt nicht, wenn für die Exekutive auf Tatbestandsebene seitens des Gesetzgebers Beurteilungsspielräume geschaffen worden sind. Beurteilungsspielräume für die Exekutive gibt es nur begrenzt, nämlich in Bereichen, in denen wegen der Komplexität bzw. der Dynamik der Materie die Funktionsgrenzen der Rechtsprechung erreicht sind. Dies betrifft das Prüfungs- und Beamtenrecht, Gremienentscheidungen wertender Art, Prognoseentscheidungen und Risikobewertungen sowie bestimmte verwaltungspolitische Entscheidungen. Ein Gericht darf insoweit nur prüfen, ob das Handeln der Verwaltung beurteilungsfehlerhaft war, ob also eine Unvollständigkeit oder Fehleinschätzung bezüglich der behördlichen Entscheidung gegeben ist bzw. sachfremde Erwägungen zugrunde lagen.

„Bei der Bewertung von Verkehrsbedürfnissen der unterschiedlichsten Art und ihrer befriedigenden Bedienung sowie einer wesentlichen Verbesserung der Verkehrsbedienung i. S. d. § 13 Abs. 2 Nr. 3 lit. a, b PBefG bedarf es unter anderem einer Prognose, wie wichtig einzelne öffentliche Verkehrsinteressen sowohl für sich gesehen als auch im Verhältnis zu anderen Interessen zu bewerten sind. Dazu hat die Genehmigungsbehörde Verkehrsbedürfnisse zu ermitteln und zu bewerten, um dann

entscheiden zu können, ob und in welchem Maße sie befriedigt werden können und sollen (BVerwG, Urteil vom 24.6.2010 – 3 C 14.09)." Neben der Prognose setzt eine solche Entscheidung verkehrs- und raumordnerische Wertungen auch in Anlehnung an § 8 Abs. 3 PBefG voraus. Somit besteht ein Beurteilungsspielraum der Behörde mit der Folge, dass das Gericht die Genehmigung für U nur in Bezug auf Beurteilungsfehler überprüfen darf.

(2) Beurteilungsmaßstab

Grenze des Beurteilungsspielraumes i.S.d. § 13 Abs. 2 Nr. 3 lit. a PBefG ist eine Doppelbedienung der Verkehrsnachfrage, während eine Nichtbedienung der Nachfrage nur besteht, wenn die Nachfrage das Angebot insbesondere im Hinblick auf einen bisher nicht erschlossenen Teil des Verkehrsangebotes übersteigt. Besteht keine Lücke im Verkehrsangebot, darf eine Genehmigung nicht erteilt werden. Es besteht ein Parallelbedienungsverbot (vgl. BVerwGE 55, 159, 161), damit ein weiterer Anbieter eine kostendeckende Bedienung und Frequentierung einer Linie nicht gefährdet und eine Konkurrenz bei einem unstritig erschöpften Kontingent nicht zu einem ruinösen Wettbewerb führt (vgl. BVerwG 80, 270, 272). Die Genehmigungsbehörde geht von einer Lücke im Verkehrsangebot aus und sieht eine erhöhte Nachfrage darin, dass U die Bedienung der Strecke zu deutlich geringeren Preisen anbietet als E.

(3) Beurteilungsfehler

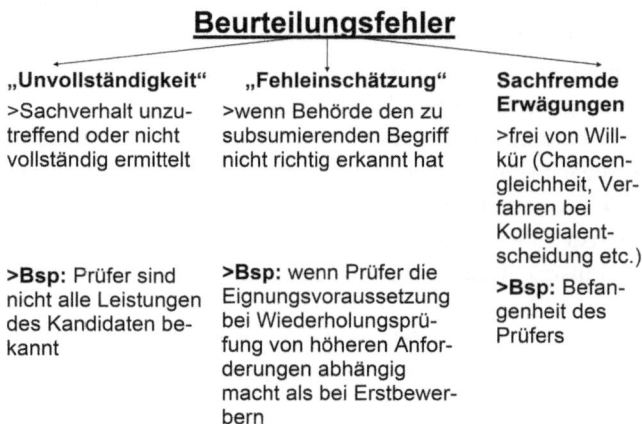

Beurteilungsfehler

„Unvollständigkeit"	„Fehleinschätzung"	Sachfremde Erwägungen
>Sachverhalt unzutreffend oder nicht vollständig ermittelt	>wenn Behörde den zu subsumierenden Begriff nicht richtig erkannt hat	>frei von Willkür (Chancengleichheit, Verfahren bei Kollegialentscheidung etc.)
>**Bsp:** Prüfer sind nicht alle Leistungen des Kandidaten bekannt	>**Bsp:** wenn Prüfer die Eignungsvoraussetzung bei Wiederholungsprüfung von höheren Anforderungen abhängig macht als bei Erstbewerbern	>**Bsp:** Befangenheit des Prüfers

Schema 4

Die Einschätzung der Genehmigungsbehörde kann beurteilungsfehlerhaft sein. Beurteilungsfehler sind die Unvollständigkeit, Fehleinschätzung bzw. sachfremde Erwägungen.

(a) Unvollständigkeit

Die Erwägungen der Genehmigungsbehörde können wegen Unvollständigkeit fehlerhaft sein. Dazu müsste die Genehmigungsbehörde den Sachverhalt unvollständig oder falsch ermittelt haben. Falsch ist der Sachverhalt seitens der Behörde jedenfalls nicht ermittelt worden, weil U die Strecke zwischen Münster und Heidelberg trotz der erweiterten BahnCard-Angebote günstiger anbietet als E.

Eine Unvollständigkeit der Sachverhaltsermittlung kann sich aber daraus ergeben, dass die Genehmigungsbehörde mögliche Verkehrsstaus beim Betrieb des Busverkehrs nicht in ihre Erwägungen für die Genehmigungsbegründung für U einbezogen hat. Insbesondere weil die Behörde auf Verspätungen bei E abstellt, sind Verkehrsstaus bei Bussen, die ebenfalls zu Verzögerungen führen, ein maßgeblicher Entscheidungsbelang, der nicht außer Acht gelassen werden durfte.

Fraglich ist, ob die zuständige Behörde die Begründungen verfahrenswirksam im Prozess nachgeholt hat. Gemäß § 114 S. 2 VwGO können Erwägungen des Ermessens im Prozess nachgeholt werden. Im Rahmen des § 13 Abs. 2 Nr. 3 lit. a PBefG ist aber ein Beurteilungsspielraum eröffnet. Da insoweit eine planwidrige Regelungslücke im Gesetz und eine vergleichbare Interessenlage bestehen, ist § 114 S. 2 VwGO bei Beurteilungsspielräumen – Entscheidungsspielräume der Behörde auf Tatbestandsseite – analog anwendbar. Insoweit ist eine Ergänzung der Beurteilung im Prozess möglich. Mögliche durch Verkehrsstaus eintretende Verzögerungen im Busverkehr sind für die Genehmigungserteilung an U nur ein Aspekt unter mehreren. Die Genehmigungsbehörde hat mit der nachträglichen Berücksichtigung von Verkehrsstaus nicht erstmals abgewogen, sondern lediglich bereits erfolgte Abwägungen, die sich z.B. auf Preise bezogen, ergänzt. Sie hat ihre Beurteilung nachträglich analog § 114 S. 2 VwGO ergänzt. Eine Unvollständigkeit der Beurteilung ist nicht gegeben. Insoweit ist die Beurteilung der Behörde nicht fehlerhaft.

(b) Fehleinschätzung

Die Entscheidung der Behörde kann wegen einer Fehleinschätzung beurteilungsfehlerhaft sein, weil die Behörde den gegenüber der Busreise größeren Komfort nicht hinreichend berücksichtigt und damit die objektive Gewichtung der maßgeblichen Belange unvertretbar verfehlt hat. Insoweit ist aber zu berücksichtigen, dass für eine erhebliche Anzahl der Kunden der Preis gegenüber dem Komfort und der Reisedauer vorrangig ist. Diese Gewichtung auch seitens der Behörde ist nicht objektiv unvertretbar, da ein erheblicher Anteil der Bevölkerung ebenso gewichtet und von den öffentlichen Verkehrsinteressen im Sinne des § 13 Abs. 2 Nr. 3 PBefG, wie sich aus § 8 Abs. 3 PBefG ergibt, auch das Interesse der Nutzer an einer wirtschaftlichen Verkehrsgestaltung erfasst ist. Die Behörde hat ihren Beurteilungsspielraum insoweit daher nicht überschritten.

cc) Verbesserung der Verkehrsbedienung
In Bezug auf die wesentliche Verbesserung der Verkehrsbedienung gemäß § 13 Abs. 2 Nr. 3 lit. b PBefG besteht ebenfalls ein Beurteilungsspielraum der Behörde. Insoweit ist mit gleicher Argumentation wie bei § 13 Abs. 2 Nr. 3 lit. a PBefG – der Bewertung der preisgünstigeren Beförderung – die Beurteilungsfehlerhaftigkeit der Behörde abzulehnen, weil die Gewichtung der Erheblichkeit der preislichen Komponente die Grenze des behördlichen Spielraumes nicht überschreitet.

dd) Zwischenergebnis
Die Beförderungsgenehmigung der Behörde zugunsten des U ist somit materiell rechtmäßig.

3. Unbeachtlichkeit des formellen Fehlers
Die nicht erfolgte Aufforderung i. S. d. § 13 Abs. 2 Nr. 3 lit. c PBefG kann gemäß § 46 VwVfG unbeachtlich sein. Die Aufhebung eines – nicht gemäß § 44 VwVfG nichtigen – Verwaltungsaktes kann gemäß § 46 VwVfG nicht allein deshalb beansprucht werden, weil er mittels eines Verstoßes gegen die Vorschriften über das Verfahren, die Form oder die örtliche Zuständigkeit zustande gekommen ist, vorausgesetzt, die Verletzung der Vorschriften hat die Entscheidung in der Sache offensichtlich nicht beeinflusst.

a) Anwendbarkeit des § 46 VwVfG
Voraussetzung für die Unbeachtlichkeit eines formellen Fehlers i. S. d. § 46 VwVfG ist die Anwendbarkeit der Norm. Zwar gilt § 46 VwVfG grundsätzlich auch bei einer Verletzung von Verfahrensvorschriften aus speziellen Normen, jedoch kann ein absolutes – also stets beachtliches Verfahrenshindernis – der Anwendbarkeit des § 46 VwVfG entgegenstehen. Ein absolutes Verfahrenshindernis ergibt sich aus der nicht erfolgten Aufforderung i. S. d. § 13 Abs. 2 Nr. 3 lit. c PBefG aber nicht. § 46 VwVfG ist somit anwendbar. (siehe Schema 5)

Fehlerüberwindung im Verwaltungsverfahren

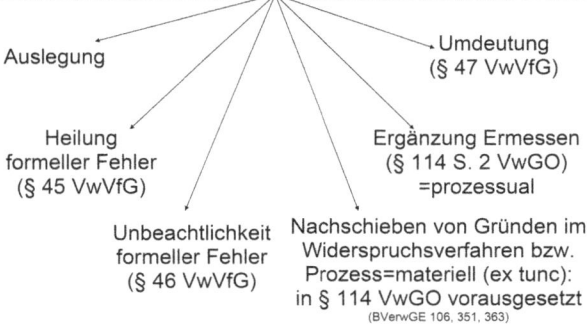

Auslegung — Umdeutung (§ 47 VwVfG)

Heilung formeller Fehler (§ 45 VwVfG) — Ergänzung Ermessen (§ 114 S. 2 VwGO) =prozessual

Unbeachtlichkeit formeller Fehler (§ 46 VwVfG) — Nachschieben von Gründen im Widerspruchsverfahren bzw. Prozess=materiell (ex tunc): in § 114 VwGO vorausgesetzt (BVerwGE 106, 351, 363)

Schema 5

b) Nichtigkeit gemäß § 44 VwVfG

Eine zur Nichtigkeit i. S. d. § 44 VwVfG führende Evidenz des Verfahrensfehlers der fehlenden Aufforderung gemäß § 13 Abs. 2 Nr. 3 lit. c PBefG ist nicht ersichtlich.

c) Offensichtlich fehlende Beeinflussung

Zur Heilung des Verfahrensfehlers nach § 46 VwVfG muss dieser ohne Einfluss auf die von der Behörde getroffene Entscheidung gewesen sein. Diese Voraussetzung wäre gegeben, wenn die Behörde ohne den Verfahrensfehler zweifellos ebenso entschieden hätte.

aa) Angebot des E

Das Angebot des E in Reaktion auf eine Aufforderung, möglicherweise selbst eine kostengünstige Buslinie einzurichten, hätte dazu führen können, dass die Behörde eine andere Entscheidung trifft. Für die Einführung einer Buslinie durch U hätte kein Bedarf mehr bestanden. In § 13 Abs. 2 Nr. 3 lit. c PBefG wird jedoch vorausgesetzt, dass ein Angebot vorhandener Unternehmer „ausgestaltet", nicht umgestaltet wird. Durch die Regelung soll bestehenden Verkehrsangeboten vorrangig die Ergänzung ermöglicht werden, insbesondere, um ein Überangebot zu verhindern. Durch die Norm soll kein vollständiger Konkurrentenschutz vor neuen Verkehrsmitteln gewährt bzw. die wirtschaftliche Ausweitung eines bestehenden Unternehmens in andere Verkehrsbereiche gefördert werden. Es soll bestehenden Unternehmen nicht die Möglichkeit gegeben werden, bestehende

Angebote durch neue, andere Angebote zu ersetzen oder zu ergänzen. Unter Berücksichtigung dieser der Norm zugrunde liegenden Grundsätze ist ein Interesse des E, selbst einen Busbetrieb einzurichten, für die Entscheidung der Behörde irrelevant.

bb) Günstigere Angebote

Unabhängig von der Einrichtung einer eigenen Buslinie durch E hätte allerdings eine durch E bei Aufforderung angedachte Preissenkung zu einer anderen Behördenentscheidung führen können. Zwar hätte die von E in Erwägung gezogene BahnCard Gold keine Billigtarife zur Folge gehabt, die von E angedachte Bahn-Card Green hingegen schon. Selbst wenn eine Preissenkung vergleichbar mit den Billigtarifen bei Bussen nicht sehr wahrscheinlich ist, erscheint sie jedenfalls nicht ausgeschlossen, zumal E entsprechend vorgetragen hat. Somit hätte die Aufforderung i. S. d. § 13 Abs. 2 Nr. 3 lit. c PBefG die behördliche Entscheidung möglicherweise beeinflusst. Die Aufforderung ist daher nicht offensichtlich unbeachtlich.

d) Zwischenergebnis

Der Verfahrensfehler der nicht erfolgten Aufforderung i. S. d. § 13 Abs. 2 Nr. 3 lit. c PBefG ist nicht unbeachtlich.

C. Ergebnis

Die Klage des E hat Erfolg. Das Verwaltungsgericht hebt die Beförderungsgenehmigung für U auf.

Fall 4:
„Karl und die Topmodels – da machste nix!"

Schwerpunkte: Nichtigkeitsfeststellung eines Verwaltungsakts, Prinzipale Normenkontrolle (§ 47 VwGO), Abgrenzung nach Form und Inhalt des Verwaltungshandelns, Allgemeinverfügung und Verordnung zur abstrakten Gefahrenabwehr

Wieder einmal steht das alljährliche Hochfest in der Stadt S im Bundesland B an – der Karneval. Innenminister I ist jedoch – trotz des großen jährlichen Erfolges des in S veranstalteten Karnevalsfestes – wegen des „Scherbenmeeres" besorgt, welches sich nach und während der Karnevalstage regelmäßig auf den Straßen in S befindet. In den letzten Jahren hatten zahlreiche Feiernde teilweise ernsthafte Schnittverletzungen durch zerstörte, herumliegende Glasflaschen erlitten. Zudem gab es zahlreiche platte Reifen bei den Aufräumdiensten.

Aufgrund dessen entschließt sich I, diese Missstände endgültig zu beheben. Unter dem Motto „Mehr Spaß ohne Glas" erlässt er folgende Regelung, welche im Amts- und Gesetzesblatt Anfang August verkündet wird:

„Verordnung über das Verbot des Mitführens und Benutzens von Glasbehältnissen"

Weiberfastnacht
Von 8 Uhr morgens (auf den Ringen ab 18 Uhr) bis 8 Uhr des Folgetages ist in der Altstadt, im Z-Viertel und auf den Ringen das Mitführen, Benutzen und Verkaufen von Glasflaschen und Gläsern untersagt.

Ein Verstoß gegen diese Regelung wird mit einem Ordnungsgeld in Höhe von 1.000 Euro beim ersten Verstoß, sowie 5.000 Euro bei weiteren Verstößen geahndet.

Der Innenminister

Karnevalsjeck K ist empört über diese Neuregelung, durch welche seine Feierfreuden erheblich beeinträchtigt werden würden, zumal er sich für den bevorstehenden Karneval schon ein perfektes Kostüm überlegt hat, mit dem er als Star des Abends der Weiberfastnacht auftreten möchte. Dazu hat er zwei Jahresgehälter investiert. Als Karl Lagerfeld verkleidet möchte er mit vier nur für diesen Anlass engagierten Models den Abend bestreiten. Er könne Champagner mit den Damen schließlich nicht aus Plastikflaschen trinken. Die neue Regelung sei ihm gegenüber daher nicht haltbar. Er selbst entsorge seine Flaschen schließlich immer ordnungsgemäß und könne nicht einfach unter Generalverdacht gestellt werden.

Deswegen beabsichtigt er, gegen die erlassene Regelung vorzugehen. K erhebt Anfang September eine Klage vor dem örtlich zuständigen Verwaltungsgericht und stellt den Antrag, festzustellen, dass die Regelung „ungültig" sei. Wird er Erfolg haben?

https://doi.org/10.1515/9783110624465-004

Auszug aus den Gesetzen des Bundeslandes B
§ 5 AG VwGO
(1) Fähig, am Verfahren beteiligt zu sein, sind auch Landesbehörden.

(2) Hat eine Landesbehörde den angefochtenen Verwaltungsakt erlassen oder den beantragten Verwaltungsakt unterlassen, so ist die Klage gegen sie zu richten.

§ 6 AG VwGO
Das Oberverwaltungsgericht entscheidet nach Maßgabe des § 47 der Verwaltungsgerichtsordnung auf Antrag über die Gültigkeit einer landesrechtlichen Verordnung oder einer anderen im Range unter dem Landesgesetz stehenden Rechtsvorschrift.

§ 11 SOG: Allgemeine Befugnisse
Die Verwaltungsbehörden und die Polizei können die notwendigen Maßnahmen treffen, um eine Gefahr abzuwehren, soweit nicht die Vorschriften des Dritten Teils die Befugnisse der Verwaltungsbehörden und der Polizei besonders regeln.

§ 55 SOG: Verordnungsermächtigung
(1) Zur Abwehr abstrakter Gefahren werden zum Erlass von Verordnungen ermächtigt:

[...]

4. das für Inneres zuständige Ministerium und im Einvernehmen mit ihm die Fachministerien für das Land oder für Teile des Landes, an denen mehr als ein Bezirk einer Polizeidirektion beteiligt ist. [...]

Bearbeitungsvermerk
Gehen Sie davon aus, dass besondere Vorschriften des in § 11 SOG benannten dritten Teils nicht anwendbar sind und dass die seitens des Innenministers als „Verordnung" bezeichnete Vorschrift formell rechtmäßig ist. Soweit ein Verwaltungsverfahrensgesetz maßgeblich ist, ist das Verwaltungsverfahrensgesetz des Bundes anzuwenden. § 55 SOG ist verfassungsgemäß. Der Terminus „Erfolg" i. S. d. Fallfrage ist nicht auf das Verwaltungsgericht bezogen.

Vertiefung

Vgl. VG Osnabrück, Entscheidung vom 11.2.2010 – 6 B 9/10; vgl. OVG Münster, Entscheidung vom 9.11.2010 – 5 B 1475/10; zum Ganzen: VG Köln, Entscheidung vom 16.9.2010 – 20 K 441/10, Rn 18.

Gliederung

1. Komplex: Klage beim Verwaltungsgericht ——— 94
   A. Sachurteilsvoraussetzungen (–) ——— 94
      I. Rechtsweg (+) ——— 94
      II. Zuständigkeit (+/–) ——— 95
      III. Beteiligte (+) ——— 96
      IV. Statthafte Klageart ——— 97
         1. Feststellungsklagen ——— 97
         2. Nichtigkeitsfeststellungsklage (–) ——— 98
            a) Form des Handelns ——— 99
            b) Inhalt des Handelns ——— 99
            c) Divergenz von Form und Inhalt ——— 99
               aa) Rechtmäßige Handlungsform ——— 99
               bb) Rechtsschutzintensivste Handlungsform ——— 100
               cc) Form ——— 100
   B. Ergebnis (–) ——— 101
2. Komplex: Verfahren beim Oberverwaltungsgericht ——— 101
   A. Sachentscheidungsvoraussetzungen (+) ——— 101
      I. Rechtsweg (+) ——— 101
      II. Zuständigkeit (+) ——— 102
      III. Beteiligte (+) ——— 102
      IV. Statthafte Verfahrensart ——— 104
      V. Besondere Sachentscheidungsvoraussetzungen (+) ——— 104
         1. Besondere Verfahrensführungsbefugnis (+) ——— 105
         2. Antragsbefugnis (+) ——— 105
         3. Antragsfrist (+) ——— 105
         4. Vorrang der Verfassungsgerichtsbarkeit (–) ——— 106
      VI. Allgemeines Rechtsschutzbedürfnis (+) ——— 106
   B. Begründetheit (+) ——— 106
      I. Ermächtigungsgrundlage (+) ——— 107
      II. Voraussetzungen (–) ——— 107
         1. Formell (+) ——— 107
         2. Materiell (–) ——— 107
      III. Zwischenergebnis ——— 110
   C. Ergebnis ——— 110

Lösungsvorschlag

Die folgende Lösung ist als Lösungsvorschlag zu verstehen und ausführlicher, als es in der Klausurbearbeitung verlangt werden kann. Aufgrund der wissenschaftlichen Freiheit können andere Lösungswege vertreten werden, soweit sie dogmatisch begründbar sind. Die Nachweise aus Rechtsprechung und Literatur sowie die das Verständnis fördernden Randbemerkungen sind in der Examensklausur auszusparen. Die Abkürzung „Alt." Steht für Alternativfall, nicht für Alternative.

Zur Verbesserung der Methodik bei der Anfertigung eines Gutachtens in der Klausur empfiehlt sich die Lektüre des Beitrags von Heinze/Starke JURA 2012, 175 ff.

1. Komplex: Klage beim Verwaltungsgericht

K wird mit seiner Klage Erfolg haben, soweit die Sachurteilsvoraussetzungen erfüllt sind, die Klage zulässig und begründet ist.

A. Sachurteilsvoraussetzungen

Hinweis: Andere Aufbauvarianten werden vertreten (z. B. dreistufig oder Prüfung des Verwaltungsrechtsweges als Untergliederungspunkt der Zuständigkeit des Gerichts). Derartige Aufbauvarianten sind aber mit § 17a Abs. 2 S. 1 GVG bzw. mit der Überschrift des 6. Abschnitts der VwGO sowie mit § 83 VwGO unvereinbar und daher bei exakter dogmatischer Zuordnung der Prüfungspunkte nicht zu empfehlen. Die Überschrift „Sachurteilsvoraussetzungen" anstelle der Überschrift „Zulässigkeit" ist sinnvoll, weil nach § 63 Nr. 3 VwGO auch der Beigeladene zu den Beteiligten gehört, das Fehlen einer notwendigen Beiladung i. S. d. § 65 Abs. 2 VwGO aber nur dazu führt, dass das Urteil keine materielle Rechtskraft entfaltet.

Die Sachurteilsvoraussetzungen können erfüllt sein.

I. Rechtsweg

Ein Rechtsweg muß eröffnet sein. Der Verwaltungsrechtsweg kann mangels aufdrängender Sonderzuweisung gemäß § 40 Abs. 1 S. 1 VwGO eröffnet sein. Im Übrigen kommt ein Verweisungsbeschluss i. S. d. § 17a Abs. 2 S. 1 GVG i.V. m. § 173 S. 1 VwGO in Betracht. Der Verwaltungsrechtsweg ist eröffnet, wenn die streitentscheidende öffentlich-rechtliche Norm einen Hoheitsträger einseitig berechtigt oder verpflichtet bzw. wenn aufgrund typisch hoheitlichen Handelns zwischen den Beteiligten ein Subordinationsverhältnis besteht.

Als streitentscheidende Normen kommen § 55 Abs. 1 Nr. 4 SOG und § 11 SOG in Betracht. Soweit es um den Erlass einer Verordnung geht, ergibt sich eine Berechtigung zum Erlass aus § 55 Abs. 1 Nr. 4 SOG, während sich eine Berechtigung zum Erlass eines Einzelaktes aus § 11 SOG ergibt. Zudem besteht zwischen den von der Regelung Betroffenen und dem hoheitlichen Rechtsträger ein Subordinationsverhältnis, da der Minister von einer hoheitlichen Handlungsform – einer Verordnung bzw. einem Verwaltungsakt – Gebrauch gemacht hat. Da die Streitigkeit mangels doppelter Verfassungsunmittelbarkeit nicht verfassungsrechtlicher Art und eine abdrängende Sonderzuweisung nicht ersichtlich ist, bleibt es bei der Eröffnung des Verwaltungsrechtsweges. Der Verwaltungsrechtsweg ist gemäß § 40 Abs. 1 S. 1 VwGO eröffnet.

II. Zuständigkeit

Es ist vertretbar und dogmatisch eigentlich notwendig, zur Bestimmung der Zuständigkeit inzident die statthafte Verfahrensart zu prüfen. Das wirkt jedoch unübersichtlich und ist klausurtaktisch nicht empfehlenswert. Dogmatisch wäre es auch unpräzise, die Zuständigkeit nach der statthaften Verfahrensart zu prüfen, weil die Zuständigkeit als Annex zum Rechtsweg zu erörtern ist. Das ergibt sich einerseits daraus, dass § 17a Abs. 2 S. 1 GVG gemäß § 83 VwGO auch für die Zuständigkeit gilt und auch insoweit ein Verweisungsbeschluss möglich ist. Außerdem sind der Verwaltungsrechtsweg und die Zuständigkeit in der gesetzlichen Abschnittsüberschrift des 6. Abschnitts der VwGO als unterschiedliche Aspekte, jedoch als konnex konstatiert.

Grundsätzlich ist das Verwaltungsgericht gemäß § 45 VwGO als Eingangsinstanz für öffentlich-rechtliche Streitigkeiten sachlich zuständig. Dieses kann jedoch gemäß § 17a Abs. 2 S. 1 GVG i.V.m. § 83 VwGO in einigen Konstellationen mangels sachlicher Zuständigkeit an das Oberverwaltungsgericht verweisen. Zwar gilt § 17a Abs. 2 S. 1 GVG für die Zuständigkeit nicht gemäß § 173 S. 1 VwGO, sondern gemäß § 83 VwGO, jedoch soll, auch wenn gemäß § 17a Abs. 2 S. 1 GVG i.V.m. § 173 S. 1 VwGO mangels Rechtswegeröffnung ein Verweisungsbeschluss gefasst wird, sogleich an das zuständige Gericht verwiesen werden, wenngleich der Beschluss dem Wortlaut der Norm gemäß nicht für die Zuständigkeit, sondern gemäß § 17a Abs. 2 S. 3 GVG nur für den Rechtsweg bindend ist. Sind mehrere Gerichte zuständig, an die verwiesen werden könnte, wird gemäß § 17a Abs. 2 S. 2 GVG an das vom Kläger oder Antragsteller auszuwählende Gericht verwiesen, hilfsweise an das vom angerufenen Gericht bestimmte Gericht.

Da § 17a Abs. 2 S. 1 GVG gemäß § 83 VwGO für die Zuständigkeit entsprechend anwendbar ist, ist fraglich, ob ein etwaiger Beschluss mangels Zuständigkeit gemäß § 17a Abs. 2 S. 3 GVG i.V.m. § 83 VwGO bindend wäre. Dem Wortlaut nach erscheint dies möglich, jedoch ist systematisch § 17a Abs. 2 S. 1 GVG zu berücksichtigen. Obwohl in Konstellationen, in denen mangels Rechtswegeröffnung verwiesen wird, zugleich an das zuständige Gericht verwiesen wird, ist der Verweisungsbeschluss gemäß § 17a Abs. 2 S. 3 GVG nur bezüglich des Rechtsweges bindend, sodass eine Bindung bezüglich der Zuständigkeit seitens des Gesetzgebers nicht gewollt ist, obwohl er die Problematik insoweit offenkundig erkannt hat. Zudem würde bei einer Bindung des Gerichts auch bezüglich der Zuständigkeit gemäß § 17a Abs. 2 S. 3 GVG i.V.m. § 83 VwGO zugleich ein weiterer Verweisungsbeschluss mangels Rechtswegeröffnung – bei einem Verweisungsbeschluss mangels Zuständigkeit an ein Gericht eines nicht eröffneten Rechtsweges – ausgeschlossen werden. Das wäre im Hinblick auf den gesetzlichen Richter i.S.d. Art. 101 Abs. 1 S. 2 GG in Verbindung mit dem sich unter anderem aus Art. 20 Abs. 3 GG ergebenden Rechtsstaatsprinzip verfassungsrechtlich bedenklich. Somit wäre ein Verweisungsbeschluss des Verwaltungsgerichts bezüglich der Zuständigkeit gemäß § 17a Abs. 2 S. 1 GVG i.V.m. § 83 VwGO nicht gemäß § 17a Abs. 2 S. 3 GVG i.V.m. § 83 VwGO bindend. Ob ein solcher erfolgt, muss zunächst offenbleiben.

Die örtliche Zuständigkeit ist nur anzusprechen, wenn es dafür im Sachverhalt Anhaltspunkte gibt. Gegebenenfalls ist die örtliche Zuständigkeit grundsätzlich im Anschluss an die sachliche Zuständigkeit zu prüfen. Ist sie jedoch gemäß § 52 Nr. 2 VwGO ausnahmsweise von der Klageart abhängig, sollte sie offen mit Verweis auf § 17a Abs. 2 S. 1 GVG i.V.m. § 83 VwGO formuliert werden.

III. Beteiligte

K und die zuständige Landesbehörde können Beteiligte des Verfahrens sein. Beteiligte sind nach § 63 Nr. 1, 2 VwGO jedenfalls unter anderem der Kläger und der Beklagte. Beteiligungsfähig sind gemäß § 61 Nr. 1 VwGO natürliche und juristische Personen. Landesbehörden sind gemäß § 61 Nr. 3 VwGO i.V.m. § 5 Abs. 1 AG VwGO beteiligungsfähig.

Als Kläger ist K gemäß § 61 Nr. 1 Alt. 1 VwGO beteiligungsfähig und gemäß § 62 Abs. 1 Nr. 1 VwGO prozessfähig.

Als Beklagter ist der Innenminister als oberste Landesbehörde gemäß den §§ 63 Nr. 2, 61 Nr. 3 VwGO i.V.m. § 5 Abs. 1 AG VwGO beteiligungs- und mangels Anhaltspunkten bezüglich des für den Innenminister – gegebenenfalls ist der Minister als natürliche Person selbst maßgeblich – handelnden Organwalters gemäß § 62 Abs. 3, 1 Nr. 1 VwGO prozessfähig.

Obersten Landesbehörden ist ihre Wahrnehmungskompetenz aus der jeweiligen Verbandsverfassung zugewiesen – insbesondere Ministerien. Oberbehörden sind in der Verfassung nicht mit Verwaltungsaufgaben versehen worden.

IV. Statthafte Klageart

Die statthafte Klageart richtet sich gemäß § 88 VwGO nach dem klägerischen Begehren unter Berücksichtigung des Anwendungsvorrangs maßnahmespezifischer Rechtsschutzformen und des rechtsstaatlichen Grundsatzes der Effektivität des Rechtsschutzes. Dem klägerischen Begehren entspricht i. d. R. die effektivste Klageart, also nach Möglichkeit die Anfechtungsklage gemäß § 42 Abs. 1 Alt. 1 VwGO als Gestaltungsklage der Verwaltungsgerichtsordnung, soweit sie zielführend ist und es keinen anderweitigen ausdrücklichen Antrag gibt, der nicht überschritten werden darf.

Die Anfechtungsklage ist besonders rechtsschutzintensiv, weil das Gericht als Judikative mittels einer Durchbrechung der Gewaltenteilung einen Verwaltungsakt als Rechtssetzungsakt der Exekutive aufhebt.

K hat beantragt festzustellen, dass die als Verordnung bezeichnete Regelung ungültig ist. Insoweit ist zunächst sein ausdrücklicher Klageantrag zu berücksichtigen. Zwar ist das Gericht gemäß § 88 VwGO an die Fassung der Anträge nicht gebunden, jedoch darf über das Klagebegehren nicht hinausgegangen werden. Unabhängig davon, dass ein Feststellungsantrag ein geringeres Begehren als z. B. ein Gestaltungsantrag enthält, ist jedenfalls zunächst das explizit beantragte Feststellungsbegehren maßgeblich.

1. Feststellungsklagen

In der Verwaltungsgerichtsordnung sind drei besondere und eine allgemeine Feststellungsklage geregelt. Als besondere Feststellungsklagen sind die Fortsetzungsfeststellungsklage gemäß § 113 Abs. 1 S. 4 VwGO bezüglich der Prüfung erledigter Verwaltungsakte, die prinzipale Normenkontrolle gemäß § 47 VwGO zur Prüfung einiger abstrakt-genereller Regelungen sowie die Nichtigkeitsfeststellungsklage gemäß § 43 Abs. 1 Alt. 2 VwGO i. V. m. § 43 Abs. 2 S. 2 VwGO bezüglich der Feststellung der Nichtigkeit eines Verwaltungsakts enthalten.

Die Nichtigkeitsfeststellungsklage i. S. d. § 43 Abs. 1 Alt. 2 VwGO i. V. m. § 43 Abs. 2 S. 2 VwGO ist in der Praxis in der Regel nur insoweit relevant, als die Anfechtungsklage verfristet ist, weil es nahezu unstrittig ist, dass auch nichtige Verwaltungsakte anfechtbar sind.

Mittels der allgemeinen Feststellungsklage gemäß § 43 Abs. 1 Alt. 1 VwGO kann ein Kläger das Bestehen oder das Nichtbestehen eines konkreten Rechtsverhältnisses prüfen lassen. Seitens des K kommt bezüglich der beim Verwaltungsgericht erhobenen Klage die Nichtigkeitsfeststellungsklage bei Verwaltungsakten gemäß § 43 Abs. 1 Alt. 2 VwGO i.V. m. § 43 Abs. 2 S. 2 VwGO in Betracht. Ebenso kann die prinzipale Normenkontrolle gemäß § 47 Abs. 1 Nr. 2 VwGO i.V. m. § 6 AG VwGO statthaft sein.

2. Nichtigkeitsfeststellungsklage

Es ist eine Voraussetzung der Nichtigkeitsfeststellungsklage gemäß § 43 Abs. 1 Alt. 2 VwGO i.V. m. § 43 Abs. 2 S. 2 VwGO, dass ein Verwaltungsakt erlassen worden ist. Ein Verwaltungsakt ist gemäß § 35 S. 1 VwVfG jede Verfügung, Entscheidung oder andere hoheitliche Maßnahme, die eine Behörde zur Regelung eines Einzelfalls auf dem Gebiet des öffentlichen Rechts trifft und die auf unmittelbare Rechtswirkung nach außen gerichtet ist. Die als Verordnung bezeichnete Regelung des Innenministers ist jedenfalls nicht als Einzelfallregelung einzustufen.

Das Verbot der Glasbehältnisse in der Regelung könnte jedoch als ein Verwaltungsakt in Form einer Allgemeinverfügung gemäß § 35 S. 2 Var. 1 VwVfG einzustufen sein. Eine Allgemeinverfügung ist gemäß § 35 S. 2 VwVfG ein Verwaltungsakt, der an einen nach allgemeinen Merkmalen bestimmten oder bestimmbaren Personenkreis gerichtet ist oder die öffentlich-rechtliche Eigenschaft einer Sache oder ihre Benutzung durch die Allgemeinheit betrifft. Ist das Verbot bezüglich der Glasbehältnisse als Verordnung einzustufen, ist die prinzipale Normenkontrolle gemäß § 47 Abs. 1 Nr. 2 VwGO i.V. m. § 6 AG VwGO statthaft, sodass gemäß § 17a Abs. 2 S. 1 GVG i.V. m. § 83 VwGO mangels Zuständigkeit des Gerichts der bereits avisierte Verweisungsbeschluss gefasst und an das Oberverwaltungsgericht verwiesen wird.

Maßgeblich ist somit, ob das seitens des Innenministers erteilte Verbot bezüglich der Glasbehältnisse als eine Allgemeinverfügung oder als eine Verordnung einzustufen ist.

a) Form des Handelns

Eine Einordnung des Verbotes als Verordnung oder als Allgemeinverfügung könnte mittels der Form des Handelns erfolgen. Einerseits hat der Minister die Regelung bezüglich der Benutzung und des Mitführens von Glasbehältnissen als Verordnung bezeichnet, andererseits ist die Regelung im Amts- und Gesetzesblatt verkündet worden. Formell ist die Verbotsregelung als Verordnung ausgestaltet worden.

b) Inhalt des Handelns

Bei inhaltlicher Betrachtung des Verbotes des Innenministers bezüglich der Glasbehältnisse könnte es sich um eine Allgemeinverfügung i.S.d. § 35 S. 2 Var. 1 VwVfG handeln, wenn sich die Regelung für konkrete Situationen an einen noch nicht bestimmten bzw. bestimmbaren Personenkreis richtet, wobei eine Benutzungsregelung i.S.d. § 35 S. 2 Var. 3 VwVfG gegeben ist, soweit die Benutzung einer öffentlichen Sache festgelegt wird. Das seitens des Innenministers erlassene Verbot ist an alle potentiellen – noch nicht feststehenden – Passanten, die sich in bestimmten Bereichen zu bestimmten Zeiten aufhalten und Glasbehältnisse benutzen sowie mitführen, gerichtet. Die Situationen, auf welche das Verbot für Glasbehälter bezogen ist, sind somit konkretisiert (zum Ganzen: VG Köln, Entscheidung vom 16.9.2010 – 20 K 441/10, Rn 18).

Inhaltlich ist das seitens des Innenministers erlassene und als Verordnung bezeichnete sowie im Amts- und Gesetzesblatt verkündete Verbot als konkretgenerelle Regelung in Form einer personenbezogenen Allgemeinverfügung i.S.d. § 35 S. 2 Var. 1 VwGO sowie als Benutzungsregelung für bestimmte Straßenabschnitte i.S.d. § 35 S. 2 Var. 3 VwVfG einzustufen.

c) Divergenz von Form und Inhalt

Fraglich ist, wie eine Divergenz zwischen Form und Inhalt zu beurteilen ist. Formal ist das seitens des Innenministers ausgesprochene Glasbehälterverbot als Verordnung, inhaltlich als Allgemeinverfügung einzustufen.

aa) Rechtmäßige Handlungsform

Bei einer Divergenz zwischen Form und Inhalt könnte auf die rechtlich vorgesehene und somit rechtmäßige Handlungsform abzustellen sein. Der Verwaltung ist eine bestimmte Anzahl von öffentlich-rechtlichen Handlungsformen – darunter die Verordnung und der Verwaltungsakt – zugewiesen, von denen sie unter bestimmten Situationen Gebrauch machen darf. Somit wäre maßgeblich, wie die

Verwaltung rechtmäßig i. S. d. sich unter anderem aus Art. 20 Abs. 3 GG ergebenden Rechtsstaatsprinzips hätte handeln dürfen. Ob es sich bei dem Glasbehälterverbot demnach um eine Verordnung oder um eine Allgemeinverfügung handelt, wäre davon abhängig, ob materiell eine konkrete Gefahr als Voraussetzung für den Erlass einer Allgemeinverfügung oder eine abstrakte Gefahr als Voraussetzung für den Erlass einer Verordnung bestünde.

bb) Rechtsschutzintensivste Handlungsform
Es könnte im Rahmen der gewählten Handlungsform stets auf die rechtsschutzintensivste Handlungsform abgestellt werden, damit die Behörde nicht entgegen der Gewährung eines umfassenden und effektiven Rechtsschutzes i. S. d. Art. 19 Abs. 4 GG – eine bestimmte Art des Rechtsschutzes wird dort allerdings nicht gewährleistet – sowie i. S. d. sich unter anderem aus Art. 20 Abs. 3 GG ergebenden Rechtsstaatsprinzips an eine Handlungsform gebunden ist, welche für den Bürger nachteilig ist. Da eine Verordnung nur mittels einer prinzipalen Normenkontrolle gemäß § 47 Abs. 1 Nr. 2 VwGO i. V. m. § 6 AG VwGO direkt zum Verfahrensgegenstand gemacht werden könnte, wäre das Glasbehälterverbot als Allgemeinverfügung i. S. d. § 35 S. 2 Var. 1 VwVfG einzustufen, weil insoweit eine Suspendierung i. S. d. § 80 Abs. 1 S. 1 VwGO sowie ein mehrinstanzlicher Rechtsweg eröffnet sind.

cc) Form
Bei rechtsstaatlicher Betrachtung i. S. d. sich unter anderem aus Art. 20 Abs. 3 GG ergebenden Rechtsstaatsprinzips ist die seitens der Behörde gewählte Handlungsform maßgeblich. Die rechtmäßig mögliche bzw. rechtsschutzintensivste Handlungsform kann nicht maßgeblich sein, weil eine rechtsstaatswidrige Rechtsunsicherheit entstehen würde, zumal für den Bürger nicht klar wäre, welcher Rechtsschutz effektiv i. S. d. Art. 19 Abs. 4 GG möglich wäre. Zudem würde in dreipoligen Beziehungen bezüglich etwaiger Fristen eine Rechtsunsicherheit entstehen.

Somit muss sich die Behörde in einem Rechtsstaat an der von ihr gewählten – gegebenenfalls hoheitlichen – Handlungsform messen lassen, die sie im Rahmen der ihr zugewiesenen Handlungsmöglichkeiten gewählt hat.

Somit ist das seitens des Innenministers verfügte Glasbehälterverbot wie bezeichnet prozessual als Verordnung einzustufen mit der Folge, dass insoweit die prinzipale Normenkontrolle gemäß § 47 Abs. 1 Nr. 2 VwGO i. V. m. § 6 AG VwGO als Verfahrensart statthaft ist. Da insoweit das Oberverwaltungsgericht zuständig ist, wird letztlich mangels sachlicher Zuständigkeit der bereits avisierte Verweisungsbeschluss i. S. d. § 17a Abs. 2 S. 1 GVG i. V. m. § 83 VwGO gefasst und an das Oberverwaltungsgericht verwiesen.

B. Ergebnis

Die Sachurteilsvoraussetzungen für die Klage beim Verwaltungsgericht sind nicht erfüllt. Es wird ein Verweisungsbeschluss i. S. d. § 17a Abs. 2 S. 1 GVG i. V. m. § 83 VwGO gefasst und an das Oberverwaltungsgericht verwiesen.

2. Komplex: Verfahren beim Oberverwaltungsgericht

K wird mit seinem Antrag Erfolg haben, soweit die Sachentscheidungsvoraussetzungen erfüllt sind und der Antrag zulässig sowie begründet ist.

Bei einer prinzipalen Normenkontrolle sollte der Terminus „Sachentscheidungsvoraussetzungen" gewählt werden. Er ist weiter als der Terminus „Sachurteilsvoraussetzungen", welcher darin enthalten ist. Letzterer darf nur verwendet werden, soweit seitens des Gerichts ein Urteilsspruch erfolgt. Dies ist bei der prinzipalen Normenkontrolle zwar der Regelfall, jedoch kann das Oberverwaltungsgericht gemäß § 47 Abs. 5 S. 1 VwGO auch durch einen Beschluss entscheiden.
Weitere Besonderheiten:
- Terminus „Prinzipale Normenkontrolle"
- teilweise subjektives, teilweise objektives Beanstandungsverfahren
- Entscheidung durch Urteil oder durch Beschluss
- Entscheidungswirkung inter omnes.

A. Sachentscheidungsvoraussetzungen

Die Sachentscheidungsvoraussetzungen können erfüllt sein.

I. Rechtsweg

Ein Rechtsweg muß eröffnet sein. Der Verwaltungsrechtsweg kann mangels aufdrängender Sonderzuweisung gemäß § 40 Abs. 1 S. 1 VwGO eröffnet sein. Im Übrigen kommt ein Verweisungsbeschluss i. S. d. § 17a Abs. 2 S. 1 GVG i. V. m. § 173 S. 1 VwGO in Betracht. Der Verwaltungsrechtsweg ist eröffnet, wenn die streitentscheidende öffentlich-rechtliche Norm einen Hoheitsträger einseitig berechtigt oder verpflichtet bzw. wenn aufgrund typisch hoheitlichen Handelns zwischen den Beteiligten ein Subordinationsverhältnis besteht.

Streitentscheidende Norm ist § 55 Abs. 1 Nr. 4 SOG, da sich daraus eine Berechtigung zum Erlass einer Gefahrenabwehrverordnung ergibt. Zudem besteht zwischen den von der Regelung Betroffenen und dem hoheitlichen Rechtsträger ein Subordinationsverhältnis, da der Minister von einer hoheitlichen Handlungsform – einer Verordnung – Gebrauch gemacht hat. Da die Streitigkeit mangels doppelter Verfassungsunmittelbarkeit nicht verfassungsrechtlicher Art und eine abdrängende Sonderzuweisung nicht ersichtlich ist, bleibt es bei der Eröffnung des Verwaltungsrechtsweges. Der Verwaltungsrechtsweg ist gemäß § 40 Abs. 1 S. 1 VwGO eröffnet.

II. Zuständigkeit

Das Oberverwaltungsgericht ist gemäß § 47 Abs. 1 Nr. 2 VwGO i.V. m. § 6 AG VwGO für die Verwerfung des Glasbehälterverbotes zuständig, sodass kein Verweisungsbeschluss gemäß § 17a Abs. 2 S. 1 GVG i.V. m. § 83 VwGO gefasst werden wird – unabhängig davon, dass der vorherige Verweisungsbeschluss an das Oberverwaltungsgericht gemäß § 17a Abs. 2 S. 3 GVG i.V. m. § 83 VwGO nicht bindend war.

Der einzige dogmatisch unangreifbare Aufbau bestünde – soweit kein Verweisungsbeschluss erlassen worden und der Antrag direkt beim OVG gestellt worden wäre – darin, die statthafte Verfahrensart inzident zu prüfen, da eine Prüfung der Verfahrensart dogmatisch nicht logisch ist, da der Rechtsweg und die Zuständigkeit schon wegen der gesetzlichen Überschrift vor § 40 VwGO konnex sind und für den Rechtsweg sowie für die Zuständigkeit § 17a Abs. 2 S. 1 GVG gilt. Zudem ist es z. B. möglich, dass beim VG ein Antrag auf Feststellung der Nichtigkeit einer Satzung gestellt wird. Würde insoweit die Verfahrensart vor der Zuständigkeit geprüft werden, würde bezüglich eines Antrages beim VG eine Verfahrensart benannt werden, die es dort nicht gibt mit der Folge der späteren Verweisung an das OVG (zum Ganzen: Heinze/Starke JURA 2012, 175 ff.). Eine Inzidentprüfung ist klausurtaktisch jedoch nicht sinnvoll, sodass eine offene Formulierung der Zuständigkeit erfolgen sollte (anders als ein Vorziehen der Verfahrensart dogmatisch haltbar).

III. Beteiligte

K und die handelnde Landesbehörde können Beteiligte des Verfahrens sein.

Aus § 47 Abs. 2 S. 2 VwGO ergibt sich, dass die prinzipale Normenkontrolle als kontradiktorisches Verfahren einzustufen ist.

Ob sich die Beteiligungsfähigkeit aus der direkten Anwendung der §§ 63, 61, 62, 65 VwGO ergibt oder ob die Normen wegen des Wortlautes in § 63 VwGO – Kläger und Beklagter – zumindest partiell unter Umständen analog anzuwenden sind, ist irrelevant, wenngleich sich aus der gesetzlichen Abschnittsüberschrift „Allgemeine Verfahrensvorschriften" ergeben kann, dass sämtliche Verfahren und damit auch die Verfahren, die nicht als Klagen einzustufen sind, von der direkten Anwendung erfasst sind. Beteiligte sind nach § 63 Nr. 1, 2 VwGO jedenfalls unter anderem der Antragsteller und der Antragsgegner, beteiligungsfähig nach § 61 Nr. 1 VwGO natürliche und juristische Personen.

Fraglich ist, ob die §§ 63, 61, 62, 65 VwGO durch § 47 Abs. 2 S. 1 und 2 VwGO als Spezialregelung verdrängt werden.

Das Verhältnis des § 47 Abs. 2 S. 1, 2 VwGO zu § 61 VwGO ist strittig.

Gemäß § 47 Abs. 2 S. 1 VwGO kann jede natürliche oder juristische Person, die geltend macht, durch die Rechtsvorschrift oder deren Anwendung in ihren Rechten verletzt zu sein oder in absehbarer Zeit verletzt zu werden, sowie jede Behörde innerhalb eines Jahres nach Bekanntmachung der Rechtsvorschriften den Antrag stellen. Insoweit könnte sich bereits aus § 47 Abs. 2 S. 4 VwGO ableiten lassen, dass die §§ 63, 61, 62, 65 VwGO verdrängt sind, weil anderenfalls keine entsprechende Anwendbarkeit des § 65 Abs. 1, Abs. 4 VwGO und des § 66 VwGO angeordnet worden wäre. Die Anordnung der entsprechenden Anwendbarkeit dieser Normen ist aber nicht erfolgt, weil die allgemeinen Normen der §§ 63, 61, 62, 65 VwGO bei der prinzipalen Normenkontrolle i. S. d. § 47 Abs. 1 VwGO nicht anwendbar sind, sondern weil gegenüber den benannten öffentlich-rechtlichen juristischen Personen der Wortlaut der §§ 65, 66 VwGO nicht direkt passend ist, da es weniger um deren rechtliche Interessen, als vielmehr um deren Kompetenzen geht. Die §§ 63, 61, 62, 65 VwGO sind also nicht schon wegen der Regelung des § 47 Abs. 2 S. 4 VwGO ausgeschlossen.

Somit sind die §§ 63, 61, 62, 65 VwGO grundsätzlich – unter Umständen analog – insoweit anwendbar, als sie nicht durch § 47 Abs. 2 S. 1 VwGO ergänzt werden. Ebenso wie die Beteiligungsfähigkeit i. S. d. § 61 Nr. 1 VwGO nicht durch § 61 Nr. 3 VwGO ausgeschlossen, sondern nur ergänzt wird, ist § 47 Abs. 2 S. 1 VwGO unter anderem als Ergänzung zur Beteiligungsfähigkeit der Rechtsträger nach § 61 Nr. 1 Alt. 2 VwGO einzustufen.

Als Antragsteller ist K gemäß § 61 Nr. 1 Alt. 1 VwGO beteiligungsfähig und gemäß § 62 Abs. 1 Nr. 1 VwGO prozessfähig. Landesbehörden sind gemäß § 61 Nr. 3 VwGO i. V. m. § 5 Abs. 1 AG VwGO des Bundeslandes B beteiligungsfähig. Als Antragsgegner ist der Innenminister als oberste Landesbehörde gemäß den §§ 63 Nr. 2, 61 Nr. 3 VwGO i. V. m. § 5 Abs. 1 AG VwGO zwar grundsätzlich beteiligungs-

und mangels Anhaltspunkten bezüglich des für den Innenminister – gegebenenfalls ist der Minister als natürliche Person selbst maßgeblich – handelnden Organwalters gemäß § 62 Abs. 3, 1 Nr. 1 VwGO prozessfähig, wobei § 47 Abs. 2 S. 2 VwGO als Sonderregelung bezüglich der besonderen Prozessführungsbefugnis hinsichtlich der Beteiligten irrelevant ist. Allerdings wird § 61 Nr. 1 Alt. 2 VwGO durch § 61 Nr. 3 VwGO i.V. m. § 5 Abs. 1 AG VwGO nur ergänzt, sodass – soweit eine Divergenz zur besonderen Prozessführungsbefugnis besteht – letztlich das Bundesland B gemäß § 61 Nr. 1 Alt. 2 VwGO als Rechtsträger öffentlichen Rechts in Form einer Gebietskörperschaft auf der Antragsgegnerseite beteiligungsfähig und mittels des handelnden Organwalters gemäß § 62 Abs. 3, 1 Nr. 1 VwGO prozessfähig ist.

---

§ 61 Nr. 1 VwGO ist neben § 61 Nr. 3 VwGO anwendbar, sodass ein Wahlrecht des Bürgers besteht, da sein Rechtsschutz durch § 61 Nr. 3 VwGO erweitert und eine Divergenz zwischen Beteiligungsfähigkeit und besonderer Prozessführungsbefugnis gegebenenfalls vermieden werden soll.

IV. Statthafte Verfahrensart

Da gemäß § 47 Abs. 5 S. 1 VwGO ein Urteilspruch oder ein Beschluss erfolgen kann, ist nicht der Terminus „Klageart", sondern der weiter gefasste Terminus „Verfahrensart" zu verwenden.

Die statthafte Verfahrensart richtet sich i. S. d. § 88 VwGO – soweit ein Beschluss gemäß § 47 Abs. 5 S. 1 VwGO ergeht in Verbindung mit § 122 Abs. 1 VwVGO – nach dem Antragsbegehren unter Berücksichtigung des Anwendungsvorrangs maßnahmespezifischer Rechtsschutzformen und des rechtsstaatlichen Grundsatzes der Effektivität des Rechtsschutzes. Dem Antragsbegehren entspricht die Feststellung der Ungültigkeit bzw. der Nichtigkeit des prozessual als Verordnung zu behandelnden Glasbehälterverbotes, sodass gemäß § 47 Abs. 1 Nr. 2 VwGO i.V. m. § 6 AG VwGO die prinzipale Normenkontrolle statthaft ist.

V. Besondere Sachentscheidungsvoraussetzungen

Für die Stadtstaaten bestehen Sonderregelungen. Das ergibt sich aus § 246 Abs. 2 S. 1 (Hamburg und Berlin) und S. 2 (Bremen) BauGB. In Hamburg ist dies in § 3 BauLPlFestG geregelt (grundsätzlich Verordnung; unter Umständen Gesetz) und in Berlin in § 6 Abs. 5 S. 2 AG BauGB. In § 47 Abs. 1 Nr. 1 VwGO ist auf § 246 Abs. 2 BauGB Bezug genommen worden. Soweit ein Bebauungsplan in Hamburg als Gesetz erlassen werden kann, soll eine Verfassungsbeschwerde mangels Rechtswegerschöpfung bzw. Subsidiarität nach der Rechtsprechung des BVerfG unzulässig sein, da bezüglich des Gesetzes ein Verfahren nach § 47 VwGO möglich sein soll. Diese „verfassungskonforme Auslegung" i. S. d. sich unter anderem aus Art. 20 Abs. 3 GG ergebenden Rechtsstaatsprinzips ist wegen der Überschreitung der Wortlautgrenzen dogmatisch höchst problematisch.

Die besonderen Sachentscheidungsvoraussetzungen können erfüllt sein.

1. Besondere Verfahrensführungsbefugnis
Besonders verfahrensführungsbefugt ist gemäß § 47 Abs. 2 S. 2 VwGO das Bundesland B als Gebietskörperschaft öffentlichen Rechts und Rechtsträger des Innenministers als oberste Landesbehörde.

2. Antragsbefugnis
K muss antragsbefugt sein. Voraussetzung für die Antragsbefugnis gemäß § 47 Abs. 2 S. 1 VwGO – K als natürliche Person bedarf der Antragsbefugnis im engen Sinne – ist die Möglichkeit der Verletzung eines subjektiven Rechts.

Die prinzipale Normenkontrolle ist für natürliche und juristische Personen gemäß § 47 Abs. 2 S. 1 VwGO ein subjektives Beanstandungsverfahren, aus Sicht der Behörde ein objektives Beanstandungsverfahren, da insoweit lediglich ein Bezug zur streitgegenständlichen Rechtsvorschrift erforderlich ist.

Subjektive Rechte werden aus Sonderrechtsbeziehungen, einfachen Gesetzen und subsidiär aus Grundrechten abgeleitet, wobei jedenfalls aufgrund des weiten Schutzbereiches des Art. 2 Abs. 1 GG bei unmittelbaren Grundrechtseingriffen für das subjektive Recht direkt auf Grundrechte abgestellt werden kann. Da die Verordnung des Innenministers als formell der Exekutive zuzurechnender Rechtssetzungsakt dem Bürger – auch K – gegenüber unmittelbar wirkt, besteht zumindest die Möglichkeit eines unmittelbaren Grundrechtseingriffes in die sich aus Art. 2 Abs. 1 GG ergebende allgemeine Handlungsfreiheit des K. K ist antragsbefugt.

3. Antragsfrist
Der gerichtliche Antrag des K ist i. S. d. § 47 Abs. 2 S. 1 VwGO innerhalb eines Jahres seit der Bekanntmachung über das Glasbehälterverbot gestellt worden. Sogar der

Verweisungsbeschluss erfolgte innerhalb des Jahres seit der Bekanntmachung der Verordnung über das Glasbehälterverbot. Der Antrag ist nicht verfristet.

4. Vorrang der Verfassungsgerichtsbarkeit

Eine ausschließliche Zuweisung der Prüfung der Verordnung zum Glasbehälterverbot zum Landesverfassungsgericht i. S. d. § 47 Abs. 3 VwGO ist nicht ersichtlich, sodass ein Ausschluss der Entscheidung des Oberverwaltungsgerichts nicht erfolgt ist.

VI. Allgemeines Rechtsschutzbedürfnis

Das allgemeine Rechtsschutzbedürfnis für eine prinzipale Normenkontrolle besteht nicht, soweit die Verwerfung der streitgegenständlichen Rechtsvorschrift für den Antragsteller keine rechtlichen oder tatsächlichen Vorteile zur Folge hätte. Bei einer Verwerfung der Verordnung zum Glasbehälterverbot bestünde kein Glasbehälterverbot beim Karneval, sodass K seine Champagnerflaschen in beabsichtigter Form leeren könnte. Das allgemeine Rechtsschutzbedürfnis besteht.

B. Begründetheit

Der Antrag ist begründet, soweit die Verordnung rechtswidrig ist und keine Ausnahme von dem sich unter anderem aus Art. 20 Abs. 3 GG ergebenden grundsätzlich geltenden Normennichtigkeitsdogma geregelt ist.

Grundsätzlich gilt bei Normen ein Nichtigkeitsdogma, jedoch sind gesetzliche Ausnahmen möglich – z. B. gemäß den §§ 214, 215 BauGB. Deshalb ist der Terminus „Normennichtigkeitsfeststellungsklage" veraltet. Der teilweise verwendete Terminus „Normenungültigkeitsfeststellungsklage" ist ebenfalls problematisch, weil auch insoweit nicht alle Variablen der Fehlergraduierung bei Normen erfasst werden, während der Terminus „abstrakte Normenkontrolle" mit dem Verfassungsprozessrecht verwechslungsfähig ist, sodass der Terminus „prinzipale Normenkontrolle" sinnvoll erscheint.

Das Oberverwaltungsgericht wird die Verordnung insoweit gemäß § 47 Abs. 5 S. 2 VwGO für unwirksam erklären, wobei die Entscheidung allgemein verbindlich und die Entscheidungsformel in gleicher Weise wie die Bekanntmachung der Rechtsvorschrift bekannt zu machen ist.

I. Ermächtigungsgrundlage

Der Terminus „Rechtsgrundlage" ist weiter gefasst als der Terminus „Ermächtigungsgrundlage". Mit letzterem werden im Extremfall mehrere Entscheidungen getroffen – z. B., dass eine Grundlage zwingend geschaffen werden musste sowie eine Entscheidung des Streitstandes über den Schutzbereich des Art. 2 Abs. 1 GG. Ist eine Norm nur geschaffen worden und seitens der Exekutive anzuwenden, ohne dass der Gesetzgeber sie hätte schaffen müssen, wäre die Verwendung des Terminus „Ermächtigungsgrundlage" falsch, da die Verwaltung auch ohne die Norm im Rahmen ihres Handlungsermessens hätte handeln dürfen. Im Zweifel ist daher der Terminus „Rechtsgrundlage" zu verwenden, der stets korrekt ist.

Für den Erlass einer Verordnung gilt gemäß Art. 80 Abs. 1 S. 1 GG – ggf. i.V.m. Art. 28 Abs. 1, 3 GG – bzw. der entsprechenden Regelung in der jeweiligen Landesverfassung der Vorbehalt des Gesetzes, sodass es einer Ermächtigungsgrundlage bedarf. Ermächtigungsgrundlage ist § 55 Abs. 1 Nr. 4 SOG.

II. Voraussetzungen

Die formellen und die materiellen Voraussetzungen für den Erlass einer Verordnung können erfüllt sein.

1. Formell

Die formellen Voraussetzungen sind erfüllt.

2. Materiell

Materiell muss es sich bei der getroffenen Regelung gemäß § 55 Abs. 1 Nr. 4 SOG in Abgrenzung zur Allgemeinverfügung i.S.d. § 35 S. 2 VwVfG um eine hinreichend bestimmte Verordnung zur Abwehr einer abstrakten Gefahr handeln. Die Verordnung muss wegen des sich primär aus den Grundrechten, subsidiär aus dem Rechtsstaatprinzip ergebenden Grundsatz der Verhältnismäßigkeit verhältnismäßig sowie wegen des sich unter anderem aus Art. 20 Abs. 3 GG ableitenden Rechtsstaatprinzips im Übrigen mit höherrangigem Recht i.S.d. Gesetzesvorranges vereinbar sein.

Die Abgrenzung der Gefahrenabwehrverordnung zur Allgemeinverfügung bestimmt sich **nach der äußeren Form** des Verwaltungshandelns. Durch die Verkündung des abstrakt-generellen Glasbehälterverbotes im Gesetzes- und Verordnungsblatt und die Überschreibung der Regelung als Verordnung wählt die Behörde für ihr Verwaltungshandeln die Form der Verordnung. Fraglich ist, ob die avisierte Regelung als Verordnung erlassen werden durfte oder ob formell eine

Allgemeinverfügung hätte erlassen werden müssen. Für die Gefahrenabwehrverordnung sind zwei Kriterien kennzeichnend, die kumulativ erfüllt sein müssen. Einerseits muss sich der Regelungsgegenstand auf eine unbestimmte Anzahl von Fällen beziehen, andererseits muss als Adressat eine unbestimmte Anzahl von Personen, anstelle eines Einzelnen betroffen sein. In den Regelungen der das Glasbehälterverbot enthaltenden Gefahrenabwehrverordnung wird zumindest teilweise auf die Benutzung öffentlicher Plätze, die gemäß § 35 S. 2 Var. 3 VwVfG grundsätzlich auch einer Regelung in Form einer Allgemeinverfügung zugänglich ist, Bezug genommen.

Eine Benutzungsregelung i. S. d. § 35 S. 2 Var. 3 VwVfG ist nur möglich, wenn die Nutzung einer **konkreten Sache** geregelt wird. Die Abgrenzung zur Gefahrenabwehrverordnung kann nur danach erfolgen, ob eine bestimmte Gefahrensituation – Allgemeinverfügung – oder eine bestimmte Anzahl von Gefahrensituationen – Verordnung – geregelt wird. Die Anknüpfung an eine konkrete, räumlich begrenzte Gefahrensituation wie im Bereich „Altstadt und Ringe" ist ein Indiz für den Erlass einer Allgemeinverfügung. Allerdings ist auch die zeitliche Dauer eines Verbotes zu berücksichtigen. Je umfangreicher und weiter die Regelung hinsichtlich der Gebietshoheit und des Zeitmoments ist, desto eher bedarf es der gegenüber einer Allgemeinverfügung förmlicheren Verordnung. Sobald für einen großen räumlichen Bereich mit unterschiedlichen örtlichen Verhältnissen flächendeckend rechtliche Regelungen geschaffen werden sollen, ist eine Allgemeinverfügung als Regelungsinstrumentarium nicht mehr hinreichend (vgl. VG Osnabrück am 11. 2. 2010 – 6 B 9/10). Im Zweifel ist aus rechtsstaatlichen Gründen die Allgemeinverfügung als milderes Mittel zu wählen. Da das seitens des Innenministers ausgesprochene Glasbehälterverbot sich nur auf einen eng begrenzten Zeitraum – die Weiberfastnacht – und auf einen eng umgrenzten räumlichen Bereich bezieht, wäre die Handlungsform der Allgemeinverfügung zumindest das mildere zu wählende Mittel gewesen (vgl. OVG Münster, 9. 11. 2010 – 5 B 1475/10).

Für den Erlass einer Verordnung hätte gemäß § 55 Abs. 1 Nr. 4 SOG zudem eine abstrakte Gefahr bestehen müssen. Eine abstrakte Gefahr besteht, wenn bei generell-abstrakter Betrachtung bestimmter Arten von Verhaltensweisen oder Zuständen mit hinreichender Wahrscheinlichkeit ein Schaden an einem Schutzgut eintreten wird. Der erforderliche Wahrscheinlichkeitsgrad hängt von der Bedeutung der gefährdeten Rechte bzw. Rechtsgüter sowie dem Ausmaß des möglichen Schadens ab. Die abstrakte Gefahr wird von der konkreten Gefahr nicht durch den Grad der Wahrscheinlichkeit des Schadenseintritts, sondern durch die Betrachtungsweise unterschieden. Bei der konkreten Gefahr ist Auslöser des ordnungsbehördlichen Einschreitens der jeweilige Einzelfall. Die Behörde handelt, um einen Schadenseintritt im Einzelfall zu verhindern. Bei einer abstrakten Gefahr wird hingegen an eine generelle Betrachtung angeknüpft, also an eine typische Gefahrensituation, bei der Anlass besteht, in gleicher Art und Weise wiederkehrende Gefahren mit generell-abstrakten Mitteln durch Rechtssetzung zu bekämpfen. Auch bei der Abwehr abstrakter Gefahren geht es im Ergebnis allerdings um die Verhinderung eines Schadens im Einzelfall.

Es bedarf also einer abgesicherten Prognose. Bei einer Prognose ist zu bedenken, dass die vorhergesagten Ereignisse ausbleiben können. Die Prognoseunsicherheit darf sich aber nicht bereits auf die tatsächlichen Grundlagen beziehen, also darauf, ob typischerweise eine Gefahrensituation besteht, ein Schadenseintritt also hinreichend wahrscheinlich erscheint. Ist es der Behörde nicht möglich, darzulegen, warum die ihrerseits mittels Verordnung geregelte typische Situation auch typischerweise in einen Schaden mündet, besteht keine Gefahr, sondern allenfalls ein Gefahrenverdacht, der grundsätzlich lediglich Anknüpfungspunkt für Gefahrenforschungsmaßnahmen sein kann.

Zur Begründung einer abstrakten Gefahr ist es nicht hinreichend, dass die Behörde damit überfordert ist, gegen alle „echten" Störer Einzelfallmaßnahmen zu erlassen. In einem Rechtsstaat dürfen Gefahrenabwehrverordnungen nicht lediglich der Erleichterung behördlicher Aufsicht dienen. Faktische Schwierigkeiten bei der Ermittlung der Störer im Einzelfall sind nicht geeignet, die Beeinträchtigungen grundrechtlich geschützter Belange nicht störender Adressaten zu rechtfertigen.

Jedenfalls bezog sich die Problematik der Glasscherben nicht auf einen zeitlich und räumlich unüberschaubaren Zeitraum. Sie war vielmehr im Wesentlichen auf den Bereich der Altstadt und der Ringe begrenzbar mit der Folge, dass eine Allgemeinverfügung als milderes Mittel, bezüglich dessen keine Hoheitsgewalt unter der Durchbrechung der Gewaltenteilung erforderlich ist, hinreichend gewesen wäre, zumal die für die abstrakte Gefahr erforderliche hinreichende Gefahrenprognose nicht in hinreichendem Umfang möglich war.

Die Abgrenzung der Allgemeinverfügung zur Verordnung ist teilweise problematisch. Gleiches gilt für das Tatbestandsmerkmal der abstrakten Gefahr. Mit guter Argumentation ist eine andere Lösung vertretbar.

Die Voraussetzungen zum Erlass einer Verordnung sind nicht erfüllt.

Als Allgemeinverfügung wäre das Glasbehälterverbot rechtmäßig gewesen (vgl. OVG Münster, 9. 11. 2010 – 5 B 1475/10).

III. Zwischenergebnis

Die Verordnung ist rechtswidrig, sodass das Oberverwaltungsgericht deren Nichtigkeit feststellen wird.

C. Ergebnis

K wird mit seinem Antrag nach der erfolgten Verweisung an das Oberverwaltungsgericht Erfolg haben.

Fall 5:
„Techno-Kunst mit Öko-Kreide und Leuchtmütze"

Schwerpunkte: Nebenbestimmungen, Einstweiliger Rechtsschutz, Isolierte Anfechtbarkeit einer Nebenbestimmung, Abgrenzung zwischen Auflage und Bedingung, Abgrenzung des Gemeingebrauchs zur Sondernutzung öffentlicher Wege, Kunstfreiheit

Der Künstler K hat sich – nachdem ihm die ursprünglich geplante Universitätskarriere wegen erheblicher Differenzen mit den Dozenten nicht mehr möglich erscheint – entschlossen, als freier Künstler durchzustarten. Nunmehr malt er regelmäßig in der Fußgängerzone in der Innenstadt der Stadt S im Bundesland B riesige Kunstwerke auf die Straße. Während seine Bewunderer darüber hocherfreut sind, gilt dies weniger für die Ladeninhaber und die übrigen Personen, welche sich durch die Anwesenheit des Künstlers gestört fühlen. Das ist insbesondere darauf zurückzuführen, dass K zusätzlich zu den Malaktionen mittels einer Sound-Anlage stundenlang auf einem hohen Lautstärkepegel ohrenbetäubende Techno-Musik abspielt, um die gemalten Kunstwerke dadurch besser wirken zu lassen. Dies hat bei Bewohnern der anliegenden Häuser teilweise bereits zu Gesundheitsschäden geführt. Die von K verwendete konventionelle Farbe lässt sich von Schuhen der Passanten zudem schlecht entfernen.

Aufgrund dieser Entwicklung kam es zu zahlreichen Beschwerden der Anwohner und der Passanten. Letztere tragen überwiegend vor, sie mögen Geiger, Opernsänger und Rockmusiker, die in Fußgängerzonen live auftreten, nicht aber Techno-Gedudel aus der Stereoanlage. K will sich jedoch nicht in seiner künstlerischen Freiheit beeinträchtigen lassen. Sicherheitshalber beantragt er dennoch eine Genehmigung für seine Kreide-Techno Kunstkombination.

Die zuständige Behörde erlässt daraufhin folgenden Bescheid, der K am 5.4. zugeht:

„Ihnen wird die Erlaubnis zum Bemalen der Straße im Bereich der Fußgängerzone der Stadt S für Kunstwerke von 5 × 5 Metern erteilt. Um die Umweltfreundlichkeit der Stadt S im Rahmen der Initiative „Umweltschutz schützt Bürger" zu stärken, wird Ihnen die Erlaubnis nur erteilt, wenn Sie mit ökologisch abbaubarer Kreide malen. Zudem ist die Genehmigung auf die Sommermonate April-September beschränkt. Die Musik darf lediglich zwischen 10 – 12 Uhr und 15 – 18 Uhr abgespielt werden, wobei eine Lautstärke von 60 dB(A) nicht überschritten werden darf. Die Genehmigung kann jederzeit widerrufen werden. Außerdem erteilen wir Ihnen die Auflage, eine Leuchtmütze zu tragen, damit Sie in der Fußgängerzone auch in der Dunkelheit gesehen werden."

https://doi.org/10.1515/9783110624465-005

K ist verärgert. Zum einen ist er der Meinung, keine Genehmigung zu benötigen. Jedenfalls dürfe diese nicht mit derartigen Einschränkungen erteilt werden. Dabei stört ihn vor allem, dass ihm die Benutzung ökologisch abbaubarer Kreide vorgeschrieben wird. Durch die Benutzung derartiger Kreide würde seinen Meisterwerken die Strahlkraft genommen, da ökologisch abbaubare Farben nicht die gleiche Deckkraft hätten, nicht zur Techno-Musik passen und „nach Wald" riechen würden. Durch das Tragen einer Leuchtmütze würde er sich als Künstler zudem „zum Affen machen". Zudem werde durch die Leuchtmütze, die einer „Leuchtboje" gleiche, die Aufmerksamkeit vom Gemälde und der Musik abgezogen, zumal auch sein eigentliches „Outfit" mit französischer Schirmmütze zu seinem Gesamtkunstwerk gehöre, welches er dann nicht mehr in vollendeter Form vorführen könnte. Außerdem sei es eine „Frechheit", dass die zuständige Behörde seinen Antrag auf Erteilung einer Erlaubnis ohne Nebenbestimmungen abgelehnt habe. Deswegen erhebt er gegen die Zusätze, ökologische Kreide verwenden und eine Leuchtmütze tragen zu müssen, bereits drei Tage nach deren Bekanntgabe Klagen beim Verwaltungsgericht.

Dennoch wird ihm von der zuständigen Behörde insoweit ein Ordnungsgeld in Aussicht gestellt, als er keine ökologische Kreide verwendet und keine Leuchtmütze trägt. K möchte nun zusätzlich beim Verwaltungsgericht feststellen lassen, dass er die von ihm bisher verwendete Kreide bis zur Entscheidung über seine Klage weiterhin benutzen darf. Sein Rechtsanwalt beantragt beim Gericht im Hauptsacheverfahren, die Zusätze, ökologische Kreide zu verwenden und eine Mütze mit Lampe tragen zu müssen, aufzuheben – hilfsweise – falls der jeweilige Zusatz nicht separat beseitigt werden kann – diesbezüglich eine Sondernutzungserlaubnis ohne Zusätze zu erteilen. Im Eilverfahren beantragt der Rechtsanwalt für K, festzustellen, dass die erhobene Klage zur Suspendierung des Zusatzes, ökologische Kreide zu verwenden, geführt hat und K die bisher verwendete Kreide somit weiterhin benutzen darf. Haben die Anträge des K beim Verwaltungsgericht Erfolg?

§ 14 LStrG: Gemeingebrauch

(1) ¹Der Gebrauch der öffentlichen Straßen ist jedermann im Rahmen der Widmung und der Straßenverkehrsvorschriften innerhalb der verkehrsüblichen Grenzen gestattet (Gemeingebrauch). ²Kein Gemeingebrauch liegt vor, wenn durch die Benutzung einer öffentlichen Straße der Gemeingebrauch anderer unzumutbar beeinträchtigt wird.

[...]

§ 18 LStrG: Sondernutzung

(1) [1]Die Benutzung der Straße über den Gemeingebrauch hinaus ist Sondernutzung. [2]Sie bedarf der Erlaubnis des Trägers der Straßenbaulast, in Ortsdurchfahrten der Erlaubnis der Gemeinde. [3]Soweit die Gemeinde nicht Träger der Straßenbaulast ist, darf sie die Erlaubnis nur mit dessen Zustimmung erteilen. [4]Die Gemeinde kann durch Satzung bestimmte Sondernutzungen in den Ortsdurchfahrten und in Gemeindestraßen von der Erlaubnis befreien und die Ausübung regeln. [5]Soweit die Gemeinde nicht Träger der Straßenbaulast ist, bedarf die Satzung der Zustimmung des Trägers der Straßenbaulast.

(2) [1]Die Erlaubnis darf nur auf Zeit oder Widerruf erteilt werden. [2]Soweit die Gemeinde nicht Träger der Straßenbaulast ist, hat sie eine widerruflich erteilte Erlaubnis zu widerrufen, wenn der Träger der Straßenbaulast dies aus Gründen des Straßenbaues oder der Sicherheit oder Leichtigkeit des Verkehrs verlangt.

§ 8a AG VwGO

(1) Vor Erhebung der Anfechtungsklage bedarf es abweichend von § 68 Abs. 1 Satz 1 der Verwaltungsgerichtsordnung keiner Nachprüfung in einem Vorverfahren.

(2) Für die Verpflichtungsklage gilt Absatz 1 entsprechend.

Bearbeitungsvermerk

Behörden sind im Bundesland B nicht beteiligungsfähig und nicht besonders prozessführungsbefugt. Soweit es auf das Verwaltungsverfahrensgesetz des Landes ankommen sollte, ist das Verwaltungsverfahrensgesetz des Bundes anzuwenden. Unterstellen Sie, dass es im Bundesland B bezüglich der streitgegenständlichen Konstellation keine gegenüber dem Verwaltungsverfahrensgesetz speziellen Regelungen für den Erlass von Nebenbestimmungen gibt. Prüfen Sie den einstweiligen Rechtsschutz zuerst und gehen Sie beim Hilfsantrag – soweit es darauf ankommt – nur auf solche Zusätze ein, die auch Gegenstand des Hauptantrages waren.

Vertiefung

Vgl. BVerwG, 7 C 81/88; vgl. VG Berlin, 1. Kammer am 3. 6. 2010 – 1 K 275.09; OVG Berlin-Brandenburg, Urteil vom 3. 11. 2011 – OVG 1 B 65.11; VGH München, Urteil vom 22. 6. 2010 in NVwZ-RR 2010, 830; OVG Magdeburg, Beschluss vom 2. 8. 2012, NVwZ-RR 2013, 85.

Gliederung

1. Komplex: Eilverfahren —— 116
A. Sachentscheidungsvoraussetzungen (+) —— 116
  I. Rechtsweg (+) —— 116
  II. Zuständigkeit (+) —— 117
  III. Beteiligte (+) —— 117
  IV. Statthafte Verfahrensart —— 118
    1. Antrag gemäß § 80 Abs. 5 S. 1 VwGO (–) —— 118
    2. Antrag gemäß § 123 Abs. 1 VwGO (–) —— 119
    3. Antrag analog § 80 Abs. 5 S. 1 VwGO (+/–) —— 119
      a) Nebenbestimmung (+) —— 120
        aa) Inhaltsbestimmung oder Nebenbestimmung —— 121
        bb) Art der Nebenbestimmung —— 122
      b) Unteilbarkeit der Nebenbestimmungen (–) —— 123
      c) Differenzierung nach Art der Nebenbestimmung (–) —— 123
      d) Rechtsfolge bezüglich der Hauptregelung (–) —— 124
      e) Umfassende prozessuale Teilbarkeit (+) —— 125
      f) Zwischenergebnis —— 127
B. Ergebnis (–) —— 127
2. Komplex: Hauptantrag im Hauptsacheverfahren —— 127
A. Sachurteilsvoraussetzungen (+/–) —— 127
  I. Rechtsweg (+) —— 127
  II. Zuständigkeit (+) —— 128
  III. Beteiligte (+) —— 128
  IV. Statthafte Klageart —— 129
  V. Besondere Sachurteilsvoraussetzungen (+) —— 130
    1. Besondere Prozessführungsbefugnis (+) —— 130
    2. Klagebefugnis (+) —— 130
    3. Ordnungsgemäßes Vorverfahren (+/–) —— 131
    4. Klagefrist (+) —— 131
  VI. Allgemeines Rechtsschutzbedürfnis (+) —— 131
B. Begründetheit (+) —— 131
  I. Materielle Teilbarkeit (+) —— 132
    1. Nebenbestimmung zur Tatbestandssicherung (–) —— 132
    2. Nebenbestimmung als Ausfluss eines
      Ermessens-/Beurteilungsspielraumes —— 133
      a) Rechtmäßigkeit der Nebenbestimmung (–) —— 133
        aa) Rechtsgrundlage (+) —— 133
        bb) Voraussetzungen (+) —— 134
        cc) Rechtsfolge —— 134
          (1) Ermessensüberschreitung (+) —— 135
            (a) Schutzbereichseingriff bezüglich der Kunstfreiheit (+) —— 135
            (b) Rechtfertigung (–) —— 135
          (2) Zwischenergebnis —— 136
      b) Zwischenergebnis —— 136

II. Rechtswidrigkeit der Nebenbestimmung (+) —— 136
III. Rechtsverletzung (+) —— 136
C. Ergebnis (+) —— 136
3. Komplex: Hilfsantrag im Hauptsacheverfahren —— 137
A. Sachurteilsvoraussetzungen (+) —— 137
I. Rechtsweg (+) —— 137
II. Zuständigkeit (+) —— 137
III. Beteiligte (+) —— 137
IV. Statthafte Klageart —— 138
V. Besondere Sachurteilsvoraussetzungen (+) —— 138
1. Besondere Prozessführungsbefugnis (+) —— 138
2. Klagebefugnis (+) —— 138
3. Ordnungsgemäßes Vorverfahren (+/–) —— 139
4. Klagefrist (+) —— 139
VI. Allgemeines Rechtsschutzbedürfnis (+) —— 139
B. Begründetheit (+/–) —— 139
I. Anspruchsgrundlage (+) —— 140
II. Anspruchsvoraussetzungen (+) —— 140
1. Formelle Voraussetzungen (+) —— 140
2. Materielle Voraussetzungen (+) —— 140
III. Rechtsfolge —— 140
1. Gebundene Entscheidung i. S. d. § 113 Abs. 5 S. 1 VwGO —— 141
a) Schutzbereichseingriff bezüglich der Kunstfreiheit —— 141
b) Rechtfertigung (+/–) —— 141
c) Zwischenergebnis —— 142
2. Anspruch auf fehlerfreie Bescheidung i. S. d. § 113 Abs. 5 S. 2 VwGO (+) —— 142
a) Rechtsgrundlage (+) —— 142
b) Voraussetzungen (+) —— 143
c) Rechtsfolge —— 143
3. Zwischenergebnis —— 143
C. Ergebnis (+/–) —— 143
4. Komplex: Gesamtergebnis —— 144

Lösungsvorschlag

Die folgende Lösung ist als Lösungsvorschlag zu verstehen und ausführlicher, als es in der Klausurbearbeitung verlangt werden kann. Aufgrund der wissenschaftlichen Freiheit können andere Lösungswege vertreten werden, soweit sie dogmatisch begründbar sind. Die Nachweise aus Rechtsprechung und Literatur sowie die das Verständnis fördernden Randbemerkungen sind in der Examensklausur auszusparen. Die Abkürzung „Alt." steht für Alternativfall, nicht für Alternative.

Zur Verbesserung der Methodik bei der Anfertigung eines Gutachtens in der Klausur empfiehlt sich die Lektüre des Beitrags von Heinze/Starke JURA 2012, 175 ff.

---

1. Komplex: Eilverfahren

K wird mit seinem Antrag jedenfalls Erfolg haben, soweit die Sachentscheidungsvoraussetzungen erfüllt sind und der Antrag zulässig sowie begründet ist.

A. Sachentscheidungsvoraussetzungen

Die Sachentscheidungsvoraussetzungen können erfüllt sein.

Hinweis: Andere Aufbauvarianten werden vertreten (z. B. dreistufig oder Prüfung des Verwaltungsrechtsweges als Untergliederungspunkt der Zuständigkeit des Gerichts). Derartige Aufbauvarianten sind aber mit § 17a Abs. 2 S. 1 GVG bzw. mit der Überschrift des 6. Abschnitts der Verwaltungsgerichtsordnung sowie mit § 83 VwGO unvereinbar und daher bei exakter dogmatischer Zuordnung der Prüfungspunkte nicht zu empfehlen. Die Überschrift „Sachentscheidungsvoraussetzungen" anstelle der Überschrift „Zulässigkeit" ist sinnvoll, weil nach § 63 Nr. 3 VwGO auch der Beigeladene zu den Beteiligten gehört, das Fehlen einer notwendigen Beiladung i. S. d. § 65 Abs. 2 VwGO aber nur dazu führt, dass das Urteil keine materielle Rechtskraft entfaltet.

Wichtig ist es, bei **Verfahren im einstweiligen Rechtsschutz** die Überschrift „Sachentscheidungsvoraussetzungen", nicht aber „Sachurteilsvoraussetzungen" zu verwenden, weil kein Urteil ausgesprochen, sondern ein Beschluss gefasst wird.

I. Rechtsweg

Ein Rechtsweg muß eröffnet sein. Der Verwaltungsrechtsweg kann mangels aufdrängender Sonderzuweisung gemäß § 40 Abs. 1 S. 1 VwGO eröffnet sein. Unter Umständen kommt ein Verweisungsbeschluss i. S. d. § 17a Abs. 2 S. 1 GVG i. V. m. § 173 S. 1 VwGO in Betracht. Der Verwaltungsrechtsweg ist eröffnet, wenn ein Hoheitsträger in der streitentscheidenden öffentlich-rechtlichen Norm einseitig berechtigt oder verpflichtet wird bzw. wenn aufgrund typisch hoheitlichen Handelns zwischen den Beteiligten ein Subordinationsverhältnis besteht.

Als streitentscheidende Normen kommen § 18 Abs. 2 S. 1 LStrG i. V. m. § 18 Abs. 1 LStrG sowie § 36 Abs. 1, 2 VwVfG in Betracht. Durch diese Normen wird ein Hoheitsträger zum hoheitlichen Handeln in Form der Erteilung einer Sondernutzungserlaubnis bzw. zum Erlass von Nebenbestimmungen gegenüber Bürgern berechtigt bzw. verpflichtet. Die Normen stehen in verwaltungsrechtlichen Gesetzen und sind öffentlich-rechtlicher Natur. Da die Streitigkeit mangels doppelter Verfassungsunmittelbarkeit nicht verfassungsrechtlicher Art und eine abdrängende Sonderzuweisung nicht ersichtlich ist, bleibt es bei der Eröffnung des Verwaltungsrechtsweges.

II. Zuständigkeit

In Verfahren des einstweiligen Rechtsschutzes ist unabhängig davon, um welches Verfahren im einstweiligen Rechtsschutz es sich handelt, gemäß den §§ 123 Abs. 2 S. 1, 80 Abs. 5 S. 1, 80a Abs. 3 S. 1, 2 VwGO das Gericht der Hauptsache zuständig. Außer beim einstweiligen Rechtsschutz i. S. d. § 47 Abs. 6 VwGO – insoweit wäre wie in der Hauptsache stets das Oberverwaltungsgericht zuständig – ist in der Hauptsache in der Regel gemäß § 45 VwGO das Verwaltungsgericht als Eingangsinstanz für den von der zuständigen Behörde erlassenen Verwaltungsakt sachlich zuständig. Das wäre lediglich anders, wenn es Anhaltspunkte für abweichende Regelungen wie z. B. § 50 VwGO gäbe, die jedoch nicht ersichtlich sind, sodass kein Verweisungsbeschluss gemäß § 17a Abs. 2 S. 1 GVG i.V. m. § 83 VwGO gefasst werden wird.

Die örtliche Zuständigkeit ist nur anzusprechen, wenn es dafür im Sachverhalt Anhaltspunkte gibt. Gegebenenfalls ist die örtliche Zuständigkeit grundsätzlich im Anschluss an die sachliche Zuständigkeit zu prüfen. Ist sie jedoch gemäß § 52 Nr. 2 VwGO ausnahmsweise von der Klageart abhängig, sollte sie mit Verweis auf § 17a Abs. 2 S. 1 GVG i.V. m. § 83 VwGO offen formuliert werden.

III. Beteiligte

K und die Stadt S können Beteiligte des Verfahrens sein. Ob sich die Beteiligungsfähigkeit aus der direkten Anwendung der §§ 63, 61, 62, 65 VwGO ergibt oder ob sie wegen des Wortlautes in § 63 VwGO – Kläger und Beklagter – analog anzuwenden sind, ist irrelevant, wenngleich sich aus der gesetzlichen Abschnittsüberschrift des 7. Abschnitts des II. Teils der Verwaltungsgerichtsordnung „Allgemeine Verfahrensvorschriften" ergeben kann, dass sämtliche Verfahren und damit auch die Verfahren des einstweiligen Rechtsschutzes von der direkten Anwendung erfasst sind. Beteiligte sind nach § 63 Nr. 1, 2 VwGO jedenfalls unter anderem der Antragsteller und der Antragsgegner, beteiligungsfähig nach § 61 Nr. 1 VwGO natürliche und juristische Personen. Behörden sind gemäß § 61 Nr. 3 VwGO i.V. m. dem Landesrecht des Bundeslandes B nicht beteiligungsfähig. Als

Antragsteller ist K gemäß § 61 Nr. 1 Alt. 1 VwGO beteiligungsfähig und gemäß § 62 Abs. 1 Nr. 1 VwGO prozessfähig.

Als Antragsgegner ist die Stadt S als Rechtsträgerin gemäß §§ 63 Nr. 2, 61 Nr. 1 Alt. 2 VwGO beteiligungs- und mangels Anhaltspunkten bezüglich des für die Behörde handelnden Organwalters gemäß § 62 Abs. 3, Abs. 1 Nr. 1 VwGO prozessfähig.

IV. Statthafte Verfahrensart

Die statthafte Verfahrensart richtet sich gemäß den §§ 88, 122 Abs. 1 VwGO i.V.m. § 80 Abs. 7 VwGO, § 123 Abs. 2 S. 1 VwGO, § 80a Abs. 3 S. 2 VwGO oder § 47 Abs. 6 VwGO i.V.m. § 47 Abs. 5 S. 1 Alt. 2 VwGO nach dem Antragsbegehren.

Beim einstweiligen Rechtsschutz muss das Antragsbegehren anders als das Klagebegehren in der Hauptsache nicht um maßnahmespezifische Aspekte und den rechtsstaatlichen Grundsatz der Effektivität ergänzt werden, weil es insoweit eine gesetzlich vorgegebene Rangfolge in § 123 Abs. 5 VwGO gibt.

Gemäß § 123 Abs. 5 VwGO sind die Verfahren nach den §§ 80, 80a VwGO gegenüber der einstweiligen Anordnung spezieller.

1. Antrag gemäß § 80 Abs. 5 S. 1 VwGO

Der Antrag nach § 80 Abs. 5 S. 1 VwGO ist statthaft, soweit der Antragsteller die Suspendierung, also die Herstellung oder Wiederherstellung der aufschiebenden Wirkung eines Rechtsbehelfes oder Rechtsmittels bezüglich eines Verwaltungsaktes begehrt.

Die häufig verwendete „Faustformel", dass ein Verfahren nach § 80 Abs. 5 VwGO statthaft ist, wenn es sich in der Hauptsache um eine Anfechtungsklage handelt, während eine einstweilige Anordnung nach § 123 VwGO danach bei Leistungs- und Feststellungsklagen in der Hauptsache statthaft sein soll, ist falsch. Es gibt Fälle, in denen Begehren in der Hauptsache und im einstweiligen Rechtsschutz divergieren (vgl. § 81 Abs. 3 AufenthaltsG).

Ein Verwaltungsakt ist gemäß § 35 S. 1 VwVfG jede Verfügung, Entscheidung oder andere hoheitliche Maßnahme, die eine Behörde zur Regelung eines Einzelfalls auf dem Gebiet des öffentlichen Rechts trifft und die auf unmittelbare Rechtswirkung nach außen gerichtet ist. K erstrebt die Feststellung durch das Gericht, dass er die bisher verwendete Kreide weiterhin benutzen darf. Die Erteilung der Erlaubnis, die Straße für Kunstwerke zu nutzen, ist eine Einzelfallregelung mit

Außenwirkung im Bereich des öffentlichen Rechts i. S. d. § 35 S. 1 VwVfG gegenüber K und stellt somit einen Verwaltungsakt dar.

Problematisch ist einerseits, dass K nicht die Erlaubnis selbst – dazu besteht bei einer Begünstigung auch kein Anlass – suspendieren möchte, sondern lediglich den Zusatz,, dass er ökologische Kreide verwenden soll. Andererseits begehrt K nicht die Herstellung bzw. Wiederherstellung der aufschiebenden Wirkung seiner gegen den Zusatz erhobenen Klage durch das Gericht, sondern lediglich die Feststellung, dass der Suspensiveffekt bereits wegen der Erhebung der Klage besteht.

Selbst wenn der seitens des K angegriffene Zusatz einen selbständig suspendierbaren Verwaltungsakt darstellen sollte, ist nicht die Suspendierung durch das Gericht, sondern die Feststellung beantragt. Direkt ist der Antrag nach § 80 Abs. 5 S. 1 VwGO nicht statthaft.

2. Antrag gemäß § 123 Abs. 1 VwGO

Der Antrag des K könnte als solcher auf Erlass einer einstweiligen Anordnung gemäß § 123 Abs. 1 S. 2 VwGO dahingehend auszulegen sein, dass das Gericht die Behörde einstweilen verpflichten soll, eine Erlaubnis ohne Zusatz zu erteilen. Unabhängig davon, dass eine Bindung an den Antrag i. S. d. § 88 VwGO nicht besteht und lediglich nicht über das Begehren hinausgegangen werden darf, ist zumindest primär der ausdrücklich gestellte Antrag zu prüfen – insbesondere, soweit er von einem Rechtsanwalt, der Volljurist ist, formuliert worden ist. Da es K um die Feststellung des nach seiner Auffassung bereits eingetretenen Suspensiveffektes geht und diese mittels des Rechtsanwaltes ausdrücklich beantragt worden ist, ist der Antrag auf den Erlass einer einstweiligen Anordnung gemäß § 123 Abs. 1 VwGO jedenfalls nicht statthaft, soweit eine Feststellung bezüglich des Suspensiveffektes möglich ist.

3. Antrag analog § 80 Abs. 5 S. 1 VwGO

Da der Antrag nach § 80 Abs. 5 S. 1 VwGO nicht direkt statthaft ist, kann er analog § 80 Abs. 5 S. 1 VwGO im „Erst-recht-Schluss" statthaft sein. Ein „Erst-recht-Schluss" kann als Minus mit vergleichbarer Zielrichtung vom Wortlaut erfasst und somit im Rahmen einer Auslegung möglich sein. Anderenfalls ist er gegebenenfalls als Analogie zu konstruieren. Da in § 80 Abs. 5 S. 1 VwGO ein gestaltendes Handeln des Richters vorgesehen ist, welches bei einer Feststellung fehlt, ist die Zielrichtung der Feststellung eine andere als bei der Suspendierung, sodass sie mittels einer bloßen Auslegung des § 80 Abs. 5 S. 1 VwGO nicht möglich wäre. Somit bedarf es der Erfüllung der Voraussetzungen einer Analogie – einer

planwidrigen Regelungslücke bei vergleichbarer Interessenlage. Die Regelungs-
lücke besteht darin, dass § 80 Abs. 5 S. 1 VwGO direkt nicht anwendbar und die
Feststellung der Suspendierung auch von § 123 Abs. 1 VwGO nicht erfasst ist. Die
Interessenlage ist mit § 80 Abs. 5 S. 1 VwGO vergleichbar, weil es insoweit um die
Suspendierung geht, als sie festgestellt werden soll, wenngleich es an dem Ge-
staltungshandeln des Richters fehlt, zumal gemäß Art. 19 Abs. 4 GG effektiver, also
umfassender Rechtsschutz zu gewähren ist. Somit ist der Feststellungsantrag des
K analog § 80 Abs. 5 S. 1 VwGO als Verfahrensart statthaft, soweit der streitgegenständliche Zusatz – möglicherweise als Nebenbestimmung – prozessual teilbar ist.

Es ist vertretbar, die Feststellung a maiore ad minus mittels einer Auslegung als vom Antrag nach
§ 80 Abs. 5 S. 1 VwGO erfasst anzusehen.
  Bezüglich der Teilbarkeit der Nebenbestimmungen von der jeweiligen Hauptregelung ist
zwischen der prozessualen und der materiellen Teilbarkeit zu unterscheiden. Bei der prozessualen Teilbarkeit in der Prozessstation (Sachurteils- bzw. Sachentscheidungsvoraussetzungen)
ist nur zu prüfen, ob es verfahrensrechtlich möglich ist, einen Zusatz von der Hauptregelung zu
trennen. Im Rahmen der materiellen Teilbarkeit (Begründetheit) ist maßgeblich, ob eine Teilung in
der betroffenen Rechtsmaterie möglich ist. Die Regelung über die Arten der Nebenbestimmungen
in § 36 Abs. 2 VwVfG ist regelbeispielhaft und somit nicht abschließend.

Die nach der Auffassung des K bereits erfolgte Suspendierung des Gebotes der
Verwendung ökologischer Kreide als Zusatz zur Erlaubnis, Kunst auf der Straße zu
betreiben, kann seitens des Gerichts nur festgestellt werden, soweit der Zusatz
prozessual teilbar ist. Zusätze – also Nebenbestimmungen – können in Spezialgesetzen geregelt sein und sind allgemein in § 36 Abs. 2 VwVfG ihrer Art nach
regelbeispielhaft normiert.

a) Nebenbestimmung

Merkhilfe für Nebenbestimmungen: „Ja, aber …".

Es kann sich bei dem mit der an K erteilten Erlaubnis ausgesprochenen Gebot,
ökologische Kreide zu verwenden, um eine Nebenbestimmung handeln, welche in
§ 36 Abs. 2 VwVfG regelbeispielhaft normiert sind.

Nebenbestimmungen können auch aufgrund spezieller Regelungen zulässig sein.

Eine Nebenbestimmung ist nicht gegeben, soweit der Zusatz als Inhaltsbestimmung einzustufen ist.

aa) Inhaltsbestimmung oder Nebenbestimmung

Inhaltsbestimmungen - Nebenbestimmungen

Inhaltsbestimmungen	Nebenbestimmungen
• Konkretisierung Hauptregelung (HR) VA • Oft negative begriffliche Umschreibung für HR • Regelt Aspekte, die typischerweise HauptVA (vgl. z.B. § 3 GastG) • = „modifizierende Auflage" • Inhaltsbestimmung: (Teil-) Ablehnung VA iVm „Gegenangebot"	• Ergänzen HR des VA • Nebenbestimmung: Erlass VA mit Einschränkungen („Ja, aber")

Schema 6

Während mit Inhaltsbestimmungen die Hauptregelung im Kern etwa durch eine negative Umschreibung der Hauptregelung definiert wird, wird mittels Nebenbestimmungen lediglich das Umfeld der Kernaussage der Hauptregelungen tangiert – z. B. durch Auflagen i. S. d. § 36 Abs. 2 Nr. 4 VwVfG und Bedingungen i. S. d. § 36 Abs. 2 Nr. 2 VwVfG. Während eine Hauptregelung ohne eine „einfache Auflage" zwar rechtswidrig sein kann, bleibt die Hauptregelung ohne diese einfache Auflage dennoch grundsätzlich wirksam mit der Folge, dass diese „einfache Auflage" nur als Zusatz in Form einer Nebenbestimmung einzuordnen ist.

Eine „inhaltsmodifizierende Auflage" ist zwar terminologisch eine Nebenbestimmung, jedoch ist die Hauptregelung ohne die inhaltsmodifizierende Auflage nicht hinreichend bestimmt und somit unwirksam mit der Folge, dass die inhaltsmodifizierende Auflage trotz des Terminus „Auflage" eine Inhaltsbestimmung darstellt und somit nicht gesondert suspendierbar ist.

Gelegentlich wird der Terminus „inhaltsmodifizierende Auflage" auch bei einem Aliud verwendet (z. B. genehmigtes Flachdach anstelle eines Spitzdaches bei einer Baugenehmigung). Dabei handelt es sich dogmatisch allerdings nicht um den beantragten Verwaltungsakt, sondern um einen anderen, sodass die Inhaltsveränderung keine Nebenbestimmung darstellt.

Zwar ist es nicht ausgeschlossen, dass eine inhaltsmodifizierende Auflage auch besteht, wenn der Verwaltungsakt ohne sie nicht unwirksam wäre, jedoch wird es sich in derartigen Konstellationen um eine andere Gesamtregelung und nicht nur um eine inhaltsmodifizierende Auflage handeln.

Ohne den gegenüber K angeordneten Zusatz, ökologische Kreide zu verwenden, wäre die Erteilung der Erlaubnis, in der von K erstrebten Form Kunst auf der Straße zu betreiben, zwar möglicherweise rechtswidrig, jedoch wirksam, sodass der Zusatz nicht als Inhaltsbestimmung, sondern als Nebenbestimmung einzustufen ist, zumal der Kernbereich der künstlerischen Betätigung in der Straßenmalerei nicht betroffen ist. Fraglich ist, um welche Art einer Nebenbestimmung es sich handelt.

bb) Art der Nebenbestimmung

Abgrenzung Bedingung zur Auflage:
– Bezeichnung
– Wille der Behörde (objektiviert)
– im Zweifel Auflage als milderes Mittel.

Arten der NB (§ 36 II VwVfG)

Befristung/Bedingung (Nrn. 1, 2)	Auflage (Nr. 4)	
▪ bestimmen Beginn/Ende der Wirksamkeit des VA ▪ keine eigene Sachregelung ▪ VA erst mit Eintritt Bedingung wirksam (suspendiert) ▪ Eintritt Bedingung nicht erzwingbar	▪ eigene Sachregelung (hM: selbst VA) ▪ VA sofort wirksam (Auflage suspendiert nicht) ▪ Einhaltung Auflage erzwingbar (Vollstreckung) ▪ Abgrenzung Bedingung: >Behördenbezeichnung nur Indiz >maßgeblich: Wille der Behörde >Zweifel: Auflage als milderes Mittel	**Widerrufsvorbehalt (Nr. 3)** **Auflagenvorbehalt (Nr. 5)** **§ 36 II VwVfG: keine abschließende Regelung!**

Schema 7

In Betracht kommen eine Auflage i. S. d. § 36 Abs. 2 Nr. 4 VwVfG und eine Bedingung i. S. d. § 36 Abs. 2 Nr. 2 VwVfG. Durch Bedingungen wird die Hauptregelung suspendiert, sodass sich aus dieser zunächst keine Wirkung ergibt. Sie sind nicht selbständig vollstreckbar.

Durch Auflagen wird die Hauptregelung nicht suspendiert, sondern es handelt sich um einen eigenständigen Zusatz, der selbständig vollstreckbar ist. Ob eine Bedingung oder eine Auflage besteht, kann sich zunächst aus Bezeichnung der Nebenbestimmung durch die Behörde ergeben. Maßgeblich ist i.S.d. sich unter anderem aus Art. 20 Abs. 3 GG ergebenden Rechtsstaatsprinzips der Wille der durch die Amtswalter vertretenen Behörde aus objektivierter Empfängersicht. Im Zweifel ist eine Nebenbestimmung als Auflage einzuordnen, da die Hauptregelung durch sie nicht suspendiert wird und sie somit das mildere Mittel darstellt.

Eine Bezeichnung des gegenüber K angeordneten Zusatzes bezüglich der Verwendung ökologischer Kreide durch die Behörde ist gegenüber K nicht erfolgt, sodass der Wille der durch ihre Amtswalter vertretenen Behörde aus objektivierter Empfängersicht maßgeblich ist. Es ist angeordnet worden, dass die Straßenkunst „nur" betrieben werden darf, „wenn" ökologische Kreide verwendet wird. Bei Verwendung nicht ökologischer Kreide soll die Erlaubnis somit nicht wirken. Das Gebot, ökologische Kreide zu verwenden, ist also zunächst als aufschiebende Bedingung einzustufen. Sollte K die ökologische Kreide einmalig benutzen, um dann wieder auf konventionelle Kreide umzustellen, würde die Nebenbestimmung gleichzeitig als auflösende Bedingung wirken, bezüglich einer weiteren Verwendung dann jedoch – wie derzeit – wieder als eine aufschiebende Bedingung einzustufen sein.

b) Unteilbarkeit der Nebenbestimmungen

Die gesonderte Suspendierung von Nebenbestimmungen könnte prozessual ausgeschlossen sein, da sie in der Verwaltungsgerichtsordnung nicht ausdrücklich geregelt ist mit der Folge, dass gegebenenfalls eine Regelung in Form einer Erlaubnis ohne Zusatz beantragt werden müsste. Allerdings wird z.B. im Hauptsacheverfahren in § 113 Abs. 1 S. 1 VwGO – das ergibt sich aus dem Wort „soweit" – die lediglich teilweise Gestaltung in Form der Aufhebung des Verwaltungsaktes vorausgesetzt. Soweit dies für einen eng verbundenen einheitlichen Verwaltungsakt gilt, gilt es erst recht für die zumindest teilweise weniger mit der eigentlichen Regelung des Hauptverwaltungsaktes verbundene Nebenbestimmung – auch bezüglich der Suspendierung im einstweiligen Rechtsschutz. Somit ist die Teilbarkeit von Nebenbestimmungen zumindest nicht ausgeschlossen.

c) Differenzierung nach Art der Nebenbestimmung

Ob eine Nebenbestimmung prozessual teilbar ist, könnte von der Art der Nebenbestimmung abhängig sein. Bei Berücksichtigung des Wortlautes des § 36 Abs. 2 VwVfG könnte sich ergeben, dass die Nebenbestimmungen i.S.d. § 36 Abs. 2 Nr. 1–3 VwVfG wegen der Formulierung „erlassen werden mit" eine untrennbare Einheit mit dem Hauptverwaltungsakt darstellen und somit schon prozessual unteilbar sind, während Nebenbestimmungen i.S.d. § 36 Abs. 2

Nr. 4–5 VwVfG wegen der Formulierung „verbunden werden mit" aufgrund der erfolgten Verbindung auch wieder trennbar und daher vom Hauptverwaltungsakt prozessual teilbar sind. Bedingungen i.S.d. § 36 Abs. 2 Nr. 2 VwVfG wären demnach prozessual z.B. unteilbar, während Auflagen i.S.d. § 36 Abs. 2 Nr. 4 VwVfG prozessual teilbar wären. Eine derartige Differenzierung ist aber wegen des sich unter anderem aus Art. 20 Abs. 3 GG ergebenden Rechtsstaatsprinzips und dem sich daraus ergebenden Grundsatz der Effizienz der Judikative sowie wegen des Gebotes der Gewährung effektiven Rechtsschutzes gemäß Art. 19 Abs. 4 GG – selbst wenn insoweit keine bestimmte Art des Rechtsschutzes gewährt wird – nicht sinnvoll. Bezüglich der Teilbarkeit von Nebenbestimmungen ist nicht entsprechend dem Wortlaut des § 36 Abs. 2 VwVfG zu differenzieren, sodass die gegenüber K verfügte aufschiebende Bedingung in Form des Gebotes, ökologische Kreide zu verwenden, nicht bereits aufgrund der systematischen Stellung in § 36 Abs. 2 Nr. 2 VwVfG prozessual unteilbar ist.

d) Rechtsfolge bezüglich der Hauptregelung

Die Teilbarkeit von Nebenbestimmungen könnte von der Rechtsfolge bezüglich der Hauptregelung abhängig sein. Diese würde sich bezüglich des K nach der Sondererlaubnisvorschrift des § 18 Abs. 1 S. 2 LStrG richten. Soweit die Rechtsfolge bezüglich der Hauptregelung – sei es aufgrund einer gesetzlichen Regelung oder aufgrund einer Ermessensreduktion auf Null – eine gebundene Entscheidung ist, könnten Nebenbestimmungen teilbar und selbständig suspendierbar sein, in Konstellationen, in welchen bezüglich der Hauptregelung Ermessen besteht, hingegen nicht. Dies könnte sich aus § 36 VwVfG ergeben. Gemäß § 36 Abs. 1 VwVfG können Nebenbestimmungen zur Erfüllung der Voraussetzungen der für die Hauptregelung maßgeblichen Norm – also zur Tatbestandssicherung – erlassen werden. Gemäß § 36 Abs. 2 VwVfG können Nebenbestimmungen einerseits zur Erfüllung des Tatbestandes – das ergibt sich aus dem Terminus „unbeschadet" – erlassen werden, während sie insoweit ebenso Ausfluss der Ermessenserwägungen der Behörde sein können.

Da seitens des Gerichts wegen des sich unter anderem aus Art. 20 Abs. 3 GG ergebenden Rechtsstaatsprinzips lediglich Ermessensfehler geprüft werden dürfen und das seitens der Behörde ausgeübte Ermessen somit nicht durch richterliches Ermessen ersetzt werden darf, würde der Behörde durch die Suspendierung lediglich der Nebenbestimmung möglicherweise eine – nach Suspendierung der Nebenbestimmung verbleibende – Ermessensentscheidung aufgedrängt, die sie nicht hätte treffen wollen.

Zwar ist es zutreffend, dass seitens des Gerichts lediglich Ermessensfehler geprüft werden dürfen, jedoch ist dies ein materieller Aspekt, der zur materiellen

Teilbarkeit gehört, jedoch nicht zur prozessualen Teilbarkeit. Außerdem erfolgt bei Ermessen in der Rechtsfolge bezüglich der Hauptregelung durch die Suspendierung einer Nebenbestimmung nicht zwingend die Aufdrängung einer Ermessensentscheidung des Gerichts gegenüber der Behörde. Auch soweit die Rechtsfolge bezüglich der Hauptregelung Ermessen ist, kann die Nebenbestimmung wegen des Terminus „unbeschadet" schließlich zur Erfüllung des Tatbestandes erlassen worden sein. Umgekehrt darf eine Nebenbestimmung auch bei gebundenen Entscheidungen bezüglich der Hauptregelung nicht eigenständig suspendierbar sein, wenn eine Nebenbestimmung Ausfluss eines Beurteilungsspielraumes – eines seitens des Gerichts ausnahmsweise nicht vollständig prüfbaren unbestimmten Rechtsbegriffs mit Spielraum für die Behörde auf Tatbestandsseite – ist, da insoweit der Behörde eine Beurteilungsentscheidung des Gerichts aufgedrängt würde, die sie in der verbleibenden Form nicht erlassen hätte.

Somit sind Beurteilungs- und Ermessensspielräume einerseits materielle Kriterien, die für die prozessuale Teilbarkeit irrelevant sind. Andererseits ist die Rechtsfolge bezüglich der Hauptregelung auch im Übrigen kein geeignetes Kriterium zur Feststellung der prozessualen Teilbarkeit von Nebenbestimmungen, sodass die Rechtsfolge des § 18 Abs. 1 S. 2 LStrG für die Teilbarkeit der gegenüber K ausgesprochenen aufschiebenden Bedingung in Form des Gebotes, ökologische Kreide zu verwenden, irrelevant ist.

e) Umfassende prozessuale Teilbarkeit

Letztlich bedarf es aufgrund des sich unter anderem aus Art. 20 Abs. 3 GG ergebenden Rechtsstaatsprinzips sowie aufgrund des Gebotes effektiven Rechtsschutzes i. S. d. Art. 19 Abs. 4 GG – wenngleich diesbezüglich kein konkreter Rechtsschutz gewährleistet wird – einer umfassenden prozessualen Teilbarkeit und somit gesonderten Angreifbarkeit von Nebenbestimmungen. Somit sind grundsätzlich alle Nebenbestimmungen prozessual teilbar und somit selbständig suspendierbar. Eine Ausnahme erfolgt nur, soweit rechtsstaatlich eine derart feste Verbindung besteht, dass schon die prozessuale Teilbarkeit rechtsstaatswidrig wäre.

Die prozessuale Teilbarkeit der Nebenbestimmungen ist eine sehr strittige Thematik, sodass mit guter Argumentation andere Auffassungen vertretbar sind. Auch die Befristung kann z. B. als prozessual unteilbare Nebenbestimmung eingeordnet werden.

Merke zur prozessualen Teilbarkeit von Nebenbestimmungen:

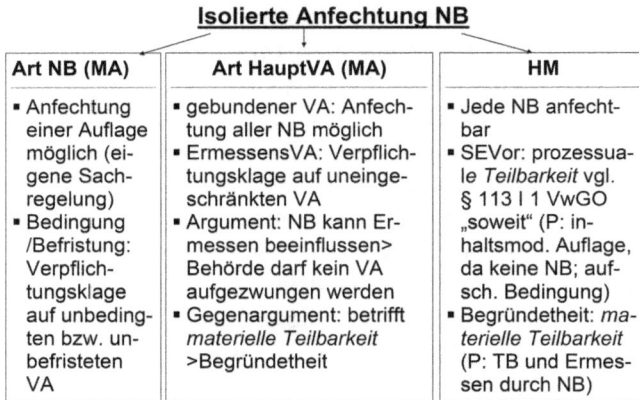

Isolierte Anfechtung NB

Art NB (MA)	Art HauptVA (MA)	HM
• Anfechtung einer Auflage möglich (eigene Sachregelung) • Bedingung /Befristung: Verpflichtungsklage auf unbedingten bzw. unbefristeten VA	• gebundener VA: Anfechtung aller NB möglich • ErmessensVA: Verpflichtungsklage auf uneingeschränkten VA • Argument: NB kann Ermessen beeinflussen> Behörde darf kein VA aufgezwungen werden • Gegenargument: betrifft *materielle Teilbarkeit* >Begründetheit	• Jede NB anfechtbar • SEVor: prozessuale *Teilbarkeit* vgl. § 113 I 1 VwGO „soweit" (P: inhaltsmod. Auflage, da keine NB; aufsch. Bedingung) • Begründetheit: *materielle Teilbarkeit* (P: TB und Ermessen durch NB)

Schema 8

Jedenfalls die wie eine Nebenbestimmung bezeichneten inhaltsmodifizierenden Auflagen sind prozessual nicht gesondert suspendierbar, weil es sich bei ihnen trotz des Terminus „Auflage" um Inhaltsbestimmungen handelt.

Bei dogmatischer Betrachtung müsste die „inhaltsmodifizierende Auflage" als Ausnahme unbenannt bleiben, da sie keine Nebenbestimmung darstellt. Dennoch ist die Abgrenzung zu Nebenbestimmungen bei der prozessualen Teilbarkeit üblich und wird erwartet.

Ebenso prozessual unteilbar sind aufschiebende Bedingungen i. S. d. § 36 Abs. 2 Nr. 2 VwVfG, weil durch sie von vornherein die Wirkung der Hauptregelung zunächst unterbunden werden soll, sodass eine offensichtliche Unteilbarkeit i. S. d. Rechtsstaatsprinzips und der sich daraus ergebenden Eigenständigkeit der Exekutive besteht. Gleiches könnte bei Befristungen i. S. d. § 36 Abs. 2 Nr. 1 VwVfG gegeben sein. Allerdings bestand insoweit im Rechtsverkehr zunächst eine Wirkung der Hauptregelung, sodass die Offensichtlichkeit des Erfordernisses der Nichtwirkung der Hauptregelung nicht vergleichbar der Bedingung anzunehmen ist. Somit sind sämtliche Nebenbestimmungen grundsätzlich prozessual teilbar. Nicht teilbar sind lediglich als Ausnahme die aufschiebende Bedingung und die inhaltsmodifizierende Auflage, wobei letztere nicht als Nebenbestimmung, sondern als Inhaltsbestimmung einzuordnen ist. Denkbar wäre das auch bei einer Befristung oder einer auflösenden Bedingung, jedoch ist die rechtsstaatliche Verknüpfung insoweit nicht so intensiv wie bei der aufschiebenden Bedingung, weil bei letzterer der Verwaltungsakt anders als bei der Befristung und der auflösenden Bedingung nicht zu wirken beginnt.Da gegenüber K eine aufschiebende Bedingung ausgesprochen wurde, ist diese nicht teilbar, weil bei aufschiebenden

Bedingungen eine derart enge Verknüpfung mit der Hauptregelung erfolgt ist, dass eine Suspendierung nur der Bedingung rechtsstaatlich schon prozessual nicht möglich ist.

f) Zwischenergebnis

Der Antrag analog § 80 Abs. 5 S. 1 VwGO ist nicht statthaft.

In der Praxis würde der Antrag möglicherweise dahingehend ausgelegt werden, dass eine Genehmigung ohne Nebenbestimmung zu erteilen ist mit der Folge, dass eine einstweilige Anordnung i. S. d. § 123 Abs. 1 VwGO denkbar wäre (vgl. oben). Zwar ist das Gericht gemäß den §§ 88, 122 Abs. 1 VwGO nicht an den Antrag gebunden, jedoch darf es über das Begehren auch nicht hinausgehen. Ein Leistungsbegehren ist unter anderem wegen der sich aus § 168 Abs. 1 Nr. 2 VwGO ergebenden Vollstreckbarkeit der einstweiligen Anordnung weiter gefasst als ein Feststellungsbegehren. Das Gericht würde über das Begehren des Antragstellers hinausgehen. Jedenfalls bei der Antragstellung durch einen Anwalt wäre die Annahme eines Leistungsbegehrens nicht von der Antragsauslegung erfasst. Es müsste ein richterlicher Hinweis – entsprechend der in § 104 Abs. 1 VwGO geregelten Erörterungspflicht – erfolgen, aufgrund dessen der Klageantrag umgestellt wird.

B. Ergebnis

Der Antrag des K auf Feststellung der Suspendierung der Nebenbestimmung wird abgelehnt, da mangels prozessualer Teilbarkeit der aufschiebenden Bedingung von der Hauptregelung kein Suspensiveffekt eingetreten sein kann und somit nicht einmal ein Antrag statthaft ist.

2. Komplex: Hauptantrag im Hauptsacheverfahren

A. Sachurteilsvoraussetzungen

Die Klage des K hat jedenfalls Erfolg, soweit die Sachurteilsvoraussetzungen erfüllt sind und die Klage zulässig sowie begründet ist.

I. Rechtsweg

Ein Rechtsweg muß eröffnet sein. Der Verwaltungsrechtsweg kann mangels aufdrängender Sonderzuweisung gemäß § 40 Abs. 1 S. 1 VwGO eröffnet sein. Im Übrigen kann unter Umständen mittels eines Verweisungsbeschlusses i. S. d. § 17a

Abs. 2 S. 1 GVG i.V. m. § 173 S. 1 VwGO an ein anderes Gericht verwiesen werden. Der Verwaltungsrechtsweg ist eröffnet, wenn ein Hoheitsträger durch die streitentscheidende öffentlich-rechtliche Norm einseitig berechtigt oder verpflichtet wird bzw. wenn aufgrund typisch hoheitlichen Handelns zwischen den Beteiligten ein Subordinationsverhältnis besteht.

Als streitentscheidende Normen kommen § 18 Abs. 2 S. 1 LStrG i.V. m. § 18 Abs. 1 LStrG sowie § 36 Abs. 1, 2 VwVfG in Betracht. Durch diese Normen wird ein Hoheitsträger zum hoheitlichen Handeln in Form der Erteilung einer Sondernutzungserlaubnis bzw. zum Erlass von Nebenbestimmungen gegenüber Bürgern berechtigt bzw. verpflichtet. Sie stehen in öffentlich-rechtlichen Gesetzen und sind öffentlich-rechtlicher Natur. Da die Streitigkeit mangels doppelter Verfassungsunmittelbarkeit nicht verfassungsrechtlicher Art und eine abdrängende Sonderzuweisung nicht ersichtlich ist, bleibt es bei der Eröffnung des Verwaltungsrechtsweges.

II. Zuständigkeit
Das Verwaltungsgericht ist gemäß § 45 VwGO als Eingangsinstanz für die von der Behörde gegenüber K erlassene Verfügung sachlich zuständig, da Anhaltspunkte für abweichende Regelungen wie z. B. § 50 VwGO nicht ersichtlich sind, sodass kein Verweisungsbeschluss gemäß §§ 17a Abs. 2 S. 1 GVG, 83 VwGO gefasst werden wird. Von der örtlichen Zuständigkeit des angerufenen Verwaltungsgerichts ist auszugehen.

III. Beteiligte
K und die Stadt als Gebietskörperschaft öffentlichen Rechts können Beteiligte des Verfahrens sein. Beteiligte sind nach § 63 Nr. 1, 2 VwGO unter anderem der Kläger und der Beklagte, beteiligungsfähig nach § 61 Nr. 1 VwGO natürliche und juristische Personen. Behörden sind gemäß § 61 Nr. 3 VwGO i.V. m. dem Landesrecht des Bundeslandes B nicht beteiligungsfähig. Als Kläger ist K gemäß § 61 Nr. 1 Alt. 1 VwGO beteiligungsfähig und gemäß § 62 Abs. 1 Nr. 1 VwGO prozessfähig.

Als Beklagte ist der Rechtsträger der handelnden Behörde maßgeblich. Die Verwaltung erfolgte durch die Ordnungsbehörde der Stadt, sodass die Stadt gemäß §§ 63 Nr. 2, 61 Nr. 1 VwGO beteiligungs- und mangels Anhaltspunkten bezüglich des für die Behörde handelnden Organwalters gemäß § 62 Abs. 3, Abs. 1 Nr. 1 VwGO prozessfähig ist.

IV. Statthafte Klageart

Die statthafte Klageart richtet sich gemäß § 88 VwGO nach dem klägerischen Begehren unter Berücksichtigung des Anwendungsvorranges maßnahmespezifischer Rechtsschutzformen und des rechtsstaatlichen Grundsatzes der Effektivität des Rechtsschutzes. Dem klägerischen Begehren entspricht i. d. R. die effektivste Klageart, also nach Möglichkeit die Anfechtungsklage gemäß § 42 Abs. 1 Alt. 1 VwGO als Gestaltungsklage der Verwaltungsgerichtsordnung. Voraussetzung der Anfechtungsklage ist, dass es dem Kläger um die Aufhebung eines Verwaltungsaktes geht. Ein Verwaltungsakt ist gemäß § 35 S. 1 VwVfG jede Verfügung, Entscheidung oder andere hoheitliche Maßnahme, die eine Behörde zur Regelung eines Einzelfalls auf dem Gebiet des öffentlichen Rechts trifft und die auf unmittelbare Rechtswirkung nach außen gerichtet ist. Die Erlaubnis, Kunst auf der Straße zu betreiben, ist eine Einzelfallregelung mit Außenwirkung gegenüber K, der seinen Aufhebungsantrag jedoch auf die Zusätze beschränkt. Der Zusatz, eine Leuchtmütze zur Identifizierbarkeit im Dunkeln zu tragen, ist formal als Auflage bezeichnet worden und auch als selbständig vollstreckbare Nebenbestimmung gewollt und erlassen worden, während das Gebot, ökologische Kreide zu verwenden, als aufschiebende Bedingung einzustufen ist. Ziel des K ist es entsprechend der durch seinen Rechtsanwalt gestellten Hauptanträge, zumindest einen der Zusätze gesondert durch das Gericht aufheben zu lassen.

Die aufschiebende Bedingung, ökologische Kreide zu benutzen, ist mit der Hauptregelung, die Straße benutzen zu dürfen, derart eng verbunden, dass sie prozessual nicht teilbar und somit nicht gesondert anfechtbar ist. Das Gebot, während der Kunstbetätigung eine Leuchtmütze aufzusetzen, ist jedoch als selbständig vollstreckbare Auflage, welche nicht inhaltsmodifizierend ist – die Hauptregelung ist auch ohne diesen Zusatz wirksam – prozessual teilbar.

Die prozessuale (Un-)Teilbarkeit von Nebenbestimmungen ist bereits eingangs im Rahmen des einstweiligen Rechtsschutzes erörtert worden und beim Prüfer als bekannt vorauszusetzen.

Entsprechend dem Hauptantrag des K ist die Anfechtungsklage i. S. d. § 42 Abs. 1 Alt. 1 VwGO statthaft, während die Anfechtungsklage gegen den Zusatz, ökologische Kreide zu verwenden, mangels prozessualer Teilbarkeit unzulässig ist. Eine objektive Klagehäufung gemäß § 44 VwGO kommt bezüglich der Anfechtung unabhängig von der partiellen Unzulässigkeit nicht in Betracht, weil es sich insoweit lediglich um einen Verwaltungsakt handelt, bezüglich dessen der Anfechtungsantrag auf die Nebenbestimmungen begrenzt wird.

Eine objektive Klagehäufung gemäß § 44 VwGO ist bezüglich der Anfechtung der Nebenbestimmungen nicht zu prüfen, da es sich um einen Verwaltungsakt handelt, der „soweit" angegriffen wird. Bezüglich des Hilfsantrages ist § 44 VwGO erst später zu erörtern, um Inzidentprüfungen zu vermeiden. Denkbar ist eine Konstellation, in der z. B. fünf Nebenbestimmungen erlassen werden, von denen vier prozessual teilbar sind, eine hingegen nicht. Der Kläger müsste im Rahmen einer Eventualklagehäufung i. S. d. § 44 VwGO beantragen, alle Nebenbestimmungen als Teile der Hauptregelung aufzuheben und die Behörde hilfsweise zur Erteilung einer Erlaubnis ohne Nebenbestimmung zu verpflichten (wegen der prozessual unteilbaren Nebenbestimmung). Bezüglich der Anfechtung der übrigen vier Nebenbestimmungen würde es sich nicht um eine objektive Klagehäufung handeln.

V. Besondere Sachurteilsvoraussetzungen
Die besonderen Sachurteilsvoraussetzungen können erfüllt sein.

1. Besondere Prozessführungsbefugnis
Besonders prozessführungsbefugt ist gemäß § 78 Abs. 1 Nr. 1 VwGO die Stadt als Gebietskörperschaft öffentlichen Rechts, da Behörden im Bundesland B gemäß § 78 Abs. 1 Nr. 2 VwGO i.V.m. dem Landesrecht nicht besonders prozessführungsbefugt sind.

2. Klagebefugnis
K muss klagebefugt sein. Es ist Voraussetzung der Klagebefugnis i. S. d. § 42 Abs. 2 VwGO, dass die Möglichkeit der Verletzung eines subjektiven Rechts besteht. Subjektive Rechte ergeben sich aus Sonderbeziehungen, einfachen Gesetzen, subsidiär aus Grundrechten, wobei jedenfalls aufgrund des weiten Schutzbereiches des Art. 2 Abs. 1 GG bei unmittelbaren Grundrechtseingriffen für das subjektive Recht direkt auf Grundrechte abgestellt werden kann. Ob ein Kläger tatsächlich in einem subjektiven Recht verletzt ist, ist für die Klagebefugnis irrelevant, da die Möglichkeit der Verletzung eines subjektiven Rechts genügt. Ob durch die Erteilung einer Sondernutzungserlaubnis mit dem Zusatz, bei der Kunstausübung eine Leuchtmütze zu tragen, ein unmittelbarer Grundrechtseingriff bei K erfolgt ist, ist problematisch, weil die Gewährung einer eingeschränkten Leistung bzw. die Modifizierung einer Leistung nicht zwingend einen Grundrechtseingriff darstellt. Jedenfalls ist es möglich, dass K durch das Gebot, bei der Kunstausübung eine Leuchtmütze zu tragen, in seinem einfachgesetzlichen subjektiven Recht auf Sondernutzung i. S. d. § 18 Abs. 1, 2 LStrG verletzt ist, wel-

ches jedenfalls verfassungskonform i. S. d. sich aus Art. 5 Abs. 3 Alt. 1 Var. 1 GG ergebenden Kunstfreiheit auszulegen ist.

Art. 5 Abs. 3 enthält 2 Alternativen mit je 2 Alternativfällen.

---

3. Ordnungsgemäßes Vorverfahren

Ein Vorverfahren des K i. S. d. §§ 68 ff. VwGO ist gemäß § 68 Abs. 1 S. 2 VwGO i. V. m. § 8a Abs. 1 AG VwGO entbehrlich. Rückausnahmen sind diesbezüglich nicht ersichtlich.

4. Klagefrist

Die für die Anfechtungsklage bei ordnungsgemäßer Rechtsmittelbelehrung geltende Klagefrist von einem Monat nach Bekanntgabe des Verwaltungsaktes gemäß § 74 Abs. 1 S. 1, 2 VwGO wurde seitens des K eingehalten, da er schon drei Tage nach Bekanntgabe der Verfügung mit den Nebenbestimmungen die Klage erhoben hat.

VI. Allgemeines Rechtsschutzbedürfnis

Anhaltspunkte für ein Fehlen des allgemeinen Rechtsschutzbedürfnisses bestehen nicht.

B. Begründetheit

Die Klage des K ist gemäß § 113 Abs. 1 S. 1 VwGO begründet, soweit der Verwaltungsakt rechtswidrig und der Kläger dadurch in seinen Rechten verletzt ist. Der Verwaltungsakt i. S. d. § 113 Abs. 1 S. 1 VwGO ist insoweit die Erlaubnis zur Kunstausübung, nicht jedoch die Nebenbestimmung, bei der Kunstausübung eine Leuchtmütze tragen zu müssen, da diese als Auflage trotz eigenständiger Vollstreckbarkeit von der Hauptregelung abhängig und somit nicht als vollständig eigenständig einzustufen ist. Da jedoch der Klageantrag des K auf die Nebenbestimmung begrenzt ist und das Gericht gemäß § 88 VwGO nicht über das klägerische Begehren hinausgehen darf, ist die Rechtswidrigkeit nur soweit maßgeblich, als es um die prozessual teilbare Nebenbestimmung, die Leuchtmütze bei der Kunstausübung tragen zu müssen, geht, wobei wegen des Terminus „soweit" insoweit zunächst die materielle Teilbarkeit maßgeblich ist.

Merke: Der Verwaltungsakt i. S. d. § 113 Abs. 1 S. 1 VwGO ist nicht die Nebenbestimmung, da diese zwar eigenständig vollstreckbar sein kann, sie jedoch keinen von der Hauptregelung unabhängigen Verwaltungsakt darstellt. Wäre die Nebenbestimmung ein vollständig eigenständiger Verwaltungsakt, wäre sie problemlos gesondert anfechtbar, ohne dass es auf die Problematik der Teilbarkeit von Nebenbestimmungen ankäme. Nur aufgrund des Terminus „soweit" in § 113 Abs. 1 S. 1 VwGO darf die Nebenbestimmung gegebenenfalls gesondert aufgehoben werden.

I. Materielle Teilbarkeit

Die materielle Teilbarkeit ist vorab zu prüfen, weil das Merkmal „soweit" einerseits systematisch vor der Rechtswidrigkeit und der Rechtsverletzung geregelt ist, andererseits, weil die Prüfung anderenfalls nicht auf die Nebenbestimmung beschränkt werden dürfte, weil der Verwaltungsakt i. S. d. § 113 Abs. 1 S. 1 VwGO die Erlaubnis, nicht aber die Nebenbestimmung ist.

Die Klage des K kann lediglich begründet sein, soweit die Nebenbestimmung, die Leuchtmütze bei der Kunstausübung tragen zu müssen, materiell teilbar ist. Eine Nebenbestimmung ist materiell unteilbar, soweit sie i. S. d. § 36 Abs. 1, 2 VwVfG zur Tatbestandssicherung bezüglich der Hauptregelung erforderlich ist. Darüber hinaus ist eine Nebenbestimmung von der Hauptregelung nicht materiell teilbar, soweit die Nebenbestimmung Ausfluss eines rechtmäßig ausgeübten Beurteilungsspielraumes bzw. eines rechtmäßig ausgeübten Ermessens ist. Würde eine derartige Nebenbestimmung seitens des Gerichts aufgehoben werden, würde dies unzulässig die Gewaltenteilung i. S. d. sich unter anderem aus Art. 20 Abs. 3 GG ergebenden Rechtsstaatsprinzips durchbrechen, weil der Behörde dann anstelle ihrer eigenen rechtmäßigen Beurteilungs- bzw. Ermessensentscheidung eine solche des Gerichts aufgedrängt werden würde, welche von der Behörde nicht getroffen worden wäre. Lediglich bei ermessens- bzw. beurteilungsfehlerhaftem Handeln der Behörde ist der Handlungsspielraum des Gerichts im Rahmen der Gewaltenteilung zur Aufhebung einer Nebenbestimmung eröffnet.

1. Nebenbestimmung zur Tatbestandssicherung

Die gegenüber K verfügte Nebenbestimmung, bei der Kunstausübung eine Leuchtmütze zu tragen, ist nicht Ausdruck eines für die Sondernutzungserlaubnis i. S. d. § 18 Abs. 2 S. 1 LStrG bestehenden Tatbestandes und somit nicht zur Sicherung des Tatbestandes erlassen worden.

Eine rechtswidrige Nebenbestimmung würde nicht der Tatbestandssicherung dienen mit der Folge, dass bei deren Aufhebung ein rechtswidriger Torso verbleiben würde, den die Behörde dann ihrerseits aus ihrer rechtsstaatlichen Pflicht zum rechtmäßigen Handeln i. S. d. sich unter anderem aus Art. 20 Abs. 3 GG ergebenden Rechtsstaatsprinzips heraus aufheben müsste. Die Aufhebung der Nebenbestimmung ist vom Klagebegehren i. S. d. § 88 VwGO erfasst – nicht aber der Hauptverwaltungsakt, sodass es auf dessen vollständige Prüfung nicht ankommt.

2. Nebenbestimmung als Ausfluss eines Ermessens-/Beurteilungsspielraumes
Die gegenüber K verfügte streitgegenständliche Nebenbestimmung kann Ausfluss eines Beurteilungs- bzw. Ermessensspielraumes sein. Ein unbestimmter Rechtsbegriff mit Beurteilungsspielraum ist im Tatbestand des § 18 Abs. 2 S. 1 LStrG nicht ersichtlich. Die Nebenbestimmung kann aber Ausfluss des seitens der Behörde rechtmäßig ausgeübten Ermessens bezüglich der Erteilung der Sondernutzungserlaubnis i. S. d. § 18 Abs. 2 S. 1 LStrG sein. Die Nebenbestimmung ist nur insoweit Ausfluss des in § 18 Abs. 2 S. 1 LStrG geregelten Ermessens, soweit sie rechtmäßig ist.

a) Rechtmäßigkeit der Nebenbestimmung
Die gegenüber K verfügte Nebenbestimmung, bei der Kunstausübung eine Leuchtmütze zu tragen, kann rechtswidrig sein.

aa) Rechtsgrundlage
Mangels spezialgesetzlicher Rechtsgrundlage im Landesstraßengesetz kommt als Rechtsgrundlage lediglich die allgemeine Regelung des § 36 VwVfG in Betracht.

Da in der für die Sondernutzungserlaubnis als Hauptregelung maßgeblichen Norm – § 18 Abs. 2 S. 1 LStrG – Ermessen als Rechtsfolge enthalten ist, gilt für die Nebenbestimmung nicht § 36 Abs. 1 VwVfG – insoweit bedarf es für die Hauptregelung einer gebundenen Entscheidung –, sondern § 36 Abs. 2 VwVfG. § 36 Abs. 2 VwVfG ist als Rechtsgrundlage maßgeblich. (siehe Schema 9)

Zulässigkeit von Nebenbestimmungen

Gebundener VA gemäß § 36 I VwVfG	ErmessensVA gemäß § 36 II VwVfG
• Gesetzlich zugelassen • Sicherstellung Rm des VA durch NB (auch Beurteilungsspielraum) • Erlass VA mit NB als milderes Mittel gegenüber Ablehnung	• ermessensfehlerfrei • Insbes. verhältnismäßig + sachlicher Zusammenhang mit Hauptregelung (§ 36 III VwVfG)

> **§ 36 VwVfG: Allgmeine Regelung**
> **Bereichsspezifische Spezialregelungen beachten!**
> **(z.B. § 8 II 2 FStrG)**

Schema 9

bb) Voraussetzungen

Formell hat die zuständige Behörde gehandelt. Materiell bedarf es einer Hauptregelung, bezüglich deren Erlasses Ermessen besteht. Die Hauptregelung gegenüber K ist die Sondernutzungserlaubnis zur Betreibung der Kunst in der Fußgängerzone, wobei insoweit gemäß § 18 Abs. 2 S. 1 LStrG Ermessen besteht.

cc) Rechtsfolge

Rechtsfolge des § 36 Abs. 2 VwVfG ist Ermessen i.S.d. § 40 VwVfG, welches nicht ermessensfehlerhaft ausgeübt worden sein darf. Anhaltspunkte für eine Ermessensreduktion auf Null dahingehend, dass die verfügte Nebenbestimmung erlassen werden musste oder keinesfalls erlassen werden durfte, bestehen nicht, da gegebenenfalls auch die Kunstfreiheit i.S.d. Art. 5 Abs. 3 S. 1 Alternative 1 Alt. 1 GG im Rahmen verfassungsimmanenter Schranken z.B. zum Schutz von Leib und Leben i.S.d. Art. 2 Abs. 2 S. 1 GG verkürzt werden kann. Als Ermessensfehler kommen Ermessensausfall, Ermessensüberschreitung und Ermessensfehlgebrauch in Betracht. Ein Ermessensausfall ist weder vollständig noch partiell ersichtlich. Durch den Erlass der Nebenbestimmung gegenüber K kann jedoch wegen eines unverhältnismäßigen Grundrechtseingriffes in die Kunstfreiheit i.S.d. Art. 5 Abs. 3 S. 1 Alternative 1 Alt. 1 GG das Ermessen überschritten worden sein. Hilfsweise kommt ein Ermessensfehlgebrauch wegen einer sachwidrigen Kopplung i.S.d. § 36 Abs. 3 VwVfG in Betracht.

(1) Ermessensüberschreitung

Das Nebenbestimmungsermessen i. S. d. § 36 Abs. 2 VwVfG kann überschritten worden sein.

(a) Schutzbereichseingriff bezüglich der Kunstfreiheit

Unabhängig von der Geltung eines formellen, materiellen oder offenen Kunstbegriffes im Rahmen des Art. 5 Abs. 3 S. 1 Alternative 1 Alt. 1 GG ist die Kreation von Kreidekunstwerken sogar i. S. d. engen formellen Kunstbegriffes jedenfalls Kunst, wobei durch die Verfügung bezüglich des Tragens einer Leuchtmütze bei der Kunstausübung nicht das Kunstwerk als solches beeinträchtigt sein könnte. Da K sein Kunstwerk jedoch als Gesamteinheit aus Bild, Musik und Outfit mit französischer Schirmmütze versteht, wird dem eigentlichen Kunstwerk durch das Gebot des Tragens der Leuchtmütze die Strahlkraft genommen. Durch das Gebot zum Tragen der Leuchtmütze wird in die Kunstfreiheit des K, hilfsweise in die aufgrund der Spezialität der Kunstfreiheit nur rudimentär maßgebliche allgemeine Handlungsfreiheit i. S. d. Art. 2 Abs. 1 GG eingegriffen. Durch das allgemeine Persönlichkeitsrecht des K aus Art. 2 Abs. 1 GG i. V. m. Art. 1 Abs. 1 GG wird die Kunstfreiheit zwar im Rahmen der Verhältnismäßigkeit verstärkt, jedoch ist das allgemeine Persönlichkeitsrecht gegenüber der Kunstfreiheit wegen des stärkeren Bezuges zu Art. 5 Abs. 3 S. 1 Alternative 1 Alt. 1 GG subsidiär.

(b) Rechtfertigung

Mangels ausdrücklicher Schrankensystematik bezüglich des Art. 5 Abs. 3 GG – Art. 5 Abs. 2 GG ist systematisch nach Art. 5 Abs. 3 GG normiert und somit nicht anwendbar – gelten nur verfassungsimmanente Schranken, sodass es eines Gesetzes bedürfte, das Ausdruck verfassungsimmanenter Schranken ist.

Vereinzelt wird die Schrankensystematik des Art. 5 Abs. 2 GG seitens der Literatur auch auf Art. 5 Abs. 3 GG bezogen.

Unabhängig davon, ob § 36 Abs. 2 VwVfG als Gesetz einzustufen ist, das Ausdruck verfassungsimmanenter Schranken ist, sind jedenfalls keine gegenläufigen Verfassungsgüter ersichtlich, durch die ein Eingriff in die Kunstfreiheit des K gerechtfertigt werden kann, da Schutzpflichten für Leib und Leben i. S. d. Art. 2 Abs. 2 S. 1 GG nicht ersichtlich sind, da in der Fußgängerzone keine Gefahr besteht, dass K nicht gesehen und somit z. B. überfahren wird. Der Grundrechtseingriff in die Kunstfreiheit ist nicht gerechtfertigt und wäre im Übrigen sogar bezüglich des Auffanggrundrechtes der allgemeinen Handlungsfreiheit i. S. d. Art. 2 Abs. 1 GG unverhältnismäßig.

(2) Zwischenergebnis
Durch den Erlass der Nebenbestimmung i. S. d. § 36 Abs. 2 VwVfG, die Leuchtmütze bei der Kunstausübung tragen zu müssen, ist das Ermessen überschritten worden.

b) Zwischenergebnis
Die Nebenbestimmung ist wegen der Ermessensüberschreitung der Behörde rechtswidrig und somit nicht Ausfluss des rechtmäßig ausgeübten Ermessens der Behörde. Die Nebenbestimmung ist von der Hauptregelung somit materiell teilbar.

II. Rechtswidrigkeit der Nebenbestimmung
Die Nebenbestimmung, bei der Kunstausübung eine Leuchtmütze tragen zu müssen, ist als mit der Anfechtungsklage angegriffener Teil der Hauptregelung wegen der Überschreitung des Nebenbestimmungsermessens rechtswidrig.

III. Rechtsverletzung
K ist durch die Nebenbestimmung auch in seinem subjektiven Recht aus § 18 Abs. 2 S. 1 LStrG i. V. m. Art. 5 Abs. 3 S. 1 Alternative 1 Alt. 1 GG verletzt, weil das Ermessen bezüglich des Erlasses der Sondernutzungserlaubnis unter Verletzung der Kunstfreiheit – das Nebenbestimmungsermessen i. S. d. § 36 Abs. 2 VwVfG ist fehlerhaft ausgeübt und bezüglich § 18 Abs. 2 S. 1 VwVfG fortgeführt worden – ausgeübt worden ist.

C. Ergebnis

Die prozessual und materiell teilbare Nebenbestimmung bezüglich des Tragens einer Leuchtmütze bei der Kunstausübung ist rechtswidrig und wird aufgehoben, während die Anfechtungsklage bezüglich des Gebotes der Nutzung ökologischer Kreide mangels prozessualer Teilbarkeit unzulässig ist.

3. Komplex: Hilfsantrag im Hauptsacheverfahren

A. Sachurteilsvoraussetzungen

Die Klage des K wird jedenfalls erfolgreich sein, soweit die Sachurteilsvoraussetzungen erfüllt sind und die Klage zulässig sowie begründet ist.

I. Rechtsweg

Ein Rechtsweg muß eröffnet sein. Der Verwaltungsrechtsweg kann mangels aufdrängender Sonderzuweisung gemäß § 40 Abs. 1 S. 1 VwGO eröffnet sein. Im Übrigen kann mittels eines Verweisungsbeschlusses i. S. d. § 17a Abs. 2 S. 1 GVG i. V. m. § 173 S. 1 VwGO gegebenenfalls an ein anderes Gericht verwiesen werden. Der Verwaltungsrechtsweg ist eröffnet, wenn in der streitentscheidenden öffentlich-rechtlichen Norm ein Hoheitsträger einseitig berechtigt oder verpflichtet wird bzw. wenn aufgrund typisch hoheitlichen Handelns zwischen den Beteiligten ein Subordinationsverhältnis besteht.

Als streitentscheidende Normen kommen § 18 Abs. 2 S. 1 LStrG i. V. m. § 18 Abs. 1 LStrG sowie § 36 Abs. 1, 2 VwVfG in Betracht. Durch diese Normen wird ein Hoheitsträger zum hoheitlichen Handeln in Form der Erteilung einer Sondernutzungserlaubnis bzw. zum Erlass von Nebenbestimmungen gegenüber Bürgern berechtigt bzw. verpflichtet. Sie stehen in öffentlich-rechtlichen Gesetzen und sind öffentlich-rechtlicher Natur. Da die Streitigkeit mangels doppelter Verfassungsunmittelbarkeit nicht verfassungsrechtlicher Art und eine abdrängende Sonderzuweisung nicht ersichtlich ist, bleibt es bei der Eröffnung des Verwaltungsrechtsweges.

II. Zuständigkeit

Das Verwaltungsgericht ist gemäß § 45 VwGO als Eingangsinstanz für die von der Behörde gegenüber K erlassene Verfügung sachlich zuständig, da Anhaltspunkte für abweichende Regelungen wie z. B. § 50 VwGO nicht ersichtlich sind, sodass kein Verweisungsbeschluss gemäß §§ 17a Abs. 2 S. 1 GVG, 83 VwGO gefasst werden wird. Von der örtlichen Zuständigkeit des angerufenen Verwaltungsgerichts ist auszugehen.

III. Beteiligte

K und die Stadt als Gebietskörperschaft öffentlichen Rechts können Beteiligte des Verfahrens sein. Beteiligte sind nach § 63 Nr. 1, 2 VwGO unter anderem der Kläger und der Beklagte, beteiligungsfähig nach § 61 Nr. 1 VwGO natürliche und juristische Personen. Behörden sind gemäß § 61 Nr. 3 VwGO i.V. m. dem Landesrecht des Bundeslandes B nicht beteiligungsfähig. Als Kläger ist K gemäß § 61 Nr. 1 Alt. 1 VwGO beteiligungsfähig und gemäß § 62 Abs. 1 Nr. 1 VwGO prozessfähig.

Als Beklagte ist der Rechtsträger der handelnden Behörde maßgeblich. Die Verwaltung erfolgte durch die Ordnungsbehörde der Stadt, sodass die Stadt gemäß §§ 63 Nr. 2, 61 Nr. 1 VwGO beteiligungs- und mangels Anhaltspunkten bezüglich des für die Behörde handelnden Organwalters gemäß § 62 Abs. 3, Abs. 1 Nr. 1 VwGO prozessfähig ist.

IV. Statthafte Klageart

Die statthafte Klageart richtet sich gemäß § 88 VwGO nach dem klägerischen Begehren unter Berücksichtigung des Anwendungsvorranges maßnahmespezifischer Rechtsschutzformen und des rechtsstaatlichen Grundsatzes der Effektivität des Rechtsschutzes. Bezüglich des Hilfsantrages erstrebt K die Erteilung einer Sondernutzungserlaubnis ohne den Zusatz, ökologische Kreide nutzen zu müssen, weil sein diesbezüglicher Hauptantrag auf Anfechtung dieser Nebenbestimmung mangels prozessualer Teilbarkeit unzulässig ist. Es handelt sich insoweit um eine Verpflichtungsklage i. S. d. § 42 Abs. 1 Alt. 2 VwGO.

Die insoweit erfolgte objektive eventuale Klagehäufung i. S. d. § 44 VwGO ist möglich, da die Beteiligten und das Gericht identisch sind, beide Anträge im Zusammenhang mit der Kunstausübung des K auf der Straße stehen und somit konnex sowie mangels Stufenverhältnisses gleichzeitig entscheidungsreif sind.

V. Besondere Sachurteilsvoraussetzungen

Die besonderen Sachurteilsvoraussetzungen können erfüllt sein.

1. Besondere Prozessführungsbefugnis

Besonders prozessführungsbefugt ist gemäß § 78 Abs. 1 Nr. 1 VwGO die Stadt als Gebietskörperschaft öffentlichen Rechts, da Behörden im Bundesland B gemäß § 78 Abs. 1 Nr. 2 VwGO i.V.m. dem Landesrecht nicht besonders prozessführungsbefugt sind.

2. Klagebefugnis

K muss klagebefugt sein. Es ist Voraussetzung der Klagebefugnis i. S. d. § 42 Abs. 2 VwGO, dass die Möglichkeit der Verletzung eines subjektiven Rechts besteht.

Subjektive Rechte ergeben sich aus Sonderbeziehungen, einfachen Gesetzen, subsidiär aus Grundrechten, wobei jedenfalls aufgrund des weiten Schutzbereiches des Art. 2 Abs. 1 GG bei unmittelbaren Grundrechtseingriffen für das subjektive Recht direkt auf Grundrechte abgestellt werden kann. Da K eine Erlaubnis ohne Zusatz und somit Leistung erstrebt, ist auf sein einfachgesetzliches subjektives Recht auf Sondernutzung i. S. d. § 18 Abs. 1, 2 LStrG abzustellen.

3. Ordnungsgemäßes Vorverfahren
Ein Vorverfahren des K i. S. d. §§ 68 ff. VwGO ist gemäß § 68 Abs. 1 S. 2 VwGO i. V. m. § 8a Abs. 2 AG VwGO i. V. m. § 8a Abs. 1 AG VwGO entbehrlich, da Rückausnahmen nicht ersichtlich sind.

4. Klagefrist
Die für die Anfechtungsklagen bei ordnungsgemäßer Rechtsmittelbelehrung geltende Klagefrist von einem Monat nach Bekanntgabe des Verwaltungsaktes gemäß § 74 Abs. 1 S. 1, 2 VwGO wurde seitens des K eingehalten, da er schon 3 Tage nach Bekanntgabe der Verfügung mit den Nebenbestimmungen die Klage erhoben hat.

VI. Allgemeines Rechtsschutzbedürfnis
Anhaltspunkte für ein Fehlen des allgemeinen Rechtsschutzbedürfnisses sind nicht ersichtlich.

B. Begründetheit

Die Klage des K ist gemäß § 113 Abs. 5 S. 1, 2 VwGO begründet, soweit die Ablehnung der Erteilung einer Sondernutzungserlaubnis ohne Nebenbestimmung rechtswidrig, der Kläger dadurch in seinen Rechten verletzt und die Sache spruchreif bzw. soweit die Unterlassung der diesbezüglichen Bescheidung rechtswidrig oder die erfolgte Bescheidung fehlerhaft und der Kläger dadurch in seinen Rechten verletzt ist. Somit ist die Klage begründet, soweit der Kläger einen Anspruch auf zumindest fehlerfreie Bescheidung hat.

I. Anspruchsgrundlage
Ein Anspruch des K auf Erteilung einer Sondernutzungserlaubnis ohne Nebenbestimmung kann sich aus § 18 Abs. 2 S. 1 LStrG i.V.m. § 18 Abs. 1 LStrG als Anspruchsgrundlage ergeben.

II. Anspruchsvoraussetzungen
Die Anspruchsvoraussetzungen müssen erfüllt sein.

1. Formelle Voraussetzungen
Die formellen Voraussetzungen können erfüllt sein. Das setzt voraus, dass bei der zuständigen Stelle ein rechtmäßiges Verfahren in den gesetzlich vorgesehenen Formen durchgeführt worden ist. K hatte einen Antrag bei der zuständigen Behörde gestellt, sodass die formellen Voraussetzungen somit erfüllt sind.

2. Materielle Voraussetzungen
Die Tätigkeit des K muss eine Sondernutzung i.S.d. § 18 Abs. 2 S. 1 LStrG darstellen. Da es sich bei der Kunstmalerei mit Musik nicht um den typischen Straßengebrauch im Verkehr handelt, ist die Tätigkeit des K nicht als Gemeingebrauch i.S.d. § 14 Abs. 1 LStrG einzustufen, sondern als Sondernutzung, sodass die materiellen Voraussetzungen erfüllt sind. Zwar könnte Kunst bei verfassungskonformer Auslegung des § 14 Abs. 1 LStrG i.S.d. Kunstfreiheit gemäß Art. 5 Abs. 3 S. 1 Alternative 1 Alt. 1 GG als Gemeingebrauch auszulegen sein, jedoch ist dies aufgrund gegenläufiger Verfassungsrechte – z.B. dem Gemeingebrauch anderer gemäß Art. 2 Abs. 1 GG – nur bei Spontankunst möglich, die nicht ersichtlich ist.

III. Rechtsfolge

Der Antrag auf fehlerfreie Bescheidung i.S.d. § 113 Abs. 5 S. 2 VwGO ist in dem Antrag auf Erlass des Verwaltungsaktes i.S.d. § 113 Abs. 5 S. 1 VwGO als Minus enthalten. Wichtig ist es, im Obersatz nicht „ermessensfehlerfreie Bescheidung", sondern „fehlerfreie Bescheidung" zu schreiben, da auch Beurteilungsfehler vom Regelungsbereich des § 113 Abs. 5 S. 2 VwGO erfasst sind. Es ist ebenso vertretbar, zu Beginn der Begründetheit zwischen der Prüfung des § 113 Abs. 5 S. 1 VwGO und der des § 113 Abs. 5 S. 2 VwGO zu differenzieren.

Rechtsfolge des § 18 Abs. 2 S. 1 LStrG ist Ermessen. Ein Anspruch i.S.d. § 113 Abs. 5 S. 1 VwGO des K besteht insoweit, als das Ermessen zu seinen Gunsten auf Null reduziert ist. Ein Anspruch auf fehlerfreie Bescheidung i. S. d. § 113 Abs. 5 S. 2 VwGO – dieser Antrag ist jedenfalls als Minus im Antrag des K auf Erteilung der Sondernutzungserlaubnis ohne Nebenbestimmung enthalten – besteht, falls das Ermessen fehlerhaft ausgeübt worden ist, wobei dies anzunehmen ist, soweit die verfügte Nebenbestimmung bezüglich der Nutzung ökologischer Kreide rechtswidrig ist.

1. Gebundene Entscheidung i. S. d. § 113 Abs. 5 S. 1 VwGO

Ein Anspruch des K auf eine gebundene Entscheidung in Form einer Sondernutzungserlaubnis, die Straße zu nutzen, ohne ökologische Kreide zu verwenden, besteht nur, soweit das Ermessen der Behörde zugunsten des K wegen dessen Kunstfreiheit i. S. d. Art. 5 Abs. 3 S. 1 Alternative 1 Alt. 1 GG auf Null reduziert ist.

a) Schutzbereichseingriff bezüglich der Kunstfreiheit

Unabhängig von der Geltung eines formellen, materiellen oder offenen Kunstbegriffes im Rahmen des Art. 5 Abs. 3 S. 1 Alternative 1 Alt. 1 GG ist die Kreation von Kreidekunstwerken sogar i. S. d. engen formellen Kunstbegriffes jedenfalls Kunst, wobei durch die Verfügung zur Nutzung ökologischer Kreide bei der Kunstausübung nicht das Kunstwerk als solches beeinträchtigt sein könnte. Da K sein Kunstwerk jedoch als Gesamteinheit aus Bild, Musik und Outfit mit französischer Schirmmütze versteht, wird dem eigentlichen Kunstwerk durch das Gebot zur Nutzung ökologischer Kreide die Strahlkraft genommen. Durch das Gebot zur Nutzung ökologischer Kreide wird in die Kunstfreiheit des K eingegriffen.

b) Rechtfertigung

Mangels ausdrücklicher Schrankensystematik bezüglich des Art. 5 Abs. 3 GG – Art. 5 Abs. 2 GG ist systematisch nach Art. 5 Abs. 3 GG normiert und somit nicht anwendbar – gelten nur verfassungsimmanente Schranken, sodass es eines Gesetzes bedürfte, das Ausdruck verfassungsimmanenter Schranken ist. Unabhängig davon, ob § 36 Abs. 2 VwVfG als Gesetz einzustufen ist, das Ausdruck verfassungsimmanenter Schranken ist, sind mit dem Gemeingebrauch anderer i. S. d. Art. 2 Abs. 1 GG i. V. m. Art. 3 Abs. 1 GG sowie dem Staatsprinzip des Umweltschutzes aus Art. 20a GG gegenläufige Verfassungsgüter im Rahmen praktischer Konkordanz ersichtlich, welche durch die Gesundheit anderer i. S. d. Art. 2 Abs. 2 S. 1 GG allenfalls zu ergänzen sind, da K seine Kunst zwar mit der Musik als Einheit betrachtet, der Lärm jedoch mit der Bemalung der Straße nur mittelbar im Zusammenhang steht und bereits durch die seitens des K akzeptierte zeitliche Beschränkung berücksichtigt worden wird. Eine Ermessensreduktion auf Null erfolgt wegen der gegenläufigen Verfassungsgüter somit nicht, wenngleich diese gegenüber der Kunstfreiheit des K im Rahmen der Abwägung zurücktreten würden (vgl. BVerwG, 7 C 81/88, R. 15). Die Kunstfreiheit ist nicht hinreichend gewichtig gegenüber sonstigen Grundrechten, zumal nicht ökologische Farbe auch von Schuhen der anderen Fußgänger schlechter zu entfernen ist. Auch Art. 20a GG als Umweltschutz ist insoweit als gegenläufiges Verfassungsgut zu berücksichtigen.

Im Rahmen der Grundrechtsabwägung darf Art. 20a GG berücksichtigt werden, obwohl bezüglich der Nebenbestimmung gemäß § 36 Abs. 3 VwVfG ein Verbot sachwidriger Kopplung besteht.

---

c) Zwischenergebnis

Es besteht kein Anspruch im Sinne einer gebundenen Entscheidung des K auf Erteilung einer Sondernutzungserlaubnis ohne die Nebenbestimmung, ökologische Kreide zu benutzen.

2. Anspruch auf fehlerfreie Bescheidung i. S. d. § 113 Abs. 5 S. 2 VwGO

Ein Anspruch des K auf fehlerfreie Bescheidung i. S. d. § 113 Abs. 5 S. 2 VwGO – dieser ergibt sich aus den erfüllten Tatbestandsvoraussetzungen – besteht fort, soweit er seitens der Behörde nicht bereits erfüllt worden ist. Die Erfüllung wäre erfolgt, wenn die Erteilung der Sondernutzungserlaubnis mit dem Gebot zur Verwendung ökologischer Kreide ermessensfehlerfrei war. Sie war hingegen fehlerhaft, soweit die gegenüber K verfügte Nebenbestimmung fehlerhaft war. Die gegenüber K verfügte Nebenbestimmung, ökologische Kreide zu verwenden, kann rechtswidrig sein.

a) Rechtsgrundlage

Mangels spezialgesetzlicher Rechtsgrundlage im Landesstraßengesetz kommt als Rechtsgrundlage lediglich die allgemeine Regelung des § 36 VwVfG in Betracht. Da in der für die Sondernutzungserlaubnis als Hauptregelung maßgeblichen Norm – § 18 Abs. 2 S. 1 LStrG – Ermessen als Rechtsfolge enthalten ist, gilt für die Nebenbestimmung nicht § 36 Abs. 1 VwVfG – insoweit bedarf es für die Hauptregelung einer gebundenen Entscheidung –, sondern § 36 Abs. 2 VwVfG. § 36 Abs. 2 VwVfG ist als Rechtsgrundlage maßgeblich.

b) Voraussetzungen

Formell hat die zuständige Behörde gehandelt. Materiell bedarf es einer Hauptregelung, bezüglich deren Erlasses Ermessen besteht. Die Hauptregelung gegenüber K ist die Sondernutzungserlaubnis zur Betreibung der Kunst in der Fußgängerzone, wobei insoweit gemäß § 18 Abs. 2 S. 1 LStrG Ermessen besteht.

c) Rechtsfolge

Rechtsfolge des § 36 Abs. 2 VwVfG ist Ermessen i. S. d. § 40 VwVfG, welches nicht ermessensfehlerhaft ausgeübt worden sein darf. Als Ermessensfehler kommen Ermessensausfall, Ermessensüberschreitung und Ermessensfehlgebrauch in Betracht. Ein Ermessensausfall ist weder vollständig noch partiell ersichtlich. Unabhängig davon, ob das Ermessen überschritten worden ist, weil K z. B. unverhältnismäßig in Grundrechten verletzt worden ist, ist jedenfalls das explizit geregelte Verbot der sachwidrigen Kopplung i. S. d. § 36 Abs. 3 VwVfG als Sonderregelung für den Ermessensfehlgebrauch verletzt worden, weil die straßenrechtliche Sondernutzungserlaubnis mit Aspekten des Umweltschutzes verbunden worden ist (vgl. VGH München, Urteil vom 22. 6. 2010, in: NVwZ-RR 2010, 830; anders im Ansatz mit nicht überzeugender Argumentation zu den Besonderheiten des Berliner Landesrechts vgl. VG Berlin, 1. Kammer, 3. 6. 2010 – 1 K 275.09; OVG Berlin-Brandenburg, Urteil vom 3. 11. 2011 – OVG 1 B 65.11). Insoweit hätte aufgrund bereichsspezifischer Regelungen seitens der Verwaltung gehandelt werden müssen. Somit ist die Entscheidung der Behörde ermessensfehlerhaft.

3. Zwischenergebnis

Eine fehlerfreie Bescheidung über den Antrag des K, ihm eine Erlaubnis ohne das Gebot zur Verwendung ökologischer Kreide zu erteilen, ist nicht erfolgt.

C. Ergebnis

Die Gemeinde als Rechtsträgerin wird verurteilt, über den Leistungsantrag des K fehlerfrei unter der Berücksichtigung der Rechtsauffassung des Gerichts neu zu bescheiden. Im Übrigen wird die Klage abgewiesen.

4. Komplex: Gesamtergebnis

Der Antrag des K gemäß § 80 Abs. 5 S. 1 VwGO auf Suspendierung der Nebenbestimmung wird abgelehnt. Die Nebenbestimmung bezüglich der Leuchtmütze wird aufgehoben. Die Gemeinde als Rechtsträgerin wird verurteilt, über den Leistungsantrag des K fehlerfrei unter der Berücksichtigung der Rechtsauffassung des Gerichts neu zu bescheiden. Im Übrigen werden die Klagen abgewiesen.

Die Verpflichtungsklage bezüglich der Erteilung einer Erlaubnis ohne Nebenbestimmungen ist nicht auf die zeitliche Begrenzung bezogen („diesbezüglich" in der Aufgabenstellung).

Fall 6:
„Gartenzwerge, Hecken und 'ne warme Mahlzeit für das Kind ..."

Schwerpunkte: Nichtigkeit eines Verwaltungsaktes (§ 44 VwVfG), Prüfung einer Satzung, Anfechtungsklage, Nichtigkeitsfeststellungsklage, Prinzipale Normenkontrolle (§ 47 VwGO)

D und B sind Nachbarn in der schönen Stadt S im Bundesland Bu. Beide bewohnen ein jeweils individuell hergerichtetes Reihenhaus im Vorort von S, für welchen kein Bebauungsplan existiert. Die Reihenhäuser in der Gegend sind alle in einstöckiger Bauweise errichtet und sind nicht mit den Mauern der Wohngebäude, sondern durch zwischen den Häusern gemauerte Garagen verbunden.

Das „Zusammenleben" des D und des B gestaltet sich allerdings wenig harmonisch. Seit Jahren stehen die beiden Nachbarn im edlen Wettstreit um den schönsten Vorgarten, die schönste Weihnachtsdekoration, die schönsten Gartenzwerge und natürlich die am akkuratesten geschnittene Hecke. Zum Leidwesen des D liegt B meistens weit vorn.

Als D am Nachmittag des 1.3. von der Arbeit nach Hause kommt, sieht er zu seinem Entsetzen, dass Bauarbeiten am Haus des B durchgeführt werden.

Auf Nachfrage bei B teilt dieser ihm mit, er habe seitens der Stadt eine Genehmigung für den Bau eines teilweise zurückgesetzten, nur einen Teil der Grundfläche seines Hauses in Anspruch nehmenden Dachgeschosses mit stark gegliedertem Dach sowie zum Anbau eines Treppenhauses erteilt bekommen. Das Dachgeschoss würde dabei das erste Stockwerk um einige Meter in Richtung des D „überlappen".

D ist darüber zutiefst empört. Die Errichtung des Dachgeschosses hätte zur Folge, dass er unzumutbare Beeinträchtigungen hinsichtlich der Sonneneinstrahlung auf seinem Grundstück erleiden würde. Nach seiner Ansicht ist die Baugenehmigung, die an B erteilt wurde, nichtig.

Die Baugenehmigung sei zudem zur Bebauung eines Grundstücks der Größe von 503 qm erteilt worden. Ein Grundstück mit dieser Größe gebe es in Wirklichkeit nicht und könne deshalb auch nicht bebaut werden. Unabhängig davon, ob das tatsächlich vorhandene Grundstück etwa 420 qm oder über 440 qm – darüber sind sich B und D nicht einig – groß sei, sei die Abweichung zwischen ihm und demjenigen, auf das sich die Genehmigung beziehe, so groß, dass es sich nicht mehr um eine die Beurteilung der Identität des Grundstücks unberührt lassende Ungenauigkeit handele, sondern um einen anderen Genehmigungsgegenstand. Für ein nicht bestehendes Grundstück von 503 qm sei die Baugenehmigung nicht in die Wirklichkeit umzusetzen.

https://doi.org/10.1515/9783110624465-006

Des Weiteren hat er erfahren, dass B der zaudernden Beamtin Bea der Stadt S die Entscheidung über seinen Bauantrag mit der Zuwendung einer Karibik-Reise einschließlich eines „Dance-Club-Besuches" „erleichtert" habe. Außerdem sei der Verwaltungsakt nichtig, weil Bea nicht diejenige ist, die für derartige Entscheidungen in der grundsätzlich zuständigen Stadt S zuständig ist. Zwar ist nach dem Landesorganisationsrecht eine Übertragung auf die Behördeneinheit der Bea möglich, jedoch waren die Voraussetzungen entsprechend einer sehr strittigen – wenngleich praktisch anerkannten – Rechtsprechung nicht erfüllt.

D konsultiert einen Rechtsanwalt. Dieser erhebt für D deshalb am 1.5. Klage vor dem örtlich zuständigen Verwaltungsgericht. Er stellt den Antrag „die Nichtigkeit des Verwaltungsaktes feststellen zu lassen", nachdem die Behörde einen solchen Antrag abgelehnt hatte. Mit Erfolg?

Abwandlung 1

D stellt den Antrag auf Feststellung der Nichtigkeit des Verwaltungsaktes ohne Rechtsanwalt selbst. Sind die Sachurteilsvoraussetzungen der Klage erfüllt?

Abwandlung 2

Als ob der Ärger mit seinem Nachbarn nicht genug wäre, hat B nun auch noch Probleme mit der Gemeinde G bekommen. Sein jüngster Sohn S besucht die Kindertagesstätte der Gemeinde G. In G wurde gerade eine neue Satzung erlassen, wonach unter bestimmten Voraussetzungen die Verträge mit der Kindertagesstätte gekündigt werden können. B, der sich derzeit in einer Finanzkrise befindet, hat Angst vor einer Kündigung der Gemeinde auf der Grundlage der neuen Satzung und möchte daher gegen die Satzung vorgehen. Diese ist seiner Ansicht nach nichtig. Es gäbe schon keine Rechtsgrundlage. Eine Kündigung bestehender Verträge – dies ist in der Satzung geregelt – sei ausgeschlossen, weil es sich bei der Kindertagesstätte um eine öffentliche Einrichtung handele. Zudem könne eine Kündigung nicht an Verpflichtungen gegenüber Dritten gekoppelt werden. Darüber hinaus sei das Aufdrängen einer warmen Mahlzeit wie in der Satzung vorgesehen rechtswidrig. Auch behauptet B, die Satzung sei bereits formell fehlerhaft, weil im Laufe der entscheidenden Ratssitzung mehrere Ratsmitglieder die Sitzung verließen (es blieben 2 weniger als die Hälfte übrig) und nicht über die Entscheidung der Satzung mit abstimmten, auch wenn zu Beginn der Sitzung die Beschlussfähigkeit (rechtmäßig) festgestellt worden sei.

Seitens der G wird vorgetragen, dass die „warme Mittagsmahlzeit" zu ihrem kommunal frei zu verantwortenden Konzept gehöre. Zudem habe B diesbezüglich einen „alten Vertrag", in dem auf die Kündigungsoption kein Bezug genommen wird. B sei somit nicht befugt, gegen die Satzung vorzugehen.

Wird B mit seinem Antrag beim Oberverwaltungsgericht bezüglich der Feststellung der Ungültigkeit der Satzung Erfolg haben?

Relevante Normen des Landes Bu (für Ausgangskonstellation und Abwandlungen)

§ 5 AG VwGO des Landes Bu

(1) Fähig, am Verfahren beteiligt zu sein, sind auch Behörden.

(2) Hat eine Behörde den angefochtenen Verwaltungsakt erlassen oder den beantragten Verwaltungsakt unterlassen, so ist die Klage gegen sie zu richten.

§ 6 AG VwGO des Landes Bu

Vor Erhebung der Anfechtungsklage bedarf es abweichend von § 68 Abs. 1 Satz 1 der Verwaltungsgerichtsordnung keiner Nachprüfung in einem Vorverfahren.

§ 7 AG VwGO des Landes Bu

Das Oberverwaltungsgericht entscheidet nach Maßgabe des § 47 der Verwaltungsgerichtsordnung auf Antrag über die Gültigkeit einer landesrechtlichen Verordnung oder einer anderen im Range unter dem Landesgesetz stehenden Rechtsvorschrift.

§ 7 LBauO – Grenzabstände

(1) ¹Gebäude müssen mit allen auf ihren Außenflächen oberhalb der Geländeoberfläche gelegenen Punkten von den Grenzen des Baugrundstücks Abstand halten. ²Der Abstand ist zur nächsten Lotrechten über der Grenzlinie zu messen. ³Er richtet sich jeweils nach der Höhe des Punktes über der Geländeoberfläche (H). ⁴Der Abstand darf auf volle 10 cm abgerundet werden. [...]

(3) Der Abstand beträgt 1 H, mindestens jedoch 3 m.

§ 68 LBauO – Genehmigungsvorbehalt

(1) Baumaßnahmen bedürfen der Genehmigung durch die Bauaufsichtsbehörde (Baugenehmigung), soweit sich aus Absatz 2 und den §§ 69 bis 70, 82 und 84 nichts anderes ergibt.

[...]

§ 72 LBauO – Beteiligung der Nachbarn
(1) Nachbarn, deren Belange eine Baumaßnahme berühren kann, dürfen den Entwurf bei der Bauaufsichtsbehörde oder bei der Gemeinde einsehen. Dies gilt nicht für die Teile des Entwurfs, die Belange der Nachbarn nicht berühren können.

(2) Soll eine Ausnahme von Vorschriften des öffentlichen Baurechts, die auch dem Schutz von Nachbarn dienen, insbesondere von den Vorschriften über die Grenzabstände, zugelassen oder eine Befreiung von solchen Vorschriften erteilt werden, so soll die Bauaufsichtsbehörde den betroffenen Nachbarn, soweit sie erreichbar sind, Gelegenheit zur Stellungnahme innerhalb angemessener Frist geben. Auch sonst kann die Bauaufsichtsbehörde nach Satz 1 verfahren, wenn eine Baumaßnahme möglicherweise Belange berührt, die durch Vorschriften des öffentlichen Baurechts geschützt werden.

Hinweis
Gehen Sie bei der Bearbeitung davon aus, dass ein Verstoß gegen die in der Bauordnung geregelten Abstandsregeln zwischen Grundstücken erfolgt ist.

§ 75 LBauO
(1) [1]Die Baugenehmigung ist zu erteilen, wenn die Baumaßnahme, soweit sie genehmigungsbedürftig ist und soweit die Prüfung nicht entfällt, dem öffentlichen Baurecht entspricht. [...]

Auszug aus der Satzung über die Benutzung von Tageseinrichtigungen
§ 11 Abs. 3 TageseinBenS
In allen Tageseinrichtungen wird eine warme Mittagsmahlzeit bereitgestellt. Darüber hinaus werden Getränke und Kaltverpflegungen angeboten. Die Verpflegungskosten sind von den Eltern zu tragen. Die Abrechnung erfolgt auf privatrechtlicher Basis zwischen den Eltern und dem Essenslieferanten.

§ 12 Abs. 4 TageseinBenS
Der Betreuungsvertrag kann gekündigt werden, wenn der Verpflegungsbeitrag trotz schriftlicher Mahnung länger als 2 Monate nicht entrichtet wird.

§ 13 TageseinBenS
[...] [2]Die bisher gültigen Satzungen treten mit dem Inkrafttreten der neuen Satzung außer Kraft.

§ 3 KiFöG (Kinderförderungsgesetz)

(1) Jedes Kind mit gewöhnlichem Aufenthalt im Land Bu hat bis zur Versetzung in den 7. Schuljahrgang Anspruch

    1. auf einen ganztägigen Platz (§ 17 Abs. 2) in einer Tageseinrichtung

    [...]

(2) Von der Versetzung in den 7. Schuljahrgang bis zur Vollendung des 14. Lebensjahres hat jedes Kind mit gewöhnlichem Aufenthalt im Land Bu Anspruch auf Förderung und Betreuung in einer Tageseinrichtung, soweit Plätze vorhanden sind.

(3) Der Anspruch nach den Absätzen 1 und 2 richtet sich gegen die Gemeinde, in der das Kind seinen gewöhnlichen Aufenthalt hat. Ist die Gemeinde Mitglied einer Verwaltungsgemeinschaft, richtet sich der Anspruch gegen diese, wenn ihr diese Aufgabe von allen Mitgliedsgemeinden zur Erfüllung übertragen wurde.

§ 5 KiFöG: Aufgaben der Tageseinrichtungen

[...]

(3) Die Träger der Tageseinrichtungen gestalten die Umsetzung des Erziehungs- und Bildungsauftrages in eigener Verantwortung. Für jede Tageseinrichtung ist eine Konzeption zu erarbeiten und ständig fortzuschreiben, in welcher Schwerpunkte und Ziele der Arbeit in der Tageseinrichtung und deren Umsetzung unter Berücksichtigung ihres Umfeldes und unter Beteiligung der Fachkräfte und des Kuratoriums festgelegt werden. Die Konzeption soll insbesondere Aussagen zu Fragen der Gestaltung der Zusammenarbeit mit den Schulen des Einzugsbereiches enthalten.

§ 8 KiFöG: Vertrag

(1) Das Benutzungsverhältnis wird nach Anmeldung durch die Eltern durch den Abschluss eines Betreuungsvertrages begründet.

    [...]

§ 13 KiFöG: Elternbeiträge

Hinsichtlich der Erhebung von Elternbeiträgen gelten die Regelungen in § 90 des Achten Buches Sozialgesetzbuch. Vor der Festlegung der Elternbeitragshöhe ist das Kuratorium zu hören. Träger gemäß § 9 Abs. 1 Nr. 1, in deren Gebiet ein Elternbeirat entsprechend § 19 Abs. 5 gebildet wurde, haben auch diesen Elternbeirat zu beteiligen.

Auszug aus der Gemeindeordnung (GO) des Landes Bu
§ 4 Abs. 1
(1) Zum eigenen Wirkungskreis gehören alle Angelegenheiten der örtlichen Gemeinschaft sowie die Aufgaben, die den Gemeinden durch Gesetz oder sonstige Rechtsvorschrift als eigene zugewiesen sind. Neue Pflichten können den Gemeinden nur durch Gesetz auferlegt werden; dabei ist gleichzeitig die Aufbringung der Mittel sicherzustellen.

§ 6 Abs. 1 und 3
(1) Die Gemeinden können im Rahmen der Gesetze ihre eigenen Angelegenheiten durch Satzung regeln. Im übertragenen Wirkungskreis können Satzungen aufgrund besonderer gesetzlicher Ermächtigung erlassen werden.

(3) Satzungen sind von der Bürgermeisterin oder dem Bürgermeister zu unterzeichnen und öffentlich bekannt zu machen. Das für Inneres zuständige Ministerium wird ermächtigt, durch Verordnung die Form der öffentlichen Bekanntmachung von Satzungen einschließlich der Ersatzbekanntmachung von Plänen, Karten und sonstigen Anlagen sowie die Form der öffentlichen Auslegung von Satzungen und Satzungsentwürfen zu regeln. Dabei können unterschiedliche Regelungen für Gemeinden verschiedener Größenordnung getroffen, die Bekanntmachung in bestimmten Verkündungsblättern vorgesehen und Gebietskörperschaften zur Einrichtung von Verkündungsblättern verpflichtet werden.

§ 8
Die Gemeinden können im eigenen Wirkungskreis durch Satzung insbesondere
    (1) die Benutzung ihres Eigentums und ihrer öffentlichen Einrichtungen regeln und Gebühren für die Benutzung festsetzen;
    (2) für die Grundstücke ihres Gebiets den Anschluss an Wasserleitung, Kanalisation, Abfallentsorgung, Straßenreinigung, Fernwärmeversorgung von Heizungsanlagen an bestimmte Energieversorgungsanlagen und ähnliche dem öffentlichen Wohl dienende Einrichtungen (Anschlusszwang) und die Benutzung dieser Einrichtungen, der öffentlichen Begräbnisplätze, Bestattungseinrichtungen und Schlachthöfe (Benutzungszwang) vorschreiben, wenn sie ein dringendes öffentliches Bedürfnis dafür feststellen. Die Satzung kann Ausnahmen vom Anschluss- oder Benutzungszwang zulassen; sie kann ihn auf bestimmte Teile des Gemeindegebiets und auf bestimmte Gruppen von Grundstücken oder Personen beschränken.

§ 21 Abs. 1

(1) Einwohnerin oder Einwohner einer Gemeinde ist, wer in dieser Gemeinde ihren oder seinen Wohnsitz oder ständigen Aufenthalt hat.

§ 40 Abs. 1 Nr. 4

(1) Der Rat beschließt ausschließlich über

4. den Erlass, die Änderung und die Aufhebung von Satzungen und Verordnungen, [...]

§ 46

(1) Der Rat ist beschlussfähig, wenn nach ordnungsmäßiger Einberufung die Mehrheit seiner Mitglieder anwesend ist oder wenn alle Ratsmitglieder anwesend sind und keines eine Verletzung der Vorschriften über die Einberufung des Rates rügt. Die oder der Ratsvorsitzende stellt die Beschlussfähigkeit zu Beginn der Sitzung fest. Der Rat gilt sodann, auch wenn sich die Zahl der anwesenden Ratsmitglieder im Laufe der Sitzung verringert, als beschlussfähig, solange nicht ein Ratsmitglied die Beschlussunfähigkeit geltend macht; dieses zählt zu den Anwesenden.

(2) Ist eine Angelegenheit wegen Beschlussunfähigkeit des Rates zurückgestellt worden und wird der Rat zur Verhandlung über den gleichen Gegenstand zum zweiten Mal einberufen, so ist er ohne Rücksicht auf die Zahl der anwesenden Ratsmitglieder beschlussfähig, wenn in der Ladung zur zweiten Sitzung ausdrücklich hierauf hingewiesen worden ist.

(3) Besteht bei mehr als der Hälfte der Ratsmitglieder ein gesetzlicher Grund, der ihrer Anwesenheit entgegensteht, so ist der Rat ohne Rücksicht auf die Zahl der anwesenden Ratsmitglieder beschlussfähig; seine Beschlüsse bedürfen in diesem Fall der Genehmigung der Kommunalaufsichtsbehörde.

Auszug aus der Verfassung des Landes Bu
Art. 11

(1) Pflege und Erziehung der Kinder unter Achtung ihrer Persönlichkeit und ihrer wachsenden Einsichtsfähigkeit sind das natürliche Recht der Eltern und die zuvörderst ihnen obliegende Pflicht. Über ihre Betätigung wacht die staatliche Gemeinschaft.

(2) Gegen den Willen der Erziehungsberechtigten dürfen Kinder nur auf Grund eines Gesetzes von der Familie getrennt werden, wenn die Erziehungsberechtigten versagen oder die Kinder aus anderen Gründen zu verwahrlosen drohen.

Art. 24

(1) Ehe und Familie stehen unter dem besonderen Schutze der staatlichen Ordnung.

(2) Wer in häuslicher Gemeinschaft für Kinder oder Hilfsbedürftige sorgt, verdient Förderung und Entlastung. Das Land und die Kommunen wirken insbesondere darauf hin, dass für die Kinder angemessene Betreuungseinrichtungen zur Verfügung stehen.

(3) Kinder genießen den besonderen Schutz des Landes vor körperlicher und seelischer Misshandlung und Vernachlässigung.

(4) Jugendliche sind vor Gefährdung ihrer körperlichen und seelischen Entwicklung zu schützen.

Bearbeitungsvermerk (für alle Konstellationen)

Soweit es auf ein Verwaltungsverfahrensgesetz ankommt, ist das Verwaltungsverfahrensgesetz des Bundes anzuwenden. Gehen Sie davon aus, dass Ausnahmen i. S. d. § 68 Abs. 2 LBauO, der §§ 69 – 70 LBauO und der §§ 82, 84 LBauO nicht bestehen. Unterstellen Sie zudem, dass das Bauvorhaben des B bauplanungsrechtlich nicht zu beanstanden und als Regelbebauung – nicht als Ausnahme – einzustufen ist. Gehen Sie davon aus, dass es sich bei der Kindertagesstätte der Gemeinde (Abwandlung 2) um eine öffentliche Einrichtung im Rahmen einer Angelegenheit der Gemeinde handelt. Unterstellen Sie, dass ein Verwaltungsgericht bei der Stellung eines fehlerhaften Antrages durch einen Rechtsanwalt keinen richterlichen Hinweis i. S. d. § 86 Abs. 3 VwGO geben wird.

Vertiefung

Zum Ganzen: BVerwG NJW 1985, 2658, 2659; vgl. Amtl. Begr. des Entwurfs des Verwaltungsverfahrensgesetzes, BT-Dr 7/910, S. 64; vgl. BVerwG 4 C 36/88; zum Ganzen: OVG Sachsen-Anhalt, K 483/10; zum Ganzen: VGH Kassel – 6 TG 3547/87; *OVG Münster* NVwZ 1990, 393; NVBl 1990, 266; OVGE 39, 49.

Gliederung

1. Komplex: Klage mit Rechtsanwalt —— **154**
    A. Sachurteilsvoraussetzungen (+) —— **155**
        I. Rechtsweg (+) —— **155**
        II. Zuständigkeit (+) —— **155**
        III. Beteiligte (+) —— **156**

    IV. Statthafte Klageart —— **156**
    V. Besondere Sachurteilsvoraussetzungen (+) —— **158**
        1. Besondere Prozessführungsbefugnis (+) —— **158**
        2. Feststellungsinteresse (+) —— **158**
        3. Keine Subsidiarität (+) —— **159**
        4. Klagebefugnis (+) —— **159**
    VI. Allgemeines Rechtsschutzbedürfnis (+) —— **160**
B. Begründetheit (–) —— **160**
    I. Rechtsgrundlage (+) —— **160**
    II. Voraussetzungen (–) —— **160**
        1. Formelle Voraussetzungen (–) —— **160**
          a) Zuständigkeit (+/–) —— **160**
            aa) Zuständigkeitsfehler (+) —— **161**
            bb) Nichtigkeitsfolge (–) —— **161**
              (1) Absoluter Nichtigkeitsgrund (–) —— **161**
              (2) Ausschluss der Nichtigkeit (–) —— **162**
              (3) Generalklausel (–) —— **162**
          b) Verfahren (+/–) —— **163**
            aa) Stellungnahme und Einsichtnahme des D —— **163**
            bb) Zusatzleistung —— **163**
          c) Form (+) —— **164**
        2. Materielle Voraussetzungen (+/–) —— **164**
          a) Genehmigungsbedürftigkeit (+) —— **164**
          b) Genehmigungsfähigkeit (+/–) —— **164**
        3. Sonstige inhaltliche Anforderungen (–) —— **165**
          a) Absoluter Nichtigkeitsgrund (–) —— **165**
          b) Relativer Nichtigkeitsgrund i. S. d. § 44 Abs. 1 VwVfG (–) —— **167**
    III. Zwischenergebnis —— **167**
C. Ergebnis —— **167**
2. Komplex: Klage ohne Rechtsanwalt —— **167**
A. Sachurteilsvoraussetzungen (+) —— **167**
    I. Rechtsweg (+) —— **167**
    II. Zuständigkeit (+) —— **168**
    III. Beteiligte (+) —— **168**
    IV. Statthafte Klageart —— **169**
    V. Besondere Sachurteilsvoraussetzungen (+) —— **170**
        1. Besondere Prozessführungsbefugnis (+) —— **170**
        2. Klagebefugnis (+) —— **170**
        3. Vorverfahren (+/–) —— **171**
        4. Klagefrist (+) —— **171**
B. Ergebnis —— **172**
3. Komplex: Klage bezüglich der Satzung —— **172**
A. Sachentscheidungsvoraussetzungen (+) —— **172**
    I. Rechtsweg (+) —— **172**
    II. Zuständigkeit (+) —— **173**
    III. Beteiligte (+) —— **173**
    IV. Statthafte Verfahrensart —— **175**

V. Besondere Sachentscheidungsvoraussetzungen (+) —— 175
   1. Besondere Prozessführungsbefugnis (+) —— 175
   2. Antragsbefugnis (+) —— 176
   3. Antragsfrist (+) —— 176
   4. Vorrang der Verfassungsgerichtsbarkeit —— 177
VI. Allgemeines Rechtsschutzbedürfnis (+) —— 177
B. Begründetheit (+) —— 177
  I. Rechtsgrundlage (+) —— 177
  II. Voraussetzungen (+) —— 179
   1. Formelle Voraussetzungen (+) —— 179
   2. Materielle Voraussetzungen (+) —— 180
  III. Rechtsfolge —— 180
   1. Ermessensausfall (–) —— 180
   2. Ermessensüberschreitung (+) —— 181
    a) Ermessensüberschreitung durch § 11 TageseinBenS (–) —— 182
    b) Ermessensüberschreitung durch § 12 TageseinBenS (+) —— 183
  IV. Zwischenergebnis —— 185
C. Ergebnis —— 185

Lösungsvorschlag

Die folgende Lösung ist als Lösungsvorschlag zu verstehen und ausführlicher, als es in der Klausurbearbeitung verlangt werden kann. Aufgrund der wissenschaftlichen Freiheit können andere Lösungswege vertreten werden, soweit sie dogmatisch begründbar sind. Die Nachweise aus Rechtsprechung und Literatur sowie die das Verständnis fördernden Randbemerkungen sind in der Examensklausur auszusparen. Die Abkürzung „Alt." steht für Alternativfall, nicht für Alternative.

Zur Verbesserung der Methodik bei der Anfertigung eines Gutachtens in der Klausur empfiehlt sich die Lektüre des Beitrags von Heinze/Starke JURA 2012, 175 ff.

1. Komplex: Klage mit Rechtsanwalt

D wird mit seiner Klage jedenfalls Erfolg haben, soweit die Sachurteilsvoraussetzungen erfüllt sind, die Klage zulässig und begründet ist.

A. Sachurteilsvoraussetzungen

Hinweis: Andere Aufbauvarianten werden vertreten (z. B. dreistufig oder Prüfung des Verwaltungsrechtsweges als Untergliederungspunkt der Zuständigkeit des Gerichts). Derartige Aufbauvarianten sind aber mit § 17a Abs. 2 S. 1 GVG bzw. mit der Überschrift des 6. Abschnitts der VwGO sowie mit § 83 VwGO unvereinbar und daher bei exakter dogmatischer Zuordnung der Prüfungspunkte nicht zu empfehlen. Die Überschrift „Sachurteilsvoraussetzungen" anstelle der Überschrift „Zulässigkeit" ist sinnvoll, weil nach § 63 Nr. 3 VwGO auch der Beigeladene zu den Beteiligten gehört, das Fehlen einer notwendigen Beiladung i. S. d. § 65 Abs. 2 VwGO aber nur dazu führt, dass das Urteil keine materielle Rechtskraft entfaltet.

Die Sachurteilsvoraussetzungen können erfüllt sein.

I. Rechtsweg

Ein Rechtsweg muß eröffnet sein. Der Verwaltungsrechtsweg kann mangels aufdrängender Sonderzuweisung gemäß § 40 Abs. 1 S. 1 VwGO eröffnet sein. Im Übrigen kommt ein Verweisungsbeschluss i. S. d. § 17a Abs. 2 S. 1 GVG i. V. m. § 173 S. 1 VwGO in Betracht. Der Verwaltungsrechtsweg ist eröffnet, wenn die streitentscheidende öffentlich-rechtliche Norm einen Hoheitsträger einseitig berechtigt oder verpflichtet bzw. wenn aufgrund typisch hoheitlichen Handelns zwischen den Beteiligten ein Subordinationsverhältnis besteht.

Streitentscheidende Norm ist § 75 Abs. 1 S. 1 LBauO, weil insoweit ein Hoheitsträger zur Erteilung einer Baugenehmigung berechtigt bzw. verpflichtet wird. Da die Streitigkeit mangels doppelter Verfassungsunmittelbarkeit nicht verfassungsrechtlicher Art und eine abdrängende Sonderzuweisung nicht ersichtlich ist, bleibt es bei der Eröffnung des Verwaltungsrechtsweges. Der Verwaltungsrechtsweg ist gemäß § 40 Abs. 1 S. 1 VwGO eröffnet.

II. Zuständigkeit

Das Verwaltungsgericht ist gemäß § 45 VwGO als Eingangsinstanz für die Klage des D bezüglich der gegenüber B erlassenen Verfügung sachlich zuständig, da Anhaltspunkte für abweichende Regelungen wie z. B. § 50 VwGO nicht ersichtlich sind, sodass kein Verweisungsbeschluss gemäß § 17a Abs. 2 S. 1 GVG i. V. m. § 83 VwGO gefasst werden wird. Die örtliche Zuständigkeit des angerufenen Verwaltungsgerichts ist gemäß § 52 VwGO gegeben.

III. Beteiligte

D und die zuständigen Behörden können Beteiligte des Verfahrens sein. Beteiligte sind nach § 63 Nr. 1, 2 VwGO jedenfalls unter anderem der Kläger und der Beklagte. Beteiligungsfähig sind gemäß § 61 Nr. 1 VwGO natürliche und juristische Personen. Behörden sind gemäß § 61 Nr. 3 VwGO i.V. m. § 5 Abs. 1 AG VwGO beteiligungsfähig.

Als Kläger ist D gemäß § 61 Nr. 1 Alt. 1 VwGO beteiligungsfähig und gemäß § 62 Abs. 1 Nr. 1 VwGO prozessfähig.

Die örtliche Zuständigkeit ist nur anzusprechen, wenn es dafür im Sachverhalt Anhaltspunkte gibt. Gegebenenfalls ist die örtliche Zuständigkeit grundsätzlich im Anschluss an die sachliche Zuständigkeit zu prüfen. Ist sie jedoch gemäß § 52 Nr. 2 VwGO ausnahmsweise von der Klageart abhängig, sollte sie offen mit Verweis auf § 17a Abs. 2 S. 1 GVG i.V.m. § 83 VwGO formuliert werden.

Als Beklagte ist die handelnde Behörde gemäß den §§ 63 Nr. 2, 61 Nr. 3 VwGO i.V. m. § 5 Abs. 1 AG VwGO beteiligungs- und mangels Anhaltspunkten bezüglich der handelnden Organwalterin Bea gemäß § 62 Abs. 3, 1 Nr. 1 VwGO prozessfähig.

Da die Entscheidung des Verwaltungsgerichts gegenüber B als Empfänger der Baugenehmigung nur einheitlich ergehen kann, ist er gemäß § 63 Nr. 3 VwGO als Beteiligter gemäß § 65 Abs. 2 VwGO notwendig beizuladen. Er ist als natürliche Person gemäß § 61 Nr. 1 Alt. 1 VwGO beteiligungs- und gemäß § 62 Abs. 1 Nr. 1 VwGO prozessfähig.

IV. Statthafte Klageart

Die statthafte Klageart richtet sich gemäß § 88 VwGO nach dem klägerischen Begehren unter Berücksichtigung des Anwendungsvorranges maßnahmespezifischer Rechtsschutzformen und des rechtsstaatlichen Grundsatzes der Effektivität des Rechtsschutzes. Dem klägerischen Begehren entspricht i.d.R. die effektivste Klageart, also nach Möglichkeit die Anfechtungsklage gemäß § 42 Abs. 1 Alt. 1 VwGO als Gestaltungsklage der Verwaltungsgerichtsordnung, soweit sie zielführend ist und es keinen anderweitigen ausdrücklichen Antrag gibt, der nicht überschritten werden darf.

Die Anfechtungsklage ist besonders rechtsschutzintensiv, weil das Gericht als Judikative mittels einer Durchbrechung der Gewaltenteilung einen Verwaltungsakt als Rechtssetzungsakt der Exekutive aufhebt.

D begehrt die Feststellung, dass die gegenüber B verfügte Baugenehmigung nichtig ist. Die Baugenehmigung für B als einzelfallbezogene Regelung im Außenverhältnis stellt einen Verwaltungsakt i. S. d. § 35 S. 1 VwVfG dar. Aufgrund des ausdrücklich formulierten Feststellungsantrages des Rechtsanwaltes kommt eine Nichtigkeitsfeststellungsklage gemäß § 43 Abs. 1 Alt. 2 VwGO i. V. m. § 43 Abs. 2 S. 2 VwGO in Betracht. Das Gericht ist gemäß § 88 VwGO zwar nicht zwingend an den Antrag gebunden, jedoch an das geltend gemachte Begehren, wobei ein Feststellungsbegehren als weniger effizient als ein Gestaltungsbegehren einzustufen ist. Fraglich ist, ob das explizit seitens des Rechtsanwaltes formulierte Feststellungsbegehren bei einem Misserfolg der Nichtigkeitsfeststellung als Anfechtungsbegehren ausgelegt werden kann (zum Ganzen: BVerwG NJW 1985, 2658, 2660).

Jedenfalls sind auch nichtige Verwaltungsakte anfechtbar, um effektiven und umfassenden Rechtsschutz gegen hoheitliches Handeln i. S. d. Artt. 19 Abs. 4, 20 Abs. 3 GG zu gewährleisten, da anderenfalls bei Erhebung der Nichtigkeitsfeststellungsklage bezüglich eines „nur" rechtswidrigen Verwaltungsaktes diese unbegründet, die diesbezüglich mögliche Anfechtungsklage jedoch bereits verfristet wäre, wobei die Grenze zwischen der Rechtswidrigkeit und der Nichtigkeit nicht exakt festlegbar ist. Ein nichtiger Verwaltungsakt ist allerdings jedenfalls rechtswidrig. Die Anfechtbarkeit nichtiger Verwaltungsakte ergibt sich zudem daraus, dass die Subsidiaritätsregelung in § 43 Abs. 2 S. 1 VwGO bei Nichtigkeitsfeststellungsklagen gemäß § 43 Abs. 2 S. 2 VwGO nicht anwendbar ist. Wären nichtige Verwaltungsakte nicht anfechtbar, hätte der Gesetzgeber zumindest bezüglich der Gestaltungsklage i. S. d. § 43 Abs. 2 S. 1 Alt. 1 VwGO – einzige reine Gestaltungsklage in der Verwaltungsgerichtsordnung ist die Anfechtungsklage gemäß § 42 Abs. 1 S. 1 Alt. 1 VwGO – keinen Ausschluss der Subsidiaritätsklausel zu regeln brauchen.

Die Nichtigkeitsfeststellungsklage i. S. d. § 43 Abs. 1 Alt. 2 VwGO i. V. m. § 43 Abs. 2 S. 2 VwGO ist in der Praxis i. d. R. nur insoweit relevant, als die Anfechtungsklage verfristet ist, weil es nahezu unstritig ist, dass auch nichtige Verwaltungsakte anfechtbar sind. Die Anfechtungsklage ist für einen Kläger insoweit günstiger als, er von vornherein nicht das Risiko trägt, dass ein Verwaltungsakt nur rechtswidrig, nicht aber schon nichtig ist.

Eine den Klageantrag ausweitende Umdeutung in einen Gestaltungsantrag ist also zwar letztlich denkbar, jedoch rechtsstaatlich bei einer durch einen Prozessbevollmächtigten abgegebenen Rechtsmittelerklärung nicht möglich. Für eine Auslegung des Klageantrages dahingehend, dass der wirkliche Wille des Klägers hauptsächlich auf die Feststellung und hilfsweise auf die Anfechtung der Erlaubnis gerichtet ist, fehlen Anhaltspunkte, zumal in der Begründung ausdrücklich auf die Nichtigkeit Bezug genommen und ein ebenso klar formulierter Klageantrag gestellt worden ist. Ein richterlicher Hinweis i. S. d. § 86 Abs. 3 VwGO wird aufgrund dessen, dass der Kläger D anwaltlich vertreten ist, nicht erfolgen.

Es ist bedeutsam, ob ein Laie oder ein Rechtsanwalt den Antrag gestellt hat.

Somit ist die Nichtigkeitsfeststellungsklage gemäß § 43 Abs. 1 Alt. 2 VwGO i.V.m. § 43 Abs. 2 S. 2 VwGO statthaft.

V. Besondere Sachurteilsvoraussetzungen
Die besonderen Sachurteilsvoraussetzungen können erfüllt sein.

1. Besondere Prozessführungsbefugnis
§ 78 VwGO als Regelung der besonderen Prozessführungsbefugnis ist gemäß der Abschnittsüberschrift des 8. Abschnitts der Verwaltungsgerichtsordnung bei Anfechtungs- und Verpflichtungsklagen anwendbar. Analog ist § 78 VwGO bei Verfahren anwendbar, bei denen es um Verwaltungsakte geht, weil insoweit eine vergleichbare Interessenlage bei planwidriger Regelungslücke besteht. Das gilt auch bei der Nichtigkeitsfeststellungsklage gemäß § 43 Abs. 1 VwGO i.V.m. § 43 Abs. 2 S. 2 VwGO. Die bei der Erteilung der Baugenehmigung an B handelnde Behörde ist analog § 78 Abs. 1 Nr. 2 VwGO i.V.m. § 5 Abs. 2 VwGO besonders prozessführungsbefugt.

2. Feststellungsinteresse
Es muss ein Feststellungsinteresse des D bestehen. Maßgeblich sind rechtliche, wirtschaftliche und ideelle Interessen. Ein rechtliches Interesse des D ergibt sich aus § 75 Abs. 1 S. 1 LBauO i.V.m. § 72 Abs. 2 LBauO und § 7 Abs. 1 LBauO, da insoweit drittschützend Grenzabstände geregelt worden sind, die möglicherweise nicht eingehalten werden. Zudem ist mangels geringerer Sonneneinstrahlung auf dem Grundstück des D der Verkehrswert nunmehr geringer mit der Folge, dass zudem ein wirtschaftliches Interesse des D besteht. Das erforderliche Feststellungsinteresse des Klägers besteht.

Merke: Bei gegenwärtigen Rechtsverhältnissen ist das Feststellungsinteresse i. S. d. § 43 Abs. 1 VwGO ebenso weit gefasst wie bei nicht erledigten Verwaltungsakten i. S. d. § 43 Abs. 1 i. V. m. § 43 Abs. 2 S. 2 VwGO:
- rechtlich
- wirtschaftlich
- ideell.

Bei erledigten Rechtsverhältnissen i. S. d. § 43 Abs. 1 VwGO sowie bei erledigten Verwaltungsakten i. S. d. § 113 Abs. 1 S. 4 VwGO bedarf es wegen der geringeren gegenwärtigen Betroffenheit der Interessen eines qualifizierten Feststellungsinteresses:
- Wiederholungsgefahr
- Rehabilitierung (einschließlich schwerer Grundrechtseingriffe und Art. 19 Abs. 4 GG)
- Präjudiz (Vorbereitung einer Amtshaftung).

---

3. Keine Subsidiarität

Die Nichtigkeitsfeststellungsklage ist gemäß § 43 Abs. 2 S. 2 VwGO gegenüber anderen Feststellungsklagen nicht subsidiär.

4. Klagebefugnis

D muss zwecks der Vermeidung einer Popularklage analog § 42 Abs. 2 VwGO klagebefugt sein, da in dreipoligen Beziehungen – anders in der Regel in zweipoligen Beziehungen, bei welchen im Rechtsverhältnis oder dem Verwaltungsakt das subjektive Recht impliziert sein kann – jedenfalls eine planwidrige Regelungslücke bei vergleichbarer Interessenlage besteht. Voraussetzung für die Klagebefugnis analog § 42 Abs. 2 VwGO ist die Möglichkeit der Verletzung eines subjektiven Rechts. Subjektive Rechte ergeben sich aus Sonderrechtsbeziehungen, einfachen Gesetzen, subsidiär aus Grundrechten, wobei aufgrund des weiten Schutzbereiches des Art. 2 Abs. 1 GG bei unmittelbaren Grundrechtseingriffen für das subjektive Recht direkt auf Grundrechte abgestellt werden kann. Zwar ist kein unmittelbarer, sondern allenfalls ein lediglich subsidiär relevanter mittelbarer Grundrechtseingriff ersichtlich, jedoch ergibt sich mittels des „öffentlichen Baurechts", dem einfachgesetzlichen § 75 Abs. 1 S. 1 LBauO i. V. m. § 72 Abs. 2 LBauO und § 7 Abs. 1 LBauO bezüglich der Grenzabstände ein subjektives Recht für den Nachbarn D, das möglicherweise verletzt worden ist, wobei § 72 Abs. 2 LBauO nur bei Ausnahmen und Befreiungen, nicht aber bei einer Regelbebauung gilt, sodass die Norm allenfalls ergänzend von Interesse ist. D ist analog § 42 Abs. 2 VwGO klagebefugt.

VI. Allgemeines Rechtsschutzbedürfnis

Mangels gegenteiliger Anhaltspunkte ist D allgemein rechtsschutzbedürftig. Ein fehlender Antrag bei der Behörde gemäß § 44 Abs. 5 VwVfG steht der Klage nicht entgegen, weil D diesen Antrag zuvor einerseits gestellt hatte und dieser andererseits nicht erforderlich ist, weil anderenfalls eine Art Vorverfahren eingeführt würde, obwohl dies anders als z. B. in § 80 Abs. 6 S. 1 VwGO nicht gesetzlich geregelt ist.

B. Begründetheit

Die Klage des D ist begründet, soweit die gegenüber B ausgesprochene Baugenehmigung nichtig ist. Ein nichtiger Verwaltungsakt ist stets rechtswidrig, sodass es für die Nichtigkeit maßgeblich ist, ob die Baugenehmigung rechtswidrig ist und der zur Rechtswidrigkeit führende Fehler bezüglich des Drittschutzes zur Nichtigkeit führt.

Auch bei der Nichtigkeitsfeststellungsklage ist wegen der analog § 42 Abs. 2 VwGO geprüften Klagebefugnis zur Vermeidung von Popularklagen drittschutzbezogen zu prüfen, sodass vertretbar das subjektive Recht des D vorangestellt werden könnte.

I. Rechtsgrundlage
Rechtsgrundlage für die Baugenehmigung ist § 75 Abs. 1 S. 1 LBauO.

II. Voraussetzungen
Die Voraussetzungen müssen erfüllt sein.

1. Formelle Voraussetzungen
Die formellen Voraussetzungen müssen erfüllt sein.

a) Zuständigkeit
Zwar ist die Stadt S als Rechtsträgerin zur Erteilung der Baugenehmigung zuständig, jedoch hat mit Bea nicht die zuständige Person die Baugenehmigung erlassen.

aa) Zuständigkeitsfehler

Der Zuständigkeitsfehler besteht darin, dass mit Bea eine Person die Genehmigung erteilt hat, die zwar zur sachlich zuständigen Rechtsträgerin – der Gemeinde G – gehört, jedoch nach dem Landesorganisationsrecht nicht zur zuständigen Behördeneinheit, wobei eine bezüglich der grundsätzlich möglichen Übertragung die formellen Voraussetzungen nicht erfüllt sind. Der Verwaltungsakt in Form der Genehmigung ist formell rechtswidrig – unabhängig davon, ob der Fehler i.S.d. § 46 VwVfG beachtlich ist oder gemäß § 45 VwVfG geheilt werden kann, weil lediglich die Nichtigkeitsfeststellung bezüglich der erhobenen Klage maßgeblich ist.

bb) Nichtigkeitsfolge

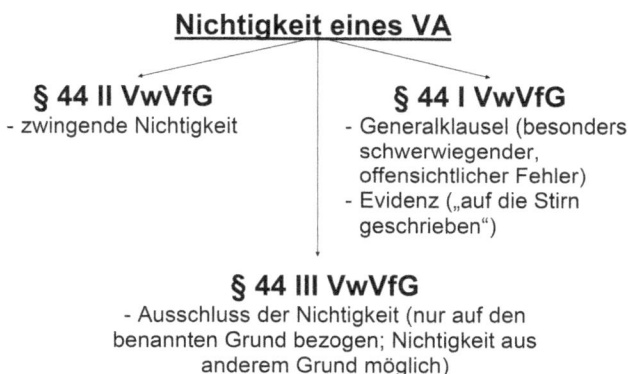

Nichtigkeit eines VA

§ 44 II VwVfG
- zwingende Nichtigkeit

§ 44 I VwVfG
- Generalklausel (besonders schwerwiegender, offensichtlicher Fehler)
- Evidenz („auf die Stirn geschrieben")

§ 44 III VwVfG
- Ausschluss der Nichtigkeit (nur auf den benannten Grund bezogen; Nichtigkeit aus anderem Grund möglich)

Schema 10

Fraglich ist, ob der Fehler, aus dem sich die Rechtswidrigkeit ergibt, derart gravierend ist, dass sich daraus auch die Nichtigkeit ergibt. Mangels spezieller Nichtigkeitsgründe ist insoweit § 44 VwVfG maßgeblich.

(1) Absoluter Nichtigkeitsgrund

Zunächst können die Voraussetzungen für einen absoluten Nichtigkeitsgrund i.S.d. § 44 Abs. 2 VwVfG erfüllt sein. Gemäß § 44 Abs. 2 Nr. 3 VwVfG ist ein Verwaltungsakt nichtig, den die Behörde außerhalb ihrer durch § 3 Abs. 1 Nr. 1 VwVfG begründeten Zuständigkeit erlassen hat, ohne dazu ermächtigt zu sein. § 3 Abs. 1 Nr. 1 VwVfG, auf den in § 44 Abs. 2 Nr. 3 VwVfG Bezug genommen worden ist, ist jedoch auf die örtliche Zuständigkeit bei besonderer Ortsgebundenheit bezogen (vgl. VGH Mannheim NVwZ-RR 2007, 82) und ist bezüglich der sachlichen Zuständigkeit nicht anwendbar. Bea ist in der sachlich unzuständigen Behördeneinheit tätig, sodass der Fehler auf die sachliche, nicht jedoch auf die örtliche Zuständigkeit bezogen ist. Die Genehmigung ist nicht gemäß § 44 Abs. 2 Nr. 3 VwVfG nichtig.

(2) Ausschluss der Nichtigkeit
Ein Ausschluss der Nichtigkeit i. S. d. § 44 Abs. 3 VwVfG ist nicht ersichtlich.

(3) Generalklausel
Die an B erteilte Baugenehmigung kann gemäß § 44 Abs. 1 VwVfG nichtig sein. Ein Verwaltungsakt ist demnach nichtig, soweit er an einem besonders schwerwiegenden Fehler leidet und dies bei verständiger Würdigung aller in Betracht kommenden Umstände offensichtlich, also evident ist (zum Ganzen: BVerwG NJW 1974, 1961, 1962; BVerwG, NVwZ 1998, 1061).

Demnach ist ein Verwaltungsakt nicht schon deshalb nichtig und damit rechtlich unwirksam, weil er unter Verstoß gegen zwingende gesetzliche Vorschriften oder ohne hinreichende rechtliche Grundlage ergangen ist. Zur Nichtigkeit führt vielmehr nur ein besonders schwerer Form- oder Inhaltsfehler, der mit der Rechtsordnung unter keinen Umständen vereinbar ist und überdies für den urteilsfähigen Bürger offensichtlich sein muss (vgl. z.B. Urteile vom 8.11.1963 – IV C 123/62 – und vom 12.5.1966 – II C 84/63 – in *Buchholz* 310 Vorbem. III zu § 42 VwGO Ziff. 2 Nr. 14 und 17). Ein derart schwerwiegender Mangel ist bei einer sachlichen Zuständigkeitsverletzung nur anzunehmen, falls eine absolute Unzuständigkeit besteht, die Behörde also unter keinen wie auch immer gearteten Umständen mit der Angelegenheit befasst sein kann. Ein solcher Mangel ist nicht ersichtlich, weil nicht primär die sachliche Zuständigkeit der Bea selbst – eine Übertragung auf ihre Behördeneinheit ist möglich – fraglich ist. Nicht erfüllt waren die formellen Voraussetzungen, unter denen nach dem Landesorganisationsrecht die Zuständigkeitsübertragung stattzufinden hatte. Das führte bezüglich der materiellen Übereinstimmung zwischen der bei der Genehmigungserteilung tatsächlich in Anspruch genommenen Zuständigkeit und der Kompetenzübertragung schon zu keiner schwerwiegenden Kompetenzverfehlung. Jedenfalls fehlt es an der Offensichtlichkeit der Kompetenzverfehlung (vgl. BVerwGE 30, 138). Eine Evidenz des formellen Fehlers besteht nicht. Die Baugenehmigung ist wegen des Zuständigkeitsfehlers nicht gemäß § 44 Abs. 1 VwVfG nichtig.

b) Verfahren

Ein Verfahrensfehler, aus dem sich die Nichtigkeit ergibt, kann bestehen.

aa) Stellungnahme und Einsichtnahme des D

Ein Verfahrensfehler könnte insoweit erfolgt sein, als D als Nachbar keine Möglichkeit zur Stellungnahme gemäß § 72 Abs. 2 S. 1 LBauO erhalten hat. Ob ihm diese tatsächlich hätte gegeben werden müssen – es handelte sich bei B nicht um eine Ausnahmebebauung, wie in § 72 Abs. 2 S. 1 LBauO geregelt – ist irrelevant, da jedenfalls keine Evidenz i. S. d. § 44 VwVfG ersichtlich ist, aus der sich eine Nichtigkeit ergäbe. Auf die Möglichkeit der Einsichtnahme i. S. d. § 72 Abs. 1 LBauO musste D nicht hingewiesen werden, sodass sich daraus kein Verfahrensfehler ergibt, aus dem sich eine Nichtigkeit nach § 44 Abs. 2, 1 VwVfG ergeben könnte.

bb) Zusatzleistung

Ein Verfahrensfehler besteht insoweit, als die Handlung der Bea nicht lediglich auf die üblichen verwaltungsverfahrensrechtlichen Vorgänge zurückzuführen ist, sondern zumindest auch auf die zusätzliche Zuwendung bzw. das Inaussichtstellen der Karibik-Reise einschließlich eines „Dance-Club-Besuches" rückführbar ist, da die Vorteilsannahme bzw. die Bestechlichkeit rechtsstaatswidrig i. S. d. Art. 20 Abs. 3 GG und gemäß den §§ 331, 332 StGB sogar strafbar ist. Fraglich ist, ob dieser Fehler, mittels dessen die Rechtswidrigkeit der Genehmigung begründet werden kann, derart gravierend ist, dass sich daraus die Nichtigkeit des Verwaltungsaktes ergibt.

§ 44 Abs. 2 Nr. 5, 6 VwVfG kommen als absolute Nichtigkeitsgründe nicht in Betracht, da in § 44 Abs. 2 Nr. 5 VwVfG an eine Straftat infolge des Verwaltungsaktes angeknüpft wird – nicht an eine zum Verwaltungsakt führende – und in § 44 Abs. 2 Nr. 6 VwVfG nicht auf das zum Verwaltungsakt führende Verhalten, sondern auf den Verwaltungsakt als solchen abgestellt wird.

Insoweit kommt lediglich eine Nichtigkeit i. S. d. Generalklausel gemäß § 44 Abs. 1 VwVfG in Betracht, sodass maßgeblich ist, ob der Fehler evident ist. Die Evidenz könnte sich daraus ergeben, dass das Fehlverhalten der Behörde „besonders schwerwiegend" rechtswidrig ist. Dies wäre jedoch mit dem Wortlaut des § 44 Abs. 1 VwVfG nicht vereinbar, weil lediglich auf das Fehlverhalten der Behörde, insbesondere darauf Bezug genommen würde, in welchem Maße dieses Fehlverhalten der Behörde vorzuwerfen wäre, also gleichsam grob schuldhaft sei.

Der Fehler i. S. d. § 44 Abs. 1 VwVfG ist aber auf den Verwaltungsakt, nicht aber auf das Verhalten der Behörde bezogen. Das ergibt sich auch aus der Wer-

tung des § 48 Abs. 2 S. 3 Nr. 1 VwVfG, wonach durch Willensmängel erlassene Verwaltungsakte – bei arglistiger Täuschung, Drohung oder Bestechung –
rechtswidrig und aufhebbar, aber nicht nichtig sind (zum Ganzen: BVerwG NJW
1985, 2658, 2659). Außerdem sind für die Auslegung des § 44 Abs. 1 VwVfG
die absoluten Nichtigkeitsgründe i. S. d. § 44 Abs. 2 VwVfG als Auslegungshilfe
maßgeblich (vgl. Amtl. Begr. des Entwurfs des Verwaltungsverfahrensgesetzes,
BT-Dr 7/910, S. 64). In § 44 Abs. 2 VwVfG ist kein Tatbestand enthalten, aus dem
sich ergibt, dass ein Verhalten der Behörde und der Grad ihres Verschuldens für
die Beurteilung des Merkmals „besonders schwerwiegender Fehler" ausschlag-
gebend von Belang sein kann, da es bezüglich der in § 44 Abs. 2 VwVfG enthaltenen Gründe – auch bezüglich der guten Sitten i. S. d. § 44 Abs. 2 Nr. 6 VwVfG – an
einer Verhaltensbezogenheit fehlt. Dies ist auf § 44 Abs. 1 VwVfG zu übertragen.

Somit ergibt sich aus der Zuwendung bzw. dem Inaussichtstellen der Karibik-
Reise einschließlich eines „Dance-Club-Besuches" zwar die formelle Rechtswidrigkeit, nicht jedoch die Nichtigkeit der an B erteilten Baugenehmigung.

c) Form
Formfehler sind nicht ersichtlich.

2. Materielle Voraussetzungen
Materiell kann die gegenüber B verfügte Baugenehmigung rechtswidrig mit der
Folge der Nichtigkeit sein. Maßgeblich ist, ob das Vorhaben des B genehmi-
gungsbedürftig und genehmigungsfähig ist.

a) Genehmigungsbedürftigkeit
Die Umbaumaßnahmen des B sind gemäß § 68 Abs. 1 LBauO genehmigungsbedürftig, da Ausnahmen i. S. d. § 68 Abs. 2 LBauO, der §§ 70 – 72 LBauO und der
§§ 82, 84 LBauO nicht bestehen.

b) Genehmigungsfähigkeit
Genehmigungsfähig ist ein Bauvorhaben, wenn es gemäß § 75 Abs. 1 S. 1 LBauO
bauplanungsrechtlich i. S. d. §§ 29 ff. BauGB und bauordnungsrechtlich ordnungsgemäß erreichtet worden sowie im Übrigen mit dem öffentlich-rechtlichen
Baurecht vereinbar ist. Das Bauvorhaben des B ist zwar bauplanungsrechtlich
rechtmäßig. Es ist jedoch mit dem Bauordnungsrecht unvereinbar, da die auch zur
Erreichung eines effektiven Drittschutzes geregelten Grenzabstände i. S. d. § 7

LBauO zum Grundstück des D nicht eingehalten worden sind. Das Bauvorhaben ist somit rechtswidrig und nicht genehmigungsfähig.

Fraglich ist, ob der zur Rechtswidrigkeit führende Fehler der gegenüber B verfügten Baugenehmigung zur Nichtigkeit führt. Insoweit kommt lediglich eine objektive Evidenz i. S. d. § 44 Abs. 1 VwVfG in Betracht. Da ein Überbau nicht mit der Rechtsordnung unter keinen Umständen vereinbar ist und überdies für den urteilsfähigen Bürger nicht offensichtlich ist (vgl. z. B. Urteile vom 8.11.1963 – IV C 123/62 – und vom 12. 5. 1966 – II C 84/63 – in *Buchholz* 310 Vorbem. III zu § 42 VwGO Ziff. 2 Nr. 14 und 17), ist bei Würdigung aller Umstände keine zur Nichtigkeit führende Evidenz anzunehmen (BVerwG – 4 C 34/85, Rn 17; vgl. BVerwG – 4 B 244.84).

3. Sonstige inhaltliche Anforderungen

Die gegenüber B verfügte Baugenehmigung könnte jedoch materiell nichtig sein, weil insoweit von einem Grundstück mit der Fläche von 503 qm und nicht von einem Grundstück mit der Fläche von 420 – 440 qm ausgegangen worden ist.

a) Absoluter Nichtigkeitsgrund

Der absolute Nichtigkeitsgrund des § 44 Abs. 2 Nr. 4 VwVfG könnte bestehen (zum Ganzen: BVerwG – 4 C 36/88). Das könnte sich daraus ergeben, dass es ein Grundstück mit der Größe von 503 qm in Wirklichkeit nicht gibt und ein solches auch deshalb nicht bebaut werden kann. Die Angaben darüber, welches Grundstück bebaut werden soll und wie die räumlichen Beziehungen des Gebäudes zu dem Grundstück sind, könnten nicht nur Kriterien für die Beurteilung sein, ob ein Vorhaben zulässig sei oder nicht, sondern ebenso wie die sonstigen Planungsunterlagen Gegenstand des Vorhabens selbst. Nicht nur die räumliche Relation von Bauwerk und Grundstück, sondern auch die auf das Maß der baulichen Nutzung bezogenen Relationen sind Kriterien, durch die der Gegenstand des Vorhabens bestimmt wird. Die in der Baugenehmigung oder den zur Baugenehmigung gehörenden Planzeichnungen und sonstigen Unterlagen angegebene Grundstücksgröße ist schließlich nicht weniger Bestandteil des Vorhabens, als es die Angaben über die Größe und Lage des Baukörpers auf dem Grundstück sind, zumal die Baugenehmigung für ein Vorhaben auf einem Grundstück von bestimmter Größe erteilt wird. Aufgrund dieser Aspekte könnte die gegenüber B erteilte Baugenehmigung nichtig sein.

Entscheidend ist jedoch letztlich, dass durch die fehlerhafte Größenangabe des Baugrundstückes in den Bauantragsunterlagen keine tatsächliche Unmöglichkeit der Ausführung der Baugenehmigung i. S. d. § 44 Abs. 2 Nr. 4 VwVfG begründet wird. Dass der dem Beigeladenen erteilte Bescheid einer tatsächlichen Ausführung zugänglich ist, ergibt sich bereits aus den begonnenen Arbeiten an dem vorhandenen Wohnhaus, dessen veränderte Ausführung Inhalt der streitgegenständlichen Genehmigung ist. Die Frage der Verwirklichung eines Bauvorhabens im Einklang mit den bauplanungs- und bauordnungsrechtlichen Vorschriften darf nicht mit derjenigen nach dessen bautechnischer Durchführbarkeit verwechselt werden, welche letztlich maßgeblich ist, wenn es um die Nichtigkeit einer Baugenehmigung i. S. d. § 44 Abs. 2 Nr. 4 VwVfG geht.

Indem darauf verwiesen würde, die Größe des Baugrundstücks sei „Gegenstand des Vorhabens" und nicht lediglich Kriterium für dessen Zulässigkeit, würde letztlich nur erörtert, ob das Grundstück seinen tatsächlichen Gegebenheiten entsprechend nach den maßgeblichen rechtlichen Bestimmungen bebaut werden kann. In einem Baugenehmigungsverfahren kann die Größe des Grundstücks bei der Beurteilung der Zulässigkeit des Vorhabens ein zu beachtender Faktor sein, durch den die Lage des Vorhabens auf dem Grundstück sowie das Maß der baulichen Nutzung beeinflusst werden. Insoweit ist die Größe des Baugrundstücks ebenso bedeutsam wie andere Faktoren, beispielsweise seine natürliche Lage, sein Zuschnitt oder seine Bodenbeschaffenheit. Geht die Baugenehmigungsbehörde diesbezüglich von unrichtigen tatsächlichen Voraussetzungen aus, erteilt sie möglicherweise eine Baugenehmigung für ein Vorhaben, das bei zutreffender Berücksichtigung der tatsächlichen Verhältnisse nicht genehmigungsfähig wäre.

Eine solche Genehmigung kann rechtswidrig sein und bei Erfüllung der Voraussetzungen nach § 48 Abs. 1 S. 1 VwVfG zurückgenommen werden. Wird eine Baugenehmigung auf der Grundlage unzutreffender tatsächlicher Voraussetzungen erteilt, mag dies im Einzelfall dazu führen, dass das Vorhaben im Falle seiner Verwirklichung auch materiell illegal errichtet wird, gleichwohl ist die Verwirklichung tatsächlich nicht schlechthin unmöglich.

Der Ansatz, dass die Größe eines Grundstückes maßgebliches Identitätskriterium ist, wird auch der Lebenswirklichkeit nicht gerecht. Im praktischen Rechtsverkehr wird die Identität eines Grundstücks durch andere Kriterien bestimmt, nämlich Straße, Hausnummer, Grundbuch und Liegenschaftskataster mit den dort verwandten Bezeichnungen nach Gemarkung, Flur und Flurstück. Diese Angaben genügen, um das Grundstück, um dessen Bebauung es geht, in einem Baugenehmigungsverfahren hinreichend bestimmt zu bezeichnen. Die sonstigen erforderlichen Angaben in dem Genehmigungsantrag dienen nicht der Bezeichnung des Grundstücks, sondern sind für die rechtliche Beurteilung des Bauvorhabens erforderlich.

Somit war die gegenüber dem Beigeladenen verfügte Baugenehmigung ausführbar, sodass sie nicht gemäß § 44 Abs. 2 Nr. 4 VwVfG nichtig ist.

b) Relativer Nichtigkeitsgrund i. S. d. § 44 Abs. 1 VwVfG
Der Nichtigkeitsgrund des § 44 Abs. 1 VwVfG könnte mangels eines Ausschlusses der Nichtigkeit i. S. d. § 44 Abs. 3 VwVfG erfüllt sein. Er ist nur erfüllt, soweit ein evidenter Fehler ersichtlich ist. Besonders schwerwiegend i. S. d. § 44 Abs. 1 VwVfG sind nur Rechtsfehler, die deshalb mit der Rechtsordnung unter keinen Umständen vereinbar sein können, weil sie im Widerspruch zu tragenden Verfassungsprinzipien oder den der Rechtsordnung immanenten Wertvorstellungen stehen (BVerwG, Urteil vom 22. 2. 1985 – BVerwG 8 C 107.83 – Buchholz 406.11 § 134 BBauG Nr. 6 = DVBl. 1985, 624). Dies ist bezüglich eines Baugenehmigungsbescheides, der auf ein Baugesuch zurückzuführen ist, in dem die Größe des Baugrundstücks unrichtig angegeben wird, nicht ersichtlich, da die Genehmigung im Übrigen hinreichend bestimmt ist. Die gegenüber B verfügte Baugenehmigung ist nicht gemäß § 44 Abs. 1 VwVfG nichtig.

III. Zwischenergebnis
Der Verwaltungsakt ist somit nicht nichtig. Die Klage ist unbegründet.

C. Ergebnis

D wird mit seiner Klage beim Verwaltungsgericht nicht erfolgreich sein.

2. Komplex: Klage ohne Rechtsanwalt

D wird mit seiner Klage jedenfalls Erfolg haben, soweit die Sachurteilsvoraussetzungen erfüllt sind, die Klage zulässig und begründet ist.

A. Sachurteilsvoraussetzungen

Die Sachurteilsvoraussetzungen können erfüllt sein.

I. Rechtsweg
Ein Rechtsweg muß eröffnet sein. Der Verwaltungsrechtsweg kann mangels aufdrängender Sonderzuweisung gemäß § 40 Abs. 1 S. 1 VwGO eröffnet sein. Im Übrigen kommt ein Verweisungsbeschluss i. S. d. § 17a Abs. 2 S. 1 GVG i. V. m. § 173 S. 1 VwGO in Betracht. Der Verwaltungsrechtsweg ist eröffnet, wenn die streit-

entscheidende öffentlich-rechtliche Norm einen Hoheitsträger einseitig berechtigt oder verpflichtet bzw. wenn aufgrund typisch hoheitlichen Handelns zwischen den Beteiligten ein Subordinationsverhältnis besteht.

Streitentscheidende Norm ist § 75 Abs. 1 S. 1 LBauO, weil insoweit ein Hoheitsträger zur Erteilung einer Baugenehmigung berechtigt bzw. verpflichtet wird. Da die Streitigkeit mangels doppelter Verfassungsunmittelbarkeit nicht verfassungsrechtlicher Art und eine abdrängende Sonderzuweisung nicht ersichtlich ist, bleibt es bei der Eröffnung des Verwaltungsrechtsweges. Der Verwaltungsrechtsweg ist gemäß § 40 Abs. 1 S. 1 VwGO eröffnet.

II. Zuständigkeit
Das Verwaltungsgericht ist gemäß § 45 VwGO als Eingangsinstanz für die Klage des D bezüglich der gegenüber B erlassenen Verfügung sachlich zuständig, da Anhaltspunkte für abweichende Regelungen wie z. B. § 50 VwGO nicht ersichtlich sind, sodass kein Verweisungsbeschluss gemäß §§ 17a Abs. 2 S. 1 GVG i.V.m. 83 VwGO gefasst werden wird. Von der örtlichen Zuständigkeit des angerufenen Verwaltungsgerichts ist gemäß § 52 VwGO auszugehen.

III. Beteiligte
D und die zuständigen Behörden können Beteiligte des Verfahrens sein. Beteiligte sind nach § 63 Nr. 1, 2 VwGO jedenfalls unter anderem der Kläger und der Beklagte. Beteiligungsfähig sind gemäß § 61 Nr. 1 VwGO natürliche und juristische Personen. Behörden sind gemäß § 61 Nr. 3 VwGO i.V.m. § 5 Abs. 1 AG VwGO beteiligungsfähig.

Als Kläger ist D gemäß § 61 Nr. 1 Alt. 1 VwGO beteiligungsfähig und gemäß § 62 Abs. 1 Nr. 1 VwGO prozessfähig.

Als Beklagter ist die handelnde Behörde gemäß den §§ 63 Nr. 2, 61 Nr. 3 VwGO i.V.m. § 5 Abs. 1 AG VwGO beteiligungs- und mangels Anhaltspunkten bezüglich der handelnden Organwalterin Bea gemäß § 62 Abs. 3, 1 Nr. 1 VwGO prozessfähig.

Da die Entscheidung des Verwaltungsgerichts gegenüber B als Empfänger der Baugenehmigung nur einheitlich ergehen kann, ist er gemäß § 63 Nr. 3 VwGO als Beteiligter gemäß § 65 Abs. 2 VwGO notwendig beizuladen. Er ist als natürliche Person gemäß § 61 Nr. 1 Alt. 1 VwGO beteiligungs- und gemäß § 62 Abs. 1 Nr. 1 VwGO prozessfähig.

IV. Statthafte Klageart

Die statthafte Klageart richtet sich gemäß § 88 VwGO nach dem klägerischen Begehren unter Berücksichtigung des Anwendungsvorranges maßnahmespezifischer Rechtsschutzformen und des rechtsstaatlichen Grundsatzes der Effektivität des Rechtsschutzes. Dem klägerischen Begehren entspricht i. d. R. die effektivste Klageart, also nach Möglichkeit die Anfechtungsklage gemäß § 42 Abs. 1 Alt. 1 VwGO als Gestaltungsklage der Verwaltungsgerichtsordnung, soweit sie zielführend ist und es keinen anderweitigen ausdrücklichen Antrag gibt, der nicht überschritten werden darf.

D begehrt die Feststellung, dass die gegenüber B verfügte Baugenehmigung nichtig ist. Die Baugenehmigung für B als einzelfallbezogene Regelung im Außenverhältnis stellt einen Verwaltungsakt i. S. d. § 35 S. 1 VwVfG dar. Es kommt eine Nichtigkeitsfeststellungsklage gemäß § 43 Abs. 1 VwGO i. V. m. § 43 Abs. 2 S. 2 VwGO in Betracht. Das Gericht ist gemäß § 88 VwGO zwar nicht zwingend an den Antrag gebunden, jedoch an das geltend gemachte Begehren, wobei ein Feststellungsbegehren als weniger effizient als ein Gestaltungsbegehren einzustufen ist. Fraglich ist, ob das explizit formulierte Feststellungsbegehren bei einem Misserfolg der Nichtigkeitsfeststellung als Anfechtungsbegehren ausgelegt werden kann (zum Ganzen: BVerwG NJW 1985, 2658, 2660).

Jedenfalls sind auch nichtige Verwaltungsakte anfechtbar, um effektiven und umfassenden Rechtsschutz gegen hoheitliches Handeln i. S. d. Artt. 19 Abs. 4, 20 Abs. 3 GG zu gewährleisten, da anderenfalls bei Erhebung der Nichtigkeitsfeststellungsklage bezüglich eines „nur" rechtswidrigen Verwaltungsaktes diese unbegründet, die diesbezüglich mögliche Anfechtungsklage jedoch bereits verfristet wäre, wobei die Grenze zwischen der Rechtswidrigkeit und der Nichtigkeit nicht exakt festlegbar ist. Ein nichtiger Verwaltungsakt ist allerdings jedenfalls rechtswidrig. Die Anfechtbarkeit nichtiger Verwaltungsakte ergibt sich zudem daraus, dass die Subsidiaritätsregelung in § 43 Abs. 2 S. 1 VwGO bei Nichtigkeitsfeststellungsklagen gemäß § 43 Abs. 2 S. 2 VwGO nicht anwendbar ist. Wären nichtige Verwaltungsakte nicht anfechtbar, hätte der Gesetzgeber zumindest bezüglich der Gestaltungsklage i. S. d. § 43 Abs. 2 S. 1 Alt. 1 VwGO – einzige reine Gestaltungsklage in der Verwaltungsgerichtsordnung ist die Anfechtungsklage gemäß § 42 Abs. 1 S. 1 Alt. 1 VwGO – keinen Ausschluss der Subsidiaritätsklausel zu regeln brauchen.

Eine den Klageantrag ausweitende Umdeutung in einen Gestaltungsantrag ist also zwar letztlich denkbar, jedoch rechtsstaatlich bei einer durch einen Prozessbevollmächtigten abgegebenen Rechtsmittelerklärung nicht möglich. D hat aber keinen Prozessbevollmächtigten konsultiert, sondern er agiert selbst.

Sein Antrag ist zwar auf die Feststellung der Nichtigkeit der gegenüber B verfügten Baugenehmigung gerichtet. Durch diese Formulierung des Antrages wird es jedoch nicht ausgeschlossen, die Genehmigung gemäß § 42 Abs. 1 Alt. 1 VwGO bzw. § 113 Abs. 1 S. 1 VwGO aufzuheben, wenn sich ergibt, dass aus dem Fehler keine Nichtigkeit folgt, sondern lediglich eine Anfechtbarkeit (vgl. BVerwGE 35, 334 Rn12). Dem Kläger wird trotz der Gestaltung bei der Anfechtungsklage dadurch nichts anderes, sondern nur weniger zugesprochen als er begehrt. Die Aufhebung eines rechtswidrigen Verwaltungsaktes nach § 113 Abs. 1 S. 1 VwGO ist gegenüber der Feststellung seiner Nichtigkeit nach § 43 Abs. 1 VwGO i.V.m. § 43 Abs. 2 S. 2 VwGO ein Weniger, nicht aber etwas wesentlich anderes. Rechtswidrig sind sowohl unwirksame Verwaltungsakte, die infolge schwerer Mängel nichtig sind, als auch diejenigen, die zwar wirksam, aber wegen eines ihnen anhaftenden Mangels anfechtbar sind. Der Unterschied zwischen diesen beiden Arten der Rechtswidrigkeit ist nur ein gradueller. Sie stehen im Verhältnis weitreichenderer oder geringerer Rechtsfolgen, stellen aber nicht etwas grundsätzlich anderes dar. Die gegenüber der Feststellung bei der Anfechtung erfolgende Gestaltung enthält zwar durch den Aufhebungsakt eine Durchbrechung der Gewaltenteilung, jedoch ist das Ergebnis mit dem Ergebnis bei der Nichtigkeitsfeststellung gleichzusetzen.

Nach alledem ist die Anfechtungsklage gemäß § 42 Abs. 1 Alt. 1 VwGO statthaft.

V. Besondere Sachurteilsvoraussetzungen
Die besonderen Sachurteilsvoraussetzungen können erfüllt sein.

1. Besondere Prozessführungsbefugnis
Besonders prozessführungsbefugt ist gemäß § 78 Abs. 1 Nr. 2 VwGO i.V.m. § 5 Abs. 2 VwGO die bezüglich der an B verfügten Baugenehmigung handelnde Behörde.

2. Klagebefugnis
D muss klagebefugt sein. Die Klagebefugnis nach § 42 Abs. 2 VwGO setzt die Möglichkeit der Verletzung eines subjektiven Rechts voraus. Subjektive Rechte ergeben sich aus Sonderbeziehungen, einfachen Gesetzen, subsidiär aus Grundrechten, wobei jedenfalls aufgrund des weiten Schutzbereiches des Art. 2 Abs. 1 GG bei unmittelbaren Grundrechtseingriffen für das subjektive Recht direkt auf Grundrechte abgestellt werden kann. Ob ein Kläger tatsächlich in einem subjektiven Recht verletzt ist, ist für die Klagebefugnis irrelevant, da die Möglichkeit der Verletzung eines subjektiven Rechts genügt.

Während die Grundrechtsbetroffenheit wegen der Subsidiarität der Grundrechte bei mittelbaren Eingriffen nicht maßgeblich ist, kann sich das subjektive Recht des D mangels einer ersichtlichen Sonderrechtsbeziehung aus einer einfachgesetzlichen Norm ergeben. Insoweit ist § 75 Abs. 1 S. 1 LBauO i.V.m. den §§ 72 Abs. 2, 7 Abs. 1 LBauO wegen der Benennung des Nachbarn durch den Gesetzgeber drittschützend und es besteht die Möglichkeit, dass D durch den gegenüber B genehmigten Umbau und der damit verbundenen Änderung der Grenzabstände in diesem subjektiven Recht verletzt ist. D ist klagebefugt.

3. Vorverfahren
Ein Vorverfahren war für D gemäß § 68 Abs. 1 S. 2 Alt. 1 VwGO i.V.m. § 6 AG VwGO entbehrlich.

4. Klagefrist
Grundsätzlich gilt für die Anfechtungsklage gemäß § 74 Abs. 1 S. 1 VwGO eine Monatsfrist nach Zustellung des Widerspruchsbescheides. Die Zustellung eines Bescheides ist gegenüber dem Kläger D nicht erfolgt. Somit ist gegenüber D auch keine Rechtsbehelfsbelehrung erfolgt, sodass gemäß § 58 Abs. 2 S. 1 VwGO eine Jahresfrist seit Zustellung des Bescheides gilt. Um eine i. S. d. Art. 20 Abs. 3 GG rechtsstaatswidrige und mangels Zustellung eines Verwaltungsaktes nahezu unbegrenzte Möglichkeit des Vorgehens gegen einen Verwaltungsakt trotz Kenntnis auszuschließen, kann für den Fristbeginn die tatsächliche Kenntnis maßgeblich sein. Unabhängig davon, ob der Fristbeginn i. S. d. § 58 Abs. 2 S. 1 VwGO durch eine Kenntnis oder ein Kennenmüssen des D modifiziert wird, ist die Jahresfrist jedenfalls nicht verstrichen, da eine Zustellung der Verfügung gegenüber D nicht erfolgte und er erst am 1. März durch die Wahrnehmung der Bauarbeiten Kenntnis erhielt, ein vorheriges Kennenmüssen nicht ersichtlich ist und er schon am 1. Mai klagt. Eine Verwirkung i. S. d. § 242 BGB i.V.m. Art. 20 Abs. 3 GG ist nicht ersichtlich, da seit der Kenntnis des D erst zwei Monate verstrichen sind. Die Klage des D ist nicht verfristet.

Seitens der Rechtsprechung wird mittels einer verfassungskonformen Auslegung des Art. 58 Abs. 2 S. 1 GG auf die Kenntnis oder das Kennenmüssen abgestellt (vgl. BVerwG – 4 N 3/86 10).

B. Ergebnis

Die Sachurteilsvoraussetzungen bezüglich der Klage des D sind erfüllt.

3. Komplex: Klage bezüglich der Satzung

Der Antrag des D hat jedenfalls Erfolg, soweit die Sachentscheidungsvoraussetzungen erfüllt, der Antrag zulässig begründet ist.

Bei einer prinzipalen Normenkontrolle sollte der Terminus „Sachentscheidungsvoraussetzungen" gewählt werden. Er ist weiter als der Terminus „Sachurteilsvoraussetzungen", welcher darin enthalten ist. Letzterer darf nur verwendet werden, soweit seitens des Gerichts ein Urteilsspruch erfolgt. Dies ist bei der prinzipalen Normenkontrolle zwar der Regelfall, jedoch kann das OVG gemäß § 47 Abs. 5 S. 1 VwGO auch durch einen Beschluss entscheiden.

Weitere Besonderheiten:
- Terminus „Prinzipale Normenkontrolle"
- teilweise subjektives, teilweise objektives Beanstandungsverfahren
- Entscheidung durch Urteil oder durch Beschluss
- Wirkung inter omnes

A. Sachentscheidungsvoraussetzungen

Die Sachentscheidungsvoraussetzungen können erfüllt sein.

I. Rechtsweg

Der Verwaltungsrechtsweg kann mangels aufdrängender Sonderzuweisung gemäß § 40 Abs. 1 S. 1 VwGO eröffnet sein. Im Übrigen kommt ein Verweisungsbeschluss i. S. d. § 17a Abs. 2 S. 1 GVG i. V. m. § 173 S. 1 VwGO in Betracht. Der Verwaltungsrechtsweg ist eröffnet, wenn die streitentscheidende öffentlich-rechtliche Norm einen Hoheitsträger einseitig berechtigt oder verpflichtet bzw. wenn aufgrund typisch hoheitlichen Handelns zwischen den Beteiligten ein Subordinationsverhältnis besteht.

Ein Subordinationsverhältnis ist nicht ersichtlich, da eine Satzung keine typisch hoheitliche Handlungsform darstellt, sondern auch zivilrechtlich möglich ist. Die §§ 6, 8 GO können streitentscheidende öffentlich-rechtliche Normen sein. Jedenfalls ist die Satzung auf eine öffentliche Institution bezogen, sodass ein

Sachzusammenhang zum öffentlichen Recht besteht. Der Verwaltungsrechtsweg ist gemäß § 40 Abs. 1 S. 1 VwGO eröffnet.

II. Zuständigkeit

Das Oberverwaltungsgericht ist gemäß § 47 Abs. 1 Nr. 2 VwGO i.V. m. § 7 AG VwGO für die Verwerfung der Satzung als unter dem Landesrecht stehende Rechtsvorschrift zuständig, falls die prinzipale Normenkontrolle statthaft ist, sodass insoweit kein Verweisungsbeschluss gemäß § 17a Abs. 2 S. 1 GVG i.V. m. § 83 VwGO gefasst werden würde.

III. Beteiligte

B und die zuständigen Behörden können Beteiligte des Verfahrens sein.

Aus § 47 Abs. 2 S. 2 VwGO ergibt sich, dass die prinzipale Normenkontrolle als kontradiktorisches Verfahren einzustufen ist.

Ob sich die Beteiligungsfähigkeit aus der direkten Anwendung der §§ 63, 61, 62, 65 VwGO ergibt oder ob die Normen wegen des Wortlautes des § 63 VwGO – Kläger und Beklagter – zumindest teilweise gegebenenfalls analog anzuwenden sind, ist irrelevant, wenngleich sich aus der gesetzlichen Abschnittsüberschrift „Allgemeine Verfahrensvorschriften" ergeben kann, dass sämtliche Verfahren und damit auch die Verfahren, die nicht als Klagen einzustufen sind, von der direkten Anwendung erfasst sind. Beteiligte sind nach § 63 Nr. 1, 2 VwGO jedenfalls unter anderem der Antragsteller und der Antragsgegner, beteiligungsfähig nach § 61 Nr. 1 VwGO natürliche und juristische Personen.

Der einzige dogmatisch unangreifbare Aufbau bestünde darin, die statthafte Verfahrensart inzident zu prüfen, da eine Prüfung der Verfahrensart dogmatisch nicht logisch ist, da der Rechtsweg und die Zuständigkeit schon wegen der gesetzlichen Überschrift vor § 40 VwGO konnex sind und für den Rechtsweg sowie für die Zuständigkeit § 17a Abs. 2 S. 1 GVG gilt. Zudem ist es z. B. möglich, dass beim VG ein Antrag auf Feststellung der Nichtigkeit einer Satzung gestellt wird. Würde insoweit die Verfahrensart vor der Zuständigkeit geprüft werden, würde bezüglich eines Antrages beim VG eine Verfahrensart benannt werden, die es dort nicht gibt mit der Folge der späteren Verweisung an das OVG (zum Ganzen: Heinze/Starke JURA 2012, 175 ff.). Eine Inzidentprüfung ist klausurtaktisch jedoch nicht sinnvoll, sodass eine offene Formulierung der Zuständigkeit erfolgen sollte (anders als ein Vorziehen der Verfahrensart dogmatisch haltbar).

Fraglich ist, ob die §§ 63, 61, 62, 65 VwGO durch § 47 Abs. 2 S. 1 VwGO als Spezialregelung verdrängt werden.

Das Verhältnis des § 47 Abs. 2 S. 1, 2 VwGO zu § 61 VwGO ist strittig.

Gemäß § 47 Abs. 2 S. 1 VwGO kann jede natürliche oder juristische Person, die geltend macht, durch die Rechtsvorschrift oder deren Anwendung in ihren Rechten verletzt zu sein oder in absehbarer Zeit verletzt zu werden, sowie jede Behörde innerhalb eines Jahres nach Bekanntmachung der Rechtsvorschriften den Antrag stellen. Insoweit könnte sich bereits aus § 47 Abs. 2 S. 4 VwGO ableiten lassen, dass die §§ 63, 61, 62, 65 VwGO verdrängt sind, weil anderenfalls keine entsprechende Anwendbarkeit des § 65 Abs. 1, Abs. 4 VwGO und des § 66 VwGO angeordnet worden wäre. Die Anordnung der entsprechenden Anwendbarkeit dieser Normen ist aber nicht erfolgt, weil die allgemeinen Normen der §§ 63, 61, 62, 65 VwGO bei der prinzipalen Normenkontrolle i. S. d. § 47 Abs. 1 VwGO nicht anwendbar sind, sondern weil gegenüber den benannten öffentlich-rechtlichen juristischen Personen der Wortlaut der §§ 65, 66 VwGO nicht direkt passend ist, da es weniger um deren rechtliche Interessen, als vielmehr um deren Kompetenzen geht. Die §§ 63, 61, 62, 65 VwGO sind also nicht schon wegen der Regelung des § 47 Abs. 2 S. 4 VwGO ausgeschlossen.

Somit sind die §§ 63, 61, 62, 65 VwGO grundsätzlich – gegebenenfalls analog – insoweit anwendbar, als sie nicht durch § 47 Abs. 2 S. 1 VwGO ergänzt werden. Ebenso wie die Beteiligungsfähigkeit i. S. d. § 61 Nr. 1 VwGO nicht durch § 61 Nr. 3 VwGO ausgeschlossen, sondern nur ergänzt wird, ist § 47 Abs. 2 S. 1 VwGO als Ergänzung zur Beteiligungsfähigkeit der Rechtsträger nach § 61 Nr. 1 Alt. 2 VwGO einzustufen.

Als Antragsteller ist B gemäß § 61 Nr. 1 Alt. 1 VwGO beteiligungsfähig und gemäß § 62 Abs. 1 Nr. 1 VwGO prozessfähig. Behörden sind gemäß § 61 Nr. 3 VwGO i. V. m. § 5 Abs. 1 AG VwGO des Bundeslandes Bu beteiligungsfä-hig.

Als Antragsgegnerin ist die handelnde Behörde gemäß den §§ 63 Nr. 2, 61 Nr. 3 VwGO i. V. m. § 5 Abs. 1 AG VwGO zwar grundsätzlich beteiligungs- und mangels Anhaltspunkten bezüglich des handelnden Organwalters gemäß § 62 Abs. 3, 1 Nr. 1 VwGO prozessfähig, wobei § 47 Abs. 2 S. 2 VwGO als Sonderregelung bezüglich der besonderen Prozessführungsbefugnis hinsichtlich der Beteiligten irrelevant ist. Allerdings wird § 61 Nr. 1 Alt. 2 VwGO durch § 61 Nr. 3 VwGO i. V. m. § 61 Nr. 3 VwGO i. V. m. § 5 Abs. 1 AG VwGO nur ergänzt, sodass – soweit eine Divergenz zur besonderen Prozessführungsbefugnis besteht – letztlich die Gemeinde G gemäß § 61 Nr. 1 Alt. 2 VwGO als Rechtsträger öffentlichen Rechts in Form einer Gebietskörperschaft auf der Beklagtenseite beteiligungsfähig und mittels des handelnden Organwalters gemäß § 62 Abs. 3, 1 Nr. 1 VwGO prozessfähig ist.

§ 61 Nr. 1 VwGO ist neben § 61 Nr. 3 VwGO anwendbar, sodass ein Wahlrecht des Bürgers besteht, da sein Rechtsschutz durch § 61 Nr. 3 VwGO erweitert und eine Divergenz zwischen Beteiligungsfähigkeit und besonderer Prozessführungsbefugnis gegebenenfalls vermieden werden soll.

IV. Statthafte Verfahrensart

Die statthafte Verfahrensart richtet sich i. S. d. § 88 VwGO nach dem Antragsbegehren unter Berücksichtigung des Anwendungsvorranges maßnahmespezifischer Rechtsschutzformen und des rechtsstaatlichen Grundsatzes der Effektivität des Rechtsschutzes. Dem Antragsbegehren entspricht die Feststellung der Ungültigkeit bzw. der Nichtigkeit der seitens der G erlassenen Satzung, sodass gemäß § 47 Abs. 1 Nr. 2 VwGO i. V. m. § 7 AG VwGO die prinzipale Normenkontrolle statthaft ist.

Für die Stadtstaaten bestehen Sonderregelungen. Das ergibt sich aus § 246 Abs. 2 S. 1 (Hamburg und Berlin) und S. 2 (Bremen) BauGB. In Hamburg ist dies in § 3 BauLPlFestG geregelt (grundsätzlich Verordnung; unter Umständen Gesetz) und in Berlin in § 6 Abs. 5 S. 2 AG BauGB. In § 47 Abs. 1 Nr. 1 VwGO ist auf § 246 Abs. 2 BauGB Bezug genommen worden. Soweit ein Bebauungsplan in Hamburg als Gesetz erlassen werden kann, soll eine Verfassungsbeschwerde mangels Rechtswegerschöpfung bzw. Subsidiarität nach der Rechtsprechung des Bundesverfassungsgerichtes unzulässig sein, da bezüglich des Gesetzes ein Verfahren nach § 47 VwGO möglich sein soll. Diese „verfassungskonforme Auslegung" i. S. d. sich unter anderem aus Art. 20 Abs. 3 GG ergebenden Rechtsstaatsprinzips ist wegen der Überschreitung der Wortlautgrenzen dogmatisch höchst problematisch.

V. Besondere Sachentscheidungsvoraussetzungen

Die besonderen Sachentscheidungsvoraussetzungen können erfüllt sein.

1. Besondere Prozessführungsbefugnis

Besonders prozessführungsbefugt ist gemäß § 47 Abs. 2 S. 2 VwGO die Gemeinde G als Gebietskörperschaft öffentlichen Rechts.

Da gemäß § 47 Abs. 5 S. 1 VwGO ein Urteilspruch oder ein Beschluss erfolgen kann, ist nicht der Terminus Klageart, sondern der weiter gefasste Terminus Verfahrensart zu verwenden.

2. Antragsbefugnis

B muss antragsbefugt sein. Voraussetzung für die Antragsbefugnis gemäß § 47 Abs. 2 S. 1 VwGO – B als natürliche Person bedarf der Antragsbefugnis im engen Sinne – ist die Möglichkeit der Verletzung eines subjektiven Rechts.

Die prinzipale Normenkontrolle ist für natürliche und juristische Personen gemäß § 47 Abs. 2 S. 1 VwGO ein subjektives Beanstandungsverfahren, aus Sicht der Behörde ein objektives Beanstandungsverfahren, da insoweit lediglich ein Bezug zur streitgegenständlichen Rechtsvorschrift erforderlich ist.

Subjektive Rechte werden aus Sonderrechtsbeziehungen, einfachen Gesetzen und subsidiär aus Grundrechten abgeleitet, wobei jedenfalls aufgrund des weiten Schutzbereiches des Art. 2 Abs. 1 GG bei unmittelbaren Grundrechtseingriffen für das subjektive Recht direkt auf Grundrechte abgestellt werden kann. Insoweit kommt der Vertrag zwischen B und der Gemeinde bezüglich der Kindertageseinrichtung als bestehende Sonderrechtsbeziehung in Betracht (zum Ganzen: OVG Sachsen-Anhalt – K 483/10).

Eine Verletzung des sich aus dieser Sonderrechtsbeziehung ergebenden subjektiven Rechts könnte jedoch ausgeschlossen sein, weil die neu gefasste Satzung nur für die ab dem 1. Januar 2011 abzuschließenden Betreuungsverträge gelte und die Wirksamkeit der mit dem Antragsteller bereits zuvor geschlossenen Betreuungsverträge unberührt bliebe. In der streitgegenständlichen Satzung über die Benutzung der Tageseinrichtungen der Gemeinde sind weder Ausnahmen noch Übergangsbestimmungen für die auf der Grundlage der bisher gültigen Satzungen begründeten Rechtsverhältnisse enthalten. Zudem treten die bisher gültigen Satzungen nach § 13 S. 2 TageseinBenS mit dem Inkrafttreten der neuen Satzung außer Kraft. Unter diesen Umständen hat der Antragsteller damit zu rechnen, dass die Antragsgegnerin unter Berufung auf das nunmehr allein geltende Satzungsrecht eine Anpassung der geschlossenen Betreuungsverträge i. S. d. § 60 Abs. 1 S. 1 VwVfG einfordert. Somit besteht die Möglichkeit, dass B durch die Satzung in seinem sich aus dem Vertrag ergebenden subjektiven Recht verletzt wird. B ist antragsbefugt.

3. Antragsfrist

Der gerichtliche Antrag des B ist i. S. d. § 47 Abs. 2 S. 1 VwGO innerhalb eines Jahres seit der Bekanntmachung der Satzung gestellt worden, da Gegenteiliges nicht ersichtlich ist.

4. Vorrang der Verfassungsgerichtsbarkeit

Eine ausschließliche Zuweisung der Prüfung der Satzung zum Landesverfassungsgericht i. S. d. § 47 Abs. 3 VwGO ist nicht ersichtlich, sodass ein Ausschluss der Entscheidung des Oberverwaltungsgerichts nicht erfolgt ist.

VI. Allgemeines Rechtsschutzbedürfnis

Das allgemeine Rechtsschutzbedürfnis für eine prinzipale Normenkontrolle besteht nicht, soweit die Verwerfung der streitgegenständlichen Rechtsvorschrift für den Antragsteller keine rechtlichen oder tatsächlichen Vorteile zur Folge hätte. Bei einer Verwerfung der Satzung bestünde keine Beeinträchtigung der Rechte des B, sodass er in seiner ohnehin problematischen finanziellen Lage keine weiteren Vorkehrungen treffen müsste. Das allgemeine Rechtsschutzbedürfnis besteht.

B. Begründetheit

Der Antrag ist begründet, soweit die Satzung rechtswidrig ist und keine Ausnahme von dem sich unter anderem aus Art. 20 Abs. 3 GG ergebenden grundsätzlich geltenden Normennichtigkeitsdogma geregelt ist.

Grundsätzlich gilt bei Normen ein Nichtigkeitsdogma, jedoch sind gesetzliche Ausnahmen möglich – z. B. gemäß den §§ 214, 215 BauGB. Deshalb ist der Terminus „Normennichtigkeitsfeststellungsklage" veraltet. Der teilweise verwendete Terminus „Normenungültigkeitsfeststellungsklage" ist ebenfalls problematisch, weil auch insoweit nicht alle Variablen der Fehlergraduierung bei Normen erfasst werden, während der Terminus „abstrakte Normenkontrolle" mit dem Verfassungsprozessrecht verwechslungsfähig ist, sodass der Terminus „prinzipale Normenkontrolle" sinnvoll erscheint.

Das Oberverwaltungsgericht wird die Satzung insoweit gemäß § 47 Abs. 5 S. 2 VwGO für unwirksam erklären, wobei die Entscheidung allgemein verbindlich und die Entscheidungsformel in gleicher Weise wie die Bekanntmachung der Rechtsvorschrift bekannt zu machen ist.

I. Rechtsgrundlage

Als Rechtsgrundlage kommt § 6 Abs. 1 S. 1 GO in Betracht. Danach können Gemeinden ihre eigenen Angelegenheiten im eigenen Wirkungskreis i. S. d. § 4 Abs. 1 S. 1, 2 GO im Kernbereich der kommunalen Selbstverwaltung i. S. d. Art. 28 Abs. 2

S. 1 GG durch Satzung regeln. Problematisch ist allerdings die Bestimmtheit i. S. d. sich unter anderem aus Art. 20 Abs. 3 GG ergebenden Rechtsstaatsprinzips. Soweit der Gesetzesvorbehalt im engen Sinne – bei ausdrücklichen Vorgaben des Gesetzgebers, bei massiven Grundrechtseingriffen sowie bei sonst wesentlichen Aspekten – gilt, bedarf es einer dezidierten Regelung. Bei einer kommunalen Satzung handelt es sich jedoch um kommunale Selbstverwaltung im Rahmen der Daseinsvorsorge, also der Leistungsverwaltung, sodass die Anforderungen an die Rechtsgrundlage – soweit sie erforderlich ist und nicht ausschließlich der Vorrang des Gesetzes gilt – geringer sein können (zum Ganzen: VG Braunschweig – 6 A 269/10; BVerfGE 33, 125).

Indem im Kommunalrecht als Spezifizierung des Art. 28 Abs. 2 S. 1 GG die Gemeinden im eigenen Wirkungskreis nur zur Regelung der eigenen Angelegenheiten ermächtigt werden, wird die Satzungsbefugnis der Kommunen in zweierlei Hinsicht begrenzt. Die Satzungen dürfen sachlich nur für das Gemeindegebiet gelten und müssen personell auf die Einwohnerinnen und Einwohner der Gemeinde i. S. d. § 21 Abs. 1 GO oder auf Personen bezogen sein, die zu der Gemeinde in einer besonderen Beziehung stehen (vgl. Wefelmeier in: KVR-NGO, § 6, Rn 6; Baumgarten in: KVR-NGO, a.a.O., § 16, Rn 9; Maurer in DÖV 1993, 184, 188).

Trotzdem bleibt auch im Rahmen einer an sich zulässigen Autonomiegewährung der Grundsatz bestehen, dass der Gesetzgeber sich seiner Rechtssetzungsbefugnis nicht vollständig entäußern und seinen Einfluss auf den Inhalt der von den körperschaftlichen Organen zu erlassenden Normen nicht gänzlich preisgeben darf. Das ergibt sich sowohl aus dem unter anderem in Art. 20 Abs. 3 GG geregelten Rechtsstaatsprinzip als auch aus dem in Art. 20 Abs. 2 S. 1 GG geregelten Demokratieprinzip.

Ergibt sich aus dem Rechtsstaatsprinzip, die öffentliche Gewalt in allen ihren Äußerungen auch durch klare Kompetenzordnung und Funktionentrennung rechtlich zu binden, um Machtmissbrauch zu verhüten und die Freiheit des Einzelnen zu wahren, ergibt sich aus dem Demokratieprinzip, dass jede Ordnung eines Lebensbereichs durch Sätze objektiven Rechts auf eine Willensentschließung der vom Volke bestellten Gesetzgebungsorgane rückführbar sein muss.

Der Gesetzgeber darf seine Aufgaben nicht anderen Stellen innerhalb oder außerhalb der Staatsorganisation zur freien Verfügung überlassen. Das gilt insbesondere, wenn durch den Akt der Autonomieverleihung dem autonomen Verband nicht nur allgemein das Recht zu eigenverantwortlicher Wahrnehmung der übertragenen Aufgaben und zum Erlass der erforderlichen Organisationsnormen eingeräumt wird, sondern zugleich eine Ermächtigung zu Eingriffen in Grundrechte erfolgt.

Ob demgemäß zur Rechtsetzung ermächtigt werden darf und welche Anforderungen im Einzelfall an die Ermächtigung zu stellen sind, ist von der jeweiligen Intensität des Eingriffs abhängig. Da es sich bei der Satzungsermächtigung um den Bereich der kommunalen Daseinsvorsorge im Rahmen der kommunalen Selbstverwaltung handelt mit der Folge, dass die Grundrechtsbetroffenheit aufgrund der gebietsbezogenen Körperschaft öffentlichen Rechts gering ist, bedarf es keiner dezidierten Regelung.

Eine weit formulierte Regelung ist hinreichend, sodass § 6 Abs. 1 GO letztlich als geeignete Rechtsgrundlage einzustufen ist.

II. Voraussetzungen
Die Voraussetzungen zum Erlass der Satzung könnten erfüllt sein.

1. Formelle Voraussetzungen
Die formellen Voraussetzungen können erfüllt sein. Mit dem Rat der sachlich und örtlich zuständigen Gemeinde handelte das zuständige Organ i. S. d. § 40 Abs. 1 Nr. 4 GO. Zudem muss ein ordnungsgemäßes Verfahren durchgeführt worden sein. Zunächst war nach ordnungsgemäßer Einberufung des Rates gemäß des § 46 Abs. 1 S. 1, 2 GO die Mehrheit der Ratsmitglieder anwesend, wobei der Ratsvorsitzende die Beschlussfähigkeit zu Beginn des Rates festgestellt hatte. Fraglich ist, wie es sich auswirkt, dass bei der Beschlussfassung weniger als die Hälfte der Mitglieder anwesend war (zum Ganzen: VGH Kassel – 6 TG 3547/87).

Bei der Regelung des § 46 Abs. 1 S. 1, 3 GO handelt es sich um eine widerlegbare Rechtsvermutung. Sie ist hingegen nicht als gesetzliche Fiktion einzustufen, da der grundsätzlich nicht widerlegbaren Fiktion die Annahme zugrunde liegt, dass der fingierte Umstand nicht gegeben ist (Leipold, in: Stein-Jonas, Zivilprozessordnung, Kommentar, 23. Aufl., § 292, Rn 5; Schneider „Gesetzgebung" 1982, § 12, 5. und 6., S. 200). Bezüglich des § 46 Abs. 1 S. 1, 3 GO kann die Gemeindevertretung sowohl beschlussfähig als auch beschlussunfähig sein. Zudem ist in § 46 Abs. 1 S. 3 GO die Widerlegbarkeit bei einem entsprechenden Antrag geregelt, während unwiderlegbaren Vermutungen teilweise ausdrücklich – z. B. in § 1566 BGB – zu entnehmen ist, dass der Gesetzgeber eine gegenteilige Feststellung nicht zulassen will (vgl. zu der eine Widerlegbarkeit gesetzlicher Vermutungen begründenden Vorschrift des § 292 ZPO: Leipold, a.a.O., Rn 1, Rosenberg/Schwab/Gottwald, Zivilprozessrecht, 18. Aufl. 2018, § 117, I.4.; vgl. Achterberg, Parlamentsrecht, 1984, § 22, 3.a), aa), 2, S. 632; ähnlich Braun, Kommentar zur Verfassung Baden-Württemberg, 1984, Art. 33, Rn 36; Meder/Brechmann, Kommentar zur Verfassung des Freistaates Bayern, 6. Aufl. 2020, Art. 23, Rn 2, § 131 der Geschäftsordnung des Bayerischen Landtages; Vonderbeck, Die parlamentarische

Beschlussfähigkeit, in: H.A. Roll (Hg.), Plenarsitzungen des Deutschen Bundestages, – Festgabe für Werner Blischke –, 1982 S. 192, 196, 198 f.).

Ein Antrag bezüglich der Beschlussunfähigkeit des Rates muss gemäß § 46 Abs. 1 S. 3 GO somit aus der Mitte der Gemeindevertretung gestellt werden. Eine spätere Rüge des B ist insoweit nicht hinreichend, sodass letztlich kein Verfahrensfehler ersichtlich ist.

Die Satzung ist auch schriftlich und mit Unterschrift des Bürgermeisters i. S. d. § 6 Abs. 3 S. 1 GO erlassen und ordnungsgemäß bekannt gemacht worden, sodass sie auch formgerecht erlassen worden ist.

2. Materielle Voraussetzungen

Materiell handelt es sich bei der Kindertagesstätte gemäß § 5 Abs. 3 S. 1 KiFöG um eine öffentliche Einrichtung im Rahmen der eigenen kommunalen Angelegenheiten im Rahmen der Gesetze, sodass die Voraussetzungen des § 6 Abs. 1 S. 1 GO erfüllt sind.

III. Rechtsfolge

Die Gemeinden können ihre eigenen Angelegenheiten gemäß § 6 Abs. 1 S. 1 GO im Rahmen der Gesetze regeln, müssen es jedoch nicht, sodass G grundsätzlich Satzungsermessen i. S. d. § 8 Nr. 1 GO zusteht. Mangels ersichtlicher Ermessensreduktion auf Null kommen lediglich Ermessensfehler in Betracht. Dabei ist die Einschätzungsprärogative des Satzungsgebers geringer als beim Gesetzgeber formeller Gesetze und weiter als bei der Exekutive bezüglich der Rechtssetzung bei Verwaltungsakten i. S. d. § 35 VwVfG.

§ 40 VwVfG ist bezüglich des Satzungsermessens nicht anwendbar, da dieser unmittelbar nur für Verwaltungsakte i. S. d. § 35 VwVfG gilt. Das Ermessensvorgaben ergeben sich vielmehr aus dem unter anderem in Art. 20 Abs. 3 GG geregelten Rechtsstaatsprinzip in Form des Vorranges des Gesetzes.

Einen Schwerpunkt stellt die Ermessensprüfung bezüglich der Satzung insoweit dar, als eigenständige Argumentation gefordert ist.

---

1. Ermessensausfall

Möglicherweise ist ein Ermessensfehler in Form eines zumindest partiellen Ermessensausfalls erfolgt (zum Ganzen: vgl. OVG Münster NVwZ-RR 2003, 376). *„Möglicherweise war die Sachaufklärung durch den Gemeinderat bezüglich der*

Bemessung der Höhe der Zahlungen fehlerhaft. Dieser Einwand ist jedoch nicht auf den Inhalt der streitgegenständlichen Ratsbeschlüsse, sondern auf den diesen Beschlüssen vorangehenden internen Entscheidungsvorgang bezogen. Die Entscheidung darüber, in welcher Form und in welcher Höhe Zuwendungen aus Haushaltmitteln gewährt werden bzw. Entgelte entrichtet werden sollen, unterliegt der gerichtlichen Prüfung grundsätzlich nur in materiell-rechtlicher Hinsicht. Es ist unerheblich, wie der Gemeinderat verfahrensmäßig den angenommenen Bedarf der Fraktionen ermittelt hat. Insoweit gelten dieselben Grundsätze, die auch bei der gerichtlichen Prüfung kommunaler Rechtssetzungsakte anzuwenden sind. Gegenstand der Prüfung sind nur diese Rechtssetzungsakte als solche, also das Ergebnis des Rechtssetzungsverfahrens. Die subjektiven Vorstellungen und Motive der am Verfahren beteiligten Organe oder Personen sind unbeachtlich. Nur die objektive Unvereinbarkeit des sachlichen Inhalts der Norm mit höherrangigem Recht führt zu ihrer Ungültigkeit (OVG Münster, NVwZ 1990, 393; NVBl 1990, 266; OVGE 39, 49)."

Auch aus § 40 VwVfG ergibt sich nichts anderes. *"§ 40 VwVfG gilt nur für Außenrechtssetzungsakte, nicht aber für Innenrechtsbeziehungen zwischen kommunalen Funktionsträgern, bei denen es an der für den Verwaltungsakt charakteristischen Außenwirkung fehlt. Soweit eine analoge Anwendung des § 40 VwVfG auf andere Handlungsformen wie solcher zur Ausübung des Organisationsermessens im verwaltungsinternen Bereich möglich sein sollte (Sachs, in: Stelkens/Bonk/Sachs, VwVfG, 9. Aufl.2018, § 40, Rn. 47 m.w.N.), gilt dies jedenfalls nicht für die Willensbildung bei Ratsbeschlüssen. Wie bei Rechtsnormen ist auch insoweit nur die Regelung als solche maßgeblich, nicht aber auch der verfahrensmäßige Weg des Zustandekommens (OVG Münster, NVwZ 1990, 393; Sachs, in: Stelkens/Bonk/ Sachs, VwVfG, 9. Aufl. 2018, § 40, Rn 48). Der Entscheidungsvorgang ist neben dem Inhalt der Satzung als dem Produkt dieses Vorgangs nur bedeutsam, wenn der Gesetzgeber nicht nur den sachlichen Inhalt der Norm, sondern auch den Vorgang der Willensbildung besonderen Anforderungen zugeordnet hat (OVG Münster NVwZ 1987, 727)."*

Nach alledem besteht kein Ermessensausfall.

2. Ermessensüberschreitung

Wegen des sich aus dem Rechtsstaatsprinzip ergebenden und stets geltenden Vorranges des Gesetzes ist das Ermessen überschritten worden, soweit ein Verstoß gegen höherrangiges Recht erfolgt ist. In Betracht kommt ein Verstoß gegen § 3 LKiFöG. Beschränkungen des i.S.d. § 3 Abs. 1 KiFöG gesetzlich begründeten Betreuungsanspruchs durch eine Benutzungssatzung des Trägers der Einrichtung müssen mit dem sich subsidiär aus dem Rechtsstaatsprinzip ergebenden Verhältnismäßigkeitsgrundsatz vereinbar sein.

Der Grundsatz der Verhältnismäßigkeit ergibt sich primär als Schranken-Schranke im Rahmen der Wechselwirkung aus den Grundrechten. Lediglich subsidiär ist der Verhältnismäßigkeitsgrundsatz aus dem Rechtsstaatsprinzip abzuleiten.

Der Zugang zur Einrichtung darf deshalb nur beschränkt werden, wenn und soweit dies notwendig erscheint, um die Funktionsfähigkeit der Einrichtung sicherzustellen. Die Regelung der Mitfinanzierung der Einrichtung durch Elternbeiträge in § 13 KiFöG ist nicht fehlerhaft, wenn in der Satzung geregelt ist, dass das Benutzungsverhältnis beendet werden kann, wenn und soweit die Eltern ihren Pflichten zur Zahlung von Elternbeiträgen nicht genügen.

a) Ermessensüberschreitung durch § 11 TageseinBenS

Wenn der Satzungsgeber in § 11 Abs. 3 S. 3, 4 TageseinBenS bestimmt, dass die Kosten für die in den Tageseinrichtungen bereitgestellten Getränke und Verpflegung von den Eltern zu tragen und auf privatrechtlicher Grundlage zwischen den Eltern und dem Essenslieferanten abzurechnen sind, ist es nicht Sache des Trägers der Einrichtung, darüber zu wachen, ob und inwieweit die Eltern ihren privatrechtlichen vertraglichen Verpflichtungen gegenüber dem Essenslieferanten nachkommen, wobei letzteres nicht in § 11 TageseinBenS, sondern in § 12 TageseinBenS geregelt ist.

Durch § 11 TageseinBenS soll eine einheitliche Verpflegung der Kinder sichergestellt werden, die Bestandteil der Konzeption der Tageseinrichtungen ist. In § 11 Abs. 3 TageseinBenS wird keine Rechtspflicht begründet, die angebotene einheitliche Verpflegung abzunehmen. Wenn in den Tageseinrichtungen gemäß § 11 Abs. 3 S. 1 TageseinBenS eine warme Mittagsmahlzeit bereitgestellt wird und darüber hinaus gemäß § 11 Abs. 3 S. 2 TageseinBenS in den Einrichtungen Getränke und Kaltverpflegungen angeboten werden, haben die Eltern die Verpflegungskosten auf der Grundlage von Abrechnungen zwischen den Essenslieferanten und sich gemäß § 11 Abs. 3 S. 3, 4 TageseinBenS zu tragen, wenn sie von dem Angebot nach Maßgabe des § 11 Abs. 3 S. 1, 2 TageseinBenS Gebrauch machen und die Mahlzeiten und sonstige Verpflegung abnehmen. Ist die Abnahme nach der satzungsrechtlichen Regelung der Entscheidung den Eltern überlassen, bedarf es keiner Entscheidung, ob eine satzungsrechtliche Regelung, in der eine Verpflichtung zur Abnahme einer für die Kinder einheitlichen Mittagsmahlzeit enthalten ist, unter Berücksichtigung der sich aus Art. 24 Abs. 2 S. 2 LVerf ergebenden Pflicht des Landes und der Kommunen, für Kinder angemessene Betreuungseinrichtungen zur Verfügung zu stellen und der Befugnis der Kommunen, die Benutzung ihrer öffentlichen Einrichtungen gemäß § 6 Abs. 1 S. 1 GO eigenständig zu regeln, rechtmäßig wäre oder ob damit das Elternrecht i. S. d. Art. 11 Abs. 1 LVerf und der Zulassungsanspruch aus § 3 Abs. 1 KiFöG unverhältnismäßig eingeschränkt werden würden. Etwas anderes ergibt sich nicht daraus, dass in dem Konzept der Einrichtungen die gemeinschaftliche Einnahme einer einheitlichen Mittagsmahlzeit vorgesehen ist. Denn der Gegenstand des Normenkontrollverfahrens ist die Benutzungssatzung, nicht das Konzept als solches. Somit ist die Regelung des § 11 Abs. 3 S. 3, 4 TageseinBenS verhältnismäßig.

b) Ermessensüberschreitung durch § 12 TageseinBenS

Als rechtsstaatswidrig kann jedoch § 12 Abs. 4 TageseinBenS einzustufen sein, soweit damit der Antragsgegnerin die Befugnis eingeräumt wird, den Betreuungsvertrag zu kündigen, wenn der Verpflegungsbeitrag trotz schriftlicher Mahnung länger als 2 Monate nicht entrichtet wird (zum Ganzen: OVG Sachsen-Anhalt – K 483/10, Rn 22 ff.).

Durch diesen Kündigungsgrund wird die Ausgestaltung der Entgelte für die Verpflegung der Kinder in den Einrichtungen in § 11 Abs. 3 TageseinBenS aufgegriffen. Nach § 11 Abs. 3 S. 1 TageseinBenS wird in allen Tageseinrichtungen eine warme Mittagsmahlzeit bereitgestellt. Darüber hinaus werden gemäß § 11 Abs. 3 S. 2 TageseinBenS Getränke und Kaltverpflegungen angeboten. Die Verpflegungskosten sind gemäß § 11 Abs. 3 S. 3 TageseinBenS von den Eltern zu tragen. Die Abrechnung erfolgt gemäß § 11 Abs. 3 S. 4 TageseinBenS auf privatrechtlicher Basis zwischen den Eltern und dem Essenslieferanten. Der Verpflegungsbeitrag i. S. d. § 12 Abs. 4 TageseinBenS stellt somit keine Gebühr für die Inanspruchnahme einer Leistung im Rahmen eines öffentlich-rechtlichen Benutzungsverhältnisses, sondern ein privatrechtliches Entgelt dar, das die Eltern dem die Verpflegung bereitstellenden Unternehmer zu zahlen haben.

Es ist grundsätzlich möglich, dass in der Satzung mit § 12 TageseinBenS bestimmt wird, unter welchen Voraussetzungen die Betreuungsverträge vom Träger der Einrichtung gekündigt werden können. Dass ein Benutzungsverhältnis öffentlich-rechtlich ausgestaltet ist, steht der Zulässigkeit der Auflösung desselben durch eine Kündigung nicht entgegen. Gemäß § 8 Abs. 1 der Satzung wird das Benutzungsverhältnis nach Anmeldung durch die Eltern durch Abschluss eines Betreuungsvertrages begründet. Dabei handelt es sich nicht um ein privatrechtliches Vertragsverhältnis, weil mit dem Abschluss des Vertrages über den Zugang zu der Einrichtung entschieden und damit das öffentlich-rechtliche Benutzungsverhältnis i. S. d. „Ob" begründet wird. Es bedarf auch keines Verwaltungsaktes, um das öffentlich-rechtliche Benutzungsverhältnis zu beenden. Denn auch öffentlich-rechtliche Verträge können gemäß § 60 VwVfG gekündigt werden.

§ 12 Abs. 4 TageseinBenS ist jedoch dennoch als Ermessensüberschreitung einzustufen, weil es nicht statthaft ist, den Betreuungsvertrag zu kündigen, wenn die Eltern privaten Dritten gegenüber mit Zahlungen im Rückstand sind. Nach § 54 S. 1 VwVfG kann ein Rechtsverhältnis auf dem Gebiet des öffentlichen Rechts begründet werden, soweit Rechtsvorschriften nicht entgegenstehen. Dieser Vorbehalt für die Zulässigkeit der Begründung des öffentlich-rechtlichen Vertragsverhältnisses gilt wegen des sich unter anderem aus Art. 20 Abs. 3 GG ergebenden Rechtsstaatsprinzips auch für die Auflösung durch eine Kündigung. Der Auflösung des öffentlich-rechtlichen Benutzungsverhältnisses stehen Rechtsvorschriften entgegenstehen.

Nach § 3 Abs. 1 KiFöG hat jedes Kind mit gewöhnlichem Aufenthalt im Land einen Anspruch auf Betreuung in einer Tageseinrichtung. Dieser Anspruch ist gemäß § 3 Abs. 3 S. 1 KiFöG gegen die Gemeinde gerichtet, in der das Kind seinen gewöhnlichen Aufenthalt hat. Ist G als mit der Erfüllung der Aufgaben nach Kinderförderungsgesetz zuständige Gebietskörperschaft zur Erfüllung des Betreuungsanspruchs von Gesetzes wegen verpflichtet, kann sie sich dieser Pflicht nicht entledigen, indem sie unverhältnismäßige Beschränkungen für den Zugang bzw. die Aufrechterhaltung des Zugangs zu der von ihr zur Erfüllung des Betreuungsanspruchs geschaffenen und unterhaltenen Kindertageseinrichtung regelt.

Dem könnte allerdings entgegenstehen, dass der Betreuungsanspruch nicht schrankenlos gewährt wird. Die Tageseinrichtungen erfüllen gemäß § 5 Abs. 1 S. 1 KiFöG einen eigenständigen alters- und entwicklungsspezifischen Betreuungs-, Bildungs- und Erziehungsauftrag im Rahmen einer auf die Förderung der Persönlichkeit des Kindes orientierten Gesamtkonzeption. Durch sie sollen die Gesamtentwicklung des Kindes altersgerecht gefördert und durch allgemeine und erzieherische Hilfen und Bildungsangebote die körperliche, geistige und seelische Entwicklung der Kinder angeregt, sowie deren Gemeinschaftsfähigkeit gefördert und Benachteiligungen ausgeglichen werden. Dabei gestalten die Träger der Einrichtungen die Umsetzung des Erziehungs- und Bildungsauftrages gemäß § 5 Abs. 3 S. 1 KiFöG in eigener Verantwortung. Gemäß § 5 Abs. 3 S. 2 KiFöG ist für jede Tageseinrichtung eine Konzeption zu erarbeiten und ständig fortzuschreiben.

Zudem ergibt sich aus § 13 S. 1 KiFöG, dass die Kinderbetreuung nicht eine ausschließlich aus Steuermitteln finanzierte staatliche Wohlfahrtsleistung darstellt. Vielmehr sind für die Inanspruchnahme der Tageseinrichtungen grundsätzlich Elternbeiträge zu erheben, durch die neben den Zuschüssen des Landes zu den laufenden Kosten nach Maßgabe des § 11 Abs. 3 KiFöG zur Kostendeckung der Einrichtung beigetragen wird. Deshalb ist es grundsätzlich nicht zu beanstanden, wenn der Träger der Einrichtung den Zugang zur Einrichtung und ihre Benutzung i. S. d. § 6 Abs. 1 S. 1 GO durch Satzung regelt und dabei von Bedingungen abhängig macht, durch die sichergestellt wird, dass die Einrichtungen die ihnen überantworteten Aufgaben sachgerecht wahrnehmen können. Auch diese Beschränkungen für den Zugang oder bei der Benutzung der Einrichtung müssen jedoch in Bezug auf den gesetzlich begründeten Betreuungsanspruch verhältnismäßig sein. Der Zugang zur Einrichtung darf deshalb nur beschränkt werden, wenn und soweit dies notwendig erscheint, um die Funktionsfähigkeit der Einrichtung sicherzustellen. Da in § 13 KiFöG die Mitfinanzierung der Einrichtung durch Elternbeiträge geregelt ist, ist es nicht zu beanstanden, wenn in der Satzung geregelt ist, dass das Benutzungsverhältnis beendet werden kann, wenn und soweit die Eltern ihren Pflichten zur Zahlung von Elternbeiträgen nicht genügen.

Es ist für die Funktionsfähigkeit der Einrichtung aber weder erforderlich, noch ist es verhältnismäßig im engeren Sinne, den Bestand des zwischen dem Träger der Einrichtung und dem Benutzer bestehenden öffentlich-rechtlichen Rechtsverhältnisses davon abhängig zu machen, ob der Benutzer privatrechtliche Zahlungspflichten Dritten gegenüber erfüllt. Wenn der Satzungsgeber in § 11 Abs. 3 S. 3, 4 TageseinBenS regelt, dass die Kosten für die in den Tageseinrichtungen bereitgestellten Getränke und Verpflegung von den Eltern zu tragen sind und auf privatrechtlicher Grundlage zwischen den Eltern und dem Essenslieferanten abzurechnen sind, ist es nicht Sache des Trägers der Einrichtung, darüber zu wachen, ob und inwieweit die Eltern ihren privatrechtlichen vertraglichen Verpflichtungen gegenüber dem Essenslieferanten nachkommen.

Nach alledem ist das Satzungsermessen seitens der G überschritten worden.

IV. Zwischenergebnis
Die Satzung ist rechtswidrig.

C. Ergebnis

Da die Satzung rechtswidrig ist, wird aufgrund des grundsätzlich rechtsstaatlich geltenden Nichtigkeitsdogmas mangels ersichtlicher Ausnahme die Nichtigkeit der Satzung gemäß § 47 Abs. 5 S. 2 VwGO allgemein verbindlich erklärt.

Fall 7:
„Hotelsubventionen – da werden Sie geholfen!"

Schwerpunkte: Abgrenzung von Rücknahme und Widerruf (§§ 48, 49 VwVfG), Artt. 107, 108 AEUV, Subventionen, Erstattung (§ 49a VwVfG), Anwendungsvorrang des Unionsrechts bei Rücknahme eines unionsrechtswidrigen Verwaltungsakts

A betreibt einen großangelegten Hotelbetrieb im Bundesland L.

Für das in ihren Hotelbetrieben beschäftigte Personal beantragt A bei der zuständigen Behörde zur Durchführung einer „praxisorientierten Trainingsmaßnahme für Hotelpersonal" am 1.8. in ihrem Hotel eine Zuwendung bei der zuständigen Behörde. Die Maßnahme soll nach den Angaben der A dem Ziel dienen, Arbeitserfahrung zu vermitteln, um so die Wettbewerbsfähigkeit und damit Arbeitsplätze zu sichern. Als Summe wird insgesamt ein Betrag in Höhe von € 150.000,– angegeben. Für Unterkunft und Verpflegung im Hotel, dessen Inhaberin A ist, werden dabei Beträge in Höhe von € 100,– bzw. € 25,– pro Tag und Teilnehmer angesetzt.

Am 1.6. wird die Zuwendung an A seitens der Behörde unter Bezugnahme auf die Antragsunterlagen der A und den Haushaltsplan bewilligt und ausgezahlt. Dabei nimmt die Behörde unter anderem auf die Verwaltungsvorschriften des Landes Bezug. Der zuvor erlassene Subventionsbescheid enthielt eine ordnungsgemäße Rechtsmittelbelehrung.

In den Verwaltungsvorschriften des Landes ist jedoch einerseits zusätzlich vorgesehen, dass für die erbrachten Leistungen der Behörde zur Kontrolle eine Rechnung vorgelegt werden soll. Dieses Erfordernis soll bei Subventionsbescheiden durch eine Nebenbestimmung sichergestellt werden. Mit einer solchen Nebenbestimmung ist auch der Subventionsbescheid für A versehen. Andererseits ist es Zweck der Subvention, Eigenaufwendungen der Betroffenen zu decken.

Als die Behörde B am 1.11. von A Nachweise über die tatsächlich angefallenen Kosten in Form von Rechnungen verlangt, legt A bezüglich der Übernachtungen und der Verpflegung eine Aufstellung der in Anspruch genommenen Leistungen in ihrem Hotel vor – dies allerdings ohne Rechnung.

Am 1.7. des Folgejahres erlässt die Behörde daraufhin einen „Aufhebungsbescheid" – mittels dessen wird der Subventionsbescheid aufgehoben – sowie einen „Rückforderungsbescheid" – mittels dessen wird der ausgezahlte Betrag zurückgefordert –, in dem die Behörde einen Betrag in Höhe von € 100.000,– zurückfordert. Zur Begründung führt sie an, dass A keine Nachweise in Erfüllung der im Subventionsbescheid als „Auflage" bezeichneten Nebenbestimmung geliefert habe. Dies sei jedoch aufgrund ihrer Verwaltungsvorschriften notwendig

https://doi.org/10.1515/9783110624465-007

gewesen, zumal dies der ständigen Verwaltungspraxis entspreche. In der Aufstellung der A sei hingegen ausschließlich der Empfang der Sachleistungen deklariert worden. Zudem habe A die Subvention zum Teil zweckentfremdet, weil sie für einen Betrag in Höhe von € 10.000,– den Garten des Hotels erweitert habe. Letzteres trifft zu, wobei die Behörde von der falschen Verwendung erst am 3. 3. Kenntnis erlangt hatte.

A ist verärgert. Es sei ihr schließlich aufgrund der Natur der empfangenen Leistung und des Ziels zwar faktisch möglich gewesen, derartige Nachweise zu erbringen, jedoch sei dies sinnlos und mit dem Zweck der Subvention nicht vereinbar, sodass die Subventionsbewilligung insofern widersprüchlich sei. Eine Aufhebung komme somit nicht in Betracht. Zudem entspreche die Förderung gerade dem Förderungsziel der Verwaltungsvorschriften des Landes. Auch habe der zuständige Sachbearbeiter kurz nach der Auszahlung des Geldes, am 15. 6., bereits Kenntnis von diesem Widerspruch erhalten. Das trifft zu. Zudem hat der zuständige Sachbearbeiter A in diesem Zusammenhang „vertraulich" erzählt, er halte die Subventionsbewilligung für rechtlich nicht haltbar. A habe aber aufgrund der klaren Behördenentscheidung darauf vertraut, die Zuwendung behalten zu dürfen. A trägt auch vor, dass bezüglich des Aufhebungsbescheides ein partieller Ermessensausfall insoweit anzunehmen sei, als ihre Situation im Einzelfall nicht berücksichtigt worden sei, weil sie durch die Aufgabe der Rechnungslegung dazu gezwungen würde, den Teilnehmern zunächst eine Rechnung auszustellen, sich die Beträge dann auszahlen zu lassen, um sie dann zurückzuzahlen. Der Ermessensausfall sei einheitlich auch bezüglich des für die Erweiterung des Gartens verwendeten Betrages in Höhe von € 10.000,– anzunehmen, zumal jedenfalls auch insoweit – auch das trifft zu – nicht alle für die Abwägung erheblichen Tatsachen bei der Ausübung des Ermessens berücksichtigt worden sind.

A erhebt Klage beim örtlich zuständigen Verwaltungsgericht. In dem Prozess führt die Behörde aus, dass A bezüglich des partiellen Ermessensausfalls zwar Recht habe, sie es aber dennoch für angebracht halte, wegen der fehlenden Nachweise die Subvention zu widerrufen. Es sei schließlich nicht prüfbar, ob Netto-Realkosten in der angegebenen Höhe tatsächlich entstanden sind. Des Weiteren führt sie aus, dass A selbst zugegeben hat, sie hätte die Trainingsmaßnahme auch ohne die Zuwendung durchgeführt. Zudem werde sie zu gegebener Zeit Gründe „nachschieben". Wird A mit ihrer Klage Erfolg haben?

Artikel 3 Verordnung (EU) Nr. 1407/2013: De-minimis-Beihilfen
(1) Beihilfemaßnahmen, die die Voraussetzungen dieser Verordnung erfüllen, werden als Maßnahmen angesehen, die nicht alle Tatbestandsmerkmale des Ar-

tikels 107 Absatz 1 AEUV erfüllen, und sind daher von der Anmeldepflicht nach Artikel 108 Absatz 3 AEUV ausgenommen.

(2, UAbs. 1) Der Gesamtbetrag der einem einzigen Unternehmen von einem Mitgliedstaat gewährten De-minimis-Beihilfen darf in einem Zeitraum von drei Steuerjahren 200 000 EUR nicht übersteigen.

(2, UAbs. 2) Der Gesamtbetrag der De-minimis-Beihilfen, die einem einzigen Unternehmen, das im gewerblichen Straßengüterverkehr tätig ist, von einem Mitgliedstaat gewährt werden, darf in einem Zeitraum von drei Steuerjahren 100 000 EUR nicht übersteigen. Diese De-minimis-Beihilfen dürfen nicht für den Erwerb von Fahrzeugen für den Straßengüterverkehr verwendet werden. [...]

Abwandlung

A erlangt die Subvention ohne die Nebenbestimmung der Behörde. Allerdings erhält sie statt eines Betrages in Höhe von € 150.000,– eine Subvention in Höhe von € 1.000.000,– aus einem vorgesehenen Subventionsetat in Höhe von € 500.000.000,– für großangelegte Praxisseminare. Die Kommission stellt einen Verstoß gegen die Artt. 107, 108 AEUV fest. Drei Jahre später fordert die zuständige Behörde die Subvention von A nach deren Anhörung zurück, obwohl dem zuständigen Amtswalter alle für die Aufhebung erforderlichen Rechtsgründe und Tatsachen bereits mit der Entscheidung der Kommission bekannt waren. A ist entsetzt. Sie habe – das trifft zu – die Subvention im Vertrauen auf deren Bestand bereits vollumfänglich ausgegeben. Sind der Aufhebungsbescheid und der Rückforderungsbescheid rechtmäßig, wenn die Subvention unwesentlich ist?

Zusatzfrage

Wie wirkt es sich auf den Vertrauensschutz beim Aufhebungsbescheid und beim Rückforderungsbescheid aus, wenn eine juristische Person des öffentlichen Rechts subventioniert wird?

Bearbeitungsvermerk

Auf etwaige Möglichkeiten der A, die Nebenbestimmung zu beseitigen, ist nicht einzugehen. Ausführungsvorschriften zu den §§ 61, 78 VwGO bestehen auf Landesebene nicht. Soweit Vorschriften des Verwaltungsverfahrensrechts maßgeblich sind, ist das Bundesrecht anwendbar. Gehen Sie davon aus, dass die formellen Voraussetzungen für den Subventionsbescheid, den Aufhebungsbescheid und für den Rückforderungsbescheid erfüllt sind. Unterstellen Sie, dass eine Rechnungslegung für Eigenaufwendungen nicht sinnvoll ist. Soweit es um Beihilfen in Höhe eines Betrages unter den in der EU-Verordnung genannten geht, sind sie mit den Artt. 107, 108 AEUV vereinbar.

§ 10 des Ausführungsgesetzes des Bundeslandes L zur VwGO

(1) Vor Erhebung einer Anfechtungsklage bedarf es einer Nachprüfung in einem Vorverfahren abweichend von § 68 Absatz 1 Satz 1 der Verwaltungsgerichtsordnung nicht. Vor Erhebung einer Verpflichtungsklage bedarf es einer Nachprüfung in einem Vorverfahren abweichend von § 68 Absatz 2 der Verwaltungsgerichtsordnung nicht.

[...]

(3) Absatz 1 Satz 1 ist nicht anwendbar auf im Verwaltungsverfahren nicht beteiligte Dritte, die sich gegen den Erlass eines einen anderen begünstigenden Verwaltungsaktes wenden. Dies gilt nicht,

1. wenn der Verwaltungsakt von einer Bezirksregierung erlassen worden ist, es sei denn, er ist auf dem Gebiet der Krankenhausplanung und -finanzierung ergangen,
2. bei Entscheidungen nach dem Arbeitsschutzgesetz und den dazu ergangenen Rechtsverordnungen,
3. bei Entscheidungen nach der Gewerbeordnung und den dazu ergangenen Rechtsverordnungen, soweit nicht Genehmigungen i.S.d. § 33a GewO betroffen sind,
4. bei Entscheidungen nach dem Geräte- und Produktsicherheitsgesetz und den dazu ergangenen Rechtsverordnungen,
5. bei Entscheidungen nach dem Arbeitszeitgesetz und den dazu ergangenen Rechtsverordnungen, [...]

Vertiefung

Vgl. BVerfG, Beschluss vom 22.10.1974 – 1 BvL 3/72 – BVerfGE 38, 121/12; BVerwGE 35, 159/161 ff.; § 48 Abs. 4 VwVfG: BVerwGE GS 70, 356; vgl. BVerwG NVwZ 1987, 498.

Gliederung

1. Komplex: Aufhebung/Rückforderung (Ausgangskonstellation) —— **192**
    A. Sachurteilsvoraussetzungen (+) —— **192**
        I. Rechtsweg (+) —— **192**
        II. Zuständigkeit (+) —— **193**

III. Beteiligte (+) —— **193**
IV. Statthafte Klageart —— **194**
  1. Verwaltungsakt (+) —— **194**
  2. Objektive Klagehäufung (+) —— **195**
V. Besondere Sachurteilsvoraussetzungen (+) —— **197**
  1. Besondere Prozessführungsbefugnis (+) —— **197**
  2. Klagebefugnis (+) —— **197**
  3. Vorverfahren (+) —— **198**
  4. Klagefrist (+) —— **198**
VI. Zwischenergebnis (+) —— **198**
B. Begründetheit (–) —— **198**
  I. Aufhebungsbescheid —— **199**
    1. Rechtswidrigkeit als Rücknahme (+) —— **199**
     a) Rechtsgrundlage (+) —— **199**
      aa) Generalklauseln der §§ 48, 49 VwVfG zur Aufhebung (+) —— **199**
      bb) Rücknahme Geld- oder teilbarer Sachleistungen (+) —— **200**
     b) Voraussetzungen (+) —— **201**
      aa) Formelle Voraussetzungen (+) —— **201**
      bb) Materielle Voraussetzungen (+) —— **201**
       (1) Rechtsgrundlage (+/–) —— **201**
        (a) Grundgesetz (–) —— **202**
        (b) Verwaltungsrichtlinie (–) —— **202**
        (c) Haushaltsplan (–) —— **202**
        (d) Gesetzesvorbehalt/Gesetzesvorrang —— **202**
         (aa) Grundrechte (–) —— **203**
         (bb) Wesentlichkeit (–) —— **203**
         (cc) Abgeschwächter Gesetzesvorbehalt (–) —— **204**
         (dd) Zwischenergebnis —— **204**
       (2) Voraussetzungen Gesetzesvorrang (+) —— **204**
        (a) Formell (+) —— **204**
        (b) Materiell (+) —— **204**
         (aa) Haushaltsrecht (+) —— **205**
         (bb) Unionsrecht (+) —— **205**
         (cc) Art. 3 Abs. 1 GG i. V. m. der Richtlinie bzw. Verwaltungspraxis (+) —— **206**
         (dd) Ermessensüberschreitung im Übrigen (+) —— **207**
          (aaa) Rechtmäßigkeit der Nebenbestimmung (–) —— **207**
           (aaaa) Inhaltsbestimmung oder Nebenbestimmung —— **207**
           (bbbb) Rechtsgrundlage (+) —— **208**
           (cccc) Voraussetzungen und Rechtsfolge (–) —— **208**
           (dddd) Zwischenergebnis —— **209**
          (bbb) Subvention ohne Nebenbestimmung (–) —— **209**
       (3) Zwischenergebnis —— **210**
     c) Rechtsfolge —— **210**
      aa) Vertrauensschutz gemäß § 48 Abs. 2 VwVfG —— **211**
      bb) Präklusion gemäß § 48 Abs. 4 S. 1 VwVfG (+) —— **212**

        d) Zwischenergebnis —— 213
      2. Rechtswidrigkeit als Widerruf (+) —— 213
        a) Rechtsgrundlage (+) —— 214
        b) Voraussetzungen (+) —— 215
          aa) Formelle Voraussetzungen (+) —— 215
          bb) Materielle Voraussetzungen (+) —— 215
            (1) Zweckwidrige Verwendung (+) —— 215
            (2) Auflagenverstoß (+) —— 215
              (a) Art der Nebenbestimmung —— 216
              (b) Beachtlichkeit der rechtswidrigen Nebenbestimmung (+) —— 216
              (c) Rechtsfolge —— 217
          aa) Präklusion (–) —— 217
          bb) Ermessensfehler im Übrigen (+) —— 217
    II. Rückforderungsbescheid —— 218
    III. Rechtsverletzung (+) —— 219
  C. Ergebnis —— 219
2. Komplex: Abwandlung —— 219
    I. Aufhebungsbescheid —— 219
      1. Rechtsgrundlage (+) —— 219
      2. Voraussetzungen (+) —— 219
        a) Formelle Voraussetzungen (+) —— 219
        b) Materielle Voraussetzungen (+) —— 220
          aa) Rechtsgrundlage (+/–) —— 220
          bb) Voraussetzungen Gesetzesvorrang (–) —— 220
            (1) Formell (+) —— 220
            (2) Materiell (+) —— 220
              (a) Unionsrecht (–) —— 221
              (b) Zwischenergebnis —— 221
      3. Rechtsfolge —— 221
        a) Vertrauensschutz gemäß § 48 Abs. 2 VwVfG (–) —— 222
        b) Präklusion gemäß § 48 Abs. 4 S. 1 VwVfG (–) —— 222
        c) Ermessen im Übrigen (–) —— 223
      4. Ergebnis —— 223
    II. Rückforderungsbescheid —— 223
      1. Rechtsgrundlage (+) —— 223
      2. Voraussetzungen (+) —— 223
        a) Formelle Voraussetzungen (+) —— 223
        b) Materielle Voraussetzungen (+) —— 224
      3. Rechtsfolge —— 224
      4. Ergebnis —— 224
3. Komplex: Zusatzfrage —— 224

Lösungsvorschlag

Die folgende Lösung ist als Lösungsvorschlag zu verstehen und ausführlicher, als es in der Klausurbearbeitung verlangt werden kann. Aufgrund der wissenschaftlichen Freiheit können andere Lösungswege vertreten werden, soweit sie dogmatisch begründbar sind. Die Nachweise aus Rechtsprechung und Literatur sowie die das Verständnis fördernden Randbemerkungen sind in der Examensklausur auszusparen. Die Abkürzung „Alt." steht für Alternativfall, nicht für Alternative.

Zur Verbesserung der Methodik bei der Anfertigung eines Gutachtens in der Klausur empfiehlt sich die Lektüre des Beitrags von Heinze/Starke JURA 2012, 175 ff.

---

1. Komplex: Aufhebung/Rückforderung (Ausgangskonstellation)

Die Klage der A hat jedenfalls Erfolg, soweit die Sachurteilsvoraussetzungen erfüllt sind und die Klage begründet ist.

A. Sachurteilsvoraussetzungen

Hinweis: Andere Aufbauvarianten werden vertreten (z. B. dreistufig oder Prüfung des Verwaltungsrechtsweges als Untergliederungspunkt der Zuständigkeit des Gerichts). Derartige Aufbauvarianten sind aber mit § 17a Abs. 2 S. 1 GVG bzw. mit der Überschrift des 6. Abschnitts der VwGO sowie mit § 83 VwGO unvereinbar und daher bei exakter dogmatischer Zuordnung der Prüfungspunkte nicht zu empfehlen. Die Überschrift „Sachurteilsvoraussetzungen" anstelle der Überschrift „Zulässigkeit" ist sinnvoll, weil nach § 63 Nr. 3 VwGO auch der Beigeladene zu den Beteiligten gehört, das Fehlen einer notwendigen Beiladung i.S.d. § 65 Abs. 2 VwGO aber nur dazu führt, dass das Urteil keine materielle Rechtskraft entfaltet (zum Ganzen: Heinze/Starke JURA 2012, 175 ff.).

Die Sachurteilsvoraussetzungen können erfüllt sein.

I. Rechtsweg

Der Verwaltungsrechtsweg kann aufgrund einer aufdrängenden Sonderzuweisung, hilfsweise gemäß der Generalklausel des § 40 Abs. 1 S. 1 VwGO eröffnet sein, soweit keine abdrängende Sonderzuweisung besteht. Gegebenenfalls wird ein

Verweisungsbeschluss i.S.d. § 17a Abs. 2 S. 1 GVG i.V.m. § 173 S. 1 VwGO gefasst werden.

Mangels aufdrängender Sonderzuweisung bezüglich der Aufhebung sowie der Rückzahlung der Subvention kann der Verwaltungsrechtsweg nur gemäß § 40 Abs. 1 S. 1 VwGO eröffnet sein. Der Verwaltungsrechtsweg ist demnach jedenfalls eröffnet, wenn die streitentscheidende öffentlich-rechtliche Norm einen Hoheitsträger einseitig berechtigt oder verpflichtet bzw. wenn aufgrund typisch hoheitlichen Handelns zwischen den mutmaßlichen Beteiligten ein Subordinationsverhältnis besteht.

Da spezielle streitentscheidende Normen bezüglich der Aufhebung des Subventionsbescheides sowie der Rückzahlung nicht ersichtlich sind, kommen die §§ 48, 49 VwVfG als streitentscheidende Normen für die Aufhebung sowie § 49a VwVfG für die Rückzahlung in Betracht. Zudem handelt es sich bei der Aufhebung des Subventionsbescheides durch die Behörde um die Kehrseite des Erlasses des Subventionsbescheides, also um typisch hoheitliches Handeln im Subordinationsverhältnis. Abdrängende Sonderzuweisungen sind nicht ersichtlich, sodass der Verwaltungsrechtsweg eröffnet ist.

II. Zuständigkeit

Das Verwaltungsgericht ist gemäß § 45 VwGO als Eingangsinstanz sachlich zuständig, soweit die Voraussetzungen abweichender Regelungen wie z.B. die §§ 47, 50 VwGO etwa bei besonderen Verfahren – solche sind nicht ersichtlich – nicht erfüllt sind. Das Verwaltungsgericht ist mangels anderweitiger Anhaltspunkte örtlich i.S.d. § 52 VwGO zuständig, sodass kein Verweisungsbeschluss gemäß § 17a Abs. 2 S. 1 GVG i.V.m. § 83 VwGO gefasst werden wird.

Die örtliche Zuständigkeit ist nur anzusprechen, wenn es dafür im Sachverhalt Anhaltspunkte gibt. Gegebenenfalls ist die örtliche Zuständigkeit grundsätzlich im Anschluss an die sachliche Zuständigkeit zu prüfen. Ist sie jedoch gemäß § 52 Nr. 2 VwGO ausnahmsweise von der Klageart abhängig, sollte sie offen mit Verweis auf § 17a Abs. 2 S. 1 GVG i.V.m. § 83 VwGO formuliert werden.

III. Beteiligte

A und das Bundesland L als Körperschaft öffentlichen Rechts können Beteiligte des Verfahrens sein. Beteiligte sind nach § 63 Nr. 1, 2 VwGO unter anderem der Kläger und der Beklagte, beteiligungsfähig nach § 61 Nr. 1 Alt. 1, 2 VwGO natürliche und juristische Personen. Behörden sind im Bundesland L nicht i.S.d. § 61 Nr. 3 VwGO beteiligungsfähig. Als Klägerin ist gemäß § 61 Nr. 1 Alt. 1 VwGO A als natürliche Person beteiligungsfähig. A ist gemäß § 62 Abs. 1 Nr. 1 VwGO mangels gegenteiliger Anhaltspunkte prozessfähig.

Beklagte ist das Bundesland L als Gebietskörperschaft des öffentlichen Rechts, vertreten durch die zuständige Behörde. Sie ist gemäß den §§ 63 Nr. 2, 61 Nr. 1 Alt. 2 VwGO beteiligungs- und mangels Anhaltspunkten bezüglich des jeweils für die Behörde handelnden Organwalters gemäß § 62 Abs. 3, 1 VwGO prozessfähig.

IV. Statthafte Klageart

Die statthafte Klageart richtet sich i. S. d. § 88 VwGO nach dem klägerischen Begehren unter Berücksichtigung des Anwendungsvorrangs maßnahmespezifischer Rechtsschutzformen und des rechtsstaatlichen Grundsatzes der Effektivität des Rechtsschutzes. Dem klägerischen Begehren entspricht regelmäßig die effektivste Klageart, also nach Möglichkeit die Anfechtungsklage gemäß § 42 Abs. 1 Alt. 1 VwGO als Gestaltungsklage der Verwaltungsgerichtsordnung, es sei denn, es gibt einen Antrag, der nicht überschritten werden darf, weil das Begehren diesbezüglich ausdrücklich zum Ausdruck gebracht wird.

1. Verwaltungsakt

Eine Voraussetzung der Anfechtungsklage ist, dass der Kläger die Aufhebung eines gegenwärtig wirkenden Verwaltungsaktes erstrebt. Ein Verwaltungsakt ist gemäß § 35 S. 1 VwVfG i. V. m. § 1 VwVfG jede Verfügung, Entscheidung oder andere hoheitliche Maßnahme, die eine Behörde zur Regelung eines Einzelfalls auf dem Gebiet des öffentlichen Rechts trifft und die auf unmittelbare Rechtswirkung nach außen gerichtet ist.

Einerseits erstrebt A die Aufhebung des Aufhebungsbescheides, damit die ursprünglich zugesprochene Subvention wieder auflebt. Letztere erfolgte durch einen Subventionsbescheid mit der Folge, dass bei rechtsstaatlichem Handeln i. S. d. sich unter anderem aus Art. 20 Abs. 3 GG ergebenden Rechtsstaatsprinzips die Kehrseite – die Aufhebung der Subvention – auch als Einzelfallregelung mit Außenwirkung, also als Verwaltungsakt, einzustufen ist.

Auch die Rückforderung ist schon deshalb als Verwaltungsakt einzustufen, weil die Behörde ihn formell als solchen deklariert hat und sich rechtsstaatlich so behandeln lassen muss wie sie gehandelt hat und nicht wie sie hätte handeln müssen.

Sowohl der Aufhebungsbescheid, als auch der Rückforderungsbescheid stellen Verwaltungsakte dar, gegen die die Anfechtungsklage statthaft ist.

2. Objektive Klagehäufung

Die beiden Anfechtungsklagen der A können durch eine objektive Klagehäufung verbindbar sein.

Beide Klagen können zusammen geprüft werden. Die Klageverbindung – § 113 Abs. 4 VwGO stellt eine Ausnahme vom grundsätzlichen Verbot der Stufenklage dar – ist aber keine Zulässigkeitsvoraussetzung, sodass dies nur im Rahmen der Überschrift „Sachurteils-/Sachentscheidungsvoraussetzungen" möglich ist. Sollte einmal nach der Zulässigkeit und Begründetheit einer Klage gefragt sein, dürften bei genauer Beantwortung der Fallfrage weder die Beiladung i.S.d. § 65 VwGO noch die Klageverbindung i.S.d. §§ 44, 113 Abs. 1 S. 2, 113 Abs. 4 VwGO in der Falllösung geprüft werden.

Die Grundregel für die objektive Klagehäufung stellt § 44 VwGO dar. Eine objektive Klagehäufung ist gemäß § 44 VwGO möglich, wenn sich die Klagen gegen denselben Beklagten richten, im Zusammenhang stehen und dasselbe Gericht zuständig ist. Zudem ist die fehlende gleichzeitige Entscheidungsreife mittels verfassungskonformer Reduktion grundsätzlich ein Ausschlusskriterium der objektiven Klageverbindung gemäß § 44 VwGO, weil anderenfalls rechtsstaatswidrig und damit unter anderem entgegen Art. 20 Abs. 3 GG die Judikative entscheiden würde, obwohl das Verfahren der Exekutive noch nicht abgeschlossen wäre. Die gleichzeitige Entscheidungsreife ist jedoch kein in § 44 VwGO geregeltes Tatbestandsmerkmal, sondern wird mittels verfassungskonformer Auslegung i.S.d. sich unter anderem aus Art. 20 Abs. 3 GG ergebenden Rechtsstaatsprinzips zur Vermeidung einer unzulässigen Durchbrechung der Gewaltenteilung regelmäßig in die Norm hineingelesen bzw. mittels verfassungskonformer Reduktion als Ausschlusskriterium herangezogen. Möglich sind i.S.d. § 44 VwGO somit die kumulative Klagehäufung sowie die eventuale Klagehäufung in Form eines Haupt- und eines Hilfsantrages. Während eine alternative Klagehäufung mangels Bestimmtheit des Klageantrages nicht möglich ist, ist eine objektive Klagehäufung der Stufenklage grundsätzlich ausgeschlossen, weil aufgrund des Erfordernisses, zunächst über die erste Stufe zu entscheiden, keine gleichzeitige Entscheidungsreife besteht.

A verfolgt zwei Anfechtungsbegehren, die allerdings in einem Stufenverhältnis voneinander abhängig sind. Die Aufhebung des Rückforderungsbescheides ist von der Aufhebung des Subventionsbescheides abhängig, weil der Subventionsbescheid den Rechtsgrund für die Zahlung darstellt. Somit könnte es wegen des Stufenverhältnisses an der gleichzeitigen Entscheidungsreife fehlen.

Ob die Stufenklage unter § 44 VwGO erlaubt ist, ist umstritten (die wohl inzischen herrschende Meinung geht von einer generellen Zulässigkeit der Stufenklage aus, trifft davon jedoch Ausnahmen im Bereich der von § 113 VwGO erfassten Konstellationen und entscheidet fallgruppenabhängig, siehe u. a. Pietzcker, in. Schoch/Schneider/Bier (Hg) VwGO, 37. EL Juli 2019, § 44 Rn. 10; Hufen, Verwaltungsprozessrecht, 11. Aufl. 2019, § 13 Rn. 13; zur Unzulässigkeit bei zwei Verpflichtungsklagen Hess. VGH, Urt. v. 25. 02. 1981 – I OE 55/80, juris). Soweit das BVerwG bezüglich der Prozesszinsen in der 2. Stufe mit Verweis auf den BFH dennoch davon ausgeht, sind Prozesszinsen als Eigenart der Verzögerung durch den Prozess einerseits nicht mit einer originären Leistung einer Behörde vergleichbar, andererseits müsste dies dann konsequent für alle Stufenverhältnisse (auch bei Leistung in beiden Stufen wie z. B. bei Subventionen) gelten. Dies würde eine unzulässige Durchbrechung der Gewaltenteilung darstellen, da der Verwaltungsakt in der 1. Stufe nicht vom Gericht erlassen werden kann. Zudem würde § 113 Abs. 4 VwGO dann i. d. R. nur noch die Funktion zukommen, das Vorverfahren in der 2. Stufe verzichtbar werden zu lassen. Dies hätte der Gesetzgeber aber dann ausdrücklich geregelt, zumal zumindest das Vorverfahren im Beamtenrecht i. S. d. § 54 Abs. 2 BeamtStG und des § 126 Abs. 2 BBG nicht durch die allgemeine Norm des § 113 Abs. 4 VwGO ausgehebelt werden darf. Somit sind Stufenklagen nur in den Ausnahmen nach § 113 Abs. 1 S. 2 und Abs. 4 VwGO sowie bei 2 Anfechtungsklagen (z. B. vollstreckbarer Verwaltungsakt und Androhung im Stufenverhältnis) möglich (bei 2 Anfechtungen im Stufenverhältnis nach h.M. direkt § 44 VwGO bei „Nichtanwendung" der „gleichzeitigen Entscheidungsreife" i. S. d. Art. 20 Abs. 3 GG – nicht analog § 113 Abs. 4 VwGO).

Stufenklagen können gemäß den Spezialregelungen der §§ 113 Abs. 1 S. 2 VwGO, 113 Abs. 4 VwGO als Ausnahmen vom grundsätzlichen Verbot der Stufenklage dennoch möglich sein. Während von § 113 Abs. 4 VwGO als gegenüber § 113 Abs. 1 S. 2 VwGO allgemeinerer Regelung Konstellationen erfasst sind, in denen ein materiell-rechtlicher Anspruch, der nicht Vollzugsfolgenbeseitigungsanspruch ist, prozessual mit einer Anfechtungsklage in der ersten Stufe verknüpft werden soll, sind von § 113 Abs. 1 S. 2 VwGO solche Konstellationen erfasst, in denen materiell-rechtlich ein Vollzugsfolgenbeseitigungsanspruch auf der zweiten Stufe mit der Anfechtungsklage auf der ersten Stufe verknüpft werden soll. In beiden Normen wird in der ersten Stufe jedoch eine Anfechtungsklage als Gestaltungsklage der Verwaltungsgerichtsordnung vorausgesetzt, weil das Gericht nur insoweit in der ersten Stufe mit Rechtskraft des Urteils selbst verbindlich gestalten kann, sodass keine unzulässige Durchbrechung der Gewaltenteilung seitens der Judikative in Bereichen der Exekutive erfolgt.

A erstrebt mit der Aufhebung der Rückzahlungsforderung in der zweiten Stufe keine Vollzugsfolgenbeseitigung, weil der Rückzahlungsbescheid nicht als unmittelbar zurechenbare Folge der Aufhebung des Subventionsbescheides einzustufen ist, sondern auf ein gesondertes Zwischenhandeln der Behörde abstellt. Somit kommt eine prozessuale Verknüpfung der beiden Anfechtungsbegehren der A nach § 113 Abs. 1 S. 2 VwGO nicht in Betracht.

Somit könnte sich die Möglichkeit einer objektiven Klagehäufung für A aus
§ 113 Abs. 4 VwGO ergeben. Dazu bedürfte es jedoch in der zweiten Stufe einer
Leistungsklage, während A zwei Anfechtungs-, also Gestaltungsbegehren verfolgt. § 113 Abs. 4 VwGO könnte somit allenfalls analog anwendbar sein. Dazu
bedürfte es einer planwidrigen Regelungslücke bei vergleichbarer Interessenlage. Eine Regelungslücke besteht nicht, falls eine passende gesetzliche Regelung
besteht. Insoweit kommt § 44 VwGO in Betracht, wenngleich keine gleichzeitige
Entscheidungsreife besteht. Von der grundsätzlich notwendigen verfassungskonformen Auslegung bzw. Reduktion des § 44 VwGO dahingehend, dass eine
gleichzeitige Entscheidungsreife erforderlich ist, ist abzusehen, wenn dies wegen
das Rechtsstaatsprinzips aus Art. 20 Abs. 3 GG und der Gewaltenteilung konkret
nicht erforderlich ist. Soweit es sich um zwei Anfechtungsklagen handelt, die in
einem Stufenverhältnis stehen, droht keine unzulässige Durchbrechung der Gewaltenteilung. Es handelt sich jeweils um eine Gestaltungsklage, sodass vor der
Entscheidung über die zweite Stufe durch das Gericht nach der Entscheidung über
die erste Stufe kein Zwischenhandeln der Verwaltung erforderlich ist, da der
Verwaltungsakt in der ersten Stufe mit Rechtskraft des Urteils i. S. d. § 121 VwGO
aufgehoben wird.

§ 44 VwGO ist bei zwei Anfechtungsbegehren entsprechend seinem Wortlaut
ohne das Merkmal der gleichzeitigen Entscheidungsreife anwendbar.

Nach alledem sind die zwei Anfechtungsklagen der A trotz des Stufenverhältnisses objektiv gemäß § 44 VwGO zu verbinden.

V. Besondere Sachurteilsvoraussetzungen
Die besonderen Sachurteilsvoraussetzungen können erfüllt sein.

1. Besondere Prozessführungsbefugnis
Besonders prozessführungsbefugt ist gemäß § 78 Abs. 1 Nr. 1 VwGO das die Be-
scheide erlassene Bundesland L als Körperschaft öffentlichen Rechts, da keine
Ausführungsvorschrift i. S. d. § 78 Abs. 1 Nr. 2 VwGO ersichtlich ist.

2. Klagebefugnis
A muss klagebefugt sein. Die Klagebefugnis nach § 42 Abs. 2 VwGO setzt die
Möglichkeit der Verletzung eines subjektiven Rechts voraus. Subjektive Rechte
leiten sich aus Sonderrechtsbeziehungen, einfachen Gesetzen, subsidiär aus
Grundrechten und unter Umständen aus Unionsrecht ab, wobei jedenfalls auf-
grund des weiten Schutzbereiches des Art. 2 Abs. 1 GG bei unmittelbaren

Grundrechtseingriffen für das subjektive Recht direkt auf Grundrechte abgestellt werden kann. A ist Adressatin zweier Bescheide. Inwieweit der Aufhebungsbescheid einen Grundrechtseingriff darstellt – die Modifizierung bzw. Aufhebung einer Leistung ist nicht immer als unmittelbarer Eingriff einzustufen, sondern nur, falls durch die Leistung eine grundrechtsfähige Position z. B. in Form einer Eigentumsdefinition i. S. d. Art. 14 Abs. 1 S. 2 GG erfolgt –, ist irrelevant, weil durch den ursprünglichen Subventionsbescheid jedenfalls eine Sonderrechtsbeziehung und damit eine Position für A geschaffen worden ist, welche durch die Aufhebung des Subventionsbescheides beeinträchtigt wird. Es besteht diesbezüglich also zumindest die Möglichkeit der Rechtsverletzung.

Durch den Rückerstattungsbescheid wird A möglicherweise in ihrem Grundrecht auf allgemeine Handlungsfreiheit aus Art. 2 Abs. 1 GG verletzt, weil sie mit ihrem geldwerten Vermögen nicht wie gewünscht agieren kann. A ist klagebefugt.

3. Vorverfahren

Ein Vorverfahren ist gemäß § 68 Abs. 1 S. 1 VwGO grundsätzlich durchzuführen. Gemäß § 68 Abs. 1 S. 2 Alt. 1 VwGO i. V. m. § 10 Abs. 1 S. 1 AG VwGO des Landes L ist es jedoch bei Anfechtungsklagen – so bei A – entbehrlich, da eine Rückausnahme i. S. d. § 68 Abs. 1 S. 2 Alt. 1 VwGO i. V. m. § 10 Abs. 3 AG VwGO nicht ersichtlich ist.

4. Klagefrist

Die Klagefrist von einem Monat gemäß § 74 Abs. 1 S. 2 VwGO seit Bekanntgabe des Verwaltungsaktes ist mangels gegenteiliger Anhaltspunkte eingehalten worden.

VI. Zwischenergebnis

Die Sachurteilsvoraussetzungen sind erfüllt und die Klagen der A sind zuläs-sig.

B. Begründetheit

Die Klagen sind gemäß § 113 Abs. 1 S. 1 VwGO begründet, soweit die Verwaltungsakte rechtswidrig sind und die Klägerin dadurch in ihren Rechten verletzt ist.

I. Aufhebungsbescheid

Der Aufhebungsbescheid kann rechtswidrig sein.

1. Rechtswidrigkeit als Rücknahme

Der Aufhebungsbescheid kann als Rücknahme rechtswidrig sein. Während rechtswidrige Verwaltungsakte grundsätzlich zurückgenommen werden, werden rechtmäßige Verwaltungsakte widerrufen. Da die Rücknahme unter geringeren Voraussetzungen möglich ist, ist eine solche primär maßgeblich.

a) Rechtsgrundlage

Fraglich ist, welche Rechtsgrundlage für die Aufhebung des Subventionsbescheides in Betracht kommt.

System der §§ 48, 49 VwVfG:
Rechtsgrundlage für die Rücknahme ist immer § 48 Abs. 1 S. 1 VwVfG mit unterschiedlichem Vertrauensschutz, wobei auch für die Vergangenheit zurückgenommen werden kann. Bei belastenden Verwaltungsakten besteht kein Vertrauensschutz, bei Geld- oder teilbaren Sachleistungen auf der Primärebene i. S. d. § 48 Abs. 1 S. 2 VwVfG i. V. m. § 48 Abs. 2 VwVfG, bei sonstigen Begünstigungen auf der Sekundärebene gemäß § 48 Abs. 3 VwVfG.
Rechtsgrundlage beim Widerruf:
-   bei Belastungen § 49 Abs. 1 VwVfG ohne Vertrauensschutz für die Zukunft
-   bei Geld- oder teilbaren Sachleistungen primär § 49 Abs. 3 S. 1 VwVfG auch für die Vergangenheit (Vertrauensschutz auf der Primärebene mittels der Voraussetzungen), sekundär ergänzend § 49 Abs. 2 VwVfG für die Zukunft (Vertrauensschutz auf der Sekundärebene gemäß § 49 Abs. 6 VwVfG)
-   bei sonstigen Begünstigungen gemäß § 49 Abs. 2 VwVfG für die Zukunft (Vertrauensschutz auf der Sekundärebene gemäß § 49 Abs. 6 VwVfG)

---

aa) Generalklauseln der §§ 48, 49 VwVfG zur Aufhebung

Mangels einer ersichtlichen Spezialregelung für die Aufhebung von Subventionsbescheiden sind die Generalklauseln der §§ 48, 49 VwVfG maßgeblich.

Teilweise wird zur Bestimmung der Rechtsgrundlage (z. B. § 48 oder § 49 VwVfG) eine Vorprüfung bezüglich der Rechtswidrigkeit des aufgehobenen Bescheides empfohlen. Das erscheint nicht vertretbar, weil eine Vorprüfung – so im Übrigen auch beim Versuch im Strafrecht – nicht im Gesetz steht. Daher ist es sinnvoll, mit einer Rechtsgrundlage zu beginnen und bei Nichterfüllung der Voraussetzungen die nächste Rechtsgrundlage zu prüfen. § 48 VwVfG sollte stets vor § 49 geprüft werden, weil einerseits die Voraussetzungen für die Aufhebung eines rechtswidrigen Bescheides geringer sind als die für die Aufhebung eines rechtmäßigen Bescheides. Andererseits kann ein aufgehobener Verwaltungsakt rechtswidrig sein, ohne dass die Voraussetzungen des § 48 VwVfG erfüllt sind. Dann ist es denkbar, dass der Verwaltungsakt analog § 49 VwVfG aufgehoben werden kann, denn wenn schon ein rechtmäßiger Verwaltungsakt aufgehoben werden kann, gilt das erst recht für einen rechtswidrigen Verwaltungsakt. Insoweit erscheint es übersichtlicher zunächst § 48 VwVfG, dann § 49 VwVfG und analog § 49 VwVfG zu prüfen als mit der direkten Anwendung des § 49 VwVfG zu beginnen, dann § 48 VwVfG zu erörtern, um analog § 49 VwVfG wieder eine andere Norm zu prüfen.

Während gemäß § 49 VwVfG die Aufhebung rechtmäßiger Verwaltungsakte, also der Widerruf, möglich ist – zu unterscheiden ist bezüglich der maßgeblichen Absätze der Regelung zwischen belastenden Verwaltungsakten sowie solchen, durch die eine teilbare Geld- oder Sachleistung gewährt wird, und sonstigen Begünstigungen –, können mittels der Regelung des § 48 VwVfG rechtswidrige Verwaltungsakte aufgehoben, also zurückgenommen werden, wobei ebenfalls zwischen belastenden Verwaltungsakten sowie solchen, durch die eine teilbare Geld- oder Sachleistung gewährt wird, und sonstigen Begünstigungen zu unterscheiden ist. Da rechtswidrige Verwaltungsakte unter geringeren Voraussetzungen aufhebbar sind, ist primär eine Aufhebung gemäß § 48 VwVfG maßgeblich.

Während bei belastenden Verwaltungsakten und bei Begünstigungen, die nicht als Geld- oder teilbare Sachleistung einzustufen sind, § 48 Abs. 1 S. 1 VwVfG als Rechtsgrundlage für die Aufhebung maßgeblich ist – bei derartigen Begünstigungen stellt die Regelung des § 48 Abs. 3 S. 1 VwVfG keine Rechtsgrundlage für die Aufhebung auf der Primärebene, sondern nur eine Ausgleichsregelung auf der Sekundärebene dar –, ist die Zuordnung der Rechtsgrundlage zur Rücknahme Geld- oder teilbarer Sachleistungen – eine solche hat A in Form der Subvention erhalten – problematisch.

bb) Rücknahme Geld- oder teilbarer Sachleistungen

Jedenfalls kommt § 48 Abs. 2 VwVfG nicht als Rechtsgrundlage in Betracht. Einerseits ist in § 48 Abs. 2 S. 1 VwVfG nur geregelt, wann ein Verwaltungsakt nicht zurückgenommen werden darf, andererseits sind dort die Termini „Abwägung" und „öffentliches Interesse" benannt, welche für einen Tatbestand i. S. d. sich unter anderem aus Art. 20 Abs. 3 GG ergebenden Rechtsstaatsprinzips zu unbestimmt sind.

§ 48 Abs. 1 S. 2 VwVfG könnte daher als Rechtsgrundlage maßgeblich sein. Insoweit fehlt es aber an einem rechtsstaatlich erforderlichen Tatbestandsmerkmal, weil dort das Erfordernis der Rechtswidrigkeit nicht geregelt ist. Möglich erscheint es, als Rechtsgrundlage daher § 48 Abs. 1 S. 2 VwVfG i. V. m. § 48 Abs. 2 VwVfG einzustufen. Allerdings fehlt in § 48 Abs. 1 S. 2 VwVfG das maßgebliche

Tatbestandmerkmal, welches zwar in § 48 Abs. 2 VwVfG enthalten ist, welcher jedoch im Übrigen für einen Tatbestand zu unbestimmt ist.

Es ist vertretbar, § 48 Abs. 1 S. 2 VwVfG i. V. m. § 48 Abs. 2 VwVfG als Rechtsgrundlage einzustufen.

Nach alledem ist § 48 Abs. 1 S. 1 VwVfG auch bezüglich der Rücknahme Geld- bzw. teilbarer Sachleistung die maßgebliche Rechtsgrundlage mit der Besonderheit des Vertrauensschutzes gemäß § 48 Abs. 1 S. 2 VwVfG i. V. m. § 48 Abs. 2 VwVfG in der Rechtsfolge auf der Primärebene.

§ 48 Abs. 1 S. 1 VwVfG kommt als Rechtsgrundlage in Betracht.

b) Voraussetzungen

Die Voraussetzungen des § 48 Abs. 1 S. 1 VwVfG könnten erfüllt sein.

aa) Formelle Voraussetzungen

Die formellen Voraussetzungen für den Erlass des Aufhebungsbescheides sind erfüllt. Insbesondere gilt dies soweit erforderlich für die Zuständigkeit gemäß § 48 Abs. 5 VwVfG i. V. m. § 3 VwVfG.

bb) Materielle Voraussetzungen

Die materiellen Voraussetzungen des § 48 Abs. 1 S. 1 VwVfG könnten erfüllt sein. Materiell wird ein rechtswidriger Verwaltungsakt vorausgesetzt. Der aufgehobene Subventionsbescheid müsste somit rechtswidrig sein. Die Zweckentfremdung des Betrages in Höhe von € 10.000,– ist bezüglich der Voraussetzungen des § 48 Abs. 1 S. 1 VwVfG hingegen irrelevant, weil ein über die Rechtswidrigkeit hinausgehender Rücknahmegrund – vergleichbar § 49 Abs. 3 S. 1 VwVfG – für die Rücknahme nicht erforderlich ist.

(1) Rechtsgrundlage

Es könnte eine Rechtsgrundlage für die Subvention bestehen, die anzuwenden wäre.

(a) Grundgesetz

Aus dem Grundgesetz kommen als Rechtsgrundlagen allenfalls Art. 74 Abs. 1 Nr. 11 GG und Art. 110 Abs. 1 GG in Betracht. Während Art. 74 Abs. 1 Nr. 11 GG nur die Gesetzgebungskompetenzen als Zuständigkeitsregelung betrifft, sind in Art. 110 Abs. 1 GG Vorgaben für die Aufstellung des Haushaltsplanes enthalten, sodass beide Normen keine Rechtsgrundlagen darstellen.

(b) Verwaltungsrichtlinie

Die Verwaltungsrichtlinie zur Subventionierung stellt keine Rechtsgrundlage dar, weil eine derartige Verwaltungsvorschrift unmittelbar nur behördenintern wirkt (BVerwGE 58, 45/49), sodass es für deren Einordnung als Rechtsgrundlage an einer Außenwirkung für den Bürger fehlt.

(c) Haushaltsplan

Möglicherweise ist der Haushaltsplan die maßgebliche Rechtsgrundlage für den Erlass eines Subventionsbescheides. Dann müsste das Haushaltsrecht jedoch Außenwirkung haben. Maßstab für das Haushaltsrecht ist das Haushaltsgrundsätzegesetz, welches gemäß § 1 Abs. 1 S. 1, 2 HGrG für den Bund und die Länder gilt. Gemäß § 3 Abs. 1 HGrG wird zwar die Verwaltung durch den Haushaltsplan intern ermächtigt, Ausgaben zu leisten und Verpflichtungen einzugehen, jedoch werden gemäß § 3 Abs. 2 HGrG im Außenverhältnis zum Bürger Ansprüche oder Verbindlichkeiten weder begründet noch aufgehoben. Somit stellt ein Haushaltsplan im Außenverhältnis zum Bürger keine Rechtsgrundlage für einen Subventionsbescheid dar.

(d) Gesetzesvorbehalt/Gesetzesvorrang

Da eine anwendbare Rechtsgrundlage nicht ersichtlich ist, ist maßgeblich, ob i. S. d. Gesetzesvorbehaltes eine Rechtsgrundlage erforderlich ist. Sollte keine Rechtsgrundlage erforderlich sein, darf durch ein Verwaltungshandeln lediglich nicht gegen rechtliche Vorgaben verstoßen werden. Es gilt dann nur der Vorrang des Gesetzes. Neben dem aus rechtsstaatlichen Gründen i. S. d. Art. 20 Abs. 3 GG stets geltenden Vorrang des Gesetzes gilt der Vorbehalt mit dem Erfordernis einer Ermächtigungsgrundlage nur, wenn es im Grundgesetz bzw. in der Landesverfassung ausdrücklich vorgeschrieben ist – etwa bei Verordnungen z. B. in Art. 80 Abs. 1 GG – oder bei Grundrechtseingriffen sowie in sonst wesentlichen Konstellationen. Im Übrigen ist eine Grundlage anzuwenden, die der Gesetzgeber geschaffen hat, wenngleich der Gesetzgeber sie nicht hätte schaffen müssen.

Diese Rechtsgrundlage ist jedoch von der Exekutive in einer rechtsstaatlichen Demokratie wegen der Gesetzesbindung der Verwaltung gemäß Art. 20 Abs. 3 GG anzuwenden. Da eine derartige Rechtsgrundlage nicht ersichtlich ist, kann sich das Erfordernis einer Ermächtigungsgrundlage nur aufgrund eines Grundrechtseingriffes oder sonstiger Wesentlichkeit der Konstellation ergeben. Ob eine Rechts- bzw. Ermächtigungsgrundlage erforderlich ist, ist grundsätzlich objektiv bezüglich der verfassungsrechtlichen Grundlagen zu ermitteln, sodass es für die Ermittlung der Notwendigkeit einer Rechtsgrundlage für die Subvention nicht nur auf die Grundrechte der A ankommt.

Gesetzesvorbehalt

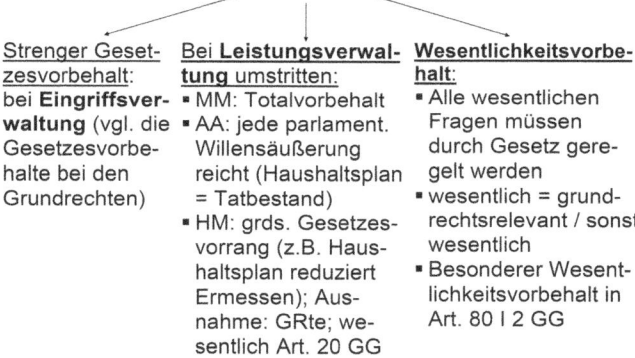

Strenger Gesetzesvorbehalt:	Bei **Leistungsverwaltung** umstritten:	Wesentlichkeitsvorbehalt:
bei **Eingriffsverwaltung** (vgl. die Gesetzesvorbehalte bei den Grundrechten)	▪ MM: Totalvorbehalt ▪ AA: jede parlament. Willensäußerung reicht (Haushaltsplan = Tatbestand) ▪ HM: grds. Gesetzesvorrang (z.B. Haushaltsplan reduziert Ermessen); Ausnahme: GRte; wesentlich Art. 20 GG	▪ Alle wesentlichen Fragen müssen durch Gesetz geregelt werden ▪ wesentlich = grundrechtsrelevant / sonst wesentlich ▪ Besonderer Wesentlichkeitsvorbehalt in Art. 80 I 2 GG

Schema 11

(aa) Grundrechte

Eine Rechts- bzw. Ermächtigungsgrundlage wäre erforderlich, soweit z. B. mittelbar in Grundrechte anderer eingegriffen würde. Das wäre unter Umständen bei Pressesubventionen wegen der in der Demokratie schlechthin konstituierenden Pressefreiheit gemäß Art. 5 Abs. 2 Alt. 1 GG oder bei intensiven wettbewerbsverzerrenden Subventionen bezüglich der Berufsfreiheit gemäß Art. 12 Abs. 1 GG bzw. der Wettbewerbsfreiheit i. S. d. Art. 2 Abs. 1 GG anzunehmen. Da derartige Grundrechtseingriffe jedoch nicht ersichtlich sind, gilt der Vorbehalt des Gesetzes nicht aufgrund der Grundrechte.

(bb) Wesentlichkeit

Da die Subvention an die A auch nicht sonst wesentlich im Sinne einer praktischen Konkordanz zwischen dem Demokratie- und dem Rechtsstaatprinzip aus

Art. 20 Abs. 2 und Abs. 3 GG ist, ergibt sich auch insoweit nicht das Erfordernis einer Ermächtigungsgrundlage.

(cc) Abgeschwächter Gesetzesvorbehalt

Weil die Voraussetzungen für das Erfordernis einer Grundlage nicht erfüllt sind und das Haushaltsrecht keine Außenwirkung entfaltet, bedarf es nach alledem keiner Grundlage, sodass nur der Vorrang des Gesetzes gilt. Eine Anwendung des Haushaltsrechts als abgeschwächte Rechtsgrundlage in einem abgeschwächten Gesetzesvorbehalt wäre nicht nur systemwidrig, sondern auch gesetzeswidrig, da eine derartige Annahme gegen § 3 Abs. 2 HGrG verstoßen würde.

(dd) Zwischenergebnis

Nach alledem gilt nur der Vorrang des Gesetzes mit der Folge, dass es keiner Rechts- bzw. Ermächtigungsgrundlage bedarf.

Da bei Subventionen i.d.R. nur der Vorrang des Gesetzes gilt (Ausnahme: mittelbare Grundrechtseingriffe etc. – z.B. bei Pressesubvention), müsste dies eigentlich auch in Leistungsfällen konsequent umgesetzt werden. Der Anspruch ergäbe sich dann eigentlich aus subjektiviertem Ermessen, während Erwägungen zu Art. 3 Abs. 1 GG i.V.m. anderen Aspekten lediglich zur Lenkung des sich aus dem Vorrang des Gesetzes ergebenden subjektivierten Ermessens führen dürften. Wenngleich dogmatisch nicht korrekt, wird in Leistungskonstellationen häufig Art. 3 Abs. 1 GG als Anspruchsgrundlage genannt.

---

(2) Voraussetzungen Gesetzesvorrang

Die Voraussetzungen für eine Subvention können erfüllt sein.

(a) Formell

Die formellen Voraussetzungen bezüglich des Subventionsbescheides sind erfüllt.

(b) Materiell

Materiell bestehen mangels Grundlage auch keine tatbestandlichen Voraussetzungen, sodass nur eine Reduktion des subjektivierten Ermessens in Betracht kommt. Als ermessenslenkende Aspekte sind bei Subventionen das Haushaltsrecht, das Unionsrecht sowie Art. 3 Abs. 1 GG i.V.m. der Verwaltungspraxis in Gestalt von Richtlinien bzw. der tatsächlichen Verwaltungspraxis zu berücksichtigen, wobei bereits durch die erstmalige Praktizierung eine antizipierte Verwaltungspraxis begründet werden kann. Aus dem Haushaltsrecht ergibt sich gleichzeitig ein intendiertes Ermessen i. S. d. Wirtschaftlichkeit und Sparsamkeit nach § 6 Abs. 1 HGrG.

(aa) Haushaltsrecht

Zwar gilt das Haushaltsrecht gemäß § 3 Abs. 2 HGrG nicht unmittelbar im Außenverhältnis zum Bürger (vgl. BVerfG, Beschluss vom 22.10.1974 – 1 BvL 3/72 – BVerfGE 38, 121/126), jedoch ist es aufgrund der sich unter anderem aus § 3 Abs. 1 HGrG ergebenden internen Bindung der Verwaltung im Subventionsermessen im Rahmen einer mittelbaren Außenwirkung zu berücksichtigen. Die Subvention an A ist aber vom Haushaltsplan gedeckt, sodass ein Verstoß gegen diesen nicht erfolgt und somit insoweit eine Ermessensreduktion nicht ersichtlich ist.

(bb) Unionsrecht

Das Subventionsermessen kann durch das Unionsrecht, insbesondere durch die als primäres Unionsrecht national unmittelbar geltenden Artt. 107, 108 AEUV reduziert sein, weil das Unionsrecht wegen des Anwendungsvorranges des Unionsrechts, der sich aus dem jeweiligen nationalen Rechtsanwendungsbefehl in Form des jeweiligen Zustimmungsgesetzes zur Übertragung der Hoheitsgewalt auf die Europäische Union i. V. m. Art. 23 GG bzw. aus dem Grundsatz der effektiven Umsetzung des Unionsrechts ergibt, die Nichtanwendung oder Auslegung des nationalen Rechts zur Folge haben kann. Die EU-Kommission hat bei Subventionen ab einer bestimmten Höhe einen abschließenden Beschluss gemäß Art. 108 Abs. 3 S. 3 AEUV zu fassen, soweit es sich um einen Wirtschaftszweig i. S. d. Art. 107 Abs. 1 AEUV handelt.

Ein Verstoß gegen Art. 107 Abs. 1 AEUV erfolgt, soweit durch staatliche oder aus staatlichen Mitteln gewährte Beihilfen gleich welcher Art, mittels derer durch die Begünstigung bestimmter Unternehmen oder Produktionszweige der Wettbewerb verfälscht wird oder verfälscht zu werden droht, der Handel zwischen Mitgliedstaaten im Binnenmarkt beeinträchtigt wird.

Die Subvention zugunsten der A müsste von den Artt. 107, 108 AEUV bezüglich eines Kommissionsbeschlusses i. S. d. Art. 108 Abs. 3 S. 3 AEUV erfasst sein, da Beihilfen unter dem Betrag mit dem Unionsrecht vereinbar sind. Dazu müsste sie einen bestimmten Betrag übersteigen. Die Höhe der Beträge, die insoweit unbeachtlich sind – De-minimis-Beihilfen – ergibt sich für die Hotelbranche aus Art. 3 Abs. 2 UAbs. 1 Verordnung (EU) Nr. 1407/2013, die auf Art. 108 Abs. 4 AEUV bzw. Art. 109 AEUV beruht. Danach ist eine Subvention in Höhe von € 200.000,– über

drei Steuerjahre unbeachtlich. A erhält insgesamt einen Betrag in Höhe von
€ 150.000,–, sodass es sich um keine Subvention gemäß Art. 107 Abs. 1 AEUV
handelt. Die zugunsten der A erfolgte Subvention ist mit dem Unionsrecht somit
vereinbar.

Im Bearbeitungsvermerk steht, dass Beihilfen unter dem Höchstbetrag mit Unionsrecht vereinbar
sind.

(cc) Art. 3 Abs. 1 GG i.V.m. der Richtlinie bzw. Verwaltungspraxis

Die Subvention könnte aufgrund der Beachtlichkeit der Richtlinie bzw. der Verwaltungspraxis im Rahmen des durch den Grundsatz der Wirtschaftlichkeit und
Sparsamkeit im Rahmen des gemäß Art. 6 Abs. 1 GG intendierten Subventionsermessens rechtswidrig sein.

Die Verwaltung könnte durch die Vorgaben in der Richtlinie als Ausdruck
der Verwaltungspraxis an diese gebunden sein. Die Richtlinie ist in Verbindung
mit dem allgemeinen Gleichheitsgrundsatz gemäß Art. 3 Abs. 1 GG mittelbar im
Außenverhältnis zu berücksichtigen (BVerwGE 35, 159/161 ff.).

Durch eine Verwaltungsrichtlinie wird grundsätzlich die Verwaltungspraxis
vorgegeben, welche die Verwaltung auszuüben hat. Vergleichbare Antragsteller
können daran teilhaben – soweit die Richtlinie nicht rechtswidrig ist, da im
Unrecht keine Gleichbehandlung verlangt werden kann – und andere Antragsteller können die Unterlassung der Praxis verlangen, soweit ihre subjektiven
Rechte tangiert werden und insoweit jemand von einer Verwaltungspraxis begünstigt wird, obwohl er von ihr eigentlich nicht betroffen ist.

Weicht die Verwaltung in der Praxis von einer Richtlinie ab, stellt die Praxis das „Recht" dar und die Richtlinie wird durch sie überlagert, soweit die tatsächliche Verwaltungspraxis nicht ihrerseits rechtswidrig ist. Das gilt auch bei
erstmaliger Abweichung von einer Richtlinie, soweit die Verwaltungspraxis geändert wird. Eine solche Änderung ist der Behörde jederzeit möglich, soweit sie
nicht rechtsstaatswidrig willkürlich ist.

In der Richtlinie des Landes ist die Subvention dem Grunde nach zum Ausgleich der Eigenaufwendungen vorgesehen. Auch die gegenüber A ausgesprochene Nebenbestimmung ist in der Richtlinie angelegt. Eine abweichende Verwaltungspraxis ist nicht ersichtlich, sodass es keine Kollision zwischen der
Richtlinie und der tatsächlichen Verwaltungspraxis gibt.

Aufgrund der Richtlinie i.V.m. Art. 3 Abs. 1 GG bzw. der Verwaltungspraxis
i.V.m. Art. 3 Abs. 1 GG ist die Subvention für A nicht rechtswidrig.

(dd) Ermessensüberschreitung im Übrigen

Die Subvention für A kann aufgrund einer Ermessensüberschreitung im Übrigen rechtswidrig sein. Eine solche könnte sich aus einer Nichtigkeit der Nebenbestimmung i. S. d. § 44 Abs. 2 Nr. 4 VwVfG oder aus § 44 Abs. 1 VwVfG – es ergäbe sich gemäß § 44 Abs. 4 VwVfG die Teilnichtigkeit des Subventionsbescheides im Hinblick auf die Nebenbestimmung – ergeben, jedoch ist eine solche nicht ersichtlich. Eine sachwidrige Kopplung gemäß § 36 Abs. 3 VwVfG kann erfolgt sein.

Der Subventionsbescheid gegenüber A ist wegen einer Ermessensüberschreitung jedenfalls rechtswidrig, falls die Kopplung mit der Nebenbestimmung rechtswidrig war und die Behörde den Subventionsbescheid nicht ohne die Nebenbestimmung erlassen hätte. Ob nur die Rechtswidrigkeit der Nebenbestimmung aufgrund einer einheitlichen Ermessensentscheidung und der dann fehlerhaften Ermessensausübung zum fehlerhaften Subventionsermessen führt, ist fraglich. In Anknüpfung an die materielle Teilbarkeit von Nebenbestimmungen könnte auch darauf abgestellt werden, dass die rechtswidrige Nebenbestimmung als Ausfluss rechtswidrigen Ermessens teilbar ist und somit der Subventionsbescheid im Übrigen rechtmäßig wäre. Wenngleich insoweit aufgrund der Einheitlichkeit der Ermessensentscheidung dennoch die Rechtswidrigkeit des Subventionsbescheides anzunehmen wäre, kann dies jedenfalls dahinstehen, soweit die Nebenbestimmung rechtswidrig ist und die Behörde einen Subventionsbescheid ohne Nebenbestimmung – z. B. wegen des dienstlichen Weisungsverhältnisses bei Vorgaben zur Subvention in einer alten rechtswidrigen Richtlinie ohne eine neue rechtmäßige Richtlinie zu haben – nicht erlassen hätte. Maßgeblich ist somit, ob die Nebenbestimmung rechtswidrig war, und ob die Behörde den Subventionsbescheid gegebenenfalls auch ohne die Nebenbestimmung erlassen hätte.

(aaa) Rechtmäßigkeit der Nebenbestimmung

Die Nebenbestimmung zur Rechnungslegung kann rechtswidrig sein. Dazu muss es sich zunächst um eine Nebenbestimmung gleich welcher Art handeln.

(aaaa) Inhaltsbestimmung oder Nebenbestimmung

Während mit Inhaltsbestimmungen die Hauptregelung im Kern etwa durch eine negative Umschreibung der Hauptregelung definiert wird, wird mittels Nebenbestimmungen lediglich das Umfeld der Kernaussage der Hauptregelungen tangiert – z. B. durch Auflagen i. S. d. § 36 Abs. 2 Nr. 4 VwVfG und Bedingungen i. S. d. § 36 Abs. 2 Nr. 2 VwVfG. Während eine Hauptregelung ohne eine „einfache Auflage" zwar rechtswidrig sein kann, bleibt die Hauptregelung ohne diese einfache Auflage dennoch grundsätzlich wirksam mit der Folge, dass diese „einfache

Auflage" nur als Zusatz in Form einer Nebenbestimmung einzuordnen ist. Eine „inhaltsmodifizierende Auflage" ist zwar terminologisch eine Nebenbestimmung, jedoch ist die Hauptregelung ohne die inhaltsmodifizierende Auflage nicht hinreichend bestimmt und somit unwirksam mit der Folge, dass die inhaltsmodifizierende Auflage trotz des Terminus „Auflage" eine Inhaltsbestimmung darstellt und somit nicht gesondert suspendierbar ist.

Ohne die Vorgabe der Rechnungslegung wäre die Subvention an A zwar rechtswidrig, jedoch nicht nichtig, sodass es sich nicht um eine inhaltsmodifizierende Auflage handelt, sondern um eine Nebenbestimmung.

(bbbb) Rechtsgrundlage

Mangels spezialgesetzlicher Grundlagen für eine Nebenbestimmung zur Rechnungsvorlegung kommt nur die allgemeine Regelung des § 36 VwVfG in Betracht. Gemäß § 36 Abs. 1 Alt. 1 VwVfG kann eine Nebenbestimmung erlassen werden, soweit dies gesetzlich bestimmt ist, während sie gemäß § 36 Abs. 1 Alt. 2 VwVfG zur Tatbestandssicherung bzw. zur Ausfüllung eines Beurteilungsspielraumes erlassen werden kann.

Gemäß § 36 Abs. 2 VwVfG kann eine Nebenbestimmung als Ausfluss des Ermessens oder – unbeschadet des Absatzes 1 – zur Tatbestandssicherung bzw. zur Ausfüllung eines Beurteilungsspielraumes erfolgen. Da bezüglich der Subvention als für die Nebenbestimmung maßgebliche Hauptregelung nur der Vorrang des Gesetzes gilt und somit keine Rechtsgrundlage besteht, kann die Nebenbestimmung in Form der Aufgabe der Rechnungsvorlage nur Ausfluss des Subventionsermessens sein.

Maßgebliche Rechtsgrundlage für die Nebenbestimmung ist § 36 Abs. 2 VwVfG.

(cccc) Voraussetzungen und Rechtsfolge

Die Nebenbestimmung ist rechtswidrig, soweit das Nebenbestimmungsermessen in der Rechtsfolge – eine Hauptregelung als Tatbestandsvoraussetzung besteht – fehlerhaft ausgeübt wurde. Das Nebenbestimmungsermessen ist gemäß § 36 Abs. 3 VwVfG wegen sachwidriger Kopplung jedenfalls fehlerhaft ausgeübt worden, falls die Nebenbestimmung dem Zweck des Verwaltungsaktes zuwiderläuft.

Der Zweck der Subvention für Hoteliers ist die Förderung von Arbeitsplätzen einerseits und die Deckung der Eigenaufwendungen andererseits. Das ergibt sich aus der Richtlinie als niedergeschriebene Vorgabe der Verwaltungspraxis. Eine Förderung bzw. Sicherung der Arbeitsplätze erfolgt zwar durch die Subvention gegenüber A zur internen Schulung, jedoch ist die Nebenbestimmung mit diesem

Zweck nicht vereinbar, weil eine Rechnungslegung der Eigenaufwendung zwar faktisch möglich, jedoch bezüglich einer effektiven Eigenaufwendungskontrolle widersinnig ist, weil A dann von den Teilnehmern ein Entgelt für Unterkunft und Verpflegung verlangen müsste. Durch die Nebenbestimmung wird der Zweck der Förderung der Eigenaufwendung somit konterkariert.

(dddd) Zwischenergebnis
Die Nebenbestimmung mit dem Inhalt der Aufforderung zur Rechnungslegung ist rechtswidrig.

(bbb) Subvention ohne Nebenbestimmung
Das Subventionsermessen als solches könnte aber dennoch fehlerfrei ausgeübt sein, soweit die Behörde den Subventionsbescheid auch ohne die Nebenbestimmung erlassen hätte. Ein rechtmäßiger Subventionsbescheid ohne Nebenbestimmung ergibt sich nicht bereits aus der Rechtswidrigkeit der Nebenbestimmung, weil diese weder direkt noch konkludent angefochten wurde und Anhaltspunkte für deren Nichtigkeit gemäß § 44 Abs. 2 Nr. 4 VwVfG oder aus § 44 Abs. 1 VwVfG – es ergäbe sich gemäß § 44 Abs. 4 VwVfG die Teilnichtigkeit des Subventionsbescheides im Hinblick auf die Nebenbestimmung – nicht ersichtlich sind, da die Rechnungslegung zwar widersinnig, jedoch in Eigenregie nicht unmöglich oder sonst evident fehlerhaft ist.

Aus dem in der Richtlinie auch benannten Zweck des Ausgleiches der Eigenproduktverluste könnte sich jedoch ergeben, dass die Subvention auch ohne die Vorgabe zur Rechnungslegung erfolgt wäre. Ob dies ohne konkludente Anfechtung der Nebenbestimmung aus rechtsstaatlichen Gründen i.S.d. sich unter anderem aus Art. 20 Abs. 3 GG ergebenden Rechtsstaatsprinzips beachtlich wäre, ist problematisch, jedoch irrelevant, wenn der Subventionsbescheid ohne die Nebenbestimmung nicht erlassen worden wäre. Im Übrigen würde eine Auslegung des Begehrens dahingehend, dass die Nebenbestimmung konkludent mit angefochten wäre, einerseits ohne richterliche Hinwirkung auf die Anträge i.S.d. § 86 Abs. 3 VwGO unter Umständen eine Überdehnung des Wortlautes des § 88 VwGO darstellen, während andererseits eine Verfristung eingetreten wäre, da der Subventionsbescheid eine ordnungsgemäße Rechtsmittelbelehrung enthielt. Gemäß § 6 Abs. 1 HGrG sind jedoch die Grundsätze der Wirtschaftlichkeit und Sparsamkeit zu berücksichtigen. Subventionen werden somit nur zugebilligt, soweit dies den Vorgaben des Gesetzgebers und den Vorgaben Vorgesetzter entspricht. Da es bei Eigenaufwendungen aber nicht möglich ist, objektiv sinnvoll nachprüfbare Rechnungen zu erhalten, ist die Nebenbestimmung zu dem in der

Richtlinie der Behörde und im Haushaltsplan vorgegebenen Subventionszweck konträr. Die Richtlinie ist also in sich widersprüchlich und würde von den für die Subvention zuständigen Amtswaltern ohne klare Kontrollmöglichkeiten der Subventionsverwendung bis zur Klärung nicht unter eingeschränkten Voraussetzungen angewendet werden. Somit wäre die Subvention ohne die Nebenbestimmung bei Bestehen der derzeitigen in sich widersprüchlichen Richtlinie nicht erfolgt, sodass der Subventionsbescheid rechtswidrig ist.

(3) Zwischenergebnis

Der Subventionsbescheid ist rechtswidrig.

c) Rechtsfolge

Bezüglich des § 48 Abs. 1 S. 1 VwVfG besteht in der Rechtsfolge Ermessen. Diesbezüglich sind in § 48 Abs. 1 S. 2 VwVfG i.V.m. § 48 Abs. 2 VwVfG spezielle Ermessensvorgaben sowie in § 48 Abs. 4 S. 1 VwVfG eine Präklusionsfrist geregelt.

Da § 48 Abs. 1 S. 2 VwVfG i. V. m. § 48 Abs. 2 VwVfG aus den genannten Gründen im Ermessen zu prüfen ist, gilt dies auch für § 48 Abs. 4 S. 1 VwVfG. Einerseits steht § 48 Abs. 4 S. 1 VwVfG systematisch vor § 48 Abs. 1 S. 2 VwVfG i. V. m. § 48 Abs. 2 VwVfG, andererseits wird in § 48 Abs. 4 S. 2 VwVfG auf § 48 Abs. 2 S. 3 Nr. 1 VwVfG verwiesen, der folglich vorab zu prüfen ist. Ist § 48 Abs. 2 S. 3 Nr. 1 VwVfG aber schon im Ermessen zu prüfen und § 48 Abs. 4 S. 1 VwVfG danach, gehört auch letzterer in die Rechtsfolge. Anderes wäre nur vertretbar, wenn bereits § 48 Abs. 1 S. 2 VwVfG i. V. m. § 48 Abs. 2 VwVfG im Tatbestand geprüft würde.

Zudem dürfen im Übrigen keine Ermessensfehler bestehen.

aa) Vertrauensschutz gemäß § 48 Abs. 2 VwVfG

Vertrauen iSd § 48 II VwVfG

1. **Tatsächliches Vertrauen**

2. **Ausschlussgründe** (§ 48 II 3 VwVfG)

3. wenn kein Ausschlussgrund: **Vermögensdispositionen** im Vertrauen auf Bestand des VA? (dann Vermutung zu Gunsten Vertrauensschutz gem. § 48 II 2)

4. **Abwägung** zwischen Bestandsinteresse des Bürgers und öffentlichem Interesse an der Rücknahme gem. § 48 II 1 VwVfG

→ Abwägung kann dazu führen, dass nur eine *teilweise* Rücknahme oder lediglich eine Rücknahme *ex nunc* zulässig ist

Schema 12

Gemäß § 48 Abs. 2 S. 1 VwVfG darf ein rechtswidriger Verwaltungsakt, durch den eine einmalige oder laufende Geldleistung oder teilbare Sachleistung gewährt wird oder hierfür Voraussetzung ist, nicht zurückgenommen werden, soweit der Begünstigte auf den Verwaltungsakt vertraut hat und sein Vertrauen unter Abwägung mit dem öffentlichen Interesse an einer Rücknahme schutzwürdig ist. Das Vertrauen ist gemäß § 48 Abs. 2 S. 2 VwVfG in der Regel schutzwürdig, wenn der Begünstigte gewährte Leistungen verbraucht oder eine Vermögensdisposition getroffen hat, die er nicht mehr oder nur unter unzumutbaren Nachteilen rückgängig machen kann. Ein Ausschluss der Möglichkeit, sich auf Vertrauen zu berufen, ergibt sich aus § 48 Abs. 2 S. 3 VwVfG oder bei unionsrechtlichen Vorgaben aus dem Anwendungsvorrang des Unionsrechts.

A wurde die Subvention als verlorener Zuschuss ausbezahlt. Es handelt sich um eine Geldleistung i.S.d. § 48 Abs. 2 S. 1 VwVfG. A hat die Subvention auch bereits verbraucht, sodass sie sich nach den Regelvoraussetzungen des § 48 Abs. 2 S. 2 VwVfG auf Vertrauensschutz berufen könnte, weil eine Rückausnahme nach § 48 Abs. 2 S. 3 Nr. 1, 2 VwVfG nicht ersichtlich ist.

Allerdings bedarf es gemäß § 48 Abs. 2 S. 1 VwVfG trotz der Regelfallregelung in möglicher Abweichung von § 48 Abs. 2 S. 2 VwVfG einer Interessenabwägung zwischen dem Vertrauensschutz und dem öffentlichen Interesse. Dabei ist zu berücksichtigen, dass A die Veranstaltungen auch ohne die Subvention durchgeführt hätte. Gerade insoweit ist das öffentliche Interesse an einer effektiven Kontrolle der Ausgabe der Gelder groß, zumal A bei Aufhebung letztlich tatsächlich nicht mit Ausgaben kalkulieren müsste, die sie üblicherweise nicht getätigt hätte. Somit ist das öffentliche Interesse auch bei verfassungskonformer Betrachtung i. S. d. sich unter anderem aus Art. 20 Abs. 3 GG ergebenden Rechtsstaatsprinzips schutzwürdig. Jedenfalls hatte A vom zuständigen Sachbearbeiter – bevor er die Subventionen ausgegeben hatte – von der nach dessen Auffassung bestehenden Rechtswidrigkeit der Subvention erfahren, sodass dieses Unrecht in Abweichung vom Regelfall aufgehoben worden sein müsste. Es bestand zumindest eine grob fahrlässige Unkenntnis der A von der Rechtswidrigkeit der Subvention, da die Aussage vom zuständigen Sachbearbeiter getätigt wurde, wobei Gründe für die Abweichung vom Regelfall nicht ersichtlich sind.

Bezüglich der Interessenabwägung könnte auch eine Parallele zu § 818 Abs. 3 BGB aufgezeigt werden, da darauf z. B. in § 49a Abs. 2 S. 1 VwVfG verwiesen wird.

Somit kann sich der Begünstigte gemäß § 48 Abs. 2 S. 3 Nr. 3 VwVfG nicht auf den Vertrauensschutz berufen, sodass gemäß § 48 Abs. 2 S. 4 VwVfG ohne Ausnahme von der Regel zurückzunehmen ist. Die Rücknahme ist mangels hinreichenden Vertrauensschutzes nicht gemäß § 48 Abs. 2 S. 1 VwVfG ausgeschlossen.

Mit guter Argumentation könnte die Annahme des Vertrauensschutzes i. S. d. § 48 Abs. 2 S. 1 VwVfG vertreten werden, soweit im Rahmen des § 48 Abs. 2 S. 2, 3 VwVfG gegenläufig argumentiert würde.

---

bb) Präklusion gemäß § 48 Abs. 4 S. 1 VwVfG

Erhält die Behörde von Tatsachen Kenntnis, durch welche die Rücknahme eines rechtswidrigen Verwaltungsaktes gerechtfertigt werden kann, ist die Rücknahme gemäß § 48 Abs. 4 S. 1 VwVfG nur innerhalb eines Jahres seit dem Zeitpunkt der Kenntnisnahme zulässig. Bei verfassungskonformer Auslegung (zum Ganzen bei § 48 Abs. 4 VwVfG: BVerwGE GS 70, 356) i. S. d. sich unter anderem aus Art. 20 Abs. 3 GG ergebenden Rechtsstaatsprinzips gilt die Frist nicht nur für Tatsachen, sondern auch für Rechtsanwendungsfehler. Aufgrund effektiver Verwaltung ist zudem die Kenntnis des einzelnen Bearbeiters in der Behörde – ausnahmsweise eines Handelnden einer Behördeneinheit, soweit rechtsstaatlich geboten – maßgeblich. Aus ebensolchen Effektivitätsgründen ist die Frist nicht als Bearbeitungsfrist, sondern als Entscheidungsfrist einzustufen, sodass sie erst beginnt, wenn alle zur Aufhebung erheblichen Tatsachen bzw. Rechtsfehler bekannt sind.

Der zuständige Sachbearbeiter hatte bereits am 1.6. – also von Beginn an – Kenntnis von den Tatsachen bzw. Rechtsfehlern, da stets klar war, dass objektiv sinnvolle Rechnungen zur Ausgabenkontrolle nicht beigebracht werden können. Selbst wenn die Kenntnis ihm am 1.6. trotz ohnehin schon weiter Auslegung des § 48 Abs. 4 S. 1 VwVfG und der Offensichtlichkeit nicht zugerechnet werden würde, bestand diese Kenntnis jedenfalls ab dem 15.6. Die Fristberechnung erfolgt insoweit gemäß § 31 VwVfG i.V.m. den §§ 187 ff. BGB, wobei ein Jahr am 1.7. des Folgejahres verstrichen ist. Gemäß § 187 Abs. 1 BGB beginnt die Frist am 2.6. des Ausgangsjahres um 00:00 Uhr und endet gemäß § 188 Abs. 2 S. 2 BGB am 1.6. des Folgejahres um 24:00 Uhr. Die Rücknahme ist somit präkludiert.

Merke: Drei Probleme bei § 48 Abs. 4 S. 1 VwVfG:
- Erweiterung auf Rechtsanwendungsfehler (gut für den Bürger, da effektivere Präklusion)
- Kenntnis des Einzelnen maßgeblich (schlecht für den Bürger, da keine Zurechnung in der Verwaltung)
- Entscheidungs- und keine Bearbeitungsfrist (schlecht für den Bürger, da spätere Präklusion).

Fazit: im Zweifel verwaltungsfreundliche Auslegung.

---

d) Zwischenergebnis

Die Rücknahme des Subventionsbescheides für A ist rechtswidrig.

2. Rechtswidrigkeit als Widerruf

Die Aufhebung der Subvention zugunsten der A kann als Widerruf rechtmäßig sein. Insoweit ist zunächst maßgeblich, inwieweit eine Aufhebung ohne Weiteres als Rücknahme oder Widerruf eingeordnet werden darf. Ist eine Aufhebung explizit als Rücknahme oder als Widerruf bezeichnet, könnte eine gegenüber der ausdrücklichen Bezeichnung abweichende Einordnung nur mittels einer Umdeutung gemäß § 47 Abs. 1 VwVfG möglich sein. Das würde jedoch voraussetzen, dass ein Verwaltungsakt in einen anderen Verwaltungsakt umgedeutet werden würde.

Mit guter Argumentation ist eine Umdeutung in einigen Konstellationen vertretbar, soweit es um die Einstufung als „Rücknahme" oder „Widerruf" geht.

Ist eine Aufhebung jedoch als Rücknahme oder Widerruf bezeichnet, ist das tenorierte Ziel letztlich die Aufhebung. Lediglich die Voraussetzungen können unterschiedlich sein. Zwar hat sich die Behörde aufgrund des sich unter anderem aus Art. 20 Abs. 3 GG ergebenden Rechtsstaatsprinzips so behandeln zu lassen, wie sie gehandelt hat, nicht aber, wie sie hätte handeln müssen, jedoch sind Rücknahme und Widerruf als einheitliche Handlungen einzustufen, weil beide die Aufhebung zur Folge haben. Somit wäre eine Einstufung als Rücknahme oder Widerruf entgegen der ausdrücklichen Bezeichnung rechtsstaatlich i. S. d. Art. 20 Abs. 3 GG von einer Auslegung gedeckt. Eine Umdeutung i. S. d. § 47 Abs. 1 VwVfG wäre nicht erforderlich.

Da eine ausdrückliche Bezeichnung als Rücknahme oder Widerruf gegenüber A nicht erfolgte, sondern lediglich die Bezeichnung als Aufhebung, bedarf es nicht einmal einer Auslegung, sodass eine Einstufung als Widerruf möglich ist.

a) Rechtsgrundlage

Zunächst bedarf es einer passenden Rechtsgrundlage. Mangels spezialgesetzlicher Regelungen kommt für den Widerruf § 49 VwVfG in Betracht. Für den Widerruf belastender Verwaltungsakte ist § 49 Abs. 1 VwVfG maßgeblich, während für Begünstigungen, die eine einmalige oder laufende Geldleistung oder teilbare Sachleistung enthalten, § 49 Abs. 3 S. 1 VwVfG die Rechtsgrundlage für den Widerruf auch für die Vergangenheit darstellt. § 49 Abs. 2 S. 1 VwVfG gilt insoweit ergänzend nur für die Zukunft.

Jegliche dieser Rechtsgrundlagen gilt jedoch direkt nur bezüglich eines rechtmäßigen Verwaltungsaktes. Somit kommt eine analoge Anwendung des § 49 Abs. 3 S. 1 VwVfG – A hat eine Geldleistung erhalten – in Form eines „Erst-recht-Schlusses" in Betracht (vgl. BVerwG NVwZ 1987, 498). Soweit sogar die gegenüber der Rücknahme höheren Anforderungen zum Widerruf eines Verwaltungsaktes gemäß § 49 Abs. 3 S. 1 VwVfG erfüllt sind, können analog § 49 Abs. 3 S. 1 VwVfG erst recht rechtswidrige Verwaltungsakte aufgehoben werden. Bedenken, dass die dezidierte Regelung zum Vertrauensschutz in § 48 Abs. 2 VwVfG, die für den Widerruf mangels planwidriger Regelungslücke aufgrund der expliziten Regelung gemäß § 49a VwVfG nicht analog anwendbar ist, umgangen werden könnte, bestehen nicht.

Zwar könnte argumentiert werden, dass auch der Vertrauensschutz bei analoger Anwendung des § 49 Abs. 3 S. 1 VwVfG ebenfalls gelten müsste, jedoch ist dies nicht notwendig. Über klare Ausgleichsregelungen gemäß § 49a VwVfG auf der Sekundärebene hinaus, sind in § 49 Abs. 3 S. 1 VwVfG über den Widerrufsgrund Wertungen enthalten. Z. B. ist ein Schutz des Betroffenen bei zweckwidriger Verwendung i. S. d. § 49 Abs. 3 S. 1 Nr. 1 VwVfG anders als in diversen Konstellationen des § 48 Abs. 1 S. 1 VwVfG nicht erforderlich, denn bei einer zweckwidrigen Verwendung ist nicht schutzwürdiges subjektives Unrecht enthalten, während von § 48 Abs. 1 S. 1 VwVfG aufgrund des rechtswidrigen Verwaltungsaktes zwar seitens der Behörde veranlasstes objektives Unrecht besteht, dieses jedoch insoweit anders als subjektives Unrecht seitens des Betroffenen schutzwürdig sein kann.

Nach alledem kommt eine Aufhebung gegenüber A analog § 49 Abs. 3 S. 1 Nr. 1, 2 VwVfG in Betracht.

b) Voraussetzungen

Die Voraussetzungen für einen Widerruf können erfüllt sein.

aa) Formelle Voraussetzungen

Die formellen Voraussetzungen für eine Aufhebung des Subventionsbescheides für A sind erfüllt. Insbesondere hat die gemäß § 49 Abs. 5 VwVfG i.V.m. § 3 VwVfG zuständige Behörde gehandelt.

bb) Materielle Voraussetzungen

Materiell bedarf es gemäß § 49 Abs. 3 S. 1 VwVfG eines rechtmäßigen Verwaltungsaktes und eines Widerrufsgrundes. Da § 49 Abs. 3 S. 1 VwVfG nicht direkt, sondern analog angewendet wird, bedarf es keines rechtmäßigen Verwaltungsaktes, sondern der gegenüber A erlassene rechtswidrige Subventionsbescheid ist hinreichend. Es bedarf jedoch auch eines Widerrufsgrundes.

(1) Zweckwidrige Verwendung

Als Widerrufsgrund kommt zunächst eine zweckwidrige Verwendung gemäß § 49 Abs. 3 S. 1 Nr. 1 VwVfG in Betracht. Wenngleich die zweckwidrige Verwendung der Subvention durch A sich noch nicht aus der Nichterbringung des Nachweises ergibt, weil der Hauptzweck mit der Durchführung des Praxisseminars verfolgt wird, ist jedenfalls die Verwendung eines Betrages in Höhe von € 10.000,– für die Gartenerweiterung zweckwidrig gewesen. Bezüglich eines Teilbetrages in Höhe von € 10.000,– wurde die Subvention zweckwidrig verwendet.

(2) Auflagenverstoß

Im Übrigen kann durch die Nichterbringung des Abrechnungsnachweises gemäß § 49 Abs. 3 S. 1 Nr. 2 VwVfG verstoßen worden sein (dazu: OVG Magdeburg NVwZ 2000, 585). Dazu bedarf es einer Nebenbestimmung in Form einer Auflage.

Fraglich ist, um welche Art einer Nebenbestimmung es sich bei der Vorgabe zur Rechnungslegung handelt.

(a) Art der Nebenbestimmung

In Betracht kommen eine Auflage i.S.d. § 36 Abs. 2 Nr. 4 VwVfG und eine Bedingung i.S.d. § 36 Abs. 2 Nr. 2 VwVfG. Durch Bedingungen wird die Hauptregelung suspendiert, sodass sich aus dieser zunächst keine Wirkung ergibt. Sie sind nicht selbständig vollstreckbar.

Durch Auflagen wird die Hauptregelung nicht suspendiert, sondern es handelt sich um einen eigenständigen Zusatz, der selbständig vollstreckbar ist. Ob eine Bedingung oder eine Auflage besteht, kann sich zunächst aus der Bezeichnung der Nebenbestimmung durch die Behörde ergeben. Maßgeblich ist i.S.d. sich unter anderem aus Art. 20 Abs. 3 GG ergebenden Rechtsstaatsprinzips der Wille der durch die Amtswalter vertretenen Behörde aus objektivierter Empfängersicht. Im Zweifel ist eine Nebenbestimmung als Auflage einzuordnen, da die Hauptregelung durch sie nicht suspendiert wird und sie somit das mildere Mittel darstellt.

Gegenüber A wurde die Nebenbestimmung als „Auflage" bezeichnet. Zwar wäre es aufgrund der sachwidrigen Kopplung i.S.d. § 36 Abs. 3 VwVfG seitens der Behörde geschickter gewesen, eine Bedingung oder Befristung zu formulieren, jedoch ist die Aufforderung zur Rechnungslegung formal als Auflage bezeichnet worden und als milderes Mittel anzusehen, während ein Wille der Behördenmitarbeiter, eine Bedingung oder Befristung auszusprechen, nicht ersichtlich ist.

Die gegenüber A ausgesprochene Nebenbestimmung stellt eine Auflage dar.

(b) Beachtlichkeit der rechtswidrigen Nebenbestimmung

Eine rechtswidrige Auflage – die gegenüber A ausgesprochene Auflage ist rechtswidrig – könnte bezüglich einer zweckwidrigen Verwendung i.S.d. § 49 Abs. 3 S. 1 Nr. 2 VwVfG irrelevant sein. Dabei ist jedoch zu berücksichtigen, dass eine Auflage einen an den Hauptverwaltungsakt angelehnten Zusatz darstellt, der eigenständig vollstreckbar ist. Soweit die Auflage nicht i.S.d. § 44 Abs. 3, 1 VwVfG nichtig ist – dafür bestehen bezüglich der Rechnungslegung keine Anhaltspunkte – ist sie wirksam und vollstreckbar und somit auch im Rahmen einer zweckwidrigen Verwendung i.S.d. § 49 Abs. 3 S. 1 Nr. 2 VwVfG beachtlich (OVG Magdeburg NVwZ 2000, 585). Die gegenüber A ausgesprochene Auflage ist somit beachtlich.

(c) Rechtsfolge

Rechtsfolge des § 49 Abs. 3 S. 1 VwVfG ist Ermessen, welches einerseits speziellen Vorgaben gerecht werden muss und andererseits nicht fehlerhaft i. S. d. § 40 VwVfG ausgeübt worden sein darf.

aa) Präklusion

Gemäß § 49 Abs. 3 S. 2 VwVfG gilt § 48 Abs. 4 VwVfG entsprechend, sodass der Widerruf präkludiert sein könnte. Bezüglich einer Präklusion ist ebenso wie im Rahmen des § 48 VwVfG auf den Bezug zum Tatbestand abzustellen. In § 49 Abs. 3 S. 1 VwVfG wird über die Rechtmäßigkeit bzw. Rechtswidrigkeit hinaus ein Widerrufsgrund vorausgesetzt, bezüglich dessen die Kenntnis gemäß § 48 Abs. 4 VwVfG i. V. m. § 49 Abs. 3 S. 2 VwVfG bestehen muss.

Sowohl bezüglich der Zweckentfremdung der € 10.000,–, als auch bezüglich der Verletzung der Auflage ist noch kein Jahr seit der Behördenkenntnis verstrichen. Von der Zweckentfremdung erfuhr die Behörde erst am 3. 3., während die Aufhebung am 1. 7. erfolgte. Von der Nichtbeibringung einer ordnungsgemäßen Rechnung konnte die Behörde erst seit der Veranstaltung am 1. 8. Kenntnis haben, weil eine Rechnungstellung im Vorfeld nicht möglich ist. Auch insoweit ist bis zum 1. 7. des Folgejahres nach den §§ 31 VwVfG i. V. m. den §§ 187 ff. BGB kein Jahr verstrichen.

Eine Präklusion ist nicht erfolgt.

bb) Ermessensfehler im Übrigen

Ermessensfehler im Übrigen können in Form eines Ermessensausfalls, einer Ermessensüberschreitung sowie eines Ermessensfehlgebrauchs begangen worden sein. In Betracht kommt ein partieller Ermessensausfall. Im Rahmen der Ermessensausübung analog § 49 Abs. 3 S. 1 VwVfG hat die Behörde die Besonderheiten der Subvention der Hotelbranche nicht hinreichend berücksichtigt (OVG Magdeburg NVwZ 2000, 585/586). Es wurde außer Acht gelassen, dass eine ordnungsgemäße Rechnungstellung zwar faktisch möglich ist, jedoch nicht, ohne dass A von den Teilnehmern ein Entgelt für Unterkunft und Verpflegung verlangt, welches diese erst entrichten müssten, um es anschließend von A zurückerstattet zu bekommen. Unabhängig davon, ob die gesamte Konstruktion rechtmäßig ist, fanden Ermessenserwägungen insoweit jedenfalls nicht statt, sodass ein partieller Ermessensausfall gegeben ist.

Insoweit ist das Ermessen jedenfalls fehlerhaft, als es um das auf den Widerrufsgrund gemäß § 49 Abs. 3 S. 1 Nr. 2 VwVfG bezogene ausgeübte Ermessen geht – soweit es um die Aufhebung über den Betrag von € 10.000,– hinausgeht.

Bezüglich des Betrages in Höhe von € 10.000,– gilt jedoch der Widerrufsgrund gemäß § 49 Abs. 3 S. 1 Nr. 1 VwVfG mit der Folge, dass eine Trennung des Ermessens vorgenommen werden könnte, zumal eine Anfechtungsklage wegen der Formulierung in § 113 Abs. 1 S. 1 VwGO auch partiell erfolgreich sein kann. Selbst wenn trotz rechtsstaatlicher Erwägungen i.S.d. Art. 20 Abs. 3 GG keine einheitliche Ermessensbeurteilung erforderlich sein sollte und eine Trennung möglich wäre, sind bezüglich der Aufhebung hinsichtlich des Betrages in Höhe von € 10.000,– jedenfalls nicht alle erforderlichen Abwägungsumstände bei der Abwägung berücksichtigt worden, sodass die Aufhebung auch diesbezüglich wegen eines partiellen Ermessensausfalls ermessensfehlerhaft ist.

Zwar ist gemäß § 114 S. 2 VwGO eine Ergänzung des Ermessens und über den Wortlaut hinaus unter Umständen auch ein Nachschieben von Gründen möglich, jedoch hat die Behörde das Ermessen bisher weder ergänzt noch Gründe nachgeschoben, sondern dies nur angekündigt, sodass weder bezüglich des § 49 Abs. 3 S. 1 Nr. 1 VwVfG noch bezüglich des § 49 Abs. 3 S. 1 Nr. 2 VwVfG der Ermessensfehler berichtigt wurde.

Obwohl in § 114 S. 2 VwGO ausdrücklich die Ergänzung des Ermessens geregelt ist, geht das BVerwG davon aus, dass auch ein Nachschieben von Gründen möglich ist, welches von der formellen nachträglichen Begründung gemäß § 45 Abs. 1 Nr. 2 VwVfG zu unterscheiden ist.

Aufgrund des partiellen Ermessensausfalls ist der Aufhebungsbescheid somit rechtswidrig.

II. Rückforderungsbescheid

Als Rechtsgrundlage für den Rückforderungsbescheid kommt § 49a Abs. 1 S. 1 VwVfG als Spezialregelung eines öffentlich-rechtlichen Erstattungsanspruches zugunsten des öffentlichen Rechtsträgers – gemäß § 49a Abs. 1 S. 2 VwVfG wird ein Verwaltungsakt erlassen – in Betracht. Unabhängig vom Vertrauensschutz i.S.d. § 49a Abs. 2 VwVfG mit einem Teilverweis auf das Bürgerliche Gesetzbuch ist der Rückforderungsbescheid jedenfalls rechtswidrig, weil es an der gemäß § 49a Abs. 1 S. 1 VwVfG erforderlichen Aufhebung für die Vergangenheit oder dem Eintritt einer auflösenden Bedingung fehlt, weil der Aufhebungsbescheid aufgrund der Rechtswidrigkeit seinerseits mit Rechtskraft des Urteils durch das Gericht aufgehoben wird.

III. Rechtsverletzung

A wird durch den rechtswidrigen Aufhebungs- und den rechtswidrigen Rückforderungsbescheid in dem ursprünglichen Subventionsbescheid – dieser galt trotz der Auflage – als Sonderrechtsbeziehung sowie subsidiär in ihrem Auffanggrundrecht aus Art. 2 Abs. 1 GG verletzt, weil sie eine Leistung rückgewähren soll.

C. Ergebnis

Die Bescheide werden vom Verwaltungsgericht aufgehoben. Die Klagen werden erfolgreich durchgeführt werden.

2. Komplex: Abwandlung

Der Aufhebungsbescheid und der Rückforderungsbescheid könnten rechtswidrig sein.

I. Aufhebungsbescheid
Der Aufhebungsbescheid könnte rechtswidrig sein.

1. Rechtsgrundlage
Mangels spezieller Regelungen kommt primär § 48 Abs. 1 S. 1 VwVfG als Rechtsgrundlage in Betracht.

2. Voraussetzungen
Die Voraussetzungen des § 48 Abs. 1 S. 1 VwVfG können erfüllt sein.

a) Formelle Voraussetzungen
Die formellen Voraussetzungen für den Erlass des Aufhebungsbescheides sind erfüllt. Insbesondere hat die gemäß § 48 Abs. 5 VwVfG zuständige Behörde gehandelt.

b) Materielle Voraussetzungen

Die materiellen Voraussetzungen des § 48 Abs. 1 S. 1 VwVfG können erfüllt sein. Materiell wird ein rechtswidriger Verwaltungsakt vorausgesetzt. Der aufgehobene Subventionsbescheid müsste somit rechtswidrig sein.

aa) Rechtsgrundlage

Die Zuständigkeitsnormen aus dem Grundgesetz sind als Rechtsgrundlage mangels materieller Voraussetzungen ebenso wenig geeignet wie die Verwaltungsrichtlinie und das Haushaltsrecht, weil es jeweils an der Außenwirkung fehlt.

Fraglich ist, ob es überhaupt einer Rechtsgrundlage bedarf oder ob mangels eines Grundrechtseingriffes bzw. mangels Wesentlichkeit lediglich der Vorrang des Gesetzes gilt. Wesentlich ist die Subvention in Höhe von € 1.000.000,– bei einem Subventionsetat in Höhe von € 500.000.000,– nicht. Mittelbare Grundrechtseingriffe sind nicht ersichtlich. Es bedurfte keiner Grundlage, sodass nur der Vorrang des Gesetzes maßgeblich ist.

bb) Voraussetzungen Gesetzesvorrang

Die Voraussetzungen für eine Subvention können erfüllt sein.

(1) Formell

Die formellen Voraussetzungen bezüglich des Subventionsbescheides sind erfüllt.

(2) Materiell

Materiell bestehen mangels Grundlage keine tatbestandlichen Voraussetzungen, sodass nur eine Reduktion des subjektivierten Ermessens in Betracht kommt. Als ermessenslenkende Aspekte sind bei Subventionen das Haushaltsrecht, das Unionsrecht sowie Art. 3 Abs. 1 GG i.V. m. der Verwaltungspraxis in Gestalt von Richtlinien bzw. der tatsächlichen Verwaltungspraxis zu berücksichtigen, wobei bereits durch die erstmalige Praktizierung eine antizipierte Verwaltungspraxis begründet werden kann. Aus dem Haushaltsrecht ergibt sich gleichzeitig ein intendiertes Ermessen i. S. d. Wirtschaftlichkeit und Sparsamkeit nach § 6 Abs. 1 HGrG.

(a) Unionsrecht

Das Subventionsermessen kann durch das Unionsrecht, insbesondere durch die als primäres Unionsrecht national unmittelbar geltenden Artt. 107, 108 AEUV reduziert sein, weil das Unionsrecht wegen des Anwendungsvorranges des Unionsrechts, welcher sich aus dem jeweiligen nationalen Rechtsanwendungsbefehl in Form des jeweiligen Zustimmungsgesetzes zur Übertragung der Hoheitsgewalt auf die Europäische Union i.V.m. Art. 23 GG bzw. aus dem Grundsatz der effektiven Umsetzung des Unionsrechts ergibt, die Nichtanwendung oder Auslegung des nationalen Rechts zur Folge haben kann. Die EU-Kommission hat bei Subventionen ab einer bestimmten Höhe einen abschließenden Beschluss gemäß Art. 108 Abs. 3 S. 3 AEUV zu fassen, soweit es sich um einen Wirtschaftszweig i.S.d. Art. 107 Abs. 1 AEUV handelt.

Ob sich der Anwendungsvorrang des Unionsrechts aus dem jeweiligen nationalen Zustimmungsgesetz zur Übertragung von Hoheitsgewalt auf die Europäische Union (so BVerfG) oder aus dem AEUV und dem EUV ergibt (so EuGH: effet utile), ist letztlich nicht entscheidend.

Ein Verstoß gegen Art. 107 Abs. 1 AEUV erfolgt, soweit staatliche oder aus staatlichen Mitteln gewährte Beihilfen gleich welcher Art, die durch die Begünstigung bestimmter Unternehmen oder Produktionszweige den Wettbewerb verfälschen oder zu verfälschen drohen, mit dem Binnenmarkt unvereinbar sind, bzw. soweit durch sie der Handel zwischen Mitgliedstaaten beeinträchtigt wird.

Die Subvention zugunsten der A müsste von den Artt. 107, 108 AEUV erfasst sein. Dazu müsste sie einen bestimmten Betrag übersteigen. Die Höhe der Beträge, die insoweit unbeachtlich sind – De-minimis-Beihilfen – ergibt sich für die Hotelbranche aus Art. 3 Abs. 2 UAbs. 1 Verordnung (EU) Nr. 1407/2013. Danach ist eine Subvention in Höhe von € 200.000,– über drei Steuerjahre unbeachtlich. A erhält insgesamt einen Betrag in Höhe von € 1.000.000,–, sodass es sich um eine Subvention gemäß Art. 107 Abs. 1 AEUV handelt. Der Verstoß gegen das Unionsrecht ist von der Kommission auch festgestellt worden. Die zugunsten der A erfolgte Subvention ist mit dem Unionsrecht somit nicht vereinbar.

(b) Zwischenergebnis

Das Subventionsermessen ist fehlerhaft ausgeübt worden.

3. Rechtsfolge

Bezüglich des § 48 Abs. 1 S. 1 VwVfG besteht in der Rechtsfolge Ermessen. Diesbezüglich sind in § 48 Abs. 1 S. 2 VwVfG i.V.m. § 48 Abs. 2 VwVfG spezielle Ermessensvorgaben sowie in § 48 Abs. 4 S. 1 VwVfG eine Präklusionsfrist geregelt. Zudem dürfen im Übrigen keine Ermessensfehler bestehen.

a) Vertrauensschutz gemäß § 48 Abs. 2 VwVfG

Gemäß § 48 Abs. 2 S. 1 VwVfG darf ein rechtswidriger Verwaltungsakt durch den eine einmalige oder laufende Geldleistung oder teilbare Sachleistung gewährt wird oder hierfür Voraussetzung ist, nicht zurückgenommen werden, soweit der Begünstigte auf den Verwaltungsakt vertraut hat und sein Vertrauen unter Abwägung mit dem öffentlichen Interesse an einer Rücknahme schutzwürdig ist. Das Vertrauen ist gemäß § 48 Abs. 2 S. 2 VwVfG in der Regel schutzwürdig, wenn der Begünstigte gewährte Leistungen verbraucht oder eine Vermögensdisposition getroffen hat, die er nicht mehr oder nur unter unzumutbaren Nachteilen rückgängig machen kann. Ein Ausschluss der Möglichkeit, sich auf Vertrauen zu berufen, ergibt sich aus § 48 Abs. 2 S. 3 VwVfG oder bei unionsrechtlichen Vorgaben aus dem Anwendungsvorrang des Unionsrechts.

A wurde die Subvention als verlorener Zuschuss ausbezahlt. Es handelt sich um eine Geldleistung i.S.d. § 48 Abs. 2 S. 1 VwVfG. A hat die Subvention auch bereits verbraucht, sodass sie sich nach den Regelvoraussetzungen des § 48 Abs. 2 S. 2 VwVfG auf Vertrauensschutz berufen könnte, weil eine Ausnahme i.S.d. § 48 Abs. 2 S. 3 VwVfG nicht ersichtlich ist.

Allerdings ist durch die Subvention das Unionsrecht i.S.d. Artt. 107, 108 AEUV verletzt worden. Insoweit gilt der Anwendungsvorrang des Unionsrechts, welcher sich aus dem jeweiligen Zustimmungsgesetz, mittels dessen Hoheitsgewalt i.S.d. Art. 23 Abs. 1 GG auf die Europäische Union übertragen worden ist, zumindest aber aus dem im AEUV und EUV verankerten Grundsatz der effektiven Umsetzung des Unionsrechts – effet utile – ergibt. Zwar sind im Hinblick auf die Übertragung der Hoheitsgewalt auf die Europäische Union verfassungsrechtliche Grenzen gemäß Art. 20 GG i.V.m. Art. 79 Abs. 3 GG und Art. 23 Abs. 1 S. 3 GG einzuhalten, jedoch bestehen bezüglich der Überschreitung derartiger Grenzen keine Anhaltspunkte.

Ein etwaiger Vertrauensschutz gemäß § 48 Abs. 2 VwVfG ist wegen des Anwendungsvorranges der Artt. 107, 108 AEUV irrelevant.

b) Präklusion gemäß § 48 Abs. 4 S. 1 VwVfG

Erhält die Behörde von Tatsachen Kenntnis, durch welche die Rücknahme eines rechtswidrigen Verwaltungsaktes gerechtfertigt werden kann, ist die Rücknahme gemäß § 48 Abs. 4 S. 1 VwVfG nur innerhalb eines Jahres seit dem Zeitpunkt der Kenntnisnahme zulässig. Es handelt sich dabei zwar um eine Entscheidungs- und keine Bearbeitungsfrist, die für Tatsachen und Rechtsanwendungsfehler bezüglich der Kenntnis des konkret zuständigen Amtswalters relevant ist, jedoch hatte die Behörde bereits drei Jahre vor dem Erlass des Aufhebungsbescheides Kenntnis, sodass die Aufhebung eigentlich präkludiert wäre.

Allerdings ist auch insoweit der Anwendungsvorrang des Unionsrechts zu berücksichtigen. Zwar ist dem Mitgliedstaat das „Wie" der Aufhebung der Subvention überlassen, jedoch ist das „Ob" vorgegeben. Somit ist die nationale Präklusionsvorschrift des § 48 Abs. 4 S. 1 VwVfG aufgrund des Anwendungsvorranges des Unionsrechts nicht anwendbar, da dieses anderenfalls nicht effektiv umgesetzt werden würde (EuGH EuZW 1997, 276 ff.). Die Rücknahme des Subventionsbescheides ist somit nicht präkludiert.

c) Ermessen im Übrigen

Aufgrund des Anwendungsvorranges der Artt. 107, 108 AEUV ist das Ermessen zulasten der A auf Null reduziert, sodass aufgehoben werden muss.

4. Ergebnis

Der Aufhebungsbescheid ist rechtmäßig.

II. Rückforderungsbescheid

Der Rückforderungsbescheid kann rechtmäßig sein.

1. Rechtsgrundlage

Rechtsgrundlage ist § 49a Abs. 1 S. 1 VwVfG.

2. Voraussetzungen

Die Voraussetzungen für den Rückforderungsbescheid können erfüllt sein.

a) Formelle Voraussetzungen

Die formellen Voraussetzungen sind erfüllt. Insbesondere ist gemäß § 49a Abs. 1 S. 2 VwVfG ein Verwaltungsakt erlassen worden.

b) Materielle Voraussetzungen

Materiell ist – wie gemäß § 49a Abs. 1 S. 1 VwVfG als positive Voraussetzung erforderlich – mittels der Aufhebung des Subventionsbescheides ein Verwaltungsakt mit Wirkung für die Vergangenheit zurückgenommen worden.

Negativ sind gemäß § 49a Abs. 2 S. 1 VwVfG für den Umfang der Erstattung mit Ausnahme der Verzinsung – insoweit ist § 49a Abs. 3, 4 VwVfG spezieller – die §§ 818 ff. BGB anwendbar. Gemäß § 818 Abs. 3 BGB ist somit eine Entreicherung denkbar, wenngleich die verschärfte Haftung i.S.d. § 819 Abs. 1 BGB durch die Spezialregelung des § 49a Abs. 2 S. 2 VwVfG – es genügt anstelle der positiven Kenntnis bereits grob fahrlässige Unkenntnis – modifiziert wird.

A hat die Subvention zwar bereits verbraucht, kann sich aber dennoch nicht auf die Einwendung der Entreicherung gemäß § 818 Abs. 3 BGB i.V.m. § 49a Abs. 1 S. 1 VwVfG stützen, weil insoweit der Anwendungsvorrang des Unionsrechts wegen des Verstoßes gegen die Artt. 107, 108 AEUV gilt. Muss auf der Primärebene eine Aufhebung erfolgen, ist aufgrund des Erfordernisses der effektiven Umsetzung des Unionsrechts auch die effektive Rückabwicklung auf der Sekundärebene erforderlich.

Die Voraussetzungen des § 49a Abs. 1 S. 1 VwVfG sind erfüllt.

3. Rechtsfolge

Die Rechtsfolge ist gebunden, sodass zurückzufordern ist.

4. Ergebnis

Der Aufhebungsbescheid und der Rückforderungsbescheid sind rechtmäßig.

3. Komplex: Zusatzfrage

Wird eine juristische Person des öffentlichen Rechts subventioniert, ist diese wegen des sich unter anderem aus Art. 20 Abs. 3 GG ergebenden Rechtsstaatsprinzips in besonderem Maß zum rechtmäßigen Handeln verpflichtet.

Die juristische Person des öffentlichen Rechts könnte sich bei verfassungskonformer Reduktion bzw. Auslegung des § 48 Abs. 2 VwVfG nicht auf den Vertrauensschutz auf der Primärebene berufen. Gleiches gilt bezüglich der Auslegung des § 49a Abs. 2 VwVfG auf der Sekundärebene, sodass auch eine Entreicherung insoweit nicht möglich ist.

Fall 8:
„Versprochen ist versprochen!"

Schwerpunkte: Anspruch aus einer Zusicherung (§ 38 VwVfG), Wiederaufgreifen des Verfahrens (§ 51 VwVfG), Rücknahme und Widerruf (§§ 48, 49 VwVfG)

Der 1972 geborene K ist türkischer Staatsangehöriger und kam 1989 im Wege der Familienzusammenführung nach Deutschland. Eine Aufenthaltsgenehmigung wurde ihm 1997 erteilt.

2007 beantragte K über das zuständige Bürgermeisteramt der Stadt B seine Einbürgerung in den deutschen Staatsverband. Nach Zusammenstellung der notwendigen Unterlagen, aus denen sich keine Anhaltspunkte für Beanstandungen ergaben, erteilte B am 9.6.2007 eine schriftliche Einbürgerungszusicherung. Darin wird – mit einem Gültigkeitszeitraum bis zum 8.6.2009 – K die Einbürgerung für den Fall zugesagt, dass der Verlust der türkischen Staatsangehörigkeit nachgewiesen werde. Diese Zusicherung wurde zugleich unter dem Vorbehalt erteilt, dass sich die für die Einbürgerung maßgebliche Sach- und Rechtslage, insbesondere die persönlichen Verhältnisse, bis zur Einbürgerung nicht änderten.

K beantragte daraufhin beim türkischen Generalkonsulat die Entlassung aus dem türkischen Staatsverband und erhielt von dort gemäß § 403 IIO des türkischen Staatsangehörigkeitsgesetzes Anfang 2009 die Genehmigung über den Austritt aus der türkischen Staatsangehörigkeit. In der hierzu erteilten Urkunde heißt es, die (endgültige) Urkunde zum Verlust der türkischen Staatsangehörigkeit erhalte der K erst, nachdem die Annahme der deutschen Staatsangehörigkeit nachgewiesen worden sei.

Nachdem K die Behörden der B telefonisch über diese ihm erteilte Genehmigung informiert hatte, begannen die Behörden der B ab 18.4.2009 mit der Aktualisierung der ihnen vorliegenden Unterlagen. In diesem Zusammenhang teilte das Landesamt für Verfassungsschutz am 7.6.2009 mit, der Vorgang sei dem Innenministerium zur weiteren Entscheidung vorgelegt worden. In einem Aktenvermerk vom 13.6.2009 wurde seitens der B notiert, K sei nach Auskunft des das entsprechende Vereinsregister führenden Amtsgerichts weiterhin stellvertretender Vorsitzender der Islamischen Gemeinschaft G im Ortsverein S.

Seitens der B wurde die Einbürgerungsakte ebenfalls dem Innenministerium weitergeleitet. Dieses teilte am 5.4.2010 der B mit, K sei am 15.2.2006 vom Bundesvorstand der Islamischen Gemeinschaft G e.V. (IGMG) zum stellvertretenden Vorsitzenden des IGMG-Ortsvereins S ernannt worden. Dem Landratamt sei vom Amtsgericht auf Anfrage bestätigt worden, dass der Einbürgerungsbewerber diese Funktion weiterhin innehabe. Dieses Engagement sei unvereinbar mit der

https://doi.org/10.1515/9783110624465-008

von K abgegebenen Loyalitätserklärung. Aufgrund der getroffenen Feststellung könne es zweifelhaft sein, ob sich der Einbürgerungsbewerber i. S. d. § 10 Abs. 1 StAG zur freiheitlichen demokratischen Grundordnung bekenne.

B hörte K dazu am 18.4.2010 an. Daraufhin legte K eine Bestätigung des Ortsvereins S der Islamischen Gemeinschaft vor, wonach er seit dem 25.2.2009 nicht mehr im Vorstand des IGMG-Ortsverein S vertreten sei. Zugleich erklärte er, es könne ihm nicht zur Last gelegt werden, wenn dieser Umstand im Vereinsregister durch den jetzigen Vereinsvorstand noch nicht eingetragen worden sei. Auf die Bitte der B um weitere Auskünfte hierzu, erklärte K am 5.8.2010, er sei nach wie vor Mitglied der Islamischen Gemeinschaft. Dies beruhe jedoch nicht auf politischen Interessen, sondern es gehe ihm nur darum, Kontakt zu Landsleuten zu knüpfen und zu pflegen.

Mit Verfügung vom 5.9.2011 lehnte B den Antrag des K auf Einbürgerung in den deutschen Staatsverband ab. Zur Begründung heißt es, ein Einbürgerungsanspruch nach § 10 Abs. 1 StAG bestehe nicht, wenn der Einbürgerungsbewerber zwar ein Bekenntnis zur freiheitlich demokratischen Grundordnung i. S. d. Grundgesetzes abgegeben habe, jedoch tatsächliche Anhaltspunkte für eine verfassungsfeindliche oder extremistische Betätigung des Einbürgerungsbewerbers bestünden. Aufgrund des Verhaltens des K in der Vergangenheit biete dieser nicht die Gewähr dafür, sich zur freiheitlich demokratischen Grundordnung zu bekennen. Unter Darstellung der geschichtlichen Entwicklung und der Aktivitäten der IGMG heißt es sodann weiter, durch die Mitgliedschaft im Vorstand des Ortsvereins S und die verfahrenstaktische Reaktion auf die entsprechende Anfrage der B, bei der die weiter bestehende Mitgliedschaft zunächst nicht offenbart worden sei, bestünden tatsächliche Anhaltspunkte, dass der K Bestrebungen verfolgt bzw. unterstützt oder verfolgt bzw. unterstützt habe, die gegen die freiheitlich demokratische Grundordnung gerichtet sind und durch Anwendung von Gewalt oder darauf gerichtete Vorbereitungshandlungen auswärtige Belange der Bundesrepublik Deutschland gefährden. Damit liege ein Ausschlussgrund für die begehrte Einbürgerung gemäß § 11 S. 1 Nr. 1 StAG vor. K legte hiergegen ordnungsgemäß Widerspruch ein.

Mit Widerspruchsbescheid vom 18.4.2012 wies die zuständige Widerspruchsbehörde den Widerspruch zurück. Der Widerspruchsbescheid wurde K am 20.4.2012 zugestellt.

K hat am 21.5.2012, einem Montag, das Verwaltungsgericht mit dem Antrag angerufen, B unter Aufhebung ihrer Verfügung vom 5.9.2011 und des Widerspruchsbescheides vom 18.4.2012 zu verpflichten, ihn in den deutschen Staatsverband einzubürgern.

Zur Begründung beruft er sich auf sein bisheriges Vorbringen. Zu seinen Aktivitäten für die IGMG führt K aus, er habe früher bei seinem Vater unter derselben Anschrift gewohnt, wo auch der Ortsverein der IGMG seinen Sitz habe. Dadurch habe er dort Leute kennen gelernt und Freunde gefunden. Er sei dann später von einem Vereinsfunktionär gefragt worden, ob er nicht eine Aufgabe im Vorstand übernehmen wolle, da er sehr gut deutsch spreche und auch über Kontakte zum damaligen Ausländerbeauftragten der Stadt verfüge. Er habe dem zugestimmt, ohne sich allerdings intensiv mit der Ideologie des Vereins zu beschäftigen. Er unterstütze aktiv die parlamentarische Demokratie der Bundesrepublik Deutschland und lehne andere Regierungs- und Staatsformen ab. Er habe noch nie verfassungsfeindliche Bestrebungen unterstützt und sei ein „lupenreiner" Demokrat.

Seitens der Behörde wird entgegnet, dass K keinen Anspruch auf die Einbürgerung habe, da eine etwaig erteilte Zusicherung jedenfalls konkludent mit der Versagung aufgehoben worden und die sie auch sonst nicht an eine derartige Zusicherung gebunden sei.

Wird K mit seiner Klage erfolgreich sein?

Abwandlung

K hat gegen den Widerspruchsbescheid nichts unternommen, sodass eine Klage gegen den ablehnenden Bescheid verfristet und eine Klage auf Einbürgerung aufgrund des entgegenstehenden ablehnenden Bescheides aussichtslos ist. Nach einiger Zeit erlangt K weitere, ihm vormals unbekannte Dokumente, die ihm nun den Nachweis ermöglichen, dass er tatsächlich nie ein aktiver Unterstützer der IGMG war und in jeder Hinsicht verfassungsfreundlicher Gesinnung ist.

Was kann K unternehmen, damit der ablehnende Bescheid aufgehoben wird? Erläutern Sie das Verhältnis der in Betracht kommenden Normen.

Bearbeitungsvermerk

Soweit erheblich, ist das Verwaltungsverfahrensgesetz des Bundes zugrunde zu legen. Ausführungsvorschriften des Landes zu § 61 Nr. 3 VwGO, § 78 Abs. 1 Nr. 2 VwGO und § 68 Abs. 1 S. 2 VwGO bestehen nicht. Es ist zu unterstellen, dass die Islamische Gemeinschaft (IGMG) tatsächlich Bestrebungen unternimmt, die gegen die freiheitliche demokratische Grundordnung gerichtet sind. § 8 und § 11 S. 1 Nr. 2 StAG sind nicht zu prüfen. Unterstellen Sie, dass – soweit eine konkludente Aufhebung möglich ist – die formellen Voraussetzungen erfüllt bzw. zumindest geheilt worden sind.

§ 162 BGB – Verhinderung oder Herbeiführung des Bedingungseintritts
(1) Wird der Eintritt der Bedingung von der Partei, zu deren Nachteil er gereichen würde, wider Treu und Glauben verhindert, so gilt die Bedingung als eingetreten.

(2) Wird der Eintritt der Bedingung von der Partei, zu deren Vorteil er gereicht, wider Treu und Glauben herbeigeführt, so gilt der Eintritt als nicht erfolgt.

§ 242 BGB – Leistung nach Treu und Glauben
Der Schuldner ist verpflichtet, die Leistung so zu bewirken, wie Treu und Glauben mit Rücksicht auf die Verkehrssitte es erfordern.

§ 27 Ausländergesetz (zum 1.1.2005 außer Kraft getreten) – Aufenthaltsberechtigung
(1) Die Aufenthaltsberechtigung ist zeitlich und räumlich unbeschränkt. Sie kann nicht mit Bedingungen und Auflagen verbunden werden. [...]

Vertiefung
BVerwG NJW 1974, 1961, 1962; BVerwG NVwZ 1998, 1061; vgl. z.B. Urteil vom 8.11. 1963 – IV C 123/62 – und vom 12.5.1966 – II C 84/63 – in *Buchholz* 310 Vorbem. III zu § 42 VwGO Ziff. 2 Nrn. 14 und 17; § 48 Abs. 4 VwVfG: BVerwGE GS 70, 356; VGH Mannheim, Urteil vom 8.5.2013 – 1 S 2046/12; vgl. Kopp/Ramsauer VwVfG § 38 Rn. 35; BVerwG NVwZ 1987, 498.

Gliederung

1. Komplex: Ausgangskonstellation —— 230
   A. Sachurteilsvoraussetzungen (+) —— 231
      I. Rechtsweg (+) —— 231
      II. Zuständigkeit (+) —— 232
      III. Beteiligte (+) —— 232
      IV. Statthafte Klageart —— 232
      V. Besondere Sachurteilsvoraussetzungen (+) —— 233
         1. Besondere Prozessführungsbefugnis (+) —— 234
         2. Klagebefugnis (+) —— 234
         3. Ordnungsgemäßes Vorverfahren (+) —— 234
         4. Klagefrist (+) —— 234
            a) Fristbeginn —— 234
            b) Fristdauer —— 235
            c) Zwischenergebnis —— 235

     VI. Allgemeines Rechtsschutzbedürfnis (+) —— 235
     VII. Zwischenergebnis —— 235
B. Begründetheit (+) —— 235
     I. Anspruch aus einer Zusicherung (+) —— 236
       1. Anspruchsgrundlage (+) —— 236
       2. Zustandekommen einer Zusicherung (+) —— 236
       3. Keine Nichtigkeit (+) —— 238
         a) Absoluter Nichtigkeitsgrund (–) —— 238
         b) Ausschluss der Nichtigkeit (–) —— 238
         c) Generalklausel (–) —— 238
           aa) Rechtswidrigkeit der Zusicherung (+) —— 238
             (1) Rechtswidrigkeit der Einbürgerung (+) —— 239
               (a) Rechtsgrundlage (+) —— 239
               (b) Voraussetzungen (–) —— 239
                 (aa) Formelle Voraussetzungen (+) —— 239
                 (bb) Materielle Voraussetzungen (–) —— 239
                   (aaa) Voraussetzungen des § 10 Abs. 1 S. 1 Nr. 2 – 7
                      StAG —— 239
                   (bbb) Voraussetzungen der § 10 Abs. 1 S. 1 Nr. 1 StAG/§ 11
                      S. 1 Nr. 1 StAG (+/–) —— 240
               (c) Zwischenergebnis —— 242
             (2)Zwischenergebnis —— 242
               (bb) Nichtigkeitsfolge (–) —— 242
             (1) Handlungsformverbot (–) —— 242
             (2) Sonstige Evidenz (–) —— 242
         d) Zwischenergebnis —— 243
       4. Aufhebung der Zusicherung (–) —— 243
         a) Verhältnis des § 38 Abs. 2 VwVfG zu § 38 Abs. 3 VwVfG —— 243
         b) Konkludente Aufhebung der Zusicherung oder Umdeutung —— 244
         c) Rechtmäßigkeit bzw. Wirksamkeit der Aufhebung der Zusicherung —— 245
         d) Rechtswidrigkeit der Aufhebung der Zusicherung (+) —— 245
           aa) Rechtswidrigkeit als Rücknahme (+) —— 245
             (1) Rechtsgrundlage (+) —— 246
               (a) Generalklauseln der §§ 48, 49 VwVfG i.V.m. § 38 Abs. 2
                   VwVfG (+) —— 246
               (b) Rücknahme der Zusicherung Geld- oder teilbarer
                   Sachleistungen —— 247
             (2) Voraussetzungen (+) —— 248
               (a) Formelle Voraussetzungen (+) —— 248
               (b) Materielle Voraussetzungen (+) —— 248
                 (aa) Rechtswidrigkeit der Zusicherung (+) —— 248
                 (bb) Zwischenergebnis —— 249
             (3) Rechtsfolge —— 249
               (aa) Vertrauensschutz gemäß § 48 Abs. 2 VwVfG i.V.m. § 38 Abs. 2
                   VwVfG (–) —— 249
               (bb) Präklusion gemäß § 48 Abs. 4 S. 1 VwVfG (+) —— 249
               (cc) Ermessensausfall (+) —— 250

(4) Zwischenergebnis —— 250
bb) Rechtswidrigkeit als Widerruf (+) —— 250
(1) Rechtsgrundlage (+) —— 251
(2) Voraussetzungen (–) —— 251
(a) Formelle Voraussetzungen (+) —— 251
(b) Materielle Voraussetzungen (–) —— 252
(3) Zwischenergebnis —— 252
5. Bindung an die Zusicherung (+) —— 252
6. Zeitablauf (+/–) —— 252
7. Zwischenergebnis —— 253
II. Gesetzlicher Anspruch (–) —— 253
C. Ergebnis —— 253
2. Komplex: Abwandlung —— 254
I. § 51 VwVfG (+) —— 254
II. §§ 48, 49 VwVfG (+) —— 255
III. Ergebnis —— 256

Lösungsvorschlag

Die folgende Lösung ist als Lösungsvorschlag zu verstehen und ausführlicher, als es in der Klausurbearbeitung verlangt werden kann. Aufgrund der wissenschaftlichen Freiheit können andere Lösungswege vertreten werden, soweit sie dogmatisch begründbar sind. Die Nachweise aus Rechtsprechung und Literatur sowie die das Verständnis fördernden Randbemerkungen sind in der Examensklausur auszusparen. Die Abkürzung „Alt." steht für Alternativfall, nicht für Alternative.

Zur Verbesserung der Methodik bei der Anfertigung eines Gutachtens in der Klausur empfiehlt sich die Lektüre des Beitrags von Heinze/Starke JURA 2012, 175 ff.

1. Komplex: Ausgangskonstellation

Die Klage der K hat Erfolg, soweit die Sachurteilsvoraussetzungen erfüllt sind, die Klage zulässig und begründet ist.

A. Sachurteilsvoraussetzungen

Hinweis: Andere Aufbauvarianten werden vertreten (z. B. dreistufig oder Prüfung des Verwaltungsrechtsweges als Untergliederungspunkt der Zuständigkeit des Gerichts). Derartige Aufbauvarianten sind aber mit § 17a Abs. 2 S. 1 GVG bzw. mit der Überschrift des 6. Abschnitts der VwGO sowie mit § 83 VwGO unvereinbar und daher bei exakter dogmatischer Zuordnung der Prüfungspunkte nicht zu empfehlen. Die Überschrift „Sachurteilsvoraussetzungen" anstelle der Überschrift „Zulässigkeit" ist sinnvoll, weil nach § 63 Nr. 3 VwGO auch der Beigeladene zu den Beteiligten gehört, das Fehlen einer notwendigen Beiladung i. S. d. § 65 Abs. 2 VwGO aber nur dazu führt, dass das Urteil keine materielle Rechtskraft entfaltet (zum Aufbau im Ganzen: Heinze/Starke JURA 2012, 175 ff.).

Die Sachurteilsvoraussetzungen können erfüllt sein.

I. Rechtsweg

Ein Rechtsweg muss eröffnet sein. Der Verwaltungsrechtsweg kann aufgrund einer aufdrängenden Sonderzuweisung, hilfsweise gemäß der Generalklausel des § 40 Abs. 1 S. 1 VwGO eröffnet sein, soweit keine abdrängende Sonderzuweisung besteht. Unter Umständen ergeht ein Verweisungsbeschluss i. S. d. § 17a Abs. 2 S. 1 GVG i. V. m. § 173 S. 1 VwGO.

Der Verwaltungsrechtsweg ist gemäß § 40 Abs. 1 S. 1 VwGO eröffnet, wenn die streitentscheidende öffentlich-rechtliche Norm einen Hoheitsträger einseitig berechtigt oder verpflichtet bzw. wenn aufgrund typisch hoheitlichen Handelns zwischen den Beteiligten ein Subordinationsverhältnis besteht.

Als streitentscheidende Norm kommt § 10 Abs. 1 StAG in Betracht, während § 38 VwVfG als Norm bezüglich einer Zusicherung nicht maßgeblich ist, weil K zwar einen Anspruch aus einer Zusicherung haben könnte, sich aus § 38 VwVfG jedoch nur Anforderungen für eine Zusicherung als solche ergeben. Ein typisch hoheitliches Handeln im Sinne eines Subordinationsverhältnisses ist nicht anzunehmen, weil sich aus dem öffentlich-rechtlichen Charakter der Ablehnung der erstrebten Leistung nicht zwingend der öffentlich-rechtliche Charakter der Leistung, sondern lediglich ein Indiz für den öffentlich-rechtlichen Bezug ergibt. Jedenfalls besteht wegen der vorherigen Handlungen der Behörde und des Bezuges zum Staatsangehörigkeitsgesetz jedoch ein Sachzusammenhang zum öffentlichen Recht.

Eine abdrängende Sonderzuweisung besteht nicht, sodass es weder zu einem Verweisungsbeschluss gemäß § 17a Abs. 2 S. 1 GVG i. V. m. § 173 S. 1 VwGO noch zu einer Rechtswegkonzentration bzw. Rechtswegspaltung i. S. d. § 17 Abs. 2 S. 1 GVG i. V. m. § 173 S. 1 VwGO kommen wird.

II. Zuständigkeit

Das Verwaltungsgericht ist gemäß § 45 VwGO als Eingangsinstanz für den Streit über den von der zuständigen Behörde der Bundesrepublik Deutschland zu erlassenden Verwaltungsakt sachlich zuständig, soweit die Voraussetzungen abweichender Regelungen wie z. B. die §§ 47, 50 VwGO bei besonderen Verfahren nicht erfüllt sind. Das Verwaltungsgericht ist auch i. S. d. § 52 VwGO örtlich zuständig, sodass kein Verweisungsbeschluss gemäß § 17a Abs. 2 S. 1 GVG i.V. m. § 83 VwGO gefasst werden wird.

Die örtliche Zuständigkeit ist nur anzusprechen, wenn es dafür im Sachverhalt Anhaltspunkte gibt. Gegebenenfalls ist die örtliche Zuständigkeit grundsätzlich im Anschluss an die sachliche Zuständigkeit zu prüfen. Ist sie jedoch gemäß § 52 Nr. 2 VwGO ausnahmsweise von der Klageart abhängig, sollte sie offen mit Verweis auf § 17a Abs. 2 S. 1 GVG i.V. m. § 83 VwGO formuliert werden.

III. Beteiligte

K und die Stadt B als Gebietskörperschaft öffentlichen Rechts können Beteiligte des Verfahrens sein. Beteiligte sind nach § 63 Nr. 1, 2 VwGO unter anderem der Kläger und der Beklagte, beteiligungsfähig nach § 61 Nr. 1 Alt. 1, 2 VwGO natürliche und juristische Personen. Auf Klägerseite gemäß § 63 Nr. 1 VwGO ist K gemäß § 61 Nr. 1 Alt. 1 VwGO als natürliche Person beteiligungsfähig und gemäß § 62 Abs. 1 Nr. 1 VwGO mangels gegenteiliger Anhaltspunkte prozessfähig.

Beklagte gemäß § 63 Nr. 2 VwGO ist die Stadt B als Gebietskörperschaft des öffentlichen Rechts, vertreten durch die Behörde. Sie ist gemäß den § 61 Nr. 1 Alt. 2 VwGO beteiligungs- und mangels Anhaltspunkten bezüglich des für die Behörde handelnden Organwalters gemäß § 62 Abs. 3, 1 VwGO prozessfähig.

IV. Statthafte Klageart

Die statthafte Klageart richtet sich i. S. d. § 88 VwGO nach dem klägerischen Begehren unter Berücksichtigung des Anwendungsvorrangs maßnahmespezifischer Rechtsschutzformen und des rechtsstaatlichen Grundsatzes der Effektivität des Rechtsschutzes. Dem klägerischen Begehren entspricht in der Regel die effektivste Klageart, also nach Möglichkeit die Anfechtungsklage gemäß § 42 Abs. 1 Alt. 1 VwGO als Gestaltungsklage der Verwaltungsgerichtsordnung, es sei denn, das Ziel ist mit bloßer Gestaltung nicht erreichbar oder es gibt einen ausdrücklichen Antrag, der nicht überschritten werden darf. Voraussetzung der Anfechtungsklage ist, dass der Kläger die Aufhebung eines gegenwärtig wirkenden Verwaltungsaktes erstrebt. Ein Verwaltungsakt ist gemäß § 35 S. 1 VwVfG i.V. m. § 1

VwVfG jede Verfügung, Entscheidung oder andere hoheitliche Maßnahme, die eine Behörde zur Regelung eines Einzelfalls auf dem Gebiet des öffentlichen Rechts trifft und die auf unmittelbare Rechtswirkung nach außen gerichtet ist.

K erstrebt eine verbindliche endgültige Regelung seiner Einbürgerung durch die Behörde, also einen Verwaltungsakt. Es handelt sich bei seiner Klage um eine Verpflichtungsklage gemäß § 42 Abs. 1 Alt. 2 VwGO. Sollte bezüglich der Regelung, die durch die Verpflichtung erfolgen soll, gleichzeitig die Aufhebung eines entgegenstehenden ablehnenden Bescheides erfolgen müssen, ist die Aufhebung als gestaltendes Element im Rahmen einer Verpflichtungsklage in Form der Versagungsgegenklage enthalten.

Die Möglichkeit der Verpflichtungsklage mit gestaltendem Element (Versagungsgegenklage) sollte erwähnt werden, da bezüglich der konkludenten Aufhebung im Rahmen der Begründetheit eine konkludente Anfechtung in Kombination mit der Verpflichtung mittels der Versagungsgegenklage möglich ist. Es ist vertretbar, ein gesondertes konkludentes Anfechtungsbegehren anzunehmen, weil eine Aufhebung als eigenständiges Verfahren eingestuft werden könnte, wobei dann die Annahme der konkludenten Aufhebung nicht logisch erschiene (vgl. unten). Bei Annahme eines gesonderten konkludenten Anfechtungsantrages entstünde ein Stufenverhältnis mit der Anfechtung der Aufhebung auf der ersten Stufe und der Leistung der Einbürgerung auf der zweiten Stufe, sodass § 113 Abs. 4 VwGO maßgeblich wäre.

Aus rechtsstaatlichen Effektivitätsgründen i. S. d. Art. 20 Abs. 3 GG wäre von einem solchen gestaltenden Element bei weiter Auslegung des § 42 Abs. 1 Alt. 2 VwGO auch ein entgegenstehender konkludent ausgesprochener Aufhebungsbescheid erfasst. Zwar ist dem entgegenzuhalten, dass die Aufhebung eines unter Umständen konkludent ausgesprochenen Aufhebungsbescheides bezüglich der Zusicherung als ein über die Versagung hinausgehender Rechtssetzungsakt einzustufen ist, jedoch geht es letztlich zumindest mittelbar um denselben Inhalt, nämlich die Einbürgerung, sodass ihm auch i. S. d. Art. 19 Abs. 4 GG effektiver Rechtsschutz in Form der Ausweitung des gestaltenden Elementes der Verpflichtungsklage in Form der Versagungsgegenklage gegen etwaige konkludente Aufhebungen zu gewähren ist, ohne dass auf § 113 Abs. 4 VwGO zurückgegriffen werden muss.

V. Besondere Sachurteilsvoraussetzungen
Die besonderen Sachurteilsvoraussetzungen können erfüllt sein.

1. Besondere Prozessführungsbefugnis

Besonders prozessführungsbefugt ist gemäß § 78 Abs. 1 Nr. 1 VwGO die Gemeinde B als Körperschaft öffentlichen Rechts, da keine Ausführungsvorschrift i. S. d. § 78 Abs. 1 Nr. 2 VwGO ersichtlich ist.

2. Klagebefugnis

K muss klagebefugt sein. Die Klagebefugnis nach § 42 Abs. 2 VwGO setzt die Möglichkeit der Verletzung eines subjektiven Rechts voraus. Subjektive Rechte werden aus Sonderrechtsbeziehungen, einfachen Gesetzen, subsidiär aus Grundrechten abgeleitet, wobei jedenfalls aufgrund des weiten Schutzbereiches des Art. 2 Abs. 1 GG bei unmittelbaren Grundrechtseingriffen für das subjektive Recht direkt auf Grundrechte abgestellt werden kann.

Da K eine Leistung in Form der Einbürgerung erstrebt, gelten Grundrechte als originäre bzw. derivative Leistungsrechte und Teil der objektiven Werteordnung gemäß Art. 1 Abs. 3 GG nur subsidiär. Die Möglichkeit eines Anspruches für K ergibt sich aber einerseits aus der möglicherweise als Zusicherung i. S. d. § 38 Abs. 1 VwVfG zu qualifizierenden Zusage der Behörde an K vom 9.6.2007 als Sonderrechtsbeziehung mit dem Inhalt, ihn einzubürgern, bzw. aus § 10 Abs. 1 StAG als einfachgesetzlicher Norm. K ist klagebefugt.

3. Ordnungsgemäßes Vorverfahren

Ein Vorverfahren gemäß den §§ 68 ff. VwGO ist nicht gemäß § 68 Abs. 1 S. 2 VwGO entbehrlich und wurde seitens des K ordnungsgemäß durchgeführt.

4. Klagefrist

Die Klagefrist von einem Monat gemäß § 74 Abs. 1 S. 1, Abs. 2 VwGO seit Zustellung des Widerspruchsbescheides muss eingehalten worden sein.

a) Fristbeginn

Die Klagefrist beginnt gemäß § 74 Abs. 1 S. 1 und Abs. 2 VwGO mit der Zustellung des Widerspruchsbescheides. Da es sich bei der Klagefrist nicht um eine Frist im Verwaltungsverfahren handelt, ist zu deren Berechnung nicht § 31 VwVfG maßgeblich, sondern die §§ 57 Abs. 2 VwGO, 222 Abs. 1 ZPO, 187 ff. BGB sind anzuwenden.

Ist für den Beginn einer Frist ein Ereignis – so die Zustellung bei K – maßgeblich, wird gemäß § 187 Abs. 1 BGB bei der Berechnung der Frist der Tag nicht mitberechnet, in welchen das Ereignis fällt. Die Zustellung des Widerspruchsbescheides bei K erfolgte am 20.4.2012. Die Frist begann somit am 21.4.2012 um 00:00 Uhr.

b) Fristdauer

Die Fristdauer der Monatsfrist aus § 74 Abs. 1 S. 1 und Abs. 2 VwGO wird nach den §§ 57 Abs. 2 VwGO, 222 Abs. 1 ZPO, 187 ff. BGB berechnet. Als nach Monaten berechnete Frist endete sie gemäß § 188 Abs. 2 BGB als solche Frist, deren Beginn ein Ereignis gemäß § 187 Abs. 1 BGB zugrunde liegt, mit dem Ablauf desjenigen Tages, welcher durch seine Benennung oder Zahl dem Tage entspricht, in welchen das Ereignis fällt. Das Ereignis war die Zustellung des Widerspruchsbescheides bei K am 20.4.2012, sodass die Frist am 20.5.2012 um 24:00 Uhr endete. Somit wäre die Klageerhebung am 21.5.2012 verspätet erfolgt. Da der 20.5.2012 allerdings ein Sonntag war, kam es gemäß §§ 57 Abs. 2 VwGO, 222 ZPO auf den Ablauf des nächsten Werktages an. Nächster Werktag war Montag, der 21.5.2012. Die Frist endete daher am 21.5.2012 um 24:00 Uhr. Da K die Klage an diesem Tag erhoben hat, erfolgte sie fristgerecht.

c) Zwischenergebnis

Die Monatsfrist gemäß § 74 Abs. 1 S. 1 und Abs. 2 VwGO hat K eingehalten.

VI. Allgemeines Rechtsschutzbedürfnis

Mangels gegenteiliger Anhaltspunkte besteht ein Rechtsschutzbedürfnis des K.

VII. Zwischenergebnis

Die Sachurteilsvoraussetzungen sind erfüllt und die Klage des K ist zulässig.

B. Begründetheit

Die Klage ist gemäß § 113 Abs. 5 S. 1, 2 VwGO begründet, soweit die Ableh-nung der Einbürgerung rechtswidrig, die Klägerin dadurch in ihren Rechten verletzt und die Sache spruchreif bzw. soweit die Unterlassung der diesbezüglichen Bescheidung rechtswidrig oder die erfolgte Bescheidung fehlerhaft und der Kläger dadurch in seinen Rechten verletzt ist. Somit ist die Klage begründet, soweit der Kläger einen Anspruch auf zumindest fehlerfreie Bescheidung hat.

I. Anspruch aus einer Zusicherung

Der Anspruch des K auf den Erlass eines Einbürgerungsbescheides kann sich aus einer einfachgesetzlichen Norm ergeben. Zwar könnten die gesetzlichen Regelungen durch Sonderrecht wie eine Zusicherung überlagert sein, sodass dieses vorrangig maßgeblich sein kann, jedoch kann sich aus gesetzlichen Regelungen andererseits eine Grenze für die Rechtmäßigkeit oder sogar Wirksamkeit einer Zusicherung – alle Staatsgewalt geht gemäß Art. 20 Abs. 2 S. 1 GG vom Volk aus, welches durch das Parlament repräsentiert wird – ergeben, sodass eine Berücksichtigung der gesetzlichen Vorgabe erforderlich ist. Daraus ergibt sich jedoch nicht die Vorrangigkeit des gesetzlichen Anspruches, sondern nur die Notwendigkeit der Wirksamkeit der Sonderrechtsbeziehung, zumal sich auch aus rechtswidrigen Sonderrechtsbeziehungen – Verwaltungsakten – ein Anspruch ergeben kann.

Bei dogmatischer Betrachtung muss aufgrund der Spezialität der Sonderrechtsbeziehung mit der Zusicherung begonnen werden. Da die Zusicherung aber ohnehin an den gesetzlichen Vorgaben zu messen ist und zudem Inzidentprüfungen vermieden werden könnten, wäre es klausurtaktisch vertretbar, mit dem einfachgesetzlichen Anspruch zu beginnen.

---

1. Anspruchsgrundlage

Ein Anspruch des K kann sich aus einer wirksamen Zusicherung als Sonderrechtsbeziehung ergeben.

Bei Ansprüchen aus Sonderrechtsbeziehungen (öffentlich-rechtlicher Vertrag; Verwaltungsakt; Zusicherung, bezüglich derer strittig ist, inwieweit sie selbst als Verwaltungsakt einzustufen ist), ist zu prüfen:
– Zustandekommen
– Wirksamkeit
– Fortfall

---

2. Zustandekommen einer Zusicherung

Die Zusicherung als Unterform der Zusage – es gibt gemäß § 38 Abs. 1 S. 1 VwVfG Zusagen, die auf den Erlass eines Verwaltungsaktes gerichtet sind, also Zusicherungen, und sonstige Zusagen – muss gemäß § 38 Abs. 1 VwVfG ordnungsgemäß zustande gekommen sein.

Der gegenüber K erfolgte Ausspruch zur zukünftigen Vornahme der Einbürgerung ist zunächst als verbindliche Zusage zum Erlass eines Verwaltungsaktes –

die Einbürgerung stellt einen Rechtssetzungsakt der Verwaltung in Form eines Verwaltungsaktes gemäß § 35 S. 1 VwVfG dar – und ist somit als Zusicherung und nicht als unverbindliche Behördenauskunft einzustufen, da insoweit eine Verbindlichkeit gewollt war, als K seine türkische Staatsangehörigkeit im Gegenzug aufgeben sollte und eine Staatenlosigkeit gemäß Art. 16 Abs. 1 S. 2 GG verfassungswidrig ist.

Die Rechtsnatur einer Zusicherung ist strittig: Sie könnte als Verwaltungsakt eingestuft werden (anders als Zusagen im Übrigen), wobei die Bezugnahme auf die Vorschriften über Verwaltungsakte in § 38 Abs. 2 VwVfG dann einerseits nur deklaratorisch, andererseits in ihrer Formulierung unzutreffend wäre, da eine „entsprechende Anwendung" geregelt ist. Somit erscheint es sinnvoll, die Zusicherung als eigenständigen Rechtssetzungsakt einzustufen, bezüglich dessen zumindest partiell die Vorschriften für Verwaltungsakte gelten. Da es für K um einen Anspruch **aus** einer Zusicherung und nicht auf einen Anspruch **auf** eine Zusicherung (dann z. B. für die Klageart relevant) geht, ist deren Rechtsnatur für die Falllösung aber zunächst irrelevant.

Formell hat die zuständige Einbürgerungsbehörde gehandelt.

Gemäß § 38 Abs. 1 S. 1 VwVfG ist die Zusicherung als Zusage, einen bestimmten Verwaltungsakt zu erlassen, schriftlich zu erteilen, wobei bezüglich der Schriftform gemäß § 3a Abs. 2 S. 1 VwVfG unter Umständen eine Ersetzung durch die elektronische Form erfolgen kann. Im Übrigen sind bezüglich der Schriftform analog § 62 S. 2 VwVfG die Vorschriften des Bürgerlichen Gesetzbuches anwendbar – z. B. § 126 BGB, wenngleich in Anlehnung an den Verwaltungsakt für die Zusicherung § 37 Abs. 3 VwVfG maßgeblich sein kann. Darauf wird in § 38 Abs. 2 VwVfG zwar nicht verwiesen. Dennoch bedarf es bei verfassungskonformer Auslegung i. S. d. sich unter anderem aus Art. 20 Abs. 3 GG ergebenden Rechtsstaatsprinzips einer analogen Anwendung des § 37 Abs. 3 S. 1 VwVfG, weil eine Gegenseitigkeit wie bei Verträgen zumindest nicht erforderlich ist, wenn eine Niederschrift bei Gericht erfolgt (zum Ganzen: BVerwG – 11 C 29/93, Rn 21; andere Ansicht vertretbar, da genau genommen keine Regelungslücke). Die Regelungslücke ist zwar wegen des fehlenden Verweises in § 38 Abs. 2 VwVfG problematisch, jedoch ist es aufgrund der Einseitigkeit verfassungsrechtlich i. S. d. sich unter anderem aus Art. 20 Abs. 3 GG ergebenden Rechtsstaatsprinzips in Form des Bestimmtheitsgebotes notwendig, auf § 37 Abs. 3 VwVfG abzustellen.

B hat K bereits am 9.6.2007 eine Einbürgerungszusicherung erteilt. Diese erfolgte auch schriftlich, sodass die Zusicherung ordnungsgemäß zustande gekommen ist.

Es ist vertretbar, für die Schriftform anstelle des Bürgerlichen Gesetzbuches § 37 Abs. 3 VwVfG anzuwenden oder analog § 62 S. 2 VwVfG zu § 126 BGB zu gelangen.

3. Keine Nichtigkeit

Die Zusicherung darf nicht nichtig sein. Mangels spezieller Regelungen ist insoweit § 44 VwVfG i.V.m. § 38 Abs. 2 VwVfG maßgeblich.

a) Absoluter Nichtigkeitsgrund

Zunächst können die Voraussetzungen für einen absoluten Nichtigkeitsgrund i.S.d. § 44 Abs. 2 VwVfG i.V.m. § 38 Abs. 2 VwVfG erfüllt sein, sodass die Zusicherung ohne Auslegungsspielraum der Behörden und Gerichte aufgrund klarer gesetzlicher Vorgaben als nichtig einzustufen wäre. Ein absoluter Nichtigkeitsgrund ist jedoch nicht ersichtlich.

b) Ausschluss der Nichtigkeit

Ein Ausschluss der Nichtigkeit i.S.d. § 44 Abs. 3 VwVfG i.V.m. § 38 Abs. 2 VwVfG ist ebenfalls nicht ersichtlich.

c) Generalklausel

Die an B erteilte Zusicherung könnte gemäß § 44 Abs. 1 VwVfG i.V.m. § 38 Abs. 2 VwVfG nichtig sein. Ein Verwaltungsakt ist demnach nichtig, soweit er an einem besonders schwerwiegenden Fehler leidet und dies bei verständiger Würdigung aller in Betracht kommenden Umstände offensichtlich, also evident ist (zum Ganzen: BVerwG NJW 1974, 1961, 1962; BVerwG NVwZ 1998, 1061).

„Demnach ist eine Zusicherung nicht schon deshalb nichtig und damit rechtlich unwirksam, weil sie unter Verstoß gegen zwingende gesetzliche Vorschriften oder ohne hinreichende rechtliche Grundlage ergangen ist. Zur Nichtigkeit führt vielmehr nur ein besonders schwerer Form- oder Inhaltsfehler, der mit der Rechtsordnung unter keinen Umständen vereinbar ist und überdies für den urteilsfähigen Bürger offensichtlich sein muss (vgl. z.B. Urteil vom 8.11.1963 – IV C 123/62 – und vom 12.5. 1966 – II C 84/63 – in Buchholz 310 Vorbem. III zu § 42 VwGO Ziff. 2 Nr. 14 und 17)."

Dazu bedarf es zunächst eines Fehlers, der die Nichtigkeit zur Folge hat. Da nichtige Zusicherungen also zumindest rechtswidrig sind, müsste die Zusicherung rechtswidrig und der etwaige Fehler müsste evident sein.

aa) Rechtswidrigkeit der Zusicherung

Die Zusicherung gemäß § 38 Abs. 1 S. 1 VwVfG ist rechtswidrig, soweit deren Inhalt rechtswidrig ist. Der Inhalt der Zusicherung ist wiederum rechtswidrig, soweit die versprochene Einbürgerung rechtswidrig ist.

Wäre der gesetzliche Anspruch vor dem Anspruch aus der Zusicherung geprüft worden, hätte die Rechtmäßigkeit der Einbürgerung nicht im Rahmen der Rechtmäßigkeit der Zusicherung inzident geprüft werden müssen. Die Zusicherung ist als Sonderrechtsbeziehung aber spezieller.

(1) Rechtswidrigkeit der Einbürgerung
Die gegenüber K zugesicherte Einbürgerung gemäß § 10 Abs. 1 S. 1 StAG kann rechtswidrig sein.

(a) Rechtsgrundlage
Als Rechtsgrundlage für eine Einbürgerung ist § 10 Abs. 1 S. 1 StAG maßgeblich.

(b) Voraussetzungen
Die Anspruchsvoraussetzungen des § 10 Abs. 1 S. 1 StAG könnten erfüllt sein.

(aa) Formelle Voraussetzungen
Der formell gemäß § 10 Abs. 1 S. 1 StAG erforderliche Antrag ist seitens des K gestellt worden.

(bb) Materielle Voraussetzungen
Die materiellen Voraussetzungen des § 10 Abs. 1 S. 1 StAG könnten erfüllt sein.

(aaa) Voraussetzungen des § 10 Abs. 1 S. 1 Nr. 2 – 7 StAG
Die Voraussetzungen des § 10 Abs. 1 S. 1 Nr. 2 – 7 StAG können erfüllt sein. Zunächst muss K gemäß § 10 Abs. 1 S. 1 Nr. 2 StAG ein unbefristetes Aufenthaltsrecht in der Bundesrepublik Deutschland zustehen, da er weder – anstelle des Erfordernisses des unbefristeten Aufenthaltsrechts – Staatsangehöriger der Schweiz noch ein Unionsbürger ist, weil die Türkei nicht Mitglied der Europäischen Union ist.

Das unbefristete Aufenthaltsrecht des K kann sich aus der ihm im Jahr 1997 ausgestellten Aufenthaltsberechtigung ergeben. Gemäß § 27 Abs. 1 S. 1 AuslG gelten Aufenthaltsberechtigungen zeitlich und räumlich unbeschränkt. Zwar ist das Ausländergesetz zum 1. Januar 2005 außer Kraft getreten, jedoch gelten gemäß § 101 Abs. 1 S. 1 AufenthG vor dem 1. Januar 2005 erteilte Aufenthaltsberechtigungen als Niederlassungserlaubnis fort. Gemäß § 9 Abs. 1 S. 1 AufenthG ist die Niederlassungserlaubnis als unbefristeter Aufenthaltstitel einzustufen. Die Voraussetzungen des § 10 Abs. 1 S. 1 Nr. 2 StAG sind somit erfüllt.

Zudem kann K für seine unterhaltsberechtigten Familienangehörigen und sich den Lebensunterhalt ohne Inanspruchnahme von Leistungen nach dem Zweiten und Zwölften Buch des Sozialgesetzbuches i. S. d. § 10 Abs. 1 S. 1 Nr. 3 StAG bestreiten. Er beabsichtigt, seine türkische Staatsangehörigkeit i. S. d. § 10 Abs. 1 S. 1 Nr. 4 StAG aufzugeben. Er ist gemäß § 10 Abs. 1 S. 1 Nr. 5 StAG weder zu einer Strafe verurteilt worden, noch ist ihm gegenüber mangels Schuldunfähigkeit eine Maßregel der Besserung und Sicherung angeordnet worden. K verfügt gemäß § 10 Abs. 1 S. 1 Nr. 6 StAG auch über hinreichende Sprachkenntnisse sowie aufgrund seines langjährigen Aufenthaltes in der Bundesrepublik Deutschland gemäß § 10 Abs. 1 S. 1 Nr. 7 StAG über Kenntnisse der Rechts- und Gesellschaftsordnung derselben und der Lebensverhältnisse in Deutschland. Die Voraussetzungen des § 10 Abs. 1 S. 1 Nr. 2–7 StAG sind erfüllt.

(bbb) Voraussetzungen der § 10 Abs. 1 S. 1 Nr. 1 StAG/§ 11 S. 1 Nr. 1 StAG

Fraglich ist, ob die Voraussetzungen des § 10 Abs. 1 S. 1 Nr. 1 StAG erfüllt sind. Dies ist letztlich nur relevant, wenn kein die Einbürgerung hindernder Umstand erfüllt ist.

„Gemäß § 11 S. 1 Nr. 1 StAG ist eine Einbürgerung ausgeschlossen, wenn durch tatsächliche Anhaltspunkte die Annahme gerechtfertigt werden kann, dass der Ausländer Bestrebungen verfolgt oder unterstützt hat, die gegen die freiheitlich demokratische Grundordnung, den Bestand oder die Sicherheit des Bundes oder eines Landes gerichtet sind oder eine ungesetzliche Beeinträchtigung der Ausführung der Verfassungsorgane des Bundes oder eines Landes gerichtet sind oder eine ungesetzliche Beeinträchtigung der Amtsführung der Verfassungsorgane des Bundes oder eines Landes oder ihrer Mitglieder zum Ziel haben oder die durch die Anwendung von Gewalt oder darauf gerichtete Vorbereitungshandlungen auswärtige Belange der Bundesrepublik Deutschland gefährden, es sei denn, der Ausländer macht glaubhaft, dass er sich von der früheren Verfolgung oder Unterstützung derartiger Bestrebungen abgewandt hat (zum Ganzen vgl. VG Stuttgart, Urteil vom 26.10.2005 – 11 K 2083/04 sowie OVG Koblenz, Urteil vom 24.5.2005 – 7 A 10953/ 04.OVG).

Als Unterstützung i. S. d. § 11 S. 1 Nr. 1 StAG ist jede eigene Handlung einzustufen, die für Bestrebungen i. S. d. Bestimmung objektiv vorteilhaft ist. Dazu zählen etwa die öffentliche oder nichtöffentliche Befürwortung von Bestrebungen i. S. d. § 11 S. 1 Nr. 1 StAG, die Gewährung finanzieller Unterstützung oder die Teilnahme an Aktivitäten zur Verfolgung oder Durchsetzung der inkriminierten Ziele. Allerdings muss eine

Unterstützung der Bestrebungen gegen die freiheitliche demokratische Grundord-
nung bezweckende Zielrichtung des Handelns für den Ausländer regelmäßig er-
kennbar und ihm deshalb zurechenbar sein. Eine Unterstützung ist nicht anzu-
nehmen, wenn jemand allein einzelne politische, humanitäre oder sonstige Ziele
einer Organisation, nicht aber auch deren Bestrebungen gegen die freiheitliche
demokratische Grundordnung befürwortet – sich hiervon gegebenenfalls deutlich
distanziert – und lediglich dies durch seine vereinsrechtlich erlaubten mitglied-
schaftlichen Tätigkeiten nach außen vertritt.

Dass der Einbürgerungsbewerber sicherheitsrelevante Bestrebungen in diesem
Sinne unterstützt, muss nicht mit dem üblichen Grad der Gewissheit festgestellt
werden. Erforderlich, aber auch ausreichend ist vielmehr ein tatsachengestützter
hinreichender Tatverdacht. Damit soll auf der Grundlage des Gesetzes wegen der
Nachweisprobleme gegenüber vielfach verkappt agierenden Aktivisten unter Sen-
kung der Nachweisschwelle die Einbürgerung von PKK-Aktivisten oder radikalen
Islamisten auch dann verhindert werden, wenn entsprechende Bestrebungen nicht
sicher nachgewiesen werden können (vgl. BT-Drs. 14/533 S. 18 f.). Andererseits ge-
nügen allgemeine Verdachtsmomente, die nicht durch benennbare, konkrete Tat-
sachen gestützt sind, nicht. Erforderlich ist eine wertende Betrachtungsweise, bei
der auch die den Ausländern zustehenden Grundrechte aus Art. 5 Abs. 1 GG – die
Meinungs- und die Informationsfreiheit, die Presse-, Rundfunk- und Filmfreiheit –
und aus Art. 9 Abs. 3 GG – die Vereinigungsfreiheit – zu berücksichtigen sind. Dabei
können aber auch legale Betätigungen herangezogen werden. Mit § 11 S. 1 Nr. 1 StAG
wird der Sicherheitsschutz im Einbürgerungsrecht weit vorverlagert in Handlungs-
bereiche, die strafrechtlich noch nicht beachtlich sind und für sich betrachtet auch
noch keine unmittelbare Gefährdung der freiheitlichen demokratischen Grundord-
nung darstellen. (zum Ganzen vgl. VG Stuttgart, Urteil vom 26. 10. 2005 – 11 K 2083/
04 sowie OVG Koblenz, Urteil vom 24. 5. 2005 – 7 A 10953/04.OVG)"

Gemessen an diesen Maßstäben ist die Annahme gerechtfertigt, dass der K
die entsprechenden Bestrebungen des S e.V. (IGMG) unterstützt hat. Seine Tätigkeit als örtliches Vorstandsmitglied ist für die Aktivitäten einer solchen Organisation förderlich. Aber auch die vorausgesetzte Erkenn- und Zurechenbarkeit
seiner Handlungen in Bezug auf die inkriminierten Bestrebungen ist anzunehmen. K ist – worauf B stets hingewiesen hat – ausweislich der zum Vereinsregister
vorgelegten „Ernennungsurkunde" zum Vorstandsmitglied des Ortsvereins S ernannt worden, wie dies in der ebenfalls zum Vereinsregister vorgelegten örtlichen
Vereinssatzung ausdrücklich vorgesehen ist. Jedenfalls genügt dieser tatsächliche
Anhaltspunkt zur Rechtfertigung der Annahme, K habe entsprechende Bestrebungen unterstützt. K hat nicht glaubhaft gemacht, dass er sich von den nach § 11
S. 1 Nr. 1 StAG inkriminierten Bestrebungen abgewandt hat.

Auch eine Abwendung der IGMG von den maßgeblichen Bestrebungen – diese könnte im Rahmen des § 11 S. 1 Nr. 1 StAG am Ende ausreichen – ist nicht ersichtlich.

Eine etwaige – den Voraussetzungen nach denkbare – Einbürgerung des K gemäß § 10 Abs. 1 S. 1 StAG ist jedenfalls gemäß § 11 S. 1 Nr. 1 StAG ausgeschlossen.

(c) Zwischenergebnis
Die K versprochene Einbürgerung ist rechtswidrig.

(2) Zwischenergebnis
Als Folge der Rechtswidrigkeit einer Einbürgerung des K ist auch die gegenüber ihm ausgesprochene Zusicherung rechtswidrig.

(bb) Nichtigkeitsfolge
Die Rechtswidrigkeit der Zusicherung müsste für die Annahme der Nichtigkeit gemäß § 44 Abs. 1 VwVfG i.V.m. § 38 Abs. 2 VwVfG evident fehlerhaft sein.

(1) Handlungsformverbot
Als evidenter Fehler wäre z. B. ein Handlungsformverbot wie in § 2 Abs. 2 BBesG oder § 3 Abs. 2 BeamtVG einzustufen. Ein solches ist jedoch nicht ersichtlich.

(2) Sonstige Evidenz
Eine Evidenz ist im Übrigen nur restriktiv anzunehmen, weil bei verfassungs-konformer Auslegung i. S. d. sich unter anderem aus Art. 20 Abs. 3 GG ergebenden Rechtsstaatsprinzips Rechtssicherheit geschaffen werden soll, indem Verwal-tungsakte gemäß § 35 VwVfG bei Rechtswidrigkeit anders als abstrakt-generelle Regelungen, bezüglich derer ein rechtsstaatliches Nichtigkeitsdogma gilt, wirk-sam sein sollen. Dass K, trotz seiner Mitgliedschaft in der IGMG, die Einbürgerung zugesichert wurde, war zwar rechtswidrig, führt nach alledem jedoch mangels eines besonders schwerwiegenden evidenten Fehlers i. S. d. § 44 Abs. 1 VwVfG i.V.m. § 38 Abs. 2 VwVfG nicht zur Nichtigkeit der Zusicherung, weil sein Handeln schon aufgrund der unklaren Aktivität des K in der IGMG nicht offensichtlich rechtswidrig war. Anhaltspunkte für evidente Fehler bestehen bezüglich der ge-genüber K erteilten Einbürgerungszusicherung auch im Übrigen nicht, sodass die Voraussetzungen des § 44 Abs. 1 VwVfG i.V. m. § 38 Abs. 2 VwVfG nicht erfüllt sind.

d) Zwischenergebnis

Die gegenüber K gemäß § 38 Abs. 1 S. 1 VwVfG ausgesprochene Zusicherung ist rechtswidrig aber wirksam.

4. Aufhebung der Zusicherung

Die Zusicherung kann aufgehoben worden sein. Diesbezüglich sind gemäß § 38 Abs. 2 VwVfG die §§ 48, 49 VwVfG anwendbar. Die §§ 48, 49 VwVfG i.V.m. § 38 Abs. 2 VwVfG könnten jedoch gemäß § 38 Abs. 3 VwVfG verdrängt sein. Das wäre anzunehmen, soweit § 38 Abs. 3 VwVfG eine Spezialregelung zu § 38 Abs. 2 VwVfG darstellt.

a) Verhältnis des § 38 Abs. 2 VwVfG zu § 38 Abs. 3 VwVfG

Aufgrund der systematischen Stellung am Ende des § 38 VwVfG könnte § 38 Abs. 2 VwVfG, der „unbeschadet" des § 38 Abs. 3 VwVfG gilt, durch § 38 Abs. 3 VwVfG jedenfalls insoweit verdrängt sein, als es wie im Verhältnis zu § 49 Abs. 2 S. 1 Nr. 3 VwVfG Überschneidungen gibt. Gemäß § 38 Abs. 3 VwVfG ist eine Behörde an eine Zusicherung nicht mehr gebunden, soweit sich die Sach- oder Rechtslage nach Abgabe der Zusicherung derart ändert, dass die Behörde bei Kenntnis der nachträglich eingetretenen Änderung die Zusicherung nicht gegeben hätte oder aus rechtlichen Gründen nicht hätte geben dürfen.

Trotz der systematischen Stellung des § 38 Abs. 3 VwVfG kann eine Spezialität jedoch nur insoweit bestehen, als die Regelungen deckungsgleich sind. Während bei Anwendung des § 38 Abs. 3 VwVfG die Zusicherung als zumindest mit einem Verwaltungsakt gemäß § 38 Abs. 2 VwVfG gleichgesetzter Rechtssetzungsakt bestehen bleibt, wird er gemäß den §§ 48, 49 VwVfG i.V.m. § 38 Abs. 2 VwVfG beseitigt. Es stellt einen Unterschied dar, ob ein unter Umständen rechtswidriger Rechtssetzungsakt besteht und lediglich die Bindung fehlt, oder nur keine Bindung besteht, insbesondere, weil es nicht ausgeschlossen ist, dass ein solcher Rechtssetzungsakt grundrechtsrelevant ist. Zudem bedeutet die Formulierung „unbeschadet" nur, dass § 38 Abs. 3 VwVfG auch anwendbar ist, jedoch – vergleichbar § 36 Abs. 2 VwVfG im Verhältnis zu § 36 Abs. 1 VwVfG – nicht, dass § 38 Abs. 2 VwVfG verdrängt wird (weit verbreitet insoweit jedoch Stelkens, in: Stelkens/Bonk/Sachs (Hg.) Verwaltungsverfahrensgesetz, 9. Aufl. 2018, § 38, Rn 95 ff. m.w.N.).

Die Formulierung „unbeschadet" in § 38 Abs. 2 VwVfG ist somit dahingehend auszulegen, dass die Regelung nicht abschließend ist und § 38 Abs. 3 VwVfG bei rechtswidriger Aufhebung anwendbar bleibt und bei Nichtaufhebung anwendbar ist. § 38 Abs. 2 VwVfG ist somit nicht durch § 38 Abs. 3 VwVfG verdrängt und somit anwendbar.

Bezüglich des Verhältnisses des § 38 Abs. 2 VwVfG zu § 38 Abs. 3 VwVfG ist die Annahme der Vorrangigkeit des § 38 Abs. 3 VwVfG mit guter Argumentation vertretbar.

---

b) Konkludente Aufhebung der Zusicherung oder Umdeutung

Eine Umdeutung der Ablehnung der Einbürgerung gemäß § 47 Abs. 1 VwVfG in eine Aufhebung käme insoweit einerseits nicht in Betracht, weil die Behörde sonst rechtsstaatswidrig nicht über den Einbürgerungsantrag entschieden hätte und diesbezüglich noch ein Anspruch bestünde, andererseits die gebundene Entscheidung i. S. d. § 10 Abs. 1 StAG gemäß § 47 Abs. 3 VwVfG nicht in eine Ermessensentscheidung i. S. d. § 48 Abs. 1 S. 1 VwVfG i. V. m. § 38 Abs. 2 VwVfG umgedeutet werden dürfte, sodass insoweit ein Ermessensausfall erfolgen würde.

Die Zusicherung kann aufgehoben worden sein. Eine ausdrückliche Regelung ist nicht ersichtlich. Allerdings kommt eine konkludente Aufhebung in Betracht, wobei es dazu möglich sein muss, Zusicherungen konkludent aufzuheben. Eine konkludente Aufhebung – diese wäre als Verwaltungsakt einzustufen – einer Zusicherung könnte aufgrund des sich unter anderem aus Art. 20 Abs. 3 GG ergebenden und für Verwaltungsakte in § 37 Abs. 1 VwVfG spezifizierten Rechtsstaatsprinzips mangels Bestimmtheit ausgeschlossen sein – § 37 VwVfG gilt für die Aufhebung der Zusicherung als Verwaltungsakt unmittelbar, sodass der in § 38 Abs. 2 VwVfG fehlende Verweis irrelevant ist. Schließlich kann eine Zusicherung grundrechtsrelevant sein – durch sie kann z. B. eine Eigentumsposition im Rahmen der bereichsspezifischen Eigentumsdefinition gemäß Art. 14 Abs. 1 S. 2 GG begründet werden – mit der Folge, dass auch deren Aufhebung grundrechtsrelevant sein kann. Da es sich bei der Aufhebung der Zusicherung aber um die Aufhebung einer Leistung handelt, ist die Grundrechtsrelevanz regelmäßig begrenzt, sodass die Annahme einer konkludenten Aufhebung der Zusicherung grundsätzlich mit dem rechtsstaatlichen Bestimmtheitsgrundsatz vereinbar ist, zumal für Verwaltungsakte gemäß § 37 Abs. 3 S. 1 VwVfG keine Formvorgabe besteht.

Die Versagung der Einbürgerung kann als konkludente Aufhebung der Zusicherung eingestuft werden.

Es ist vertretbar, die konkludente Aufhebung der Zusicherung abzulehnen, wobei dies klausurtaktisch ungeschickt wäre, weil materielle und prozessuale Probleme (Verpflichtungsklage in Form der Versagungsgegenklage) entfallen würden und nur § 38 Abs. 3 VwVfG zu prüfen wäre.

c) Rechtmäßigkeit bzw. Wirksamkeit der Aufhebung der Zusicherung

Maßgeblich ist jedenfalls, ob die Aufhebung der Zusicherung wirksam ist. Bei Unwirksamkeit der Aufhebung der Zusicherung gilt die Zusicherung noch, sodass ein Anspruch des Klägers bestehen kann. Fraglich ist jedoch, ob es auch auf die Rechtmäßigkeit der Aufhebung der Zusicherung ankommt. Anders als bei Normen – insoweit gilt aufgrund des sich unter anderem aus Art. 20 Abs. 3 GG ergebenden Rechtsstaatsprinzips grundsätzlich ein Nichtigkeitsdogma – ist die Aufhebung der Zusicherung als Verwaltungsakt einzustufen, sodass Rechtswidrigkeit und Wirksamkeit nicht gleichbedeutend sind. Rechtswidrige Verwaltungsakte sind – das ergibt sich z. B. aus § 44 VwVfG – nur unwirksam, soweit besondere Nichtigkeitsgründe bestehen.

Die Rechtmäßigkeit der Aufhebung der Zusicherung ist für die Fortwirkung der Zusicherung nur maßgeblich, soweit die Aufhebung der Zusicherung angefochten ist. Bei der Klage des K handelt es sich zwar um eine Verpflichtungsklage, jedoch enthält eine Verpflichtungsklage in Form der Versagungsgegenklage ein gestaltendes Element, sodass eine Anfechtung der Aufhebung der Zusicherung bei weiter Auslegung des gestaltenden Elementes der Verpflichtungsklage in Form der Versagungsgegenklage konkludent im Klageantrag enthalten ist. Wenn eine konkludente Aufhebung der Zusicherung zugunsten der Behörde rechtsstaatlich möglich ist, muss rechtsstaatlich i. S. d. Art. 20 Abs. 3 GG und aus Gründen eines effektiven Rechtsschutzes i. S. d. Art. 19 Abs 4 GG vom Klageantrag die konkludente Anfechtung der Aufhebung der Zusicherung erfasst sein.

Die konkludente Anfechtung der Aufhebung der Zusicherung könnte bereits im Rahmen der statthaften Klageart vollständig und ausschließlich erörtert werden. Das würde aber auch eine dezidierte Erläuterung der konkludenten Aufhebung der Zusicherung im Rahmen der Prozessstation voraussetzen. Das würde unverständlich wirken.

Somit ist nicht nur die Wirksamkeit, sondern auch die Rechtmäßigkeit der Aufhebung der Zusicherung für die Klage maßgeblich.

d) Rechtswidrigkeit der Aufhebung der Zusicherung

Die Aufhebung der Zusicherung könnte rechtswidrig sein.

aa) Rechtswidrigkeit als Rücknahme

Die Aufhebung der Zusicherung kann als Rücknahme rechtswidrig sein. Während rechtswidrige Verwaltungsakte bzw. Zusicherungen grundsätzlich zurückgenommen werden, werden rechtmäßige Verwaltungsakte bzw. Zusicherungen widerrufen. Da die Rücknahme unter geringeren Voraussetzungen möglich ist, ist eine solche primär maßgeblich.

(1) Rechtsgrundlage

Fraglich ist, welche Rechtsgrundlage für die Aufhebung der Zusicherung in Betracht kommt.

(a) Generalklauseln der §§ 48, 49 VwVfG i.V.m. § 38 Abs. 2 VwVfG

System der §§ 48, 49 VwVfG:
Rechtsgrundlage für die Rücknahme ist immer § 48 Abs. 1 S. 1 VwVfG mit unterschiedlichem Vertrauensschutz, wobei auch für die Vergangenheit zurückgenommen werden kann. Bei belastenden Verwaltungsakten besteht kein Vertrauensschutz, bei Geld- oder teilbaren Sachleistungen auf der Primärebene i. S. d. § 48 Abs. 1 S. 2 VwVfG i. V. m. § 48 Abs. 2 VwVfG, bei sonstigen Begünstigungen auf der Sekundärebene gemäß § 48 Abs. 3 VwVfG.
Rechtsgrundlage beim Widerruf:
– bei Belastungen § 49 Abs. 1 VwVfG ohne Vertrauensschutz für die Zukunft
– bei Geld- oder teilbaren Sachleistungen primär § 49 Abs. 3 S. 1 VwVfG auch für die Vergangenheit (Vertrauensschutz auf der Primärebene mittels der Voraussetzungen), sekundär ergänzend § 49 Abs. 2 VwVfG für die Zukunft (Vertrauensschutz auf der Sekundärebene gemäß § 49 Abs. 6 VwVfG)
– bei sonstigen Begünstigungen gemäß § 49 Abs. 2 VwVfG für die Zukunft (Vertrauensschutz auf der Sekundärebene gemäß § 49 Abs. 6 VwVfG)

Mangels einer ersichtlichen Spezialregelung für die Aufhebung von Zusicherungen sind die Generalklauseln der §§ 48, 49 VwVfG i.V.m. § 38 Abs. 2 VwVfG maßgeblich.

Teilweise wird zur Bestimmung der Rechtsgrundlage (z. B. § 48 VwVfG oder § 49 VwVfG) eine Vorprüfung bezüglich der Rechtswidrigkeit des aufgehobenen Bescheides empfohlen. Das erscheint nicht vertretbar, weil eine Vorprüfung – so im Übrigen auch beim Versuch im Strafrecht – nicht im Gesetz steht. Daher ist es sinnvoll, mit einer Rechtsgrundlage zu beginnen und bei Nichterfüllung der Voraussetzungen die nächste Rechtsgrundlage zu prüfen. § 48 VwVfG sollte stets vor § 49 geprüft werden, weil einerseits die Voraussetzungen für die Aufhebung eines rechtswidrigen Bescheides geringer sind als die für die Aufhebung eines rechtmäßigen Bescheides. Andererseits kann ein aufgehobener Verwaltungsakt rechtswidrig sein, ohne dass die Voraussetzungen des § 48 VwVfG erfüllt sind. Dann ist es denkbar, dass der Verwaltungsakt analog § 49 VwVfG aufgehoben werden kann, denn wenn schon ein rechtmäßiger Verwaltungsakt aufgehoben werden kann, gilt das erst recht für einen rechtswidrigen Verwaltungsakt. Insoweit erscheint es übersichtlicher zunächst § 48 VwVfG, dann § 49 VwVfG und analog § 49 VwVfG zu prüfen als mit der direkten Anwendung des § 49 VwVfG zu beginnen, dann § 48 VwVfG zu erörtern, um analog § 49 VwVfG wieder eine andere Norm zu prüfen.

Während gemäß § 49 VwVfG i.V.m. § 38 Abs. 2 VwVfG die Aufhebung rechtmäßiger Zusicherungen, also der Widerruf, möglich ist – zu unterscheiden ist bezüglich der maßgeblichen Absätze der Regelung zwischen belastenden Zusicherungen sowie solchen, durch die eine teilbare Geld- oder Sachleistung zugesichert wird und sonstigen Begünstigungen –, können mittels der Regelung des § 48 VwVfG i.V.m. § 38 Abs. 2 VwVfG rechtswidrige Zusicherungen aufgehoben, also zurückgenommen werden, wobei ebenfalls zwischen belastenden Zusicherungen sowie solchen, durch die eine teilbare Geld- oder Sachleistung gewährt wird, und sonstigen Begünstigungen zu unterscheiden ist. Da rechtswidrige Zusicherungen unter geringeren Voraussetzungen aufhebbar sind, ist primär eine Aufhebung gemäß § 48 VwVfG i.V.m. § 38 Abs. 2 VwVfG maßgeblich.

Während bei belastenden Zusicherungen und bei Begünstigungen, die nicht als Geld- oder teilbare Sachleistung einzustufen sind, § 48 Abs. 1 S. 1 VwVfG i.V.m. § 38 Abs. 2 VwVfG als Rechtsgrundlage für die Aufhebung maßgeblich ist – bei derartigen Begünstigungen stellt die Regelung des § 48 Abs. 3 S. 1 VwVfG keine Rechtsgrundlage für die Aufhebung auf der Primärebene, sondern nur eine Ausgleichsregelung auf der Sekundärebene dar –, ist die Zuordnung der Rechtsgrundlage zur Rücknahme von Zusicherungen bezüglich Geld- oder teilbarer Sachleistungen problematisch.

Ob die Zusicherung der Einbürgerung als teilbare Sachleistung – unter Umständen ist eine Teilung bezüglich der Rechtsträger Bund, Land und Kommune denkbar – einzustufen ist, ist irrelevant, soweit auch insoweit § 48 Abs. 1 S. 1 VwVfG i.V.m. § 38 Abs. 2 VwVfG als Rechtsgrundlage maßgeblich ist.

(b) Rücknahme der Zusicherung Geld- oder teilbarer Sachleistungen

Jedenfalls kommt § 48 Abs. 2 VwVfG i.V.m. § 38 Abs. 2 VwVfG nicht als Rechtsgrundlage in Betracht. Einerseits ist in § 48 Abs. 2 S. 1 VwVfG i.V.m. § 38 Abs. 2 VwVfG nur geregelt, wann eine Zusicherung nicht zurückgenommen werden darf, andererseits sind dort die Termini „Abwägung" und „öffentliches Interesse" benannt, welche für einen Tatbestand i.S.d. sich unter anderem aus Art. 20 Abs. 3 GG ergebenden Rechtsstaatsprinzips zu unbestimmt sind.

§ 48 Abs. 1 S. 2 VwVfG i.V.m. § 38 Abs. 2 VwVfG könnte daher als Rechtsgrundlage maßgeblich sein. Insoweit fehlt es aber an einem rechtsstaatlich erforderlichen Tatbestandsmerkmal, weil dort das Erfordernis der Rechtswidrigkeit nicht geregelt ist. Möglich erscheint es, als Rechtsgrundlage daher § 48 Abs. 1 S. 2

VwVfG i.V.m. § 48 Abs. 2 VwVfG einzustufen. Allerdings fehlt in § 48 Abs. 1 S. 2 VwVfG das maßgebliche Tatbestandmerkmal, welches zwar in § 48 Abs. 2 VwVfG enthalten ist, welcher jedoch im Übrigen für einen Tatbestand zu unbestimmt ist.

Es ist vertretbar, § 48 Abs. 1 S. 2 VwVfG i.V.m. § 48 Abs. 2 VwVfG als Rechtsgrundlage einzustufen.

Nach alledem ist § 48 Abs. 1 S. 1 VwVfG auch bezüglich der Rücknahme der Zusicherung Geld- bzw. teilbarer Sachleistung die maßgebliche Rechtsgrundlage mit der Besonderheit des Vertrauensschutzes gemäß § 48 Abs. 1 S. 2 VwVfG i.V.m. § 48 Abs. 2 VwVfG in der Rechtsfolge auf der Primärebene.

§ 48 Abs. 1 S. 1 VwVfG i.V.m. § 38 Abs. 2 VwVfG kommt als Rechtsgrundlage auch in Betracht, soweit es sich bei der Zusicherung der Einbürgerung um eine teilbare Sachleistung handelt.

(2) Voraussetzungen

Die Voraussetzungen des § 48 Abs. 1 S. 1 VwVfG i.V.m. § 38 Abs. 2 VwVfG könnten erfüllt sein.

(a) Formelle Voraussetzungen

Die formellen Voraussetzungen für den Erlass des Aufhebungsbescheides sind erfüllt.

Die formellen Voraussetzungen sind aufgrund des Bearbeitungsvermerks nicht zu prüfen.

(b) Materielle Voraussetzungen

Die materiellen Voraussetzungen des § 48 Abs. 1 S. 1 VwVfG i.V.m. § 38 Abs. 2 VwVfG könnten erfüllt sein. Materiell wird eine rechtswidrige Zusicherung vorausgesetzt.

(aa) Rechtswidrigkeit der Zusicherung

Die Zusicherung ist ihrerseits rechtswidrig, weil die Voraussetzungen für eine Einbürgerung des K nicht erfüllt sind.

(bb) Zwischenergebnis
Die Zusicherung ist rechtswidrig.

(3) Rechtsfolge
Bezüglich des § 48 Abs. 1 S. 1 VwVfG i.V.m. § 38 Abs. 2 VwVfG besteht in der
Rechtsfolge Ermessen. Diesbezüglich sind in § 48 Abs. 1 S. 2 VwVfG i.V.m. § 48
Abs. 2 VwVfG – diese gelten nur bei Geld- oder teilbaren Sachleistungen – spe-
zielle Ermessensvorgaben sowie in § 48 Abs. 4 S. 1 VwVfG eine Präklusionsfrist
geregelt. Zudem dürfen im Übrigen keine Ermessensfehler bestehen.

(aa) Vertrauensschutz gemäß § 48 Abs. 2 VwVfG i.V.m. § 38 Abs. 2 VwVfG
Der Vertrauensschutz gemäß § 48 Abs. 2 S. 1 VwVfG i.V.m. § 38 Abs. 2 VwVfG ist
nicht anwendbar, da es sich bei der Zusicherung der Einbürgerung letztlich nicht
um eine Geld- oder teilbare Sachleistung handelt, weil eine Einbürgerung, welche
wiederum den Inhalt der Zusicherung darstellt, anders als eine zeitlich be-
grenzbare Aufenthaltserlaubnis nicht teilbar ist.

(bb) Präklusion gemäß § 48 Abs. 4 S. 1 VwVfG
Erhält die Behörde von Tatsachen Kenntnis, durch welche die Rücknahme eines
rechtswidrigen Verwaltungsaktes gerechtfertigt werden kann, ist die Rücknahme
gemäß § 48 Abs. 4 S. 1 VwVfG i.V.m. § 38 Abs. 2 VwVfG nur innerhalb eines Jahres
seit dem Zeitpunkt der Kenntnisnahme zulässig. Bei verfassungskonformer Auslegung (zum Ganzen bei § 48 Abs. 4 VwVfG: BVerwGE GS 70, 356) i.S.d. sich unter
anderem aus Art. 20 Abs. 3 GG ergebenden Rechtsstaatsprinzips gilt die Frist
nicht nur für Tatsachen, sondern auch für Rechtsanwendungsfehler. Aufgrund
effektiver Verwaltung ist zudem die Kenntnis des einzelnen Bearbeiters in der
Behörde – ausnahmsweise eines Handelnden einer Behördeneinheit, soweit
rechtsstaatlich geboten – maßgeblich. Aus ebensolchen Effektivitätsgründen ist
die Frist nicht als Bearbeitungsfrist, sondern als Entscheidungsfrist einzustufen,
sodass sie erst beginnt, wenn alle zur Aufhebung erheblichen Tatsachen bzw.
Rechtsfehler bekannt sind.
    Seitens der B wurde bereits am 13.6.2009 in einem Aktenvermerk die Mit-
gliedschaft des K im Vorstand des Ortsvereins S der IGMG notiert. Da die konkludente Aufhebung der Zusicherung erst mit der Versagung der Einbürgerung am 5.9.
2011 erfolgte, ist mehr als ein Jahr verstrichen, sodass mangels Anhaltspunkten für
unterschiedliche Amtswalter – dann hätte aufgrund späterer Kenntnis des kon-

kreten Amtswalters ein späterer Zeitpunkt für den Fristbeginn als der 13.6.2009 maßgeblich sein können – eine Präklusion eingetreten ist.

(cc) Ermessensausfall
Zudem ist die konkludente Aufhebung der Zusicherung aufgrund eines Ermessensausfalls bezüglich des gemäß § 48 Abs. 1 S. 1 VwVfG i.V.m. § 38 Abs. 2 VwVfG auszuübenden Rücknahmeermessens rechtswidrig (vgl. Kopp/Ramsauer, VwVfG, § 38, Rn 35), weil im Rahmen der Ablehnung der Einbürgerung als gebundene Entscheidung bezüglich der konkludenten Aufhebung der Zusicherung als Ermessensentscheidung kein Ermessen ausgeübt worden wäre, sodass ein Ermessensausfall bestünde.

(4) Zwischenergebnis
Die Aufhebung der Zusicherung ist als Rücknahme rechtswidrig.

bb) Rechtswidrigkeit als Widerruf
Die Aufhebung der Zusicherung könnte als Widerruf rechtmäßig sein. Insoweit ist zunächst maßgeblich, inwieweit eine Aufhebung ohne weiteres als Rücknahme oder Widerruf eingeordnet werden darf. Ist eine Aufhebung explizit als Rücknahme oder als Widerruf bezeichnet, könnte eine gegenüber der ausdrücklichen Bezeichnung abweichende Einordnung nur mittels einer Umdeutung gemäß § 47 Abs. 1 VwVfG möglich sein. Das würde jedoch voraussetzen, dass ein Verwaltungsakt in einen anderen Verwaltungsakt umgedeutet werden würde.

Ist eine Aufhebung jedoch als Rücknahme oder Widerruf bezeichnet, ist das tenorierte Ziel letztlich die Aufhebung. Lediglich die Voraussetzungen können unterschiedlich sein. Zwar hat sich die Behörde aufgrund des sich unter anderem aus Art. 20 Abs. 3 GG ergebenden Rechtsstaatsprinzips so behandeln zu lassen, wie sie gehandelt hat, nicht aber, wie sie hätte handeln müssen, jedoch sind Rücknahme und Widerruf als einheitliche Handlungen einzustufen, weil beide die Aufhebung zur Folge haben. Somit wäre eine Einstufung als Rücknahme oder Widerruf entgegen der ausdrücklichen Bezeichnung rechtsstaatlich i.S.d. Art. 20 Abs. 3 GG von einer Auslegung gedeckt. Eine Umdeutung i.S.d. § 47 Abs. 1 VwVfG wäre nicht erforderlich.

Da eine ausdrückliche Bezeichnung als Rücknahme oder Widerruf aufgrund der konkludenten Erklärung gegenüber K nicht erfolgte, bedarf es nicht einmal einer Auslegung, sodass eine Einstufung als Widerruf möglich ist.

(1) Rechtsgrundlage

Zunächst bedarf es einer passenden Rechtsgrundlage. Mangels spezialgesetzlicher Regelungen kommt für den Widerruf § 49 VwVfG i.V.m. § 38 Abs. 2 VwVfG in Betracht. Für den Widerruf belastender Zusicherungen ist § 49 Abs. 1 VwVfG i.V.m. § 38 Abs. 2 VwVfG maßgeblich, während für die eine Begünstigung enthaltenden Zusicherungen, die eine einmalige oder laufende Geldleistung oder teilbare Sachleistung enthalten, § 49 Abs. 3 S. 1 VwVfG i.V.m. § 38 Abs. 2 VwVfG die Rechtsgrundlage für den Widerruf auch für die Vergangenheit darstellt. § 49 Abs. 2 S. 1 VwVfG i.V.m. § 38 Abs. 2 VwVfG gilt insoweit ergänzend nur für die Zukunft.

Jegliche dieser Rechtsgrundlagen gilt jedoch direkt nur bezüglich einer rechtmäßigen Zusicherung. Somit kommt eine analoge Anwendung des § 49 Abs. 2 S. 1 VwVfG i.V.m. § 38 Abs. 2 VwVfG – K hat eine unteilbare Begünstigung erhalten – in Form eines „Erst-recht-Schlusses" in Betracht (vgl. BVerwG NVwZ 1987, 498). Soweit sogar die gegenüber der Rücknahme höheren Anforderungen zum Widerruf eines Verwaltungsaktes gemäß § 49 Abs. 2 S. 1 VwVfG i.V.m. § 38 Abs. 2 VwVfG erfüllt sind, können analog § 49 Abs. 2 S. 1 VwVfG i.V.m. § 38 Abs. 2 VwVfG erst recht rechtswidrige Verwaltungsakte aufgehoben werden. Bedenken, dass die dezidierte Regelung zum Vertrauensschutz in § 48 Abs. 2 VwVfG i.V.m. § 38 Abs. 2 VwVfG, die für den Widerruf mangels planwidriger Regelungslücke aufgrund der expliziten Regelung gemäß § 49a VwVfG nicht analog anwendbar ist, umgangen werden könnte, bestehen nicht.

Einerseits gilt der Vertrauensschutz i.S.d. § 48 Abs. 2 VwVfG i.V.m. § 38 Abs. 2 VwVfG nicht für unteilbare Sachleistungen. Über klare Ausgleichsregelungen gemäß § 49a VwVfG auf der Sekundärebene hinaus sind in § 49 Abs. 2 S. 1 VwVfG i.V.m. § 38 Abs. 2 VwVfG über den Widerrufsgrund Wertungen enthalten.

Nach alledem kommt eine Aufhebung der Zusicherung gegenüber K analog § 49 Abs. 2 S. 1 VwVfG i.V.m. § 38 Abs. 2 VwVfG in Betracht.

(2) Voraussetzungen

Die Voraussetzungen für einen Widerruf könnten erfüllt sein.

(a) Formelle Voraussetzungen

Die formellen Voraussetzungen für eine Aufhebung der Zusicherung für K sind erfüllt.

(b) Materielle Voraussetzungen

Materiell bedarf es gemäß § 49 Abs. 2 S. 1 VwVfG i.V.m. § 38 Abs. 2 VwVfG einer rechtmäßigen Zusicherung und eines Widerrufsgrundes. Da § 49 Abs. 2 S. 1 VwVfG i.V.m. § 38 Abs. 2 VwVfG nicht direkt, sondern analog angewendet wird, bedarf es keiner rechtmäßigen Zusicherung, sondern die gegenüber K erlassene rechtswidrige Zusicherung ist hinreichend. Es bedarf jedoch auch eines Widerrufsgrundes. Ein solcher ist jedoch nicht ersichtlich. Insbesondere ist gemäß § 49 Abs. 2 S. 1 Nr. 1 VwVfG i.V. m. § 38 Abs. 2 VwVfG der Widerruf der Zusicherung nicht durch Rechtsvorschrift zugelassen oder in dieser vorbehalten, und es sind gemäß § 49 Abs. 2 S. 1 Nr. 3 VwVfG i.V.m. § 38 Abs. 2 VwVfG auch keine nachträglichen Tatsachen eingetreten, weil K schon beim Erlass der Zusicherung Mitglied im Vorstand des Ortsvereins S der IGMG war. Auch eine Änderung der Rechtslage i.S.d. § 49 Abs. 2 S. 1 Nr. 4 VwVfG i.V.m. § 38 Abs. 2 VwVfG ist nicht ersichtlich.

(3) Zwischenergebnis

Die Aufhebung der Zusicherung ist auch als Widerruf nicht rechtmäßig.

5. Bindung an die Zusicherung

Die Behörde kann sich zudem nicht darauf berufen, an die Zusicherung gemäß § 38 Abs. 3 VwVfG nicht gebunden zu sein, da es an der dafür erforderlichen Änderung der Sach- oder Rechtslage nach Abgabe der Zusicherung fehlt.

6. Zeitablauf

Die Prüfung des Zeitablaufes sollte nicht vor der Aufhebung geprüft werden, weil letztere unter Umständen ex tunc erfolgt und somit weitergehend ist.

Der Zeitablauf der befristeten Zusicherung könnte dem Anspruch des K entgegenstehen, weil die Befristung auf den 8.6.2009 terminiert war und dieser verstrichen ist.

Zwar ist die Beifügung einer solchen Bestimmung grundsätzlich möglich. Der Inhalt einer Zusicherung und deren Bindungswirkung wird neben dem bindenden Versprechen, den zugesicherten Verwaltungsakt zu erlassen, auch von derartigen beigefügten Beschränkungen wie Vorbehalten, Bedingungen, Befristungen usw. bestimmt.

B ist jedoch gehindert, sich auf die abgelaufene Frist zu berufen, weil der Grundsatz von Treu und Glauben gemäß § 242 BGB in einer i. S. d. Art. 20 Abs. 3 GG einheitlichen Rechtsordnung auch im öffentlichen Recht beachtlich ist (vgl. z. B. BVerwG, Urteil vom 22.1.1993 – 8 C 46.91 –, NVwZ 1993, 1102; VGH Mannheim, Urteil vom 8. 5. 2013 – 1 S 2046/12). Danach darf sich i. S. d. § 162 BGB i.V. m. Art. 20 Abs. 3 GG niemand auf einen Fristablauf berufen, der zuvor allein für das Verstreichen dieser Frist verantwortlich war. K hat innerhalb der in der Einbürgerungszusicherung genannten Frist die einzige ihm danach noch auferlegte Bedingung, die Entlassung aus seiner ursprünglichen türkischen Staatsangehörigkeit herbeizuführen, erfüllt. Er erhielt Anfang 2009 die Genehmigung über den Austritt aus der türkischen Staatsangehörigkeit und informierte B bereits vorab über diese ihm erteilte Genehmigung. Selbst wenn ein entsprechender Aktenvermerk fehlt, muss angenommen werden – B begann ab dem 18.4. 2009 mit der Aktualisierung der Unterlagen –, dass diese Unterrichtung an diesem Tag erfolgt ist. Nachdem aber keine geänderte Sach- und Rechtslage gegeben war, hätte B zu diesem Zeitpunkt, also noch innerhalb des Gültigkeitszeitraums der Einbürgerungszusicherung, die Einbürgerung des K vollziehen können und müssen. Für den weiteren Zeitablauf war allein B verantwortlich und darf sich auf den Ablauf der Zusicherung nicht berufen.

7. Zwischenergebnis

Ein Anspruch des K auf Einbürgerung aus der Zusicherung besteht.

II. Gesetzlicher Anspruch

Ein gesetzlicher Anspruch des K aus § 10 Abs. 1 S. 1 StAG besteht nicht, weil die Voraussetzungen für die Einbürgerung wegen des Ausschlussgrundes gemäß § 11 S. 1 Nr. 1 StAG nicht erfüllt sind.

C. Ergebnis

K wird mit seiner Klage Erfolg haben, da ein Anspruch aus der Zusicherung auf Einbürgerung besteht.

2. Komplex: Abwandlung

I. § 51 VwVfG

Drei Möglichkeiten bei § 51 VwVfG:
- Ablehnung der Wiederaufnahme des Verfahrens
- Wiederaufnahme des Verfahrens und ablehnende Entscheidung in der Sache
- Wiederaufnahme des Verfahrens und stattgebende Entscheidung in der Sache

---

K könnte einerseits aufgrund der neuen Beweismittel die Wiederaufnahme des Verfahrens, in dem der ablehnende Bescheid erlassen worden ist, gemäß § 51 Abs. 1 Nr. 2 VwVfG verlangen (zum Ganzen: vgl. Maurer/Waldhoff: Allgemeines Verwaltungsrecht, 19. Aufl., München 2017, S. 360 ff.).

Die Wiederaufnahme gemäß § 51 VwVfG ist eine verfahrensrechtliche Regelung mit der Folge, dass ein zweistufiges Verfahren entsteht, in dem gemäß § 51 Abs. 1 Nr. 1 VwVfG neue und gemäß § 51 Abs. 1 Nr. 2, 3 VwVfG vergangene Einwände geltend gemacht werden können. Zunächst wird in einer ersten Stufe über die Wiederaufnahme als solche entschieden, um in einer zweiten Stufe über die materiell-rechtliche Aufhebung oder Änderung des Verwaltungsaktes zu entscheiden. Es bestehen letztlich drei Möglichkeiten der Behörde zur Entscheidung. Die Behörde kann bereits die Wiederaufnahme des Verfahrens ablehnen. Ebenso kann sie das Verfahren zwar wieder aufnehmen, jedoch in der Sache über die Aufhebung oder Änderung ablehnend bescheiden. Die dritte Möglichkeit besteht darin, das Verfahren wiederaufzugreifen und in der Sache aufzuheben bzw. zu ändern. Es handelt sich in allen drei Konstellationen um einen Rechtssetzungsakt in Form eines Verwaltungsaktes gemäß § 35 S. 1 VwVfG.

Vereinzelt wird ohne nachvollziehbare Begründung vertreten, die Ablehnung der Wiederaufnahme stelle keinen Verwaltungsakt dar.

Fraglich ist, welches materielle Recht bei der Wiederaufnahme des Verfahrens anwendbar ist. Vertretbar ist es, für die Aufhebung des Verwaltungsaktes auf die Regelungen über die Rücknahme und den Widerruf in Spezialgesetzen bzw. die §§ 48, 49 VwVfG abzustellen, zumal die § 48 Abs. 1 S. 1 VwVfG und § 49 Abs. 1 VwVfG gemäß § 51 Abs. 5 VwVfG anwendbar bleiben (vgl. Maurer/Waldhoff Allgemeines Verwaltungsrecht, 19. Aufl., München 2017, S. 360 ff.). Jedenfalls für die Änderung eines unanfechtbaren Verwaltungsaktes ist jedoch das jeweilige materielle Recht – für K der § 10 Abs. 1 S. 1 StAG – maßgeblich.

Bei dogmatischer Betrachtung ist im Rahmen des § 51 VwVfG stets das materielle Recht anwendbar – auch für die Aufhebung. Anderenfalls wäre die Regelungstechnik des Gesetzgebers nicht sinnvoll, weil er die Aufhebung insoweit in den §§ 48, 49 VwVfG ermessenslenkend bezüglich der in § 51 VwVfG genannten Gründe hätte einbinden können. Würde die Regelung des § 51 Abs. 1 Alt. 1 VwVfG lediglich dazu führen, dass nach den §§ 48, 49 VwVfG aufgehoben werden könnte, würde unter erhöhten Einstiegsanforderungen auf erster Stufe etwas gewährt werden, was nach den §§ 48, 49 VwVfG ohnehin im Rahmen des Anspruches auf zumindest fehlerfreie Bescheidung bezüglich der Aufhebung nach den §§ 48, 49 VwVfG wegen des darin enthaltenen subjektivierten Ermessens enthalten ist. Die Normen sind schließlich partiell gemäß § 51 Abs. 5 VwVfG neben § 51 Abs. 1 VwVfG anwendbar.

Die erhöhten Einstiegsanforderungen des § 51 Abs. 1 S. 1 Alt. 1 VwVfG ergeben also nur Sinn, wenn bei Annahme dieser Einstiegsvoraussetzungen zum Wiederaufgreifen des Verfahrens eine gegenüber den §§ 48, 49 VwVfG erleichterte Aufhebung in der Sache möglich ist – z. B. ohne das Bedürfnis eines Widerrufsgrundes. Das ist nur anzunehmen, wenn bezüglich der Regelung des § 51 VwVfG stets das zugrunde liegende materielle Recht maßgeblich ist, welches im Rahmen der §§ 48, 49 VwVfG nur eine der Voraussetzungen darstellt, weil die Rechtmäßigkeit des aufzuhebenden Verwaltungsaktes auch als Voraussetzung der §§ 48, 49 VwVfG maßgeblich ist.

II. §§ 48, 49 VwVfG

Im Prüfungsaufbau erscheint es sinnvoll, mit § 51 VwVfG zu beginnen und erst danach die §§ 48, 49 VwVfG zu erörtern. Einerseits ist § 51 VwVfG nämlich als besondere Regelung einzustufen – in § 51 Abs. 5 VwVfG wird auf die §§ 48, 49 VwVfG als allgemeine Regelungen Bezug genommen –, andererseits gilt im Rahmen des § 51 VwVfG stets das materielle Recht und die Entscheidung über die Wiederaufnahme ist gebunden. Dem könnte zwar entgegengehalten werden, dass auch die Entscheidung im Rahmen der §§ 48, 49 VwVfG wegen einer Ermessensreduktion auf Null gebunden sein kann, sodass ohne vorherige Stufe der Entscheidung über die Wiederaufnahme entschieden werden könnte, jedoch ist das durch das im Rahmen des § 51 VwVfG im materiellen Recht ggf. eröffnete Ermessen bei einer Reduktion bzgl. der §§ 48, 49 VwVfG regelmäßig ebenfalls reduziert, denn auch bei der Prüfung der §§ 48, 49 VwVfG ist im Rahmen der Rechtmäßigkeit des Verwaltungsaktes das materielle Recht maßgeblich, durch welches das Aufhebungsermessen beeinträchtigt wird.

Die Prüfungsfolge ist ohnehin nur problematisch, soweit eine Überschneidung besteht – z. B. im Verhältnis des § 51 VwVfG zu § 49 Abs. 2 S. 1 Nr. 3, 4 VwVfG.

Da die §§ 48, 49 VwVfG subjektiviert sind und gemäß § 51 Abs. 5 VwVfG partiell anwendbar bleiben, ist neben dem Wiederaufgreifen des Verfahrens ein Antrag auf Aufhebung des Verwaltungsaktes gemäß den §§ 48, 49 VwVfG möglich, der gegebenenfalls mittels eines Widerspruchsverfahrens i. S. d. §§ 68 ff. VwGO bzw. einer Verpflichtungsklage i. S. d. § 42 Abs. 1 Alt. 2 VwGO geltend gemacht werden könnte. Die regelmäßig maßgebliche Anfechtungsfrist i. S. d. des § 74 Abs. 1 VwGO bzw. Widerspruchsfrist i. S. d. § 70 Abs. 1 VwGO bezüglich des bestandskräftig gewordenen Bescheides wird dadurch nicht unterlaufen, weil eine Leistung in Form der Aufhebung unter den erschwerten Voraussetzungen der §§ 48, 49 VwVfG eine andere Zielrichtung als eine Abwehr unter geringeren Voraussetzungen nach nur dem materiellen Recht hat.

III. Ergebnis

K kann einerseits die Wiederaufnahme des Verfahrens nach § 51 Abs. 1 Nr. 2 VwVfG wegen der neuen Beweismittel, andererseits die Aufhebung des ablehnenden Bescheides nach den §§ 48, 49 VwVfG beantragen, wobei die Aufhebung des Verwaltungsaktes nach den §§ 48, 49 VwVfG jedenfalls auch auf andere Gründe als die neuen Beweismittel gestützt werden könnte.

Fall 9:
„Sondermünzen für Autobauer – aber kein ‚Photo-Shooting'?"

Schwerpunkte: Öffentlich-rechtlicher Vertrag (§§ 54 ff. VwVfG), Nichtigkeitsgründe i. S. d. § 59 VwVfG, Rückabwicklung (§§ 812 ff. BGB, 62 S. 2 VwVfG), Unionsrechtskonformität bei Subventionen (Artt. 107, 108 GG), Einrichtungswidmung

Im ländlich geprägten Bundesland L gibt es zwar eine Vielzahl von Arbeitsstellen in der Tourismusindustrie und der Landwirtschaft, jedoch ist es im Übrigen eher strukturschwach. Umso mehr werden die Mitglieder der Landesregierung durch die Sorgen um die Zukunft des Autoherstellers A – eine natürliche Person – um ihren wohlverdienten Schlaf gebracht, weil dieser angekündigt hat, seine Produktion aufgrund steigender Lohnkosten und der zum Teil mangelhaften Produktionsinfrastruktur aus L abzuziehen.

Da von den Mitgliedern der Landesregierung eine Abwahl im kommenden Jahr gefürchtet wird, falls die ohnehin geringe Zahl industrieller Arbeitsplätze in L noch geringer werden und die Arbeitslosigkeit aufgrund der befürchteten Entlassungen weiter steigen würde, beschließt die Regierung, dass dem Autobauer ein „Angebot gemacht werden muss, das dieser nicht ablehnen kann". Damit A auch zukünftig in L aktiv bleibt, lässt die zuständige Landesregierung einen Vertrag entwerfen, wonach er in den kommenden drei Jahren jeweils einen Betrag im niedrigen einstelligen Millionenbereich als Zuschuss zur Erneuerung des Werkes in L erhält. Im Gegenzug solle sich A verpflichten, noch vor der Landtagswahl 500 neue Arbeitsplätze zu schaffen. Außerdem müsse A zukünftig darauf verzichten, den Fußballverein aus dem angrenzenden Bundesland B, welcher dem Club aus der Landeshauptstadt des Bundeslandes L kürzlich zum wiederholten Mal die sicher geglaubte Deutsche Meisterschaft vor der Nase „weggestohlen" hat, als Sponsor finanziell zu unterstützen. A ist mit dem von L erteilten Vorschlag einverstanden, sodass es zu einer feierlichen Vertragsunterzeichnung zwischen A und dem Ministerpräsidenten als zuständige Vertretung der zuständigen Landesregierung in Anwesenheit der Lokalpresse kommt und die Tranche für das erste Jahr umgehend an A ausgezahlt wird – durch eine Zahlung, die mittels eines Koffers voller sondergeprägter Münzen erfolgt. Bei der Vertragsunterzeichnung hat jede Partei ein Vertragsexemplar – gleich lautende Urkunden – erhalten, auf dem die jeweils andere Partei unterschrieben hat.

Der Vorstand des X, dem zweiten großen Autobauer mit Werken in L, erfährt hiervon nochmals aus der Lokalzeitung und ist äußerst verärgert, da er – zu Recht – befürchtet, dass seine Werke in L aufgrund der nun von A anvisierten

https://doi.org/10.1515/9783110624465-009

Investitionen technologisch und wirtschaftlich ins Hintertreffen geraten werden. Dennoch hatte er sich mit der „Subvention für A einverstanden" erklärt und schriftlich zugestimmt, um im Bundesland L nicht als „Buhmann" dazustehen. Als der Vorstandsvorsitzende des X wenig später sein Gegenüber A beim monatlichen Unternehmerfrühstück trifft, fragt er diesen, was denn „Brüssel zu diesen Subventionen gesagt hat?". A berichtet daraufhin, ihm sei – dies trifft zu – seitens der Landesregierung glaubhaft versichert worden, man müsse sich um „Brüssel keine Sorgen machen, weil die sich nur für Zahlungen ab 10 Millionen Euro im Jahr interessieren". Sicherheitshalber wurde dennoch die Zustimmung der Europäischen Kommission eingeholt, welche einen abschließenden Beschluss gefasst hat. Außerdem ist die Subvention vom Haushaltsplan gedeckt.

1. Komplex
Bei der auf die Verkündung seines „Coups" folgenden Landtagssitzung wirft die Opposition dem Ministerpräsidenten vor, sich durch „Rechtsbruch seine Wiederwahl erkaufen" zu wollen. Dieser ist sich keines Unrechts bewusst und will dies auch durch ein Rechtsgutachten des wissenschaftlichen Dienstes des Landtages belegen, in welchem zunächst die Rechtsnatur und dann die Rechtmäßigkeit der Vereinbarung mit A vollumfänglich rechtlich dargelegt werden. Erstellen Sie dieses Gutachten.

2. Komplex
Überrascht durch das Ergebnis des Gutachtens erhebt die Landesregierung kurz nach der Landtagswahl Klage gegen A auf Rückzahlung der bereits geleisteten ersten Tranche in Form der Sondermünzen. Diese hat A im Vertrauen auf den Vertrag bereits in neue Mitarbeiter und Maschinen investiert, sodass die Münzen nicht mehr auffindbar sind. Hat die Klage Erfolg?

3. Komplex
Nachdem der Ministerpräsident glaubte, nach der ganzen Aufregung nun endlich zur Ruhe gekommen zu sein, ruft ihn nun der Bürgermeister B der Gemeinde G im Land L an und bittet ihn um Rat. Da beide sich noch aus Studienzeiten gut kennen, möchte der Ministerpräsident helfen. B sagt, es gäbe bundesweit nur noch wenige öffentlich-rechtlich organisierte Badeanstalten wie in G. Mit dieser schönen Einrichtung – der Stolz der G – hat er nun Probleme. Die Modefirma M möchte dort ein „Photo-Shooting" veranstalten und verlangt Zugang. Besteht ein

solcher Anspruch der M, wenn in der Gemeindeordnung keine passende Regelung enthalten ist, weil M nicht in der Gemeinde G ansässig ist?

Bearbeitungsvermerk
Soweit erheblich, ist das Verwaltungsverfahrensgesetz des Bundes zugrunde zu legen. Ausführungsvorschriften des Landes zu § 61 Nr. 3 VwGO, § 78 Abs. 1 Nr. 2 VwGO und § 68 Abs. 1 S. 2 VwGO bestehen nicht.

Verordnung (EG) Nr. 1407/2013 der Kommission vom 18. Dezember 2013
Artikel 3 – De-minimis-Beihilfen
(1) Beihilfemaßnahmen, die die Voraussetzungen dieser Verordnung erfüllen, werden als Maßnahmen angesehen, die nicht alle Tatbestandsmerkmale des Artikels 107 Absatz 1 AEUV erfüllen, und sind daher von der Anmeldepflicht nach Artikel 108 Absatz 3 AEUV ausgenommen.

(2, UAbs. 1) Der Gesamtbetrag der einem einzigen Unternehmen von einem Mitgliedstaat gewährten De-minimis-Beihilfen darf in einem Zeitraum von drei Steuerjahren 200 000 EUR nicht übersteigen.

(2, UAbs. 2) Der Gesamtbetrag der De-minimis-Beihilfen, die einem einzigen Unternehmen, das im gewerblichen Straßengüterverkehr tätig ist, von einem Mitgliedstaat gewährt werden, darf in einem Zeitraum von drei Steuerjahren 100 000 EUR nicht übersteigen. Diese De-minimis-Beihilfen dürfen nicht für den Erwerb von Fahrzeugen für den Straßengüterverkehr verwendet werden. [...]

Vertiefung
OVG Weimar – 3 KO 591/08; BVerwG – 7 C 48.82; vgl. BVerwGE 25, 72, 76; Achterberg, Allgemeines Verwaltungsrecht, 1982, S. 583; BVerwGE 52, 339.

Gliederung

1. Komplex: Gutachten des wissenschaftlichen Dienstes ⸺ 261
   A. Rechtsnatur der Abrede ⸺ 262
   B. Wirksamkeit des Vertrages im weiten Sinne ⸺ 263
     I. Zustandekommen (+) ⸺ 263
       1. Zustandekommen nach Öffentlichem Recht (+) ⸺ 263
          a) Voraussetzungen des § 57 VwVfG (+) ⸺ 264

b) Voraussetzungen des § 58 VwVfG (+) —— **264**
    aa) Voraussetzungen des § 58 Abs. 2 VwVfG (+) —— **265**
    bb) Voraussetzungen des § 58 Abs. 1 VwVfG (+) —— **265**
2. Zustandekommen nach den Vorschriften des Bürgerlichen
Gesetzbuches (+) —— **265**
II. Zwischenergebnis —— **266**
C. Wirksamkeit des Vertrages im engen Sinne (+/–) —— **266**
  I. Handlungsformverbot (–) —— **266**
  II. Öffentlich-rechtliche Nichtigkeitsgründe (+) —— **266**
    1. Nichtigkeitsgrund gemäß § 59 Abs. 2 Nr. 4 VwVfG (+) —— **267**
     a) Subordinationsrechtlicher Vertrag (+) —— **267**
     b) Voraussetzungen des § 59 Abs. 2 Nr. 4 VwVfG im Übrigen (+) —— **268**
      aa) Anschaffung der Maschinen und Sicherung der Arbeitsplätze (+) —— **268**
      bb) Unterlassen der Unterstützung des Fußballvereins (–) —— **269**
      cc) Nichtigkeitsumfang —— **269**
    2. Nichtigkeitsgrund gemäß § 59 Abs. 2 Nr. 1 VwVfG (–) —— **269**
     a) Rechtswidrigkeit des Subventionsbescheides (+/–) —— **269**
      aa) Rechtsgrundlage (–) —— **270**
       (1) Grundgesetz (–) —— **270**
       (2) Verwaltungsrichtlinie (–) —— **270**
       (3) Haushaltsplan (–) —— **270**
       (4) Gesetzesvorbehalt/Gesetzesvorrang —— **270**
        (a) Grundrechte (–) —— **271**
        (b) Wesentlichkeit (–) —— **271**
        (c) Abgeschwächter Gesetzesvorbehalt (–) —— **271**
        (d) Zwischenergebnis —— **272**
      bb) Voraussetzungen (+/–) —— **272**
       (1) Formell (+) —— **272**
       (2) Materiell (+/–) —— **272**
        (a) Haushaltsrecht (–) —— **272**
        (b) Unionsrecht (–) —— **272**
        (c) Art. 3 Abs. 1 GG i. V. m. der Richtlinie bzw.
Verwaltungspraxis (–) —— **273**
        (d) Ermessenfehler im Übrigen (+) —— **273**
         (aa) Rechtmäßigkeit der Nebenbestimmung (–) —— **274**
          (aaa) Inhaltsbestimmung oder Nebenbestimmung —— **274**
          (bbb) Rechtsgrundlage (+) —— **275**
          (ccc) Voraussetzungen (–) —— **275**
          (ddd) Zwischenergebnis —— **275**
         (bb) Subvention ohne Nebenbestimmung (+) —— **276**
      cc) Zwischenergebnis —— **276**
     b) Nichtigkeitsfolge gemäß § 59 Abs. 2 Nr. 1 VwVfG —— **276**
    3. Nichtigkeitsgrund gemäß § 59 Abs. 2 Nr. 2 VwVfG —— **277**
    4. Zwischenergebnis —— **277**
  III. Zivilrechtlich begründete Nichtigkeitsgründe (–) —— **278**
  IV. Zwischenergebnis —— **278**
D. Ergebnis —— **278**

2. Komplex: Die Rückzahlung ━━ **279**
  A. Sachurteilsvoraussetzungen (+) ━━ **279**
    I. Rechtsweg (+) ━━ **279**
    II. Zuständigkeit (+) ━━ **279**
    III. Beteiligte (+) ━━ **280**
    IV. Statthafte Klageart ━━ **280**
    V. Besondere Sachurteilsvoraussetzungen (+) ━━ **280**
    VI. Allgemeines Rechtsschutzbedürfnis (+) ━━ **281**
    VII. Zwischenergebnis ━━ **281**
  B. Begründetheit (–) ━━ **281**
    I. Anspruchsgrundlage (+) ━━ **282**
    II. Anspruchsvoraussetzungen (–) ━━ **283**
    III. Zwischenergebnis ━━ **283**
  C. Ergebnis ━━ **283**
3. Komplex: Zugang zur Badeanstalt (–) ━━ **283**
    I. Anspruchsgrundlage ━━ **283**
      1. Originäres Leistungsrecht ━━ **284**
      2. Derivatives Leistungsrecht ━━ **284**
      3. Zwischenergebnis ━━ **284**
    II. Widmung ━━ **284**
    III. Ergebnis ━━ **285**

Lösungsvorschlag

Die folgende Lösung ist als Lösungsvorschlag zu verstehen und ausführlicher, als es in der Klausurbearbeitung verlangt werden kann. Aufgrund der wissenschaftlichen Freiheit können andere Lösungswege vertreten werden, soweit sie dogmatisch begründbar sind. Die Nachweise aus Rechtsprechung und Literatur sowie die das Verständnis fördernden Randbemerkungen sind in der Examensklausur auszusparen. Die Abkürzung „Alt." steht für Alternativfall, nicht für Alternative.

Zur Verbesserung der Methodik bei der Anfertigung eines Gutachtens in der Klausur empfiehlt sich die Lektüre des Beitrags von Heinze/Starke JURA 2012, 175 ff.

---

1. Komplex: Gutachten des wissenschaftlichen Dienstes

Die Vereinbarung des Landes mit A kann – abhängig von der Rechtsnatur – rechtswidrig und damit unwirksam sein.

A. Rechtsnatur der Abrede

Die Vereinbarung zwischen dem Land – vertreten durch die Landesregierung – und A ist jedenfalls als Vertrag und nicht etwa als Subventionsbescheid zuzüglich einer Nebenbestimmung ausgestaltet. Es kann sich dabei um einen öffentlich-rechtlichen Vertrag handeln.

Rechtsetzung durch die Verwaltung:
- Verordnung
- Satzung
- Verwaltungsakt
- Zusicherung (Rechtsnatur str.; wird aufgrund gesetzlicher Anordnung wie ein Verwaltungsakt behandelt)
- öffentlich-rechtlicher Vertrag.

Keine Rechtsetzung:
- Flächennutzungsplan, da keine Außenwirkung für den Bürger (nur für öffentlich-rechtliche Rechtsträger)
- Realakte.

Öffentlich-rechtliche Verträge sind gesetzlich in § 54 VwVfG geregelt. Gemäß § 54 S. 1 VwVfG kann ein Rechtsverhältnis auf dem Gebiet des öffentlichen Rechts durch Vertrag begründet, geändert oder aufgehoben werden, soweit keine Rechtsvorschriften entgegenstehen. Insbesondere kann die Behörde gemäß § 54 S. 2 VwVfG anstatt einen Verwaltungsakt zu erlassen, einen öffentlich-rechtlichen Vertrag mit demjenigen schließen, an den sie sonst in einem Subordinationsverhältnis einen Verwaltungsakt richten würde, sodass insoweit ein subordinationsrechtlicher Vertrag zustande kommt.

Ein Vertrag ist – vergleichbar der öffentlich-rechtlichen Streitigkeit gemäß § 40 Abs. 1 S. 1 VwGO – öffentlich-rechtlich, soweit die Vereinbarung auf Inhalte bezogen ist, die in öffentlich-rechtlichen Normen geregelt sind. Im Übrigen ist ein Vertrag auch öffentlich-rechtlich, soweit eine Leistungspflicht öffentlich-rechtlich ist bzw. ein Sachzusammenhang zum öffentlichen Recht besteht.

Der Autohersteller A ist aufgrund der Vereinbarung staatlich subventioniert worden, um unter anderem Arbeitsplätze zu sichern. Somit werden die Möglichkeiten staatlicher Daseinsvorsorge bzw. der Leistungsverwaltung genutzt. Zwar ist keine der Subvention zugrunde liegende Norm ersichtlich, jedoch steht die vertragliche Leistung des Staates im Sachzusammenhang zum öffentlichen Recht. Leistungsverwaltung zur Erhaltung der Arbeitsplätze und der Infrastruktur hat öffentlich-rechtlichen Bezug. Es handelt sich bei der Vereinbarung des Landes mit dem Autohersteller A nicht um einen Vertrag im Fiskalbereich, sondern um einen öffentlich-rechtlichen Vertrag i. S. d. § 54 VwVfG.

B. Wirksamkeit des Vertrages im weiten Sinne

Prüfungsschema ör Vertrag

A. Zustandekommen

I. Nach ÖR (§§ 57, 58 VwVfG in veränder-
    ter Reihenfolge vertretbar)

    1. Schriftform (§ 57 VwVfG)
    2. Verfahren (§ 58 VwVfG)

II. Nach ZivilR (§§ 62 VwVfG, 145 ff. BGB)

B. Inhaltskontrolle (Wirksamkeit ieS)

I. Handlungsformverbot
    (§ 54 S. 1 VwVfG)

II. Inhalt i.Ü.

  1. § 59 II iVm § 54 S. 2 VwVfG

    a) § 59 II Nr. 4 VwVfG (AustauschV)
       iVm § 56 I, II VwVfG (beachte: § 59
       III VwVfG)
    b) § 59 II Nr. 3 VwVfG (VergleichsV)
    c) § 59 II Nr. 1, 2 VwVfG

  2. § 59 I iVm § 134 BGB (str.; vgl. Folie
    Wirksamkeit ör Vertrag)

Schema 13

Der Vertrag zwischen dem Land L und dem Autohersteller A ist wirksam, soweit er zustande gekommen und wirksam im engen Sinne ist.

I. Zustandekommen

Der zwischen dem Land L und dem Autohersteller A geschlossene öffentlich-rechtliche Vertrag könnte ordnungsgemäß zustande gekommen sein. Insoweit sind primär einerseits spezielle öffentlich-rechtliche Vorgaben zu beachten und sekundär ergänzende zivilrechtliche Grundlagen eines Vertrages.

1. Zustandekommen nach Öffentlichem Recht

Öffentlich-rechtlich sind in den §§ 58, 57 VwVfG spezielle Regelungen bezüglich des Verfahrens und der Form geregelt worden, deren Anforderungen neben der Zuständigkeit erfüllt sein können. Im Rahmen der Zuständigkeit hat die Landesregierung als zuständige Behörde des zuständigen Rechtsträgers – des Landes als Gebietskörperschaft öffentlichen Rechts – gehandelt.

a) Voraussetzungen des § 57 VwVfG

Gemäß § 57 VwVfG ist ein öffentlich-rechtlicher Vertrag schriftlich zu schließen, soweit nicht durch Rechtsvorschrift eine andere Form – z. B. die notarielle Beurkundung gemäß § 311b Abs. 1 S. 1 BGB – vorgegeben ist. Anderenfalls ist der Vertrag gemäß § 125 S. 1 BGB i.V. m. § 62 S. 2 VwVfG nichtig, soweit die Schriftform nicht – dies ist möglich (vgl. OVG Lüneburg, Beschluss vom 26. 5. 2008, 1 ME 112/08) – abbedungen worden ist. Eine Ersetzung der Schriftform durch elektronische Form gemäß § 3a Abs. 2 VwVfG ist nicht ersichtlich. Die Einhaltung der Schriftform könnte gemäß § 37 Abs. 3 S. 1 VwVfG zu beurteilen sein. Zwar sind in § 37 Abs. 3 S. 1 VwVfG Verwaltungsakte als einseitige Rechtssetzungsakte erfasst, jedoch gibt es gemäß § 54 S. 2 VwVfG subordinationsrechtliche Verträge, bei denen ein Verwaltungsakt durch einen öffentlich-rechtlichen Vertrag ersetzt wird. Unabhängig davon, dass dies nur einen beschränkten Teil öffentlich-rechtlicher Verträge betrifft, ist § 37 Abs. 3 S. 1 VwVfG jedenfalls mangels ausdrücklichen Verweises im Rahmen der Vorschriften über öffentlich-rechtliche Verträge nicht direkt anwendbar, mangels vergleichbarer Interessenlage nicht analog anwendbar, weil ein öffentlich-rechtlicher Vertrag anders als ein Verwaltungsakt einen zweiseitigen Rechtssetzungsakt darstellt. Somit kann auch aus rechtsstaatlichen Gründen § 54 S. 2 VwVfG nicht als ausdrücklicher Verweis auf § 37 Abs. 3 S. 1 VwVfG eingestuft werden.

Somit gilt für die Schriftform i. S. d. § 57 VwVfG gemäß § 62 S. 2 VwVfG i.V. m. § 126 Abs. 2 S. 1 BGB, dass beide Unterschriften auf derselben Urkunde erfolgen müssen.

In der Rechtsprechung wird von einer Anwendbarkeit des § 126 BGB für die Schriftform ausgegangen.

Bei zwei gleichlautenden Urkunden genügt es gemäß § 126 Abs. 2 S. 2 BGB, wenn jede Partei die für die andere bestimmte Urkunde unterzeichnet. A hat ein von den zuständigen Vertretern des Landes unterzeichnetes Urkundenexemplar erhalten, während das Land ein von den zuständigen Vertretern des Automobilherstellers A unterzeichnetes Exemplar erhalten hat. Die Schriftform gemäß § 57 VwVfG ist somit eingehalten worden.

b) Voraussetzungen des § 58 VwVfG

Die Voraussetzungen des § 58 VwVfG für das Verfahren können erfüllt sein.

aa) Voraussetzungen des § 58 Abs. 2 VwVfG

Verfahrensrechtlich ist gemäß § 58 Abs. 2 VwVfG bei einem anstelle eines Verwaltungsaktes geschlossenen Vertrag, bei dessen Erlass nach einer Rechtsvorschrift die Genehmigung, die Zustimmung oder das Einvernehmen einer anderen Behörde erforderlich ist, als Wirksamkeitsvoraussetzung die Mitwirkung der Behörde in der vorgeschriebenen Form erforderlich. Ein derartiges Erfordernis ist bezüglich der zwischen dem Land L und dem Autohersteller A geschlossenen Vereinbarung jedoch nicht ersichtlich.

bb) Voraussetzungen des § 58 Abs. 1 VwVfG

Gemäß § 58 Abs. 1 VwVfG wird ein Vertrag, durch den in die Rechte eines Dritten eingegriffen wird, erst wirksam, wenn der Dritte schriftlich zustimmt. Nach dem Wortlaut des § 58 Abs. 1 VwVfG wäre die Norm wegen der Formulierung „eingreift" nur beim Abschluss von Verfügungsverträgen, jedoch nicht beim Abschluss von Verpflichtungsverträgen anwendbar. Bei verfassungskonformer Auslegung i. S. d. sich unter anderem aus Art. 20 Abs. 3 GG ergebenden Rechtsstaatsprinzips sowie nach dem Sinn und Zweck der Regelung sollen Verträge zulasten Dritter vermieden werden, die auch durch Verpflichtungsverträge entstehen können. Zudem darf rechtsstaatlich durch die Wahl der Handlungsform der Behörde keine Regelung unterlaufen werden – das ergibt sich z. B. aus § 56 Abs. 2 VwVfG –, sodass systematisch auch die Regelung bezüglich der Zusicherung in § 38 Abs. 1 S. 2 VwVfG für die Auslegung des § 58 Abs. 1 VwVfG maßgeblich ist, weil bei der Zusicherung auch bezüglich der Verpflichtung die Zustimmung eines Dritten erforderlich ist. Somit gilt § 58 Abs. 1 VwVfG auch bezüglich der Verpflichtungsverträge. X als einziger Dritter hat jedoch schriftlich zugestimmt, wenngleich es sein Beweggrund war, im Land L nicht als „Buhmann" dazustehen. Ein Willensmangel oder eine Nichtigkeit ergibt sich aus diesem Beweggrund nicht. Die Voraussetzungen des § 58 Abs. 1 VwVfG sind erfüllt.

2. Zustandekommen nach den Vorschriften des Bürgerlichen Gesetzbuches

Darüber hinaus sind zwei übereinstimmende Willenserklärungen i. S. d. §§ 145 ff. BGB i. V. m. § 62 S. 2 VwVfG erforderlich, welche mittels der Vertreter des Landes L und des Automobilherstellers A ordnungsgemäß abgegeben worden sind. Probleme bezüglich einer Stellvertretung i. S. d. §§ 164 ff. BGB i. V. m. § 62 S. 2 VwVfG oder eine Nichtigkeit wegen einer Anfechtung gemäß § 142 Abs. 1 BGB i. V. m. § 62 S. 2 VwVfG sind ebenfalls nicht ersichtlich. Der Vertrag ist nach den zivilrechtlichen Vorschriften ordnungsgemäß zustande gekommen.

Wirksamkeit eines Verwaltungsvertrages

Nichtigkeitsgründe § 59 VwVfG	Konsequenz
• **§ 59 II VwVfG** → Verweis auf Regeln über VA sowie §§ 55, 56 VwVfG	• Rückabwicklung ör Erstattungsanspruch
• **§ 59 I VwVfG** → P: Verweis auf § 134 BGB **MA:** RW=Unwirksamkeit (vgl. Art. 20 III GG)	• VA aufgrund nichtigen Vertrages = rechtswidrig →§ 48 VwVfG
HM: § 59 II VwVfG wäre nach MA überflüssig →Nichtigkeit gem. § 59 I VwVfG iVm § 134 BGB nur bei „qualifizierter Rechtswidrigkeit"	• VA aufgrund rw aber wirksamen Vertrags →§ 48 VwVfG bzgl. VA erst nach Aufhebung des Vertrages

Schema 14

II. Zwischenergebnis

Der Vertrag ist wirksam zustande gekommen.

C. Wirksamkeit des Vertrages im engen Sinne

Der Vertrag zwischen dem Land L und dem Autohersteller A ist nur wirksam, soweit er auch wirksam im engen Sinne ist. Der Vertrag ist unwirksam im engen Sinne, soweit Nichtigkeitsgründe bestehen, aus denen sich zumindest die Teilnichtigkeit des Vertrages ergibt.

I. Handlungsformverbot

Ein Handlungsformverbot gemäß § 54 S. 1 VwVfG ist nicht ersichtlich.

II. Öffentlich-rechtliche Nichtigkeitsgründe

Bezüglich der Prüfung der Nichtigkeitsgründe wird empfohlen mit den speziellen öffentlich-rechtlichen Nichtigkeitsgründen zu beginnen, um im Anschluss die an das Zivilrecht angelehnten Nichtigkeitsgründe zu prüfen, wenngleich insoweit keine zwingende Vorgabe besteht. (siehe Schema 14)

Gemäß § 59 Abs. 2 Nr. 1– 4 VwVfG sind öffentlich-rechtliche Verträge – wegen des Verweises auf § 54 S. 2 VwVfG sind nur subordinationsrechtliche Verträge erfasst – bei Erfüllung der Voraussetzungen der Norm nichtig. In § 59 Abs. 2 Nr. 1– 2 VwVfG wird an die Leistung der Behörde angeknüpft, während in § 59 Abs. 2 Nr. 4 VwVfG die Leistung des Bürgers maßgeblicher Anknüpfungspunkt ist. Nach der speziellsten Regelung in § 59 Abs. 2 Nr. 4 VwVfG – in der Regelung wird wegen des Verweises auf § 56 VwVfG auf Austauschverträge abgestellt – als besonders dezidierte Regelung für subordinationsrechtliche Verträge in Form der Austauschverträge sind öffentlich-rechtliche Verträge nichtig, wenn die Behörde sich eine nach § 56 VwVfG unzulässige Gegenleistung versprechen lässt.

Ein subordinationsrechtlicher Vertrag in Form eines Vergleichsvertrages gemäß § 55 VwVfG ist gemäß § 59 Abs. 2 Nr. 3 VwVfG nichtig, wenn die Voraussetzungen zum Abschluss eines Vergleichsvertrages nicht vorlagen und ein Verwaltungsakt mit entsprechendem Inhalt nicht nur wegen eines Verfahrens- oder Formfehlers i. S. d. § 46 VwVfG rechtswidrig wäre.

Gemäß § 59 Abs. 2 Nr. 1 VwVfG und § 59 Abs. 2 Nr. 2 VwVfG, die für alle subordinationsrechtlichen Verträge gelten, sind Verträge nichtig, wenn ein Verwaltungsakt mit entsprechendem Inhalt nichtig wäre bzw. ein Verwaltungsakt mit entsprechendem Inhalt nicht nur wegen eines Verfahrens- oder Formfehlers i. S. d. § 46 VwVfG rechtswidrig wäre und dies den Vertragschließenden bekannt war.

1. Nichtigkeitsgrund gemäß § 59 Abs. 2 Nr. 4 VwVfG

Bezüglich des Vertrages zwischen dem Land L und dem Autohersteller A kommt eine Nichtigkeit gemäß § 59 Abs. 2 Nr. 4 VwVfG in Betracht. Dann muss es sich zunächst um einen subordinationsrechtlichen Vertrag i. S. d. § 56 VwVfG – einen Austauschvertrag – handeln, weil in § 59 Abs. 2 Nr. 4 VwVfG Bezug auf § 56 VwVfG und dort zusätzlich zu dem in § 59 Abs. 2 VwVfG enthaltenen Verweis auf § 54 S. 2 VwVfG Bezug genommen wird.

a) Subordinationsrechtlicher Vertrag

Ein Vertrag ist subordinationsrechtlich, soweit bezüglich des Inhaltes des Vertragsgegenstandes ein Über-/Unterordnungsverhältnis gegeben ist, wobei ein tatsächlich bestehendes Subordinationsverhältnis zwischen den Vertragsparteien nicht erforderlich ist (Kämmerer, in: Bader/Ronellenfitsch (Hg.) BeckOK VwVfG, 46. Ed. 01.04.2019, § 54, Rn 84). Bei der Gewährung öffentlich-rechtlicher Subventionen wird zur Erreichung staatlicher Ziele des Allgemeinwohls eine Leistung vom Staat als Hoheitsträger an den Bürger gewährt. Es handelt sich um eine hoheitliche Leistung und somit um einen subordinationsrechtlichen Vertrag in Form eines Austauschvertrages gemäß § 56 VwVfG.

b) Voraussetzungen des § 59 Abs. 2 Nr. 4 VwVfG im Übrigen

Der Vertrag zwischen dem Land L und dem Autohersteller A könnte nach § 59 Abs. 2 Nr. 4 VwVfG i.V.m. § 56 Abs. 2 VwVfG nichtig sein. Dazu müsste auf die Leistung der Behörde – also die Subvention – ein Anspruch in Form einer gebundenen Entscheidung bestanden haben und die Gegenleistung des A in Form der Unterlassung der Unterstützung des Fußballvereins aus dem Bundesland B als Nebenbestimmung i.S.d. § 36 VwVfG erlassen werden dürfen, soweit anstelle der Handlungsform des öffentlich-rechtlichen Vertrages durch einen Verwaltungsakt gehandelt worden wäre, damit § 36 VwVfG durch die Handlungsform nicht unterlaufen werden kann.

Mit dem Verweis in § 56 Abs. 2 VwVfG auf § 36 VwVfG soll vermieden werden, dass die Verwaltung durch die Änderung der Handlungsform eine Gegenleistung des Bürgers erhält, die sie anderenfalls nicht bekommen hätte.

Ein derartiger Anspruch, der auf einer Reduktion des Subventionsermessens auf Null beruhen könnte, ist nicht ersichtlich.

Somit kann sich die Nichtigkeit lediglich aus § 59 Abs. 2 Nr. 4 VwVfG i.V.m. § 56 Abs. 1 S. 2 VwVfG ergeben. Gemäß § 56 Abs. 1 S. 1 VwVfG kann ein öffentlich-rechtlicher Vertrag i.S.d. § 54 S. 2 VwVfG, in dem sich der Vertragspartner der Behörde zu einer Gegenleistung verpflichtet, geschlossen werden, wenn die Gegenleistung für einen bestimmten Zweck im Vertrag vereinbart wird und der Behörde zur Erfüllung ihrer öffentlichen Aufgaben dient. Gemäß § 56 Abs. 1 S. 2 VwVfG muss die Gegenleistung den gesamten Umständen nach angemessen sein und im sachlichen Zusammenhang mit der vertraglichen Leistung der Behörde stehen.

aa) Anschaffung der Maschinen und Sicherung der Arbeitsplätze

Die Gegenleistung des Autoherstellers A zur Anschaffung neuer Maschinen und zum Erhalt der Arbeitsplätze steht im sachlichen Zusammenhang mit dem Subventionszweck der Infrastruktur des Landes. Für eine Subvention in Millionenhöhe erscheint diese Gegenleistung des Autoherstellers A nicht unangemessen.

bb) Unterlassen der Unterstützung des Fußballvereins

Die Gegenleistung des Automobilherstellers A, die Unterstützung des Fußballvereins zu unterlassen, steht allerdings in keinem Zusammenhang zum Subventionszweck der Förderung der Wirtschaft bzw. der Sicherung der Infrastruktur und somit nicht im Zusammenhang mit der Leistung der Behörde. Insoweit handelt es sich um eine sachwidrige Kopplung, sodass ein Nichtigkeitsgrund erfüllt ist.

cc) Nichtigkeitsumfang

Ist von der Nichtigkeit nur ein Teil des Vertrages betroffen, ist ein Vertrag gemäß § 59 Abs. 3 VwVfG im Ganzen nichtig, wenn nicht anzunehmen ist, dass er auch ohne den nichtigen Teil geschlossen worden wäre. Aufgrund des Gesamtpaketes der Subvention im Hinblick auf die Erhaltung und Förderung der Wirtschaft bzw. Infrastruktur des Landes wäre die Subvention auch erlassen worden, wenn die Gegenleistung in Form der Unterlassung der Unterstützung des Fußballvereins nicht vereinbart worden wäre. Der Vertrag ist gemäß § 59 Abs. 2 Nr. 4 VwVfG i.V.m. § 56 Abs. 1 S. 2 VwVfG somit nur bezüglich der Gegenleistung der Unterlassung der Unterstützung des Fußballvereins nichtig.

2. Nichtigkeitsgrund gemäß § 59 Abs. 2 Nr. 1 VwVfG

Eine Nichtigkeit gemäß § 59 Abs. 2 Nr. 1 VwVfG wäre anzunehmen, wenn ein Verwaltungsakt mit entsprechendem Inhalt nichtig wäre. Ein Verwaltungsakt ist – soweit keine speziellen Regelungen ersichtlich sind – nichtig, soweit er rechtswidrig ist und sich eine Nichtigkeitsfolge ergibt. Bezüglich der Nichtigkeitsfolge sind dann zunächst absolute Nichtigkeitsgründe gemäß § 44 Abs. 2 VwVfG maßgeblich. Bei Nichtgegebenheit eines absoluten Nichtigkeitsgrundes gemäß § 44 Abs. 2 VwVfG kann die Nichtigkeit gemäß § 44 Abs. 3 VwVfG ausgeschlossen sein, wobei im Übrigen die Generalklausel gemäß § 44 Abs. 1 VwVfG maßgeblich ist, bezüglich derer es auf eine Evidenz ankommt.

Ein Subventionsbescheid mit dem Inhalt des öffentlich-rechtlichen Vertrages müsste also rechtswidrig sein, wobei durch den zur Rechtswidrigkeit führenden Fehler die Nichtigkeit begründet werden müsste.

a) Rechtswidrigkeit des Subventionsbescheides

Ein Subventionsbescheid mit dem Inhalt des Vertrages könnte rechtswidrig sein.

aa) Rechtsgrundlage
Es könnte eine Rechtsgrundlage für die Subvention bestehen, die anzuwenden wäre.

(1) Grundgesetz
Aus dem Grundgesetz kommen als Rechtsgrundlagen allenfalls die Artt. 70 ff. GG und Art. 110 Abs. 1 GG in Betracht. Während die Artt. 70 ff. GG nur die Gesetzgebungskompetenzen als Zuständigkeitsregelung betreffen, sind in Art. 110 Abs. 1 GG Vorgaben für die Aufstellung des Haushaltsplanes enthalten, sodass beide Normen keine Rechtsgrundlagen darstellen.

(2) Verwaltungsrichtlinie
Eine Verwaltungsrichtlinie zur Subventionierung stellt keine Rechtsgrundlage dar, weil eine derartige Verwaltungsvorschrift unmittelbar nur behördenintern wirkt, sodass es für deren Einordnung als Rechtsgrundlage an einer Außenwirkung für den Bürger fehlt.

(3) Haushaltsplan
Möglicherweise ist der Haushaltsplan die maßgebliche Rechtsgrundlage für den Erlass eines Subventionsbescheides. Dann müsste das Haushaltsrecht jedoch – zunächst unabhängig von landesrechtlichen haushaltsrechtlichen Regelungen und einzelnen Haushaltsplänen – Außenwirkung haben. Maßstab für das Haushaltsrecht ist das Haushaltsgrundsätzegesetz, welches gemäß § 1 Abs. 1 S. 1, 2 HGrG für den Bund und die Länder gilt. Gemäß § 3 Abs. 1 HGrG wird zwar die Verwaltung durch den Haushaltsplan intern ermächtigt, Ausgaben zu leisten und Verpflichtungen einzugehen, jedoch werden gemäß § 3 Abs. 2 HGrG im Außenverhältnis zum Bürger Ansprüche oder Verbindlichkeiten weder begründet noch aufgehoben. Somit stellt ein Haushaltsplan im Außenverhältnis zum Bürger keine Rechtsgrundlage für einen Subventionsbescheid dar.

(4) Gesetzesvorbehalt/Gesetzesvorrang
Da eine anwendbare Rechtsgrundlage nicht ersichtlich ist, ist maßgeblich, ob i.S.d. Gesetzesvorbehaltes eine Rechtsgrundlage erforderlich ist. Sollte keine Rechtsgrundlage erforderlich sein, darf durch ein Verwaltungshandeln lediglich nicht gegen rechtliche Vorgaben verstoßen werden. Es gilt dann nur der Vorrang des Gesetzes. Neben dem aus rechtsstaatlichen Gründen i.S.d. Art. 20 Abs. 3 GG

stets geltenden Vorrang des Gesetzes gilt der Vorbehalt mit dem Erfordernis einer Ermächtigungsgrundlage nur, wenn es im Grundgesetz bzw. in der Landesverfassung ausdrücklich vorgeschrieben ist – etwa bei Verordnungen z. B. in Art. 80 Abs. 1 GG – oder bei Grundrechtseingriffen sowie in sonst wesentlichen Konstellationen. Im Übrigen ist eine Grundlage anzuwenden, die der Gesetzgeber geschaffen hat, wenngleich der Gesetzgeber sie nicht hätte schaffen müssen. Diese Rechtsgrundlage ist jedoch von der Exekutive in einer rechtsstaatlichen Demokratie wegen der Gesetzesbindung der Verwaltung gemäß Art. 20 Abs. 3 GG anzuwenden. Da eine derartige Rechtsgrundlage nicht ersichtlich ist, kann sich das Erfordernis einer Ermächtigungsgrundlage nur aufgrund eines Grundrechtseingriffes oder sonstiger Wesentlichkeit der Konstellation ergeben.

(a) Grundrechte
Ob eine Rechtsgrundlage erforderlich ist, ist grundsätzlich objektiv bezüglich der verfassungsrechtlichen Grundlagen zu ermitteln, sodass es für die Ermittlung der Notwendigkeit einer Rechtsgrundlage für die Subvention insbesondere auf die Grundrechte des Konkurrenten X ankommt, für den die Subvention an A einen mittelbaren Grundrechtseingriff darstellen kann.

Ein derartiger mittelbarer Grundrechtseingriff in Form der Intention oder Intensität in die Berufsfreiheit gemäß Art. 12 Abs. 1 GG, das Eigentum gemäß Art. 14 Abs. 1 GG oder die Wettbewerbsfreiheit gemäß Art. 2 Abs. 1 GG ist jedoch nicht ersichtlich. Durch die Subvention soll weder X in Form der Intention geschädigt werden, noch bestehen konkrete Anhaltspunkte für eine Intensität in Form z. B. einer drohenden Insolvenz.

(b) Wesentlichkeit
Da die Subvention an A auch nicht sonst wesentlich im Sinne einer praktischen Konkordanz zwischen dem Demokratie- und dem Rechtsstaatsprinzip ist, ergibt sich auch insoweit nicht das Erfordernis einer Ermächtigungsgrundlage.

(c) Abgeschwächter Gesetzesvorbehalt
Weil die Voraussetzungen für das Erfordernis einer Grundlage nicht erfüllt sind und das Haushaltsrecht keine Außenwirkung entfaltet, bedarf es nach alledem keiner Grundlage, sodass nur der Vorrang des Gesetzes gilt. Eine Anwendung des Haushaltsrechts als abgeschwächte Rechtsgrundlage in einem abgeschwächten Gesetzesvorbehalt wäre nicht nur systemwidrig, sondern auch gesetzeswidrig, da eine derartige Annahme gegen § 3 Abs. 2 HGrG verstoßen würde.

(d) Zwischenergebnis

Nach alledem gilt nur der Vorrang des Gesetzes mit der Folge, dass es keiner Rechts- bzw. Ermächtigungsgrundlage bedarf.

bb) Voraussetzungen

Die Voraussetzungen können erfüllt sein.

(1) Formell

Formell handelte die zuständige Landesregierung, während Verfahrens- und Formfehler nicht ersichtlich sind.

(2) Materiell

Materiell bestehen mangels Grundlage auch keine tatbestandlichen Voraussetzungen, sodass nur eine Reduktion des subjektivierten Ermessens in Betracht kommt. Als ermessenslenkende Aspekte sind bei Subventionen insbesondere das Haushaltsrecht, das Unionsrecht sowie Art. 3 Abs. 1 GG i.V.m. der Verwaltungspraxis in Gestalt von Richtlinien bzw. der tatsächlichen Verwaltungspraxis zu berücksichtigen. Aus dem Haushaltsrecht ergibt sich gleichzeitig ein intendiertes Ermessen i.S.d. Wirtschaftlichkeit und Sparsamkeit i.S.d. § 6 Abs. 1 HGrG.

(a) Haushaltsrecht

Zwar gilt das Haushaltsrecht gemäß § 3 Abs. 2 HGrG nicht unmittelbar im Außenverhältnis zum Bürger, jedoch ist es aufgrund der sich unter anderem aus § 3 Abs. 1 HGrG ergebenden internen Bindung der Verwaltung im Subventionsermessen im Rahmen einer mittelbaren Außenwirkung zu berücksichtigen. Die Subvention an den Autohersteller A ist aber im Haushaltsplan vorgesehen, sodass ein Verstoß gegen den Haushaltsplan nicht erfolgt und somit insoweit eine Ermessensreduktion nicht ersichtlich ist.

(b) Unionsrecht

Das Subventionsermessen kann durch das Unionsrecht, insbesondere durch die als primäres Unionsrecht national unmittelbar geltenden Artt. 107, 108 AEUV reduziert sein, weil das Unionsrecht wegen des Anwendungsvorranges des Unionsrechts, der sich aus dem jeweiligen nationalen Rechtsanwendungsbefehl in Form des jeweiligen Zustimmungsgesetzes zur Übertragung der Hoheitsgewalt auf die Europäische Union i.V.m. Art. 23 GG bzw. aus dem Grundsatz der effektiven Umsetzung des Unionsrechts ergibt, die Nichtanwendung oder Auslegung des nationalen Rechts zur Folge haben kann. Die EU-Kommission hatte aber in einem abschließenden Beschluss i.S.d. Art. 108 Abs. 3 S. 3 AEUV – eine Subvention in Höhe eines einstelligen Millionenbetrages ist von der Norm erfasst – keine Bedenken gegen die Subvention für den Autohersteller i.S.d. Art. 107 Abs. 3 lit. c AEUV geäußert, sodass eine Vereinbarkeit der Subventionen mit dem primären Unionsrecht anzunehmen ist und letztlich kein Verstoß gegen Artt. 107 Abs. 1, 3, 108 AEUV besteht.

(c) Art. 3 Abs. 1 GG i.V.m. der Richtlinie bzw. Verwaltungspraxis

Die Verwaltung könnte durch die Vorgaben in der Richtlinie als Ausdruck der Verwaltungspraxis an diese gebunden sein. Durch Richtlinien bzw. eine tatsächliche Verwaltungspraxis kann eine Bindung i.V.m. Art. 3 Abs. 1 GG bestehen.

Durch eine Verwaltungsrichtlinie wird grundsätzlich die Verwaltungspraxis vorgegeben, welche die Verwaltung auszuüben hat. Vergleichbare Antragsteller können daran teilhaben – soweit die Richtlinie nicht rechtswidrig ist, da im Unrecht keine Gleichbehandlung verlangt werden kann – und andere Antragsteller können die Unterlassung der Praxis verlangen, soweit ihre subjektiven Rechte tangiert werden und insoweit jemand von einer Verwaltungspraxis begünstigt wird, obwohl er von ihr eigentlich nicht betroffen ist.

Verstöße gegen etwaige Verwaltungsrichtlinien oder eine Ungleichbehandlung im Recht im Rahmen einer tatsächlichen Verwaltungspraxis ist jedoch nicht ersichtlich.

(d) Ermessenfehler im Übrigen

Als Ermessensfehler im Übrigen sind gemäß § 40 VwVfG ein Ermessensausfall, eine Ermessensüberschreitung sowie ein Ermessensfehlgebrauch möglich. Eine Ermessensüberschreitung i.S.d. Subventionsermessens kann sich aus einer Verknüpfung der Subvention mit einer rechtswidrigen Nebenbestimmung ergeben. Eine solche könnte sich aus einer sachwidrigen Kopplung gemäß § 36 Abs. 3 VwVfG ergeben.

Ein Subventionsbescheid gegenüber A wäre somit wegen einer Ermessensüberschreitung rechtswidrig, falls die Kopplung mit einer Nebenbestimmung mit dem Inhalt der Aufforderung zur Unterlassung der Unterstützung des Fußballvereins rechtswidrig wäre und die Behörde den Subventionsbescheid nicht ohne die Nebenbestimmung erlassen hätte.

Ein Subventionsbescheid gegenüber A wäre wegen einer Ermessensüberschreitung jedenfalls rechtswidrig, falls die Kopplung mit der Nebenbestimmung rechtswidrig war und die Behörde den Subventionsbescheid nicht ohne die Nebenbestimmung erlassen hätte. Ob nur die Rechtswidrigkeit der Nebenbestimmung aufgrund einer einheitlichen Ermessensentscheidung und der dann fehlerhaften Ermessensausübung zum fehlerhaften Subventionsermessen führen würde, ist fraglich. In Anknüpfung an die materielle Teilbarkeit von Nebenbestimmungen könnte auch darauf abgestellt werden, dass die rechtswidrige Nebenbestimmung als Ausfluss rechtswidrigen Ermessens teilbar ist und somit der Subventionsbescheid im Übrigen rechtmäßig wäre. Wenngleich insoweit aufgrund der Einheitlichkeit der Ermessensentscheidung dennoch die Rechtswidrigkeit des Subventionsbescheides anzunehmen wäre, kann dies jedenfalls dahinstehen, soweit die Nebenbestimmung rechtswidrig ist und die Behörde einen Subventionsbescheid ohne Nebenbestimmung nicht erlassen hätte. Maßgeblich ist somit, ob die Nebenbestimmung bei Erlass eines Verwaltungsaktes rechtswidrig wäre, und ob die Behörde den Subventionsbescheid gegebenenfalls auch ohne die Nebenbestimmung erlassen hätte.

(aa) Rechtmäßigkeit der Nebenbestimmung

Die Nebenbestimmung bezüglich der Unterstützung des Fußballvereins könnte rechtswidrig sein. Dazu müsste es sich zunächst um eine Nebenbestimmung gleich welcher Art handeln.

(aaa) Inhaltsbestimmung oder Nebenbestimmung

Während mit einer Inhaltsbestimmung die Hauptregelung im Kern etwa durch eine negative Umschreibung der Hauptregelung definiert wird, wird mittels Nebenbestimmungen lediglich das Umfeld der Kernaussage der Hauptregelungen tangiert – z. B. durch Auflagen i. S. d. § 36 Abs. 2 Nr. 4 VwVfG und Bedingungen i. S. d. § 36 Abs. 2 Nr. 2 VwVfG. Während eine Hauptregelung ohne eine „einfache Auflage" zwar rechtswidrig sein kann, bleibt die Hauptregelung ohne diese einfache Auflage dennoch grundsätzlich wirksam mit der Folge, dass diese „einfache Auflage" nur als Zusatz in Form einer Nebenbestimmung einzuordnen ist. Eine „inhaltsmodifizierende Auflage" ist zwar terminologisch eine Nebenbestimmung, jedoch ist die Hauptregelung ohne die inhaltsmodifizierende Auflage nicht hinreichend bestimmt und somit unwirksam mit der Folge, dass die inhaltsmodifizierende Auflage trotz des Terminus „Auflage" eine Inhaltsbestimmung darstellt und somit nicht gesondert suspendierbar ist.

Ohne die Vorgabe der Unterlassung der Unterstützung des Fußballvereins wäre die Subvention an A nicht nichtig, sodass es sich nicht um eine inhaltsmodifizierende Auflage handelt, sondern um eine Nebenbestimmung.

(bbb) Rechtsgrundlage

Mangels spezialgesetzlicher Grundlagen für eine solche Nebenbestimmung kommt nur die allgemeine Regelung des § 36 VwVfG in Betracht. Gemäß § 36 Abs. 1 Alt. 1 VwVfG kann eine Nebenbestimmung erlassen werden, soweit dies gesetzlich bestimmt ist, während sie gemäß § 36 Abs. 1 Alt. 2 VwVfG zur Tatbestandssicherung bzw. zur Ausfüllung eines Beurteilungsspielraumes erlassen werden kann.

Gemäß § 36 Abs. 2 VwVfG kann eine Nebenbestimmung als Ausfluss des Ermessens oder – unbeschadet des Absatzes 1 – zur Tatbestandssicherung bzw. zur Ausfüllung eines Beurteilungsspielraumes erfolgen. Da bezüglich der Subvention als für die Nebenbestimmung maßgebliche Hauptregelung nur der Vorrang des Gesetzes gilt und somit keine Rechtsgrundlage besteht, kann die Nebenbestimmung in Form der Aufgabe der Rechnungsvorlage nur Ausfluss des Subventionsermessens sein.

Maßgebliche Rechtsgrundlage für die Nebenbestimmung ist § 36 Abs. 2 VwVfG.

(ccc) Voraussetzungen

Die Nebenbestimmung ist rechtswidrig, soweit das Nebenbestimmungsermessen fehlerhaft ausgeübt wurde. Das Nebenbestimmungsermessen ist gemäß § 36 Abs. 3 VwVfG wegen sachwidriger Kopplung jedenfalls fehlerhaft ausgeübt worden, falls die Nebenbestimmung dem Zweck des Verwaltungsaktes zuwiderläuft.

Ebenso wie im Rahmen des § 59 Abs. 2 Nr. 4 VwVfG stellt die Verknüpfung der Subvention eines Automobilherstellers mit der Förderung eines Fußballvereins eine sachwidrige Kopplung dar mit der Folge, dass die Aufforderung zur Unterlassung der Unterstützung des Fußballvereins rechtwidrig wäre.

(ddd) Zwischenergebnis

Die Nebenbestimmung mit dem Inhalt der Aufforderung zur Unterlassung der Unterstützung des Fußballvereins wäre rechtswidrig.

(bb) Subvention ohne Nebenbestimmung

Das Subventionsermessen könnte aber dennoch fehlerfrei ausgeübt worden sein, soweit die Behörde den Subventionsbescheid auch ohne die Nebenbestimmung erlassen hätte. Gemäß § 6 Abs. 1 HGrG sind die Grundsätze der Wirtschaftlichkeit und Sparsamkeit zu berücksichtigen. Subventionen werden somit nur zugebilligt, soweit dies den Vorgaben des Gesetzgebers und den Vorgaben Vorgesetzter entspricht. Da durch die Subvention an den Autohersteller A die Infrastruktur und Arbeitsplätze gesichert werden sollen, wäre die Subvention auch ohne die Verpflichtung zur Unterlassung der Unterstützung des Fußballvereins möglich gewesen. Somit wäre auch eine fehlerfreie Ausübung des Subventionsermessens dahingehend möglich gewesen, einen Subventionsbescheid ohne die Unterlassungsverpflichtung als Nebenbestimmung zu erlassen, sodass das Ermessen nicht fehlerhaft ausgeübt und ein Subventionsbescheid rechtmäßig gewesen wäre.

Dafür spricht, dass Nebenbestimmungen in Gestalt von Auflagen, die Ausdruck eines rechtswidrig ausgeübten Ermessens sind, nicht nur prozessual, sondern auch materiell teilbar wären, wenn die Nebenbestimmung als Teil eines gesamten Bescheides angefochten würde.

cc) Zwischenergebnis

Ein Subventionsbescheid an den Autohersteller A wäre – abgesehen von einer etwaigen sachwidrigen Kopplung – rechtmäßig.

b) Nichtigkeitsfolge gemäß § 59 Abs. 2 Nr. 1 VwVfG

Selbst wenn die Ermessensentscheidung bezüglich des Subventionsermessens einschließlich der Nebenbestimmung als einheitlich anzusehen wäre und dies dazu führen würde, dass der gesamte Subventionsbescheid rechtswidrig wäre, ist es mangels Evidenz jedenfalls nicht ersichtlich, dass ein Subventionsbescheid, wäre er anstelle des öffentlich-rechtlichen Vertrages erlassen worden, über die Verpflichtung zur Unterlassung der Förderung des Fußballvereins hinaus nichtig i. S. d. § 44 VwVfG sondern allenfalls teilnichtig i. S. d. § 44 Abs. 4 VwVfG wäre, sodass auch der öffentlich-rechtliche Vertrag darüber hinaus nicht gemäß § 59 Abs. 2 Nr. 1 VwVfG nichtig ist. Somit ergibt sich aus § 59 Abs. 2 Nr. 1 VwVfG i. V. m. § 44 Abs. 1 VwVfG allenfalls eine Teilnichtigkeit gemäß § 59 Abs. 3 VwVfG bezüglich der Unterlassungsverpflichtung.

Bezüglich dieser vertraglich vereinbarten Gegenleistung zur Unterlassung der Förderung des Fußballvereins ist der Vertrag ohnehin gemäß § 59 Abs. 2 Nr. 4

VwVfG i.V.m. § 56 Abs. 1 S. 2 VwVfG nichtig, sodass es bei der Teilnichtigkeit des Vertrages bleibt.

Die Handlungsformen werden parallel behandelt: Der Vertrag ist teilnichtig, während der Verwaltungsakt teilrechtswidrig wäre (bezüglich der Nebenbestimmung). Um die Differenzierung zwischen Rechtswidrigkeit und Nichtigkeit bei Verwaltungsakten bei Wahl der Handlungsform des Vertrages auszugleichen, wurde auch der Nichtigkeitsgrund des § 59 Abs. 2 Nr. 4 VwVfG i.V.m. § 56 Abs. 1 S. 2 VwVfG geschaffen.

Eine den verbleibenden Teil des Vertrages betreffende Nichtigkeit des Vertrages ist nicht ersichtlich.

3. Nichtigkeitsgrund gemäß § 59 Abs. 2 Nr. 2 VwVfG

Gemäß § 59 Abs. 2 Nr. 2 VwVfG ist ein öffentlich-rechtlicher Vertrag nichtig, wenn ein Verwaltungsakt mit entsprechendem Inhalt nicht nur wegen eines Verfahrens- oder Formfehlers i.S.d. § 46 VwVfG rechtswidrig wäre und dies den Vertrag-schließenden bekannt war. Die Rechtswidrigkeit eines Verwaltungsaktes mit dem Inhalt des Vertrages zwischen dem Land L und dem Autohersteller A könnte sich aus einem Verstoß gegen Unionsrecht – die Artt. 107, 108 AEUV – ergeben. Insoweit gilt der sich aus dem jeweiligen Zustimmungsgesetz zur Übertragung der Hoheitsgewalt auf die Europäische Union i.V.m. Art. 23 GG bzw. dem Effektivitätsgrundsatz auf Unionsebene ergebende Anwendungsvorrang des Unionsrechts.

Zwar sind Subventionen in Höhe von € 10.000.000,– gemäß der Verordnung (EU) Nr. 1407/2013 der Kommission erfasst, jedoch hat die Europäische Kommission diese mittels eines abschließenden Beschlusses gemäß Art. 108 Abs. 3 S. 3 AEUV genehmigt. Die Rechtswidrigkeit des Inhaltes eines Verwaltungsaktes mit dem Inhalt des Vertrages ist somit nicht ersichtlich. Der Vertrag ist in seinem verbleibenden Teil nicht nach § 59 Abs. 2 Nr. 2 VwVfG nichtig.

4. Zwischenergebnis

Der zwischen dem Land und dem Autohersteller A geschlossene Vertrag ist bezüglich der von A zu erbringenden Gegenleistung in Form des Unterlassens der Unterstützung des Fußballvereins gemäß § 59 Abs. 2 Nr. 4 VwVfG i.V.m. § 56 Abs. 1 S. 2 VwVfG teilnichtig.

III. Zivilrechtlich begründete Nichtigkeitsgründe

Ergänzend zu den speziellen öffentlich-rechtlich ausgestalteten Nichtigkeitsgründen kann sich aus dem in § 59 Abs. 1 VwVfG enthaltenen Verweis eine an das Zivilrecht angelehnte Nichtigkeit des öffentlich-rechtlichen Vertrages ergeben. Denkbar ist z. B. eine Sittenwidrigkeit gemäß § 138 BGB oder ein Verstoß gegen ein gesetzliches Verbot gemäß § 134 BGB. Als gesetzliche Verbote kommen z. B. unmittelbar geltendes Unionsrecht (BVerwGE 70, 45), formelle Gesetze sowie Satzungen oder Verordnungen in Betracht.

Soweit es um ein gesetzliches Verbot gemäß § 134 BGB geht und die Norm uneingeschränkt angewendet werden würde, könnte jegliche Rechtswidrigkeit im öffentlich-rechtlichen Sinne als gesetzliches Verbot eingestuft werden. Somit würde die in § 59 Abs. 2 Nr. 1, 2 VwVfG enthaltene Wertung unterlaufen, weil der Gesetzgeber als Voraussetzung für die Nichtigkeit des Vertrages die Rechtswidrigkeit zuzüglich objektiver bzw. subjektiver Evidenz angeordnet hat. Somit sind gesetzliche Verbote i. S. d. § 59 Abs. 1 VwVfG i.V. m. § 134 BGB systematisch, teleologisch und verfassungskonform i. S. d. sich unter anderem aus Art. 20 Abs. 3 GG ergebenden Rechtsstaatsprinzips dahingehend eng auszulegen, dass es einer qualifizierten Rechtswidrigkeit bedarf (BVerwGE 98, 58, 63). Eine solche besteht, soweit sich aus dem spezifischen Sinn und Zweck der Vorschrift im Rahmen der Einzelfallauslegung die Nichtigkeit auch einer von ihr abweichenden Regelung ergibt. Zumindest bei Erreichung des in § 59 Abs. 2 Nr. 1, 2 VwVfG vorausgesetzten Rechtswidrigkeitsgrades besteht eine qualifizierte Rechtswidrigkeit.

Unabhängig davon, inwieweit eine qualifizierte Rechtswidrigkeit bezüglich der Intensität zwischen einfacher Rechtswidrigkeit und Nichtigkeit an-zunehmen sein mag, sind weitere Verstöße gegen gesetzliche Verbote nicht ersichtlich. Insbesondere ein Verstoß gegen die Artt. 107, 108 AEUV ist nicht erfolgt.

IV. Zwischenergebnis

Eine zusätzliche Nichtigkeit gemäß § 59 Abs. 1 VwVfG i.V. m. § 134 BGB besteht nicht.

D. Ergebnis

Der zwischen dem Land und dem Autohersteller A geschlossene öffentlich-rechtliche Vertrag ist gemäß § 59 Abs. 2 Nr. 4 i.V. m. § 56 Abs. 1 S. 2 VwVfG bezüglich der Verpflichtung des A zur Unterlassung der Förderung des Fußballvereins gemäß § 59 Abs. 3 VwVfG teilnichtig und somit im Übrigen wirksam.

2. Komplex: Die Rückzahlung

Die Klage des Landes L wird jedenfalls erfolgreich sein, soweit die Sachurteilsvoraussetzungen erfüllt sind und die Klage begründet ist.

A. Sachurteilsvoraussetzungen

Die Sachurteilsvoraussetzungen können erfüllt sein.

I. Rechtsweg

Ein Rechtsweg muß eröffnet sein. Der Verwaltungsrechtsweg kann mangels aufdrängender Sonderzuweisung gemäß § 40 Abs. 1 S. 1 VwGO eröffnet sein. Im Übrigen kommt ein Verweisungsbeschluss i. S. d. §§ 173 S. 1 VwGO, 17a Abs. 2 S. 1 GVG in Betracht. Der Verwaltungsrechtsweg ist eröffnet, wenn die streitentscheidende öffentlich-rechtliche Norm einen Hoheitsträger einseitig berechtigt oder verpflichtet bzw. wenn aufgrund typisch hoheitlichen Handelns zwischen den Beteiligten ein Subordinationsverhältnis besteht. Eine streitentscheidende Norm, durch welche das Land L als Hoheitsträger berechtigt wird, den überhöht gezahlten Betrag zurückverlangen zu können, ist nicht ersichtlich. Es handelt sich bei der Rückzahlung auch nicht um ein typisch hoheitliches Handeln im Subordinationsverhältnis. Maßgeblich ist somit der Sachzusammenhang.

Es könnte ein Sachzusammenhang der Rückzahlung zum Privatrecht bestehen, weil deren Grundlage ein bereicherungsrechtlicher Rückzahlungsanspruch sein könnte. Ist allerdings die Zahlung aufgrund einer öffentlich-rechtlichen Zahlungspflicht erfolgt, so ist die Kehrseite der Rückzahlung ebenfalls als öffentlich-rechtlich einzustufen (OVG Weimar – 3 KO 591/08). Die Zahlung des Landes L erfolgte im Hinblick auf die Pflichten aus dem öffentlich-rechtlichen Vertrag, also auf einen öffentlich-rechtlichen Rechtssetzungsakt. Somit ist das Rückzahlungsbegehren auch dem öffentlichen Recht zuzuordnen. Da die Streitigkeit mangels doppelter Verfassungsunmittelbarkeit nicht verfassungsrechtlicher Art und eine abdrängende Sonderzuweisung nicht ersichtlich ist, bleibt es bei der Eröffnung des Verwaltungsrechtsweges. Der Verwaltungsrechtsweg ist gemäß § 40 Abs. 1 S. 1 VwGO eröffnet.

II. Zuständigkeit

Das Verwaltungsgericht ist gemäß § 45 VwGO als Eingangsinstanz für das Rückzahlungsbegehren des Landes L sachlich zuständig, da Anhaltspunkte für abweichende Regelungen wie z. B. § 50 VwGO nicht ersichtlich sind, sodass kein Verweisungsbeschluss gemäß §§ 17a Abs. 2 S. 1 GVG, 83 VwGO gefasst werden wird. Von der örtlichen Zuständigkeit des angerufenen Verwaltungsgerichts ist auszugehen.

III. Beteiligte

Das Land L als Körperschaft öffentlichen Rechts und der Autohersteller A können Beteiligte des Verfahrens sein. Beteiligte sind nach § 63 Nr. 1, 2 VwGO unter anderem der Kläger und der Beklagte, beteiligungsfähig nach § 61 Nr. 1 VwGO natürliche und juristische Personen. Gemäß § 61 Nr. 3 VwGO i. V. m. dem Landesrecht sind Behörden im Land L nicht beteiligungsfähig. Als Kläger ist L gemäß § 61 Nr. 1 Alt. 2 VwGO beteiligungsfähig und gemäß § 62 Abs. 3 und Abs. 1 Nr. 1 VwGO prozessfähig.

Als Beklagter ist A als natürliche Person maßgeblich und gemäß § 61 Nr. 1 Alt. 1 VwGO beteiligungs- sowie gemäß § 62 Abs. 1 Nr. 1 VwGO prozessfähig.

IV. Statthafte Klageart

Die statthafte Klageart richtet sich gemäß § 88 VwGO nach dem klägerischen Begehren unter Berücksichtigung des Anwendungsvorrangs maßnahmespezifischer Rechtsschutzformen und des rechtsstaatlichen Grundsatzes der Effektivität des Rechtsschutzes.

Da mit dem Land L eine Gebietskörperschaft des öffentlichen Rechts gegen einen Bürger klagt, gibt es jedoch keinen maßnahmespezifischen Rechtsschutz, weil ein Bürger keine hoheitlichen Rechtsakte setzen kann.

Somit ist für die Rückzahlung als natürliche Handlung die allgemeine Leistungsklage, welche nicht ausdrücklich geregelt aber z. B. in § 43 Abs. 2 S. 1 VwGO, § 111 VwGO und § 113 Abs. 4 VwGO angedacht ist, die statthafte Klageart.

V. Besondere Sachurteilsvoraussetzungen

Die besonderen Sachurteilsvoraussetzungen müssen erfüllt sein.

Das Land L kann klagebefugt sein. Die Klagebefugnis nach § 42 Abs. 2 VwGO setzt die Möglichkeit der Verletzung eines subjektiven Rechts bei Anfechtungs- und Verpflichtungsklagen voraus. Die Norm ist zwecks Vermeidung von Popularklagen bei allgemeinen Leistungsklagen analog anwendbar. Subjektive Rechte ergeben sich aus Sonderbeziehungen, einfachen Gesetzen, subsidiär aus Grundrechten, wobei jedenfalls aufgrund des weiten Schutzbereiches des Art. 2 Abs. 1 GG bei unmittelbaren Grundrechtseingriffen für das subjektive Recht direkt auf

Grundrechte abgestellt werden kann. Ob ein Kläger tatsächlich in einem subjektiven Recht verletzt ist, ist für die Klagebefugnis irrelevant, da die Möglichkeit der Verletzung eines subjektiven Rechts genügt.

Da der Bürger keine Hoheitsgewalt hat und das Land L sich ohnehin allenfalls begrenzt auf Grundrechte berufen kann, kommt eine Möglichkeit der Verletzung eines subjektiven Rechts des Landes lediglich aus dem öffentlich-rechtlichen Vertrag als Sonderrechtsbeziehung in Betracht, aus dessen Unwirksamkeit sich ein Rückzahlungsanspruch ergeben könnte, sodass L klagebefugt ist.

Obwohl der Vertrag bereits im 1. Komplex geprüft wurde, ist die partielle Wirksamkeit nicht offensichtlich, sodass zumindest die Möglichkeit der Verletzung eines subjektiven Rechts des Landes besteht.

VI. Allgemeines Rechtsschutzbedürfnis

Es fehlt bezüglich des Landes L am allgemeinen Rechtsschutzbedürfnis, soweit das Land mittels eines Verwaltungsaktes gemäß § 35 VwVfG zurückfordern könnte. Aus § 61 S. 1 VwVfG ergibt sich jedoch, dass sich jede Vertragspartei in Verträgen gemäß § 54 S. 2 VwVfG – also subordinationsrechtlichen Verträgen – der sofortigen Vollstreckung aus dem Vertrag unterwerfen kann. Somit kann sich auch eine juristische Person des öffentlichen Rechts nicht auf andere einseitige ihr zur Verfügung stehende Handlungsformen stützen als die gewählte Vertragsform. Insoweit gilt – soweit spezialgesetzlich nichts anderes geregelt ist oder eine Unterwerfung unter die Vollstreckung stattgefunden hat – eine Waffengleichheit auf der Vertragsebene (Bonk/Neumann/Siegel, in: Stelkens/Bonk/Sachs (Hg.), Verwaltungsverfahrensgesetz, 9. Aufl. 2018, § 61, Rn 9).

Somit kann seitens des Landes L kein Verwaltungsakt erlassen werden. Das allgemeine Rechtsschutzbedürfnis des Landes besteht.

VII. Zwischenergebnis

Die Klage des Landes L auf Rückzahlung ist zulässig und die Sachurteilsvoraussetzungen sind erfüllt.

B. Begründetheit

Die Klage des Landes L ist begründet, soweit ihm ein Anspruch auf Rückzahlung des zu viel gezahlten Betrages zusteht.

I. Anspruchsgrundlage

Als Anspruchsgrundlage kommt § 49a Abs. 1 S. 1 VwVfG in Betracht. Zwar enthält die Norm eine Spezialregelung des öffentlich-rechtlichen Erstattungsanspruches, jedoch lediglich zugunsten der öffentlich-rechtlichen Rechtsträger, wobei eine Festsetzung mittels eines Verwaltungsaktes gemäß § 49a Abs. 1 S. 2 VwVfG erfolgen muss. Da andere Spezialregelungen des öffentlich-rechtlichen Erstattungsanspruches nicht ersichtlich sind, kommt nur ein allgemeiner öffentlich-rechtlicher Erstattungsanspruch in Betracht.

Leistungen ohne Rechtsgrund und sonstige rechtsgrundlose Vermögensverschiebungen müssen rückgängig gemacht werden. Dieser Rechtsgedanke, der sich unmittelbar aus der Forderung nach wiederherstellender Gerechtigkeit ergibt, hat im bürgerlichen Recht seine Ausprägung in den Vorschriften der §§ 812 ff. BGB über die ungerechtfertigte Bereicherung gefunden; im öffentlichen Recht ergibt er sich aus einer Vielzahl von Vorschriften, in denen für das jeweilige Rechtsgebiet die Rückgewähr des rechtsgrundlos Erlangten geregelt ist. Auch bei einer ausdrücklichen gesetzlichen Regelung müssen rechtsgrundlose Vermögensverschiebungen rückgängig gemacht werden. Es bedarf also eines allgemeinen öffentlich-rechtlichen Erstattungsanspruches.

Wegen der planwidrigen Regelungslücke im Gesetz kann sich dieser aus einer analogen Anwendung der §§ 812 ff. BGB ergeben. Dazu fehlt es wegen des öffentlich-rechtlichen Bezuges aber möglicherweise an einer mit dem Privatrecht vergleichbaren Interessenlage, da im öffentlichen Recht teilweise hoheitliches Handeln zugrunde liegt. Denkbar ist eine Ableitung aus der Pflicht zum rechtmäßigen Handeln des Staates aus dem unter anderem in Art. 20 Abs. 3 GG verankerten Rechtsstaatsprinzip i. V. m. den §§ 812 ff. BGB. Insoweit würde aber über das Rechtsstaatsprinzip ein Gesetzesvollziehungsanspruch gewährt werden, der verfassungs- und verwaltungsrechtlich nicht vorgesehen ist. Daher ergibt sich der allgemeine öffentlich-rechtliche Erstattungsanspruch grundsätzlich aus der analogen Anwendung des § 62 S. 2 VwVfG i. V. m. den §§ 812 ff. BGB, da das Privatrecht im Bereich des öffentlich-rechtlichen Vertrages insoweit anwendbar ist, zumal er als Gewohnheitsrecht praktiziert wird, sodass insoweit ein eigenständiges Rechtsinstitut besteht (BVerwG – 7 C 48.82; vgl. BVerwGE 25, 72, 76; Achterberg, Allgemeines Verwaltungsrecht, 1982, S. 583).

Da es um die Rückabwicklung eines öffentlich-rechtlichen Vertrages geht, ist § 62 S. 2 VwVfG als ausdrückliche Regelung sogar direkt anwendbar, sodass als Anspruchsgrundlage § 812 Abs. 1 S. 1 Alt. 1 BGB i. V. m. § 62 S. 2 VwVfG maßgeblich ist.

II. Anspruchsvoraussetzungen

Die Anspruchsvoraussetzungen müssen erfüllt sein. Anspruchsbegründend muss A durch eine Leistung des L etwas ohne Rechtsgrund erlangt haben. Erlangt kann jeder vermögenswerte Vorteil, auch die Ersparnis von Aufwendungen sein. Leistung ist die bewusste zweckgerichtete Mehrung fremden Vermögens, wobei es am Rechtsgrund fehlt, soweit der Zweck der Erfüllung fehlgeschlagen ist. A hat vom Land L in Erfüllung des zwischen den Vertragsparteien geschlossenen Vertrages den Subventionsbetrag in Form von Sondermünzen erhalten und somit Eigentum und Besitz an den Münzen durch die Leistung des Landes erlangt.

Die Leistung müsste aber auch ohne Rechtsgrund erfolgt sein. Das ist anzunehmen, soweit der Zweck der Erfüllung fehlgeschlagen ist, also jedenfalls soweit der zugrunde liegende Vertrag nichtig ist. Der zwischen dem Land L und dem Autohersteller A geschlossene Vertrag ist jedoch nur bezüglich der Verpflichtung des A, die Unterstützung des Fußballvereins zu unterlassen, nichtig und im Übrigen wirksam. Somit erfolgte die Subventionsauszahlung seitens des Landes L mit Rechtsgrund.

III. Zwischenergebnis

Die Voraussetzungen des § 812 Abs. 1 S. 1 Alt. 1 BGB i.V.m. § 62 S. 2 VwVfG sind nicht erfüllt.

C. Ergebnis

Die Klage des Landes wird nicht erfolgreich sein und daher abgewiesen wer-den.

3. Komplex: Zugang zur Badeanstalt

M kann einen Anspruch auf Zulassung zur Badeanstalt haben.

I. Anspruchsgrundlage

Da eine spezialgesetzliche Anspruchsgrundlage z. B. aus dem Kommunalrecht nicht ersichtlich ist, kommen Grundrechte als originäre oder derivative Leistungsrechte in Betracht.

1. Originäres Leistungsrecht

Ein Anspruch der M kann sich aus einem Grundrecht als originärem Leistungsrecht ergeben. Grundrechte stellen in ihrer klassischen Funktion zwar Abwehrrechte gegen den Staat dar, können aber als objektive Werteordnung i. S. d. Art. 1 Abs. 3 GG auch Leistungsrechte begründen. Originär wird durch sie allerdings nur ein Leistungsrecht begründet, soweit es sich um eine atypische Konstellation handelt, die vom Gesetzgeber, der Wesentliches selbst zu regeln hat, typischerweise nicht geregelt werden konnte (zum Ganzen: BVerwGE 52, 339) und soweit es sich um eine besonders bedeutsame Grundrechtsausübung handelt.

Der Zugang zu einer Badeanstalt ist bezüglich der Schutzbereiche der Grundrechte – denkbar wäre die allgemeine Handlungsfreiheit aus Art. 2 Abs. 1 GG – jedenfalls nicht bedeutsam, zumal es seitens der Gemeinde um die Zurverfügungstellung einer öffentlich-rechtlichen Einrichtung geht, bezüglich derer die Grundrechtswirkung bei einem weit gefassten Grundrecht wie Art. 2 Abs. 1 GG gering ist.

2. Derivatives Leistungsrecht

Auch ein derivatives Leistungsrecht aus Art. 2 Abs. 1 GG i. V. m. Art. 3 Abs. 1 GG ist wegen bestehender privatrechtlich organisierter Schwimmbäder mangels Monopolstellung des Staates einerseits und andererseits mangels ersichtlicher Vergleichsgruppe, die Zugang bekommen hätte, nicht ersichtlich.

3. Zwischenergebnis

Eine Anspruchsgrundlage zugunsten der M besteht nicht und es ist auch nicht ersichtlich, dass aufgrund einer verfassungsrechtlichen Vorgabe, eines mittelbaren Grundrechtseingriffes oder wegen einer Wesentlichkeit eine Anspruchsgrundlage hätte geschaffen werden müssen.

II. Widmung

Da die Verwaltung bezüglich der Zurverfügungstellung von Leistungseinrichtungen in unwesentlichen Bereichen gemäß den §§ 3, 1 HGrG unter Beachtung des Gebotes der Wirtschaftlichkeit und Sparsamkeit gemäß § 6 Abs. 1 HGrG lediglich innerstaatlich durch die Haushaltsplanung gebunden ist, besteht im Übrigen Leistungsermessen. Insoweit gilt nur der Vorrang des Gesetzes, sodass nicht gegen Gesetz und Recht i. S. d. des Art. 20 Abs. 3 GG verstoßen werden darf. Somit könnte M einen Anspruch auf zumindest fehlerfreie Ermessensausübung haben. Da jedoch in einem Rechtsstaat kein Gesetzesvollziehungsanspruch besteht, muss dass Zulassungsermessen der G zugunsten der M subjektiviert sein. Nur insoweit besteht ein Anspruch auf zumindest fehlerfreie Ermessensausübung. Eine Subjektivierung des Ermessens kann sich aus der Selbstbindung der Verwaltung in Verbindung mit Art. 3 Abs. 1 GG ergeben.

Eine Selbstbindung der Verwaltung erfolgt letztlich durch eine Widmung der Einrichtung.

Maßgebliche Aspekte:
- Widmungszweck
- Sondernutzung
- außerhalb des Widmungszwecks.

Während die Widmung im Straßenrecht als dinglicher Verwaltungsakt in Form einer Allgemeinverfügung gemäß § 35 S. 2 Var. 2 VwVfG einzustufen ist, erfolgt die Einrichtungswidmung konkludent durch Zurverfügungstellung bzw. unter Umständen durch die Bezeichnung. Die Widmung stellt insoweit eine spezielle Ausgestaltung des Gleichheitsgrundsatzes dar.

Ein Anspruch aus subjektiviertem Ermessen besteht jedenfalls innerhalb des Widmungszwecks und zudem regelmäßig insoweit, als die geforderte Leistung an den Widmungszweck angelehnt ist. Kein Anspruch auf zumindest fehlerfreie Ermessensausübung besteht außerhalb des Widmungszwecks. Außerhalb des Widmungszwecks ist das Ermessen objektiviert, sodass der Bürger keinen Anspruch auf die Leistung hat, der öffentlich-rechtliche Rechtsträger jedoch leisten kann.

Widmungszweck einer Badeanstalt ist das Schwimmen innerhalb der Öffnungszeiten. Eine Sondernutzung wäre angelehnt an den Widmungszweck z.B. das Schwimmen außerhalb der Öffnungszeiten im Rahmen einer Sonderveranstaltung. Die seitens der M angestrebten Modeaufnahmen in der Badeanstalt sind nicht mehr an den Widmungszweck angelehnt, weil eine Badeanstalt nicht zur Anfertigung von Photographien gebaut ist.

Somit hat M keinen Anspruch auf zumindest fehlerfreie Ermessensausübung aus subjektiviertem Ermessen.

III. Ergebnis

Es besteht kein Anspruch der M auf Zulassung zur Badeanstalt und ebenso wenig auf eine fehlerfreie Ausübung des Ermessens.

Stichwortverzeichnis

abstrakte Gefahr   100, 108 f.
allgemeine Feststellungsklage   98
allgemeine Leistungsklage   280
allgemeines Persönlichkeitsrecht (Art. 2
    Abs. 1 GG i. V. m. Art. 1 Abs. 1 GG)   69
Allgemeinverfügung   44 – 47, 54, 56, 65, 91,
    98 – 100, 108 f., 285
– Abgrenzung zur Verordnung   98, 107
– Bekanntgabe   60
Anfechtungsklage   49, 77, 129, 131, 136,
    145, 169 – 171, 194, 196, 217
– Begründetheit   80
– gegen nichtigen Verwaltungsakt   157,
    169 f.
– Statthaftigkeit   77
Anhörung   82 f.
– erweitertes Anhörungserfordernis (§ 13
    Abs. 2 PBefG)   82
Antrag nach § 80 Abs. 5 VwGO   36, 46, 49,
    55
– allgemeines Rechtsschutzbedürfnis   39,
    47
– Aussetzungs-/Vollziehungsinteresse   40,
    56
– Aussetzungsantrag (§ 80 Abs. 6 VwGO)
    40, 48
– einstweilige Feststellung   119
– Nebenbestimmungen   111, 119 f.
– Rechtsschutz in der Hauptsache   40,
    48 – 50
– Statthaftigkeit   44, 46, 118
– vorherige Einlegung des Widerspruchs
    40, 50

Baugenehmigung   155 – 158, 160, 162, 164 –
    170
Beiladung   9, 24
Beurteilungsspielraum   34, 75, 83, 85 f., 88
– § 114 S. 2 VwGO analog   87
– Beurteilungsfehler   75, 86
– Beurteilungsmaßstab   75, 86
– Fehleinschätzung (Beurteilungsfehler)   75,
    87

– gerichtliche Überprüfung   72
– Unvollständigkeit (Beurteilungsfehler)   75,
    87

Derivatives Leistungsrecht   261, 284
Dreipersonenverhältnis   1
– Nachbar   12
– Prüfungsmaßstab   1
– subjektive Rechte   72
– subjektives Recht des Dritten   10, 25
– subjektives Recht des Dritten aus § 33a
    Abs. 2 GewO   4, 11 f., 26

Ermessen   63, 133 f., 136, 140 – 143, 181,
    191, 216, 218, 221, 223, 249 f., 276, 285
– Ermessensfehler   63, 134, 217, 260, 273
– Ermessensreduktion auf Null   223
– intendiertes Ermessen   205, 220, 272
– sachwidrige Kopplung von Nebenbestim-
    mungen (§ 36 Abs. 3 VwVfG)   143
– subjektiviertes Ermessen   285
Erstattung (§ 49a VwVfG)   186, 223
– Anwendungsvorrang des Unionsrechts
    224

fehlerhafte Rechtsbehelfsbelehrung   14

Gesetzesvorbehalt   57, 67, 178, 190, 202,
    204, 260, 270 f.
Gesetzesvorrang   190 f., 202, 204, 220, 260,
    270
Gewerbeerlaubnis   1, 8, 11 – 13, 15, 20,
    25 – 27, 29 f., 32
– präventives Verbot mit Erlaubnisvorbehalt
    34
– Zuverlässigkeit   32, 34

Handlungsform   45, 93, 95, 99
– Divergenz von Form und Inhalt   93, 99
– Wahl der Behörde   36, 40, 42, 45 f., 62,
    93, 99 f., 108, 172, 265, 268

https://doi.org/10.1515/9783110624465-010

Hausrecht 36, 57f., 60 – 62
– Abgrenzung fiskalisch und öffentlich-rechtlich 56, 62
– Rechtsgrundlage 56f., 59
Heilung von Verfahrens- und Formfehlern (§ 45 VwVfG) 75, 82, 161

konkrete Gefahr 61, 100
Kunstfreiheit 111, 114f., 131, 134 – 136, 140 – 142

Meinungsfreiheit (Art. 5 Abs. 1 S. 1 GG) 47, 65 – 68
– Schranke des allgemeinen Gesetzes 67

Nebenbestimmung 111, 116, 120f., 123 – 126, 137, 139, 207, 274, 276
– Abgrenzung Auflage und Bedingung 111, 122
– Abgrenzung zur Inhaltsbestimmung 114, 120f., 207
– Arten 114, 122, 191, 216
– Auflage 121
– aufschiebende Bedingung 123f., 126, 129
– Bedingung 121, 124
– Befristung 126
– Ermessen 133
– isolierte Anfechtbarkeit 111, 129
– materielle Teilbarkeit 114, 132
– prozessuale Teilbarkeit 114, 123 – 125
– Rechtsgrundlage 190, 208
– sachwidrige Kopplung (§ 36 Abs. 3 VwVfG) 273
Nichtigkeit (§ 44 VwVfG) 75, 88f., 145, 160 – 165, 238, 245, 276
– absolute Nichtigkeit (§ 44 Abs. 2 VwVfG) 153, 161, 163, 165
– Generalklausel (§ 44 Abs. 1 VwVfG) 163 – 166
Nichtigkeitsfeststellungsklage 93, 97f., 145, 157 – 159, 169
– Feststellungsinteresse 153, 158

objektive Klagehäufung 129, 195, 197
öffentlich-rechtlicher Erstattungsanspruch 282

öffentlich-rechtlicher Vertrag (§§ 54 ff. VwVfG) 146, 176, 257, 262, 264 – 269, 276 – 279, 281, 283
– Austauschvertrag 268
– Nichtigkeit nach § 59 VwVfG 257, 260, 267, 269, 277
öffentlich-rechtlicher Vertrag (§§ 54 ff. VwVfG)"
– Schriftform 264
öffentlich-rechtlicher Vertrag (§§ 54 ff. VwVfG)
– subordinationsrechtlicher Vertrag 260, 262, 267
– Teilnichtigkeit (§ 59 Abs. 3 VwVfG) 276
– Wirksamkeit 263
– Zustandekommen 263, 265f.
– Zustimmung Dritter (§ 58 Abs. 1 VwVfG) 265
öffentliche Einrichtung
– Sondernutzung 285
– Widmung 257
öffentliche Sicherheit 61
öffentliche Wege
– Abgrenzung Gemeingebrauch und Sondernutzung 111, 140
– Sondernutzung 111, 113, 130, 132, 139 – 143
Öffentlichkeitsgrundsatz (§ 169 GVG) 37, 40, 57, 65, 68
Originäres Leistungsrecht 261, 284

Personenbeförderungsgesetz 72
Pflicht zum rechtmäßigen Handeln 17, 29, 34f., 282
prinzipale Normenkontrolle (§ 47 VwGO) 91, 145
– Begründetheit 93, 106, 154, 177
– Beteiligte 93, 102, 153, 173
– Statthaftigkeit 97f., 104, 175

Rücknahme eines rechtswidrigen Verwaltungsakts (§ 48 VwVfG) 19, 186, 190, 199, 201, 212 – 214, 219, 222f., 225, 229, 245 – 251, 254
– Abgrenzung zum Widerruf (§ 49 VwVfG) 190, 199
– Analoge Anwendung bei rechtswidrigem Verwaltungsakt 214

– Anwendungsvorrang des Unionsrechts
186, 222 f.
Rücknahme eines rechtswidrigen Verwaltungsakts (§ 48 VwVfG)"
– Geld- oder teilbare Sachleistungen 190,
200
Rücknahme eines rechtswidrigen Verwaltungsakts (§ 48 VwVfG)
– Präklusion (§ 48 Abs. 4 VwVfG) 212 f.,
249
– Vertrauensschutz (§ 48 Abs. 2 VwVfG)
191, 211 f., 221 f.

Satzung 145, 153, 172 f., 176 f., 181–183
– Erlassvoraussetzungen 179 f.
– Satzungsbefugnis 178
– Satzungsermessen 180
subjektive Rechte 10, 25, 47, 72, 75, 82, 84,
105, 130, 139, 159, 170, 176, 197, 234,
280
– Dreipersonenverhältnis 78
Subventionen 186, 203 f., 209, 212, 220,
257, 267, 272 f., 276 f.
– De-minimis-Beihilfen 187, 205, 221, 259
– Rechtsgrundlage 190, 201, 260, 270 f.
– unionsrechtliches Beihilfeverbot (Artt. 107 f.
AEUV) 186, 190 f., 205, 220 f.
Suspendierung 23 f., 44, 46, 48 f., 51, 100,
118–120, 144
– Antrag bei nichtigem Verwaltungsakt 46
– kraft gesetzlicher Anordnung 39, 47
– Nebenbestimmungen 123

Umdeutung 213
Unbeachtlichkeit formeller Fehler (§ 46
VwVfG) 75, 83, 88 f., 161, 267, 277

Verhältnismäßigkeit 63, 65, 69, 107, 135
– Eignung 40, 64
– Erforderlichkeit 40, 64
– i. e. S. 40, 64
– legitimer Zweck 40, 64
Verordnung zur abstrakten Gefahrenabwehr
91, 95, 107 f.
Verpflichtungsklage 138, 233, 245, 256
Verwaltungsakt 8, 13, 17, 20, 26, 44, 77, 95,
99, 118 f., 121, 129, 131, 157, 162 f., 169,

194, 200 f., 232, 243, 252, 267–269,
277, 281
– Abgrenzung zum Hinweis 45 f.
– Bekanntgabe 13–16, 28, 80, 131, 139,
198
– deklaratorischer Verwaltungsakt 45
– Rückforderung von Subventionen 194
Verwaltungspraxis 187, 190, 204, 206, 208,
220, 260, 272 f.
– Verhältnis zur Verwaltungsrichtlinie 206
Verwaltungsrechtsweg 7, 39, 42, 74, 76,
93 f., 101, 114–116, 127, 137, 152 f., 155,
167, 172, 189, 192, 228, 231, 260, 279
– abdrängende Sonderzuweisung 39, 42
– Verweisungsbeschluss 95
Verwaltungsrichtlinie 36
Verwirkung 4, 14 f., 80, 171
Vollziehungsanordnung nach § 80 Abs. 2 S. 1
Nr. 4 VwGO 52 f.
– Begründung (§ 80 Abs. 3 VwGO) 55

Widerruf eines rechtmäßigen Verwaltungsakts
(§ 49 VwVfG) 19, 186, 191, 200, 213–
215, 217, 230, 247, 250–252, 254
Widerspruchsverfahren 6, 9, 16, 23
– Anwendbarkeit der VwGO analog 6, 20
– Beteiligte 9, 24
– Dreipersonenverhältnis 18
– Entbehrlichkeit 8, 20 f., 79
– Erforderlichkeit 7
– Funktionen 17, 22
– Prüfungsmaßstab 31, 33
– Sachliche Einlassung bei verfristetem Wi-
derspruch 17
– Statthaftigkeit trotz Entbehrlichkeit 21 f.
– Suspensiveffekt 24
– Verfristung 1, 13
– Widerspruchsbefugnis 4, 10, 25
– Widerspruchsfrist 4, 15 f.
Widerspruchsverfahren\b 1
Wiederaufgreifen des Verfahrens (§ 51
VwVfG) 225, 255

Zusicherung (§ 38 VwVfG) 225, 229–231,
233 f., 236–238, 242–253, 265
– § 38 Abs. 3 VwVfG 243, 252

– Anwendbarkeit der §§ 48, 49 VwVfG   229,
   243 f., 247
– Nichtigkeit (§ 38 Abs. 2 VwVfG)   238, 242

Zusicherung (§ 38 VwVfG). Aufhebung durch
   Verwaltungsakt   245

Onlinematerial

Fall 1: Schaubilder

Fall 2: Schaubilder

Fall 3: Schaubilder

Fall 4: Schaubilder

Fall 5: Schaubilder

Fall 6: Schaubilder

Fall 7: Schaubilder

Fall 8: Schaubilder

Fall 9: Schaubilder

Fall 3: Landesrecht
Berlin

Fall 3: Landesrecht
Hamburg

Fall 3: Landesrecht
Niedersachsen

www.ingramcontent.com/pod-product-compliance
Lightning Source LLC
Chambersburg PA
CBHW021510210326
41599CB00012B/1197